1781

Muki Betser
Robert Rosenberg

Soldat in geheimem Auftrag

Israels führender Antiterror-Spezialist berichtet über seine spektakulärsten Einsätze

Aus dem Amerikanischen
von Ulrike Wasel und Klaus Timmermann

Hoffmann und Campe

CIP-Titelaufnahme der Deutschen Bibliothek

Bezer, Mûqî :
Soldat in geheimem Auftrag:
Israels führender Antiterror-Spezialist
berichtet über seine spektakulärsten Einsätze /
Muki Betser. Robert Rosenberg.
Aus dem Amerikan.
übers. von Ulrike Wasel und Klaus Timmermann
– 1. Aufl. – Hamburg : Hoffmann und Campe, 1996
Einheitssacht. : Secret soldier <dt.>
ISBN 3-455-11127-0
NE: Rosenberg, Robert [Bearb.]

Fachberatung: Otto Schreiner
Schutzumschlaggestaltung: Kai Eichenauer
Satz: Utesch Satztechnik GmbH, Hamburg
Gesetzt aus der Times
Druck und Bindung: Clausen & Bosse, Leck
Printed in Germany

Inhalt

Die Angst überwinden

An meinem achten Geburtstag schickte mein Vater mich nach dem Abendessen los, um die Sprinkleranlage hinter unserem Haus im Jezreel-Tal, mit der die Felder bewässert wurden, abzudrehen. Das bedeutete, daß ich zum entlegenen Ende unseres Feldes gehen mußte. Ganz stolz auf meine Aufgabe, rannte ich rasch vorbei an den vertrauten Umrissen des kleinen Kuhstalls, vorbei an Pferdegatter und Hühnerstall, und erreichte das Feld.

Meine Großeltern waren als Pioniere hierhergekommen und hatten das Dorf Nahalal gegründet, die erste kooperative Bauernsiedlung des modernen Israel. Ich war in diesem Tal geboren worden, es war mein Zuhause, meine Welt, und bis zu diesem Augenblick am Rande des dunklen Feldes war es mir wie das sicherste Fleckchen Erde erschienen.

In jener Nacht jedoch war ich zwar stolz, weil mein Vater mich für stark genug hielt, das große Eisenrad zu drehen, und für so zuverlässig, daß ich auch bestimmt darauf achten würde, daß das kostbare Wasser nicht während der Nacht verlorenging, doch als ich in die Finsternis starrte, empfand ich zum erstenmal in meinem Leben Angst. Ich kannte das Feld bei Tage wie meine Westentasche. Jetzt fiel mir ein, daß die alten Bauern erzählten, des Nachts würden Schakale durchs Tal schleichen. Ihr Heulen klang wie Kinderweinen, ein Trick, um die Bauern dazu zu verleiten, nachts auf die Felder zu gehen und nach einem verirrten Kind zu suchen – bloß um dann von einer blutrünstigen Meute angefallen zu werden.

Ich war acht Jahre alt, und in meiner Vorstellungswelt verschmolzen diese Erzählungen leicht mit anderen Ängsten, die im Israel der frühen fünfziger Jahre, also kurz nach der Staatsgründung, nur allzu verbreitet waren. Im rhythmischen Flüstern der Sprinkler irgendwo da draußen in der Dunkelheit konnte ich eine Bande versteckter Araber hören, die mich entführen wollten. Ich blieb am Feldrand stehen, wie gelähmt vor Angst.

Aber bei mir zu Hause hielt man sich an drei unumstößliche Regeln: Das Land muß besiedelt werden, das Land muß verteidigt werden, und man muß der Gefahr stoisch ins Auge sehen. Nachdem mich das Vertrauen meines Vaters so stolz gemacht hatte, wußte ich, daß ich nicht zurückkehren konnte, ohne meine Mission erfüllt zu haben.

Das Kläffen eines Schakals zerriß die Stille. Es verspottete meine Angst – und ließ mir keine Wahl. Ich holte tief Luft, machte zögernd ein paar Schritte in die Dunkelheit und lauschte auf das Klopfen meines Herzens. Ich kannte jede Furche in dem staubigen Pfad. Doch der Weg, den ich tagsüber in wenigen Minuten bewältigte, erschien mir nun endlos, und jedes Geräusch des Tals, das ich doch so liebte, kam mir plötzlich fremd und bedrohlich vor.

Die Schakale in der Ferne, die Frösche in der Nähe, das Rascheln des Windes im Heu – alle Geräusche schienen sich gegen mich zu verschwören. Endlich erreichte ich das Eisenrad, mit dem der Wasserzufluß in die Bewässerungsrohre reguliert wurde. Ich packte es mit beiden Händen und drehte mit aller Kraft daran. Just in dem Augenblick, als es ganz zu war, heulte dicht in meiner Nähe lauthals ein Schakal los. Und ich rannte.

Ich bin immer gern gerannt, wie ein junges Fohlen, das noch nicht um die Lasten weiß, die es eines Tages tragen muß. Das Laufen machte mir um seiner selbst willen Spaß. Aber in dieser Nacht kamen mir meine nackten Füße vor wie schwere Schlammbrocken, die sich kaum bewegen ließen.

Erst als ich an den Rand des Lichtscheins in unseren Garten gelangte, konnte ich die keuchende Angst kontrollieren und aufhören zu laufen. Mir wurde klar, daß ich die Panik in den Griff bekommen mußte. Nach Luft ringend zwang ich mich, auf die Klänge der Nacht zu lauschen und nicht auf mein Herz.

Noch immer heulten die Schakale in der Dunkelheit. Aus dem Stück Sumpfland in dem kleinen Orangenwäldchen, das mein Vater im Frühjahr angepflanzt hatte, ertönte das Quaken eines Frosches. Allmählich begriff ich, daß nichts passiert war, und mein Herz schlug langsamer. Ich begann, die Geräusche zu erkennen und auseinanderzuhalten, anstatt voller Angst vor ihnen davonzulaufen.

Schließlich, als ich in das vertraute Licht trat, wußte ich, daß ich die Angst überwinden mußte und wie mir das gelingen könnte. Am nächsten Abend meldete ich mich freiwillig für die Aufgabe, noch bevor mein Vater sie mir zuteilen konnte. Er lächelte milde, als ob er wüßte, warum ich es machen wollte, und nickte zustimmend.

Mein zweiter Versuch, mich der Angst zu stellen, begann wie der erste, doch als ich an den Rand der Dunkelheit kam, holte ich tief Luft und ging langsam und zielstrebig weiter. Ich zwang mich, die Geräusche der Nacht genau wahrzunehmen und sie einzuordnen, anstatt meiner Phantasie freien Lauf zu lassen.

Ich kontrollierte meinen Schritt und meine Gedanken und marschierte an den Reihen von Zitronenbäumen vorbei, hinaus auf das Feld, bis die Lichter des Hauses hinter mir schließlich so weit entfernt schienen wie die Sterne und ich das Ende des Feldes erreicht hatte, das Eisenrad kalt und feucht in meinen Händen.

So, wie ich es mir vorgenommen hatte, drehte ich es langsam, bis die Metallschraube des Hahns aufhörte zu quietschen und es nicht mehr weiterzudrehen ging. In der Dunkelheit jaulte ein Schakal.

Ich rannte nicht. Ich lauschte. Das Murmeln der Sprinkler erstarb. Eine sanfte Brise wehte durch das Tal und trug das Geräusch eines Lkw-Motors heran. Ganz in meiner Nähe bellte ein Schakal. Ich quetschte die feuchte Erde zwischen meinen Zehen und lauschte weiter.

Schließlich, als es schien, daß jedes Geräusch, jeder Schatten und jede Bewegung im Tal ebenso Teil von mir geworden war wie meine schwieligen Hände und Füße, machte ich mich auf den Rückweg zu den fernen Lichtern von Nahalal, und ich wußte, daß ich meine Angst überwunden hatte.

Rauch über Karameh

Wie jemand, der mit dem Auto auf einer stark befahrenen Straße fährt, so zieht auch jeder Soldat mit der Überzeugung in den Kampf, daß ihm schon nichts passieren wird. Aber manchmal passiert es eben doch – besonders wenn der Schlachtplan schiefgeht. Im Jahre 1968 ging der Plan schief. Die IDF (Israel Defense Forces – Israelische Streitkräfte), die noch vor nicht ganz einem Jahr einen triumphalen Sieg davongetragen hatten, unterlagen erbärmlich in einer Schlacht, die den Lauf der Geschichte hätte verändern können. Und mir wurde meine eigene Sterblichkeit bewußt.

Anfang März 1968 schien mein Leben in bester Ordnung. Ich war mit meiner Jugendfreundin verheiratet und frischgebackener Vater eines Sohnes. Mit meinen 23 Jahren war ich Leutnant in der israelischen Armee, stellvertretender Kommandant der Eliteaufklärungseinheit der Luftlandebrigade, in dieser Zeit die berühmteste der Sonderaufklärungseinheiten, die in den IDF mit *Sayeret* bezeichnet werden, dem hebräischen Wort für Kundschafter. In den Medien nannten sie diese Sondereinheiten »Speerspitze«.

Die arabische Welt hatte 1967 geschworen, die Israelis ins Meer zu jagen. Es war ihnen nicht gelungen. Yassir Arafats Palästinensische Befreiungsorganisation, die PLO, machte dort weiter, wo die besiegten arabischen Armeen aufgehört hatten. Sie versuchte, unser Volk aus Israel zu vertreiben. Autobomben töteten Menschen beim Einkaufen im Zentrum von Jerusalem; in der Negev-Wüste töteten Landminen entlang den einsamen Straßen im Süden Touristen auf dem Weg nach Eilat. Anfang 1968 waren Terroranschläge mittlerweile fast an der Tagesordnung.

Wir konnten nicht die andere Wange hinhalten. Die IDF bedrängten die Regierung, dem Terrorismus ein Ende zu setzen und den Befehl für einen Angriff auf die PLO-Basen im Jordangraben zu erteilen, auf der anderen Seite des Jordan im Haschemitischen Königreich Jordanien.

Der Jordangraben ist eine unfruchtbare Ebene, durch die sich ausgetrocknete Flußläufe ziehen, sogenannte Wadis, die im Winter sintflutartige Wassermassen führen – der Graben ist das einzige, was von dem großen Meer übriggeblieben ist, das einst die syrisch-afrikanische Verwerfung bedeckte, die Afrika von Asien trennt.

In der nördlichen Hälfte des Grabens teilt der Jordan das Tal mit einem schmalen Wasserlauf, der vom See Genezareth gespeist wird. Der Fluß fließt bis zum Toten Meer, dem niedrigsten Ort der Welt. Von dort in südlicher Richtung erstreckt sich die Arava-Senke bis zum Golf von Akaba am äußersten Zipfel des Negev.

Bevor die Generale der Regierung einen Plan vorlegen konnten, brauchte die Armee nachrichtendienstliche Informationen von der anderen Seite der Grenze. In ihrer Eigenschaft als Aufklärungseinheit fiel der Sayeret der Luftlandetruppen die Aufgabe zu, diese zu beschaffen. Ich wurde mit der Sache betraut und sollte jenseits der Arava-Wüste einen nächtlichen Vorstoß nach Jordanien leiten.

An einem Abend Mitte März, kurz nach Sonnenuntergang, folgten mir ein Offizier der Panzertruppe und ein Offizier der Sturmpioniere der Luftlandetruppen, ein Sprengexperte, durch das nach einem Winterregen kalte, knietiefe Wasser des Nahal Arava auf das östliche Plateau oberhalb des Grabens.

Die Nacht über erkundeten wir drei die Umgebung von zwei kleinen jordanischen Dörfern, Fifi und Dahal, und zählten ein knappes halbes Dutzend jordanischer Militärfahrzeuge, die vor zwei kleinen Polizeiwachen parkten. Als wir bei Sonnenaufgang wieder in Israel waren, meldete der Panzeroffizier dem Hauptquartier voller Zuversicht, daß er keinerlei Probleme sähe, die schweren Geräte durch den Schlamm zu bringen, auf den wir gestoßen waren.

Ich war anderer Meinung. Die plötzlich auftretenden Wasserfluten, die im Winter die Niederungen überschwemmten, hinterließen einen trügerisch flachen Schlamm. Ich schilderte den Nachrichtenoffizieren, die unsere Meldungen entgegennahmen, wie ich die Sache einschätzte. Doch in den Augen des Oberkommandos war der Panzeroffizier der Experte, nicht ich. Nun verlangten sie eine zweite Aufklärungsmission, in einen Ort, der weitaus gefährlicher war als die Dörfchen Fifi und Dahal – eine Stadt namens Karameh.

Karameh, einst ein jordanisches Bauerndorf nördlich des Toten Meeres, von Jericho aus nicht weit hinter dem Jordan gelegen, wurde nach dem Sechstagekrieg der Hauptstützpunkt der PLO. Sie verwandelte das verschlafene Dorf in das Zentrum des internationalen Terrorismus gegen Israel und den Westen. Die bewaffneten aufrührerischen Truppen in Karameh, die eine wirre Mixtur aus panarabischer Befreiung, palästinensischer Selbstbestimmung, marxistischer Revolution und Dschihad – dem Islamischen Heiligen Krieg gegen Ungläubige – predigten, planten Flugzeugentführungen, Bombenattentate in dicht besiedelten Gebieten und Morde, häufig mit Hilfe von Ausbildern, die in der Sowjetunion geschult worden waren.

In Fifi und Dahal hatten wir eine Handvoll jordanischer Militärfahrzeuge und noch weniger bewaffnete Palästinenser gezählt. Doch in Karameh, so der Nachrichtendienst, befanden sich über 2000 bewaffnete Palästinenser und außerdem einige Dutzend von den Sowjets unterstützte Terroristen aus Westeuropa und Japan, die für Terroranschläge ausgebildet waren. Die zur Erkundung eines solchen Ziels notwendige Planung erforderte Zeit, die uns die PLO nicht gab. Einige Tage nach dem Fifi-Dahal-Auftrag jagte eine Landmine einen Bus mit Schulkindern auf einer Straße im Negev in die Luft. Dieser wohl schlimmste Anschlag seiner Art seit 1967 forderte etliche Tote und Dutzende von Verletzten.

Einer der Vorteile in unserem kleinen Land besteht darin, daß ein Soldat nie weit von zu Hause – oder der Front – entfernt ist. Ich hörte die Meldung über den Bombenanschlag im Radio, als ich gerade ein Wochenende zu Hause in Nahalal bei meiner Frau Nurit und unserem kleinen Sohn Shaul verbrachte. Nurit, eine Nichte von Moshe Dayan, stammte wie ich aus Nahalal. Wir wohnten in einem kleinen Haus mit drei Zimmern, im Schatten von zwei großen Dattelpalmen, die Dayans Vater gepflanzt hatte, als er 1922 zusammen mit meinen Großeltern und fünf anderen Paaren die Jezreel-Tal-Siedlung gründete. Als wir im Februar 1967 heirateten, erbte Nurit Dayans Elternhaus, ein paar Schritte die Straße hinunter vom Haus meiner Großeltern entfernt, wo ich geboren bin.

Als ich die Nachricht über den Bombenanschlag im Negev hörte, war mir sofort klar, daß die Regierung von der Armee eine umgehende Reaktion erwarten würde. Wie alle israelischen Soldaten im aktiven Dienst hatte ich sogar im Heimaturlaub meine Waffe – eine Ak-47-Kalaschnikow – stets in Reichweite. Ich packte meine Ausrüstung zusammen und ging zu meinem Dienstwagen. Als ich gerade durchs Tor fuhr, hörte ich das Telefon läuten. Ich drehte mich um und sah Nurit in der Tür stehen, wie sie mir zum Abschied mit einer Hand nachwinkte. In der anderen hielt sie das Telefon und teilte dem Sekretär unserer Einheit mit, daß ich schon auf dem Weg sei.

Im Hauptquartier in Tel Nof mitten in Israel angelangt, nahm mich der Sayeret-Kommandeur Matan Vilnai sogleich mit zur Planungssitzung der Brigade. Matan, in Jerusalem geboren und Sohn von Israels berühmtestem Führer ins Heilige Land, hatte sich nach dem Besuch einer Militärschule schon in jungen Jahren für die Armeelaufbahn entschieden. (Ende 1994 wurde er schließlich stellvertretender Chef des Generalstabes.)

Als jüngster Offizier auf der Sitzung meldete ich mich nicht zu Wort – hörte und sah allerdings aufmerksam zu –, während die Offiziere und Generale den Einsatz der Brigade rund um Karameh planten. Haim Bar-Lev, der Generalstabschef der IDF, verlangte, daß rechtzeitig vor der Parlamentssitzung am nächsten Morgen ein Vergeltungsplan zur Bestrafung der PLO aufgestellt wurde. Er bekam, was er wollte.

Unter der Bezeichnung »Operation Inferno« würden die IDF mit ihrer gesamten Truppenstärke zum erstenmal seit dem Sechstagekrieg nach Osten über den Jordan ins Haschemitische Königreich eindringen.

In der Bibel heißt dieser Landstrich Gilead, Heimat von dreien der zwölf israelitischen Stämme, die als erste vor 3000 Jahren das Land Israel besiedelten. Doch nicht aus Sehnsucht nach den biblischen Wurzeln, sondern zum Zwecke der Selbstverteidigung überquerten wir mit unserer »Operation Inferno« den Jordan nach Osten.

Unter Einsatz von Luftwaffe, Artillerie, Panzertruppen und Infanterie sollte die Aktion nach einem genauen Zeitplan ablaufen. Um halb sechs am Morgen des 21. März, wenn über den Bergen im Osten gerade der Tag dämmerte, würden Düsenjäger der Luftwaffe über dem Dorf auftauchen und Flugblätter mit der Warnung an Arafats

Anhänger abwerfen, daß sie, wenn sie sich nicht ergäben, getötet würden. Auf den Flugblättern hieß es knapp und unmißverständlich: »Die IDF sind im Anmarsch. Ihr seid umzingelt. Ergebt euch. Befolgt die Anweisungen der Armee. Legt die Waffen nieder. Wer Widerstand leistet, wird getötet.«

In der Zwischenzeit würden Panzer und Halbkettenfahrzeuge den schmalen Jordan auf der Allenby-Brücke überqueren, während die Pioniertruppen nördlich und südlich von Karameh für weitere Panzer, die die Flanken des Dorfes abriegeln sollten, Behelfsbrücken errichteten. Die Artillerie an den Ausläufern des Berglandes von Judäa am Westufer des Flusses würde während der Operation für Rükkendeckung sorgen.

Wenn die Feinde vom Lärm der Düsenjäger erwachten und dann lasen, daß ihre Gefangennahme drohte, würden sie aller Voraussicht nach in östlicher Richtung fliehen. Die Speerspitze der IDF – die Luftlande-Sayeret – würde auf sie warten, nachdem sie mit Hubschraubern zu einer Stelle östlich von Karameh gebracht worden war, von der aus sie die Fluchtwege in die Ausläufer des Berglandes von Edom kontrollieren konnte. Falls die PLO-Kämpfer versuchten, ins Hinterland von Jordanien zu fliehen, müßten wir sie nur noch abfangen. Falls der Plan funktionierte, würden wir tatsächlich die gesamte PLO mit einem einzigen Schlag gefangennehmen.

Matan teilte die Kompanie in zwei Gruppen ein, die eine unter seinem Kommando, die andere unter meinem. Er nahm sich 40 Soldaten, ich mir 30. Kurz bevor wir anfingen, die Hubschrauber zu beladen, nahm Matan mich beiseite. »Hör mal, Muki«, sagte er, »wir haben wieder ein paar ›Trittbrettfahrer‹.«

»Das darf doch nicht wahr sein, Matan«, sagte ich.

»Trittbrettfahrer« sind ein spezielles Phänomen in den IDF. Da tauchen plötzlich Leute auf und wollen bei der Aktion mitmachen. Manchmal sind es ehemalige Angehörige der Einheit. Manchmal kommen sie aus anderen Einheiten. Je größer eine Operation, desto wahrscheinlicher, daß immer mehr Leute von den geheimen Vorbereitungen wissen. Und im kleinen Israel spricht sich so etwas schnell herum.

Nicht selten sind »Trittbrettfahrer« ein Störfaktor, besonders in einem Sondereinsatz, wo alles bis ins kleinste ausgetüftelt und geplant ist. Fahrzeuge werden so minuziös beladen, daß jeder Soldat und jedes Ausrüstungsstück eine Nummer hat, die die Reihenfolge bestimmt, nach der be- und entladen wird, je nachdem welche Position sie in einer Formation einnehmen und welche Aufgabe sie zu erfüllen haben. Einen »Trittbrettfahrer« mitzunehmen hat zur Folge, daß jemand anders herausgenommen werden muß. Matan wußte das genausogut gut wie ich.

»Keine ›Trittbrettfahrer‹«, sagte ich. »Nicht mit mir.«

»Muki, bitte…«, flehte Matan.

»Auf keinen Fall«, sagte ich unerbittlich. »Und du weißt, warum«, fügte ich hinzu, ohne mir einen vorwurfsvollen Ton meinem Hauptmann gegenüber zu verkneifen. (So etwas ist nur in einer Sondereinheit der IDF möglich, wo die Erfahrung eines Soldaten genausoviel zählt wie sein Rang – wenn nicht sogar mehr.)

Matan wußte, warum, aber er hatte als Berufssoldat bestimmte Rücksichten zu nehmen. Doch ich weigerte mich nachzugeben – besonders als ich einen der beiden »Trittbrettfahrer« erkannte, die gerade auf uns zukamen.

Tzimels Auftauchen bestätigte meine Ansichten über kurzfristige Neuzugänge aus einer anderen Einheit. Als ich zur Sayeret kam, war er Kompaniechef in der Brigade und machte schon damals einen schlechten Eindruck auf mich. Jetzt, mit einem Leutnant namens Nissim vom Nachrichtendienst der Luftwaffe im Schlepptau, der angeblich in der Infanterie gewesen war und mitgenommen werden wollte, löste Tzimels Erscheinen in mir eine ungute Vorahnung aus.

»Auf keinen Fall«, sagte ich kopfschüttelnd zu Matan, wobei es mir egal war, ob Tzimel es mitbekam. »Keine ›Trittbrettfahrer‹. Im Ernst«, insistierte ich. »Die Operation sieht zwar nach einem Kinderspiel aus, aber sie könnte auch sehr schwierig werden. Die sind dabei keine Hilfe. Sie kommen uns bloß in die Quere. Und das weißt du.«

»Ich nehme einen, und du nimmst einen«, schlug Matan vor.

Ich schüttelte den Kopf. Wenn er sie mitnehmen wollte, meinetwegen. Aber ich wollte keinen von beiden. »Auf keinen Fall«, wiederholte ich. »Auf keinen Fall werde ich jemanden rausnehmen, der den Plan kennt, um jemanden reinzuholen, der ihn nicht kennt. Auf gar keinen Fall.« Wie viele aus meiner Generation aus dem Jezreel-Tal bin ich ein Dickkopf. Schließlich gab Matan auf. Ich hoffte, er würde Tzimel und Nissim nach Hause schicken. Doch er nahm sie mit in seine Truppe.

Wir starteten in der Dunkelheit mit acht Hubschraubern. Nach einer halben Stunde Flugzeit kam Nebel auf, und die Piloten flogen Warteschleifen. Es vergingen fünf Minuten, dann fünfzehn, während die Piloten ihre Achten flogen. Es ist nicht ungewöhnlich, daß der Zeitplan während einer Operation abgeändert wird – vorausgesetzt, die anderen beteiligten Truppen sind über den neuen Zeitplan informiert. Als die Hubschrauber dann schließlich weiter den Jordangraben entlangflogen, kamen wir gar nicht auf die Idee, daß sich das Oberkommando noch an den eigentlichen Plan hielt, ohne unsere Verzögerung zu berücksichtigen.

Ich will nicht behaupten, daß unsere Aufgabe der Dreh- und Angelpunkt der Operation war, geschweige denn, daß alles wie am Schnürchen gelaufen wäre, wenn wir rechtzeitig dagewesen wären. Doch um den Feind an der Flucht aus Karameh zu hindern, mußten wir zur rechten Zeit am rechten Ort sein.

Niemand warnte uns, daß wir durch die Verspätung das Überraschungselement verloren hatten, als wir, getarnt vom rasch wechselnden Licht der Wüste, bei Sonnenaufgang landeten.

Meine Leute sprangen aus den schwankenden Hubschraubern und formierten sich so, wie wir es geübt hatten. Die Hubschrauber hoben wieder ab, während wir uns im Laufschritt Richtung Westen zu unserer sechs Meilen entfernten Stellung oberhalb von Karameh aufmachten. Unserem Plan nach sollten wir genau um halb sechs dort sein, wenn die Luftshow begann.

Doch wir hatten kaum ein paar Schritte unseres Laufs zurückgelegt, der mit voller Ausrüstung quer durch die Wadis des Grabens östlich von Karameh eine Stunde gedauert hätte, als wir auf den Feind stießen.

Ich weiß nicht, wer überraschter war, wir oder die bewaffneten Palästinenser in ihren zerlumpten, zusammengewürfelten Uniformen aus Restbeständen arabischer und Ostblock-Armeen, in Turnschuhen, Sandalen und Armeestiefeln. Keiner schien einen Helm zu besitzen, und die meisten trugen das schwarzweiß karierte *Keffiyot*, das sie als Al-Fatah auswies, als treue Anhänger von Arafats Mehrheitsfraktion in der PLO.

Wir jagten sie in die trockenen Flußbetten und über die Kämme, töteten etwa 25, die Widerstand leisteten, und nahmen dazu etwa ein Dutzend Gefangene. Derweil stießen wir weiter in Richtung Karameh vor, wobei wir aus jordanischen Armeestellungen mit heftigem Granatwerferfeuer angegriffen wurden, was uns genauso überraschte wie die plötzliche Begegnung mit dem Feind.

In den Monaten nach dem Sechstagekrieg machten unsere Experten vom Nachrichtendienst spöttische Bemerkungen, wenn jemand den Gedanken äußerte, daß die jordanische Armee den Palästinensern helfen oder sich gar gegen unsere vorübergehende Besetzung ihres Landes wehren würde, wenn wir die Strafaktion gegen die PLO durchführten. Schließlich hatte die PLO unter Arafat seit dem Ende des Krieges im Juni 1967 die Macht König Husseins im ganzen Land in Frage gestellt und in Orten wie Karameh völlig untergraben. Doch wie so oft erwiesen sich die Einschätzungen des Nachrichtendienstes als falsch. Zum Glück schossen die Jordanier mit ihren Granatwerfern nicht so genau.

Für fünf Meilen brauchten wir fast fünf Stunden, nicht wie geplant eine Stunde. Ich wußte also da schon, daß irgend etwas an der Operation ganz und gar nicht so lief, wie es laufen sollte. Um elf Uhr morgens erreichten wir schließlich eine Anhöhe mit Panoramablick über Karameh, wo der Krieg tobte.

Etwa eine Meile westlich von uns fuhren Panzer, Schützenpanzer, Halbkettenfahrzeuge und Jeeps im Zickzackkurs durch das Dorf und feuerten auf Widerständler, die sich in den Lehm- und Wellblechhäusern verkrochen hatten. Aus Westen, aus Israel, kamen Flugzeuge herangejagt und warfen im Tiefflug ihre Bomben ab. Für den Transport von Verwundeten waren Hubschrauber im Einsatz. Von den Ausläufern des Berglandes von Edom aus nahm die jordanische Artillerie das Schlachtfeld unter Beschuß, während unsere Artillerie das Feuer erwiderte.

Im Süden, Norden und nach Westen hin sah ich, wie Panzer im

Schlamm der Winterüberschwemmung des Jordans steckengeblieben waren. Rauchsäulen stiegen von brennendem Kriegsgerät auf den Feldern und von den Gebäuden im Dorf auf. Die klare, reine Wüstenluft wich dem entsetzlichen Kriegsgestank – loderndes Benzin und Öl, brennende Maschinen und verkohlte Leichen.

Die IDF steckten in der Klemme.

Und ebenso Matan. Mein Fernmeldefeldwebel, mit dem Funkgerät auf dem Rücken, ging auf Matans Frequenz, um ihm unsere Position durchzugehen. Ich hörte, wie General Uzi Narkiss, der befehlshabende Offizier des Oberkommandos und Leiter der Operation, Matan Befehle zurief. »Bringen Sie Ordnung in Ihre Truppen, und machen Sie, daß Sie wegkommen.«

»Unmöglich«, antwortete Matan, in einem sehr viel gelasseneren Ton als der General. »Ich habe Verwundete«, erklärte er.

»Lassen Sie sie mit Hubschraubern rausbringen«, sagte Narkiss.

»Ich habe Probleme, an sie ranzukommen«, erklärte Matan.

Die IDF dürfen keine Verwundeten oder Toten zurücklassen. Wir sind ein kleines Land, und es gibt keine unbekannten Soldaten.

Ich schaltete mich über Funk ein. »Matan«, fragte ich, »wo seid ihr?«

Er nannte mir seine Position. »Ich komme euch zu Hilfe«, sagte ich, ohne auf eine Antwort zu warten. Er hätte wahrscheinlich gesagt, daß er keine Hilfe brauchte, aber mir klang noch deutlich das Wort »Probleme« im Ohr. Ich lief mit meinen Soldaten die anderthalb Meilen zu Matans Position nördlich von uns; unsere Gefangenen übergaben wir einer anderen Infanterieeinheit, die wir unterwegs trafen.

Sobald wir bei Matan waren, sah ich das Problem. Ein verwundeter Soldat lag etwa 30 Meter weit weg, unter heftigem Beschuß von Scharfschützen. Es würde nicht leicht sein, ihn dort lebend rauszuholen. Doch damit nicht genug. »Es steckt noch ein weiterer Trupp in Schwierigkeiten«, sagte er zu mir. »Der Offizier ist verwundet worden, und wir haben ihn rausgebracht. Alexander hat das Kommando übernommen.«

»Alexander ist ein guter Feldwebel«, erwiderte ich. »Er kommt schon klar.«

»Ich weiß«, räumte Matan ein. »Aber ihre Meldungen hören sich merkwürdig an. Sie sagen, sie haben sich verirrt und wollen, daß wir sie rausholen.«

Ich kannte Alexander. Er war ein kampferprobter Soldat, und daß er sich verirrt haben sollte, sah ihm gar nicht ähnlich. Die Tornisterfunkgeräte, die wir damals hatten, waren die besten der IDF, aber nicht perfekt. Ich versuchte, ihn zu erreichen, doch es vergingen nervenaufreibende Minuten, bis ich schließlich eine Antwort empfing.

»Wir sitzen zwar nicht fest«, sagte die Stimme im Funkgerät. »Aber Manövrieren ist schwierig.«

Seiner Beschreibung nach ortete ich ihn auf der Karte zwei Wadis weiter nach Norden hin. Ich sagte, sie sollten bleiben, wo sie sind, und bat Yisrael Arazi, einen guten Freund und meinen besten Zugführer, ein Dutzend Leute für einen Rettungstrupp auszusuchen. Minuten später waren wir beim ersten Wadi, wo wir nur auf geringen Widerstand trafen.

Als wir das zweite Wadi erreichten, sah ich Nissim, den Luftwaffenleutnant, der als »Trittbrettfahrer« mitgekommen war, und ich begriff sofort, was los war.

Nach der Verletzung des Zugführers hatte Alexander das Kommando übernommen. Nissim jedoch hatte sich auf seinen höheren Rang berufen und sich auf die Suche nach einer Abkürzung gemacht, um schneller in die sichere Nähe der um Karameh konzentrierten IDF-Truppen zu gelangen.

Er versuchte auf geradem Weg, also quer durch die Wadis, dorthin zu gelangen. Er wußte nicht, daß es sicherer ist, sich auf höher gelegenem Gelände zu halten und nicht in die Flußbetten hinabzusteigen, wo Höhlen, Felsbrocken und Buschwerk gute Deckung für einen Hinterhalt bieten und die rutschigen Ufer aus weichem Sand und Stein auf der Flucht schwer zu ersteigen sind.

Alexander wußte, daß man den Zug am besten an den Wadirändern entlangführte, wo es, falls man unter Feindbeschuß geriet, einfacher gewesen wäre, dessen Position festzustellen – und den Feind auszuschalten. Der Leutnant, der von taktischen Grundregeln keine Ahnung hatte und der Meinung war, daß Rang, und nicht Wissen, ihm Autorität verlieh, gefährdete meine Leute. Nissim hatte mit einem Spaziergang gerechnet. Als er dann ein richtiges Feuergefecht erleben mußte, wollte er nur noch raus. In einem Gefecht ist nichts gefährlicher als ein Dummkopf.

Arazi, wie immer ein Hitzkopf, zischte: »Bringen wir ihn doch gleich hier um«, wobei er darauf achtete, daß Nissim es mitbekam. Alexander lächelte schwach hinter dem Rücken des »Trittbrettfahrers«. Ich schluckte meinen eigenen Zorn hinunter und brachte meinen wütenden Zugführer mit einem Handzeichen zum Schweigen.

Wir holten Nissim aus seiner selbstgestellten Falle. Der Luftwaffenleutnant wollte eine Erklärung stammeln. Ein wütender Blick von mir ließ ihn verstummen. »Das klären wir, wenn wir wieder im Stützpunkt sind«, schwor ich und wies die Soldaten an, sich für den Rückmarsch zu formieren.

Ich übernahm die Mitte, hielt aber die Flanken im Auge, während die Soldaten ausschwärmten, so daß sie etwa fünf Meter Abstand von Mann zu Mann hatten. Wir schafften es über den Wadirand, schwitzend in der mittäglichen Wüstensonne, und hielten nach eventuellen Feindbewegungen Ausschau.

Ich ließ einen Dreimanntrupp oben auf dem Kamm zurück, der uns beim Abstieg in das nächste Wadi Deckung geben sollte. Wir rutschten und schlitterten förmlich nach unten in das Flußbett. Dann rannten wir im Slalom über den staubigen Wadiboden und kletterten die bröcklige Kalksteinwand zum nächsten Kamm hoch. Als wir das Plateau erreichten, rief ich den Leuten, die ich zurückgelassen hatte, zu, daß sie nachkommen sollten. Jetzt gaben wir ihnen Deckung für den Fall, daß hinter uns der Feind das Feuer eröffnete. Sie schafften es bis zu uns, ohne daß geschossen wurde, und wir stiegen in das zweite Wadi hinab. Ich ging in der Mitte, und Arazi bildete die Spitze.

Genau in dem Augenblick, als wir am gefährlichsten Punkt unseres Abstiegs in das Wadi waren, ohne Deckung mitten auf dem Hang, wurden wir von oben heftig beschossen. Ich warf mich zu Boden, etwa auf halber Höhe des Hangs, und sah, daß die Männer um mich herum dasselbe taten.

»Mich hat's erwischt«, rief Arazi, etwa 30 Meter unterhalb von mir im Wadibett. Er brach neben einem Felsen, der vom Boden aufragte, zusammen und preßte die Hände gegen den Bauch. Kugeln fegten über das Flußbett und ließen um ihn – und uns – herum den Staub aufspritzen.

Die drei Soldaten oben am Wadirand erwiderten das Feuer; die Feinde schossen Salven und einzelne Schüsse auf uns ab, so daß wir ständig unter Beschuß standen. Gut versteckt, hatte uns der Feind an einer Stelle erwischt, wo es nirgends Deckung gab. Die sirrenden Kugeln, die über unsere Köpfe hinwegjagten und rings um uns in den Boden schlugen, nagelten uns förmlich fest.

Ich suchte die nähere Umgebung ab. Gut 20 Meter vor uns, auf der anderen Seite des Wadis, lagen größere Felsbrocken, bis dahin konnten wir es schaffen. Das hätte jedoch bedeutet, daß ich Arazi zurücklassen mußte. Und das war ausgeschlossen. Er war schwer verwundet und den tödlichen Kugeln schutzlos ausgeliefert; seine Sicherheit hatte absoluten Vorrang für mich.

»Schafft ihn in Deckung«, befahl ich den Soldaten links von mir. Sie hatten diese Situation hundertmal geübt. Ein Soldat warf eine Rauchbombe. Sie flog durch die Luft, explodierte, und dichte Rauchschwaden breiteten sich aus.

Drei Soldaten liefen in die Rauchwand, um ihren verletzten Offizier zu bergen, wohl wissend, daß der dicke Rauch sie nur verhüllte, aber nicht vor den Kugeln schützte.

Sie wußten, was zu tun war. Arazi möglichst schnell in Deckung bringen. Doch als sich der Rauch lichtete, sah ich, daß meine Soldaten vor Panik wie erstarrt waren. Sie hatten alles vergessen. Ein Soldat kniete neben Arazi, ein zweiter hantierte mit einem Verbandspäckchen, und ein dritter stand da, dem unaufhörlichen Feindbeschuß ungeschützt ausgesetzt.

Ein Kugelhagel ging quer durch das Wadi auf uns nieder. Ich schoß mit meiner AK-47, meiner *Klatch*, wie wir die Kalaschnikows nannten, die wir im Jahr zuvor von der ägyptischen Armee im Sinai erbeutet hatten.

Auf dem Bauch liegend, in schiefem Winkel, den der Hang des Wadis bildete, sah ich knapp neben mir eine winzige Staubwolke aufwirbeln, als eine Kugel in den Boden schlug. Ich achtete nicht darauf und konzentrierte mich auf Arazi und die drei Soldaten, die wie gelähmt waren.

»Schafft ihn in Deckung!« rief ich.

Ich hörte ein leises Stöhnen neben mir. Ich blickte nach rechts. »Betser, ich bin getroffen«, sagte Engel, ein rothaariger Kibbuznik, der ein paar Meter entfernt lag. Ich musterte ihn genau. Oberhalb des Knies war sein grüner Kampfanzug dunkel von Blut.

»Es ist dein Bein«, sagte ich und lächelte ihm beruhigend zu. »Nicht deine Schußhand.« Er lächelte gequält zurück. »Schieß weiter«, sagte ich. Er tat es.

Ein drittes Mal rief ich den Soldaten bei Arazi zu, ihn auf die andere Seite des Wadis in Sicherheit zu bringen. Doch genau in diesem Moment fiel einer der drei neben seinem verwundeten Kommandanten geräuschlos zu Boden.

Seit Beginn des Gefechtes waren nur wenige Minuten vergangen, und wir hatten bereits zwei gute Männer verloren, den verwundeten Engel, der noch immer neben mir schoß, nicht mitgerechnet. Wenn wir hier nicht rauskamen, würden wir alle sterben.

»Hanegbi«, rief ich einem Soldaten zu, der etwa auf halbem Weg zwischen mir und Arazi war. »Geh runter und sag ihnen, sie sollen ihn in Deckung bringen.«

»Auf keinen Fall geh' ich da runter«, erwiderte Hanegbi.

»Hanegbi...«, wiederholte ich langsam und eindringlich. Vielleicht hatte er größere Angst vor mir als vor den feindlichen Kugeln, jedenfalls lief er auf Arazi zu. Doch nach ein paar Schritten warf sich Hanegbi unter heftigem Feuer zu Boden.

Mir blieb keine andere Wahl, als selbst zu gehen. Ich zog eine meiner Rauchbomben und schleuderte sie in das Wadi. Roter Rauch strömte aus der Dose. Sobald er sich in Schwaden ausbreitete, jagte ich den Hang hinunter auf Arazi zu. Während ich meinen Soldaten zu Hilfe eilte, feuerte ich mit meiner Kalaschnikow auf den Feind und wußte, daß meine Männer hinter mir das gleiche taten.

Eine plötzliche Böe blies den roten Rauch in die falsche Richtung, so daß ich völlig ungeschützt war, als ich im Zickzack quer durch das Wadi auf Arazi zulief. Als ich mich bei den letzten Schritten bückte, sah ich an seinem bleichen Gesicht, daß er unter Schock stand. Ich konzentrierte mich auf den Stoffgurt seines Koppeltragegestells und streckte im Laufen die Hand danach aus. Ich wollte ihn packen und hinter einen Felsbrocken an der anderen Böschung des Wadis in Sicherheit ziehen. Meine Aktion würde den Willen der Soldaten stärken, die in Panik geraten waren. Und wirklich, als sie mich sahen, während die Kugeln um uns herumpfiffen, gerieten sie in Bewegung. Ich griff nach Arazis Gürtel.

Da explodierte etwas in meinem Kopf.

Ich hatte das Gefühl, daß mein Kopf aufplatzte, wie von einer gewaltigen Axt getroffen. Die Wucht riß mich nach oben, und Zähne fielen mir aus dem Mund. Ein Blutschwall ergoß sich wie ein dicker roter Wasserfall über meinen Oberkörper.

Instinktiv griff ich mir an den Hals, wo die Kugel eingedrungen war. Doch nicht bloß das Blut strömte aus mir heraus, auch meine Kräfte.

Noch immer auf den Beinen, wurde mir klar, daß ich sterben würde. Der Gedanke hallte in mir wider und wider, bis sich schließlich eine einzigartige Gelassenheit einstellte, die rasch alle anderen Gedanken verdrängte.

Ein Soldat geht mit dem Gedanken in die Schlacht, daß ihm schon nichts passieren wird. Nur so kann er dem Tod ins Auge sehen. Es sollte niemandem etwas passieren. »Aber wenn doch, dann bestimmt nicht mir.« So hatte ich gedacht. Nun wurde ich eines Besseren belehrt.

Als befehlshabender Offizier war ich wirklich der letzte, der hätte verwundet werden dürfen. Doch je mehr meine Kräfte nachließen und die Empfindungen meines Körpers schwächer wurden, desto weniger Gedanken machte ich mir. Das Schießen um mich herum ging weiter, aber nichts war mehr von Bedeutung. Ich sagte der Welt Lebewohl, war bereit zu sterben. Noch immer auf den Beinen, ließ ich schließlich meine Hand sinken, die sich vergeblich bemüht hatte, die Blutung an meinem Hals zu stillen.

Heiße Wüstenluft brannte mir im Hals und füllte zu meiner Verblüffung meine Lungen, brachte mir mit einem Schlag zu Bewußtsein, daß ich leben würde – falls ich den Kugelhagel um mich herum überleben würde.

Auch wenn ich mich irgendwo in Deckung bringen konnte, so durfte ich mich nicht hinlegen, das wußte ich intuitiv, denn sonst würde ich in meinem eigenen Blut ertrinken. Ich muß auf den Beinen bleiben, dachte ich. Ich war nicht tot – zumindest noch nicht – und noch immer der Offizier und daher verantwortlich für meine Männer; für sie Hilfe herbeizuholen hatte für mich oberste Priorität.

Ich ging stur geradeaus, nahm die Schüsse hinter mir nur undeutlich wahr und stieg den Hang hoch, der aus dem Wadi hinausführte, wußte ich doch, daß nur ein paar hundert Meter entfernt Matan und seine Soldaten auf uns warteten, ohne etwas von unserer Notlage zu ahnen.

Wie wahnsinniges Trommeln knallten Gewehrschüsse in der Luft. »Betser, runter! Muki! Runter mit dir!« riefen Soldaten um mich herum. Doch ich marschierte weiter, allein, geradewegs den Hang hinauf.

Ein warmes, vertrautes Gefühl in meinen Stiefeln ließ mich an zu Hause denken, an die Felder von Nahalal, daran, wie wir die Bewässerungsrohre über ein Feld gezogen hatten, das die Nacht über bewässert worden war. Dann wurde mir klar, daß Blut, nicht Wasser, in meinen Stiefeln stand. Es sickerte durch meine Uniform nach unten, in meine Socken, und füllte die Springerstiefel.

Ich weiß nicht, wie lange ich brauchte, um zu Matans Stellung zu kommen, doch während ich allein dahinmarschierte, ein hoch aufragendes Ziel mitten in der Gefechtszone, wartete ich auf die feindliche Kugel, die mich töten würde, und dachte an all das, was schiefgelaufen war.

Irgendwie schaffte ich die ganze Strecke. Keine feindliche Kugel streckte mich von hinten nieder. Vor mir vertraute Gesichter, Soldaten, die ich ausgebildet und befehligt hatte, starrten mich an, das Entsetzen über mein Auftauchen spiegelte sich in ihren Augen wider. Rechts von mir sagte jemand, ich solle mich hinlegen. Ich winkte ab. Jede Kopfbewegung löste einen höllischen Schmerz aus, der durch den ganzen Körper lief. Ich versuchte zu sprechen, doch ich brachte nur ein gurgelndes Keuchen heraus.

Dr. Assa, der Arzt unserer Einheit, führte mich zu einem Felsen, wo ich mich hinsetzen sollte. Während er sich meine Wunde ansah, blickte ich an ihm vorbei und sah, wie Matan ein Rettungsteam zu meinen Soldaten ins Wadi schickte. Assa sah sich mein Gesicht an und wußte nicht, wo er anfangen sollte, während ein Sanitäter mein Hosenbein aufschnitt. Jetzt erst bemerkte ich, daß ich am Oberschenkel verwundet war. Die Kugel war bis zum Knochen eingedrungen.

»Willst du Wasser?« fragte jemand. Meine Hand zitterte nicht, als ich nach der Feldflasche griff. Doch als ich trinken wollte, lief mir das Wasser über die zertrümmerte Kinnlade. Ich blickte hinab auf meinen verletzten Oberschenkel und goß etwas Wasser auf die klaffende Wunde.

Das Warten auf den Sanitätshubschrauber kam mir vor wie eine Ewigkeit. Immer wieder mußte ich an die Gelassenheit denken, die ich in jenen Momenten empfunden hatte, als der Tod mich verführen wollte, und ich war versucht, die Augen zu schließen. Doch ich weigerte mich zu sterben. Ich dachte an mein Zuhause, an Nahalal, an Nurit und Shaul. Ich dachte an meine Eltern, an meine Verwandten und an meinen ältesten Bruder Udi, der sich irgendwo in Karameh in der Schlacht befand. Er war Offizier in einem Bataillon der Luftlandebrigade, und ich fragte mich, ob er auch verwundet worden war.

Ein paar Minuten vergingen, dann lag der Verletzte, auf den Matan zuerst getroffen war, auf einer Trage neben mir, bewußtlos. Weitere Minuten verstrichen, und Yisrael Arazi, weiß wie Wüstenkalkstein, lag neben ihm; er atmete noch. Als Shoham, der mitten im Kampf geräuschlos neben Arazi zusammengebrochen war, herangetragen wurde, sah ich, daß er bereits tot war. Dann brachte man Engel auf einer Trage. Er lächelte mich schwach an. Da meine untere Kinnlade weg war, muß das Lächeln, das ich ihm erwiderte, ein entsetzlicher Anblick gewesen sein.

Als der Sanitätshubschrauber endlich in der Nähe landete, wartete ich, bis alle anderen Verwundeten verladen waren, bevor ich selbst an Bord kletterte und mir hinten einen Platz suchte. Die Ärzte verständigten sich untereinander mit Handzeichen, während die schwirrenden Rotorblätter des Hubschraubers uns in die Luft hoben. Man schnitt Arazi die Uniform auf und spickte seine Arme mit Nadeln, die mit Bluttransfusionsschläuchen verbunden waren. Doch niemand wußte, was mit mir zu tun war. Ich atmete durch das Loch in meinem Hals. Das Blut floß nicht mehr in Strömen, sondern tropfte mir ununterbrochen vom Gesicht auf meine durchnäßte Uniform.

Ich stellte mit einem der Ärzte Blickkontakt her und signalisierte ihm mit der Hand eine Frage, wobei ich die Augen zwischen ihm und Arazi hin- und herschweifen ließ. Der Arzt blickte hinunter auf meinen Freund und sah dann wieder mich an. Er schüttelte den Kopf. Ich funkelte ihn wütend an, und er machte sich wieder an die Arbeit.

Wir flogen in niedriger Höhe Richtung Westen, zwischen den Rauchsäulen von zerstörten Panzern hindurch, über die grüne Oase des alten Jericho, der ältesten Stadt der Welt, über die kahlen alten Berge von Judäa, bis wir schließlich über den bewaldeten Hügeln von Jerusalem waren und das Hadassah-Krankenhaus vor uns lag.

Ich schaute zum Fenster hinaus. Unter uns sah ich einen arabischen Bauern bei der Feldarbeit; er führte einen von einer Kuh gezogenen Holzpflug. Er blickte zu dem Hubschrauber, der so niedrig über ihm flog, nicht einmal hoch. Er hatte von uns, dem Tod und Sterben an Bord, keine Ahnung und wußte nichts von der Schlacht, die nur wenige Meilen entfernt tobte.

★★★

Ich blieb die ganze Zeit über bei Bewußtsein, bis man mich im Hadassah-Krankenhaus in den Operationssaal schob. Erst die Anästhesie schloß mir schließlich die Augen. Ich öffnete sie acht Stunden später.

Mein Bruder Udi stand neben dem Bett. Er ist drei Jahre älter als ich und ebenso stämmig, wie ich groß bin. In meinen Augen ist er ein starker, ruhiger Fels der Verantwortung und Integrität.

Da man mir Mund und Kinnlade verdrahtet und verbunden hatte, konnte ich nicht sprechen. Er gab mir einen Schreibblock. Ich kritzelte meinen ersten Gedanken hin. »Arazi?« schrieb ich und hielt Udi den Block hin. Er schüttelte den Kopf. Arazi war tot.

Ich lag einen Monat im Krankenhaus. Meine Kinnlade war mit

Draht arretiert, daher nahm ich Flüssignahrung durch einen Strohhalm zu mir und konnte kaum sprechen. Auf der Station lagen ein Dutzend unserer Leute, die bei Karameh gekämpft hatten – Fallschirmjäger, Sturmpioniere, Panzerfahrer, Pioniere und Infanteristen. Die VIPs kamen zu Besuch und stellten ihre vorbereiteten Fragen; sie hörten weder richtig zu, was die Verwundeten sagten, noch wußten sie, was sie zu den Verwundeten sagen sollten, als wäre ihnen die ganze Situation peinlich.

Der alte Staatspräsident Salman Shasar ging an den Betten entlang und stellte seine Fragen: »Wie heißen Sie?« sprach er mich an.

»Er kann nicht sprechen!« riefen meine Kameraden. Der Präsident starrte mich weiter an, im Hintergrund drängelten sich Krankenhausmitarbeiter und Reporter und glotzten.

»Verstehe«, sagte der Präsident. »Und woher kommen Sie?«

Ein anderes Mal kam Yaffa Yarkoni zu Besuch, eine Sängerin, die schon seit der Gründung der Palmach die israelischen Truppen unterhielt. Sie sang ein paar Lieder und wurde dann auf mich aufmerksam, der ich mit verdrahteter Kinnlade und bandagiertem, mehrfach genähtem Hals dalag. Als sie in einem Lied eine Zeile über einen geliebten Menschen sang, kam sie an mein Bett und gab mir einen dicken Kuß. Ich muß ziemlich schlimm ausgesehen haben, daß man mir soviel Aufmerksamkeit widmete.

Die meiste Zeit sprachen wir auf der Station über das Geschehene. Jeder von uns erzählte die Ereignisse bei Karameh aus seiner persönlichen Sicht. Der Dialog zwischen den Überlebenden ist die allerbeste Einsatzanalyse. Wir wußten alle, was schiefgelaufen war. Doch die Politiker und Generale waren an unserer Meinung zu Karameh nicht interessiert. Die Vertuschung begann, denn schließlich standen gemeinsame Interessen auf dem Spiel.

Militärische und politische Entscheidungsträger, die für die Operation verantwortlich gewesen waren, gaben sich alle Mühe, daß die Öffentlichkeit nichts vom katastrophalen Ausgang der »Operation Inferno« erfuhr. In Zeitungsinterviews stellten Politiker und Generale Karameh sogar als überragenden Erfolg dar.

Dann pries Generalstabschef Haim Bar-Lev in Interviews, daß das Stoßtruppunternehmen sämtliche Ziele erreicht habe. Die Politiker und Generale konnten einfach nicht zugeben, daß die IDF ihre Ziele verfehlt hatten. Ihrer Ansicht nach bedeuteten mehr Gefallene und Verwundete größeren Heldenmut. Uzi Narkiss, der für die Operation verantwortliche General, zahlte stillschweigend seinen Preis. Ein paar Monate später hängte er seine Uniform an den Nagel und nahm einen ruhigen Job in der Politik an.

Die PLO ließ verlauten, Arafat sei mit einem Motorrad über die Straße Richtung Osten geflohen. Ich habe ihn nicht gesehen. Aber wenn die Sayeret rechtzeitig an Ort und Stelle gewesen wäre, hätten wir ihn und den Rest der PLO vielleicht erwischt und den Lauf der Geschichte verändert.

Ich weiß allerdings, daß die IDF an dem Tag etwa 30 Tote und 70 Verwundete zu beklagen hatten. Eine Schande ist es, daß die IDF drei Gefallene auf dem Schlachtfeld zurückließen; die Jordanier stellten sie zusammen mit den verlassenen Panzern im Zentrum von Amman zur Schau.

Die PLO stilisierte Karameh zu einem großartigen Sieg hoch, und das, obwohl wir Hunderte von ihren Leuten getötet und ihre Basis zerstört hatten. Die ruhmreichen IDF hatten sie angegriffen, und sie hatten überlebt. Und diesen Sieg hatten sie errungen, nachdem die IDF kaum ein Jahr zuvor die vereinten Armeen der arabischen Welt gedemütigt hatten.

Auf meinem Weg ganz ganz allein aus dem Feuergefecht zurück zu Matan, als ich auf die Kugel wartete, die mein Leben beenden würde, hatte ich über die großartige israelische Armee nachgedacht, die nicht ganz ein Jahr zuvor die gesamte arabische Welt zurückgeschlagen hatte, aber nun ohne Planung in die Schlacht gezogen war, überzeugt, daß die irregulären arabischen Truppen für sie ein Kinderspiel sein würden.

Ich dachte darüber nach, daß Soldaten ohne ihren Kommandanten – wie meine drei Untergebenen bei Arazi – in Panik geraten können. Und ich dachte darüber nach, wieso ich wegen meiner Verwundung so geschockt war; das lag nicht nur an den Schmerzen, sondern auch daran, daß ich meine Soldaten in ihrer Bedrängnis zurücklassen mußte. Und natürlich dachte ich darüber nach, daß ich gestorben war – und daß ich die Chance bekommen hatte, weiterzuleben.

Ein Sieg läßt sich an der Ausgewogenheit zwischen Planung und Ausführung der Aktion ermessen. Wenn du gewinnst, war deine Planung gut. Doch auch aus der Niederlage kann man lernen. Wo lagen die Fehler? Wurde der Widerstand unter- oder überschätzt? Gab es nachrichtendienstliche Lücken? War der Anmarsch falsch? Das Timing? Wurden die richtigen Mittel eingesetzt? Wer hat versagt? Wer ist in Panik geraten?

In unserem Fall klafften Planung und Ausführung weit auseinander. Wir hatten unsere Ziele nicht erreicht. Karameh hätte ein Paradebeispiel dafür werden können, wie sich eine aus vielen Teilen bestehende Organisation nicht zu einem Ganzen verbinden läßt. Doch die IDF fragten kein einziges Mal, was in Karameh falschgelaufen war. Es fanden Besprechungen statt – doch ohne Methode. Es wurden schriftliche Aufzeichnungen von Gesprächen mit Soldaten und Offizieren angefertigt – doch ohne Analysen. Es wurden keine offiziellen Resümees geschrieben, und niemand empfahl, weitere und gründlichere Ermittlungen anzustellen, solange alle die Ereignisse noch frisch im Gedächtnis hatten.

Von einem Tag auf den anderen hatte sich meine Wahrnehmung der IDF und ihrer Stärke wie auch meiner eigenen Unbesiegbarkeit für immer verändert. In Karameh hatte ich meine eigene Verwundbarkeit und die der IDF hautnah erfahren. Seit damals habe ich Karameh vor jedem Kampf, vor jedem Einsatz und jedem Projekt vor meinem inneren Auge gesehen und mir vorgenommen, die Fehler, die dort gemacht wurden, zu vermeiden. In Karameh habe ich gelernt zu lernen, und das erste, was ich gelernt habe, war, daß der Frieden noch lange auf sich warten lassen würde, wenn die IDF so katastrophal versagten.

Einmal besuchte mich Moshe Dayan zusammen mit Nurit im Krankenhaus. Ich hätte ihm gern erzählt, was ich gesehen und gelernt hatte, doch zu dem Zeitpunkt quälten mich neue medizinische Probleme. Ich hatte mich bei der Operation bei einer der Bluttransfusionen mit Gelbsucht infiziert. Ich konnte nur schlafen und Wasser trinken, das ich durch die entsetzlichen Drähte, die meine Kinnlade zusammenhielten, sogleich wieder erbrach. Die Gelbsucht war schlimmer als die eigentliche Verletzung, und sie setzte mich außerstande, über irgend etwas zu reden, geschweige denn über Karameh.

Vor mir lagen sechs Monate der Rekonvaleszenz, sagten die Ärzte. Aber ich würde die Verbindung zu meiner Einheit nicht verlieren. Das Brigadekommando machte meinen Bruder Udi zum stellvertretenden Kommandeur der Sayeret. »Die Betsers kommen und gehen« wurde in der Brigade zum geflügelten Wort. Derweil kehrte ich ins Jezreel-Tal zurück, um zu Hause in Nahalal gesund zu werden.

Grundwerte, Grundausbildung

Eine meiner frühesten Erinnerungen ist der süßsaure Geruch von Kuhmist und feuchtem Stroh, vermischt mit dem Geräusch dampfender Milch, die in Metalleimer spritzt, wenn meine Großeltern in der kleinen Scheune hinter dem Haus, meinem Geburtshaus, die Kühe molken.

Meine Großeltern, russische Revolutionäre und Sozialutopisten, zogen Landwirtschaft der Religion vor und hielten die Arbeit mit den eigenen Händen für die beste Ausbildung. Sie glaubten an Taten, nicht an Worte, eine Lebenshaltung, die für die ersten Siedler des Jezreel-Tals typisch war.

Aber sie liebten auch Ideen. Sie waren radikale Demokraten und wollten die jüdische Welt, wie sie sie kannten, auf den Kopf stellen. In ihrer Revolution wurden Juden Bauern, Arbeiter und Handwerker und nicht Intellektuelle, Kaufleute oder Bettler. Ihre Revolution führte sie zum Zionismus, der nationalen Befreiungsbewegung des jüdischen Volkes und des Landes Israel, einem dünn besiedelten Eckchen im zerfallenden Osmanischen Reich zu Beginn des 20. Jahrhunderts.

Mein Großvater Yisrael Betser stammte aus Rußland und kam über Argentinien nach Israel. Den Auftakt zu seiner Revolutionärslaufbahn bestimmten seine Eltern, indem sie von Rußland in den Norden Argentiniens in die jüdische Kolonie Moiseville zogen.

Aber schon nach einem Jahr reiste der Vierundzwanzigjährige 1907 weiter, und zwar allein um die halbe Welt, um sich den Zionisten im Lande Israel anzuschließen.

Zwei Jahre später lernte er meine Großmutter Shifra Shturman in Umm Juni kennen, südlich vom See Genezareth, am Ufer des Jordans, wo sie im Auftrag der zionistischen Bewegung zusammen mit fünf anderen eine Siedlung aufbauen sollten. Sie gründeten den ersten Kibbuz namens Degania. Am Ende des ersten Jahres in der Gemeinschaft heirateten Yisrael Betser und Shifra Shturman und zogen nach Südwesten ins Jezreel-Tal, wo sie in Merhavia bei dem Aufbau des zweiten Kibbuz mithalfen.

Meine Großeltern zogen noch mehrmals um und bekamen insgesamt sieben Kinder – Naham, meinen Vater, meine Onkel Moshe, Ya'acov und Zvi und meine Tanten Yardena, Sarah und Havah. Am Ende jedoch entschieden sie sich gegen ein Leben im Kibbuz, denn ihnen schwebte eine Siedlung vor, in der ihr individualistischer Geist nicht mit der Vorstellung vom Kollektiv kollidieren mußte. So kamen sie 1922 ins Jezreel-Tal nach Nahalal, einem von malariaverseuchtem Sumpfland umgebenen Berg. Hier gründeten sie mit fünf anderen Paaren ein Moshav, wie sie ihr landwirtschaftliches Gemeinschaftsprojekt nannten.

Im Moshav erhielt jede Familie ein gleich großes Stück Land und die gleichen Mittel, um das Land zu bebauen. Über den Verkauf ihrer Ernteprodukte brauchten sie sich keine Gedanken zu machen, denn die Moshav-Bewegung gründete eine Organisation, die sich eigens um den Verkauf kümmerte. Außerdem lebten in der Siedlung Handwerker und Kunsthandwerker, die sich mit ihren Fertigkeiten einen angesehenen Platz in der Gemeinschaft verdienten.

Nahalal war eine nach wissenschaftlichen Gesichtspunkten geplante Gemeinschaft, und so hatte schon die architektonische Anlage neben dem Symbolcharakter auch eine funktionale Bedeutung für die Organisation des Zusammenlebens. Die Siedlung war kreisförmig angelegt; an der Peripherie standen die Häuser, und das Land, das die Siedlung umgab, war wie eine Torte aufgeteilt, so daß jede Familie die gleiche Fläche Land bekam. Jedes Jahr planten die Bauern gemeinsam, was sie im kommenden Jahr anbauen sollten, und alle erhielten die gleiche Menge Saatgut und Geräte. Niemand besaß einen Traktor, wenn nicht auch alle anderen einen Traktor besaßen. Es herrschte das Gleichheitsprinzip.

Im Jahre 1921 wählte der Moshav meinen Großvater Yisrael Betser zum ersten *Muchtar*, dem Bürgermeister von Nahalal.

Meine Mutter Sarah Hurvitz, deren Familie bereits seit fünf Generationen im Land lebte, lernte meinen Vater Nahman im Kibbuz Haim im Jezreel-Tal kennen, und 1945 brachte sie mich im Hause meiner Großeltern in Nahalal zur Welt.

Dort verbrachte ich meine ersten vier Lebensjahre bis zum Ende des Unabhängigkeitskrieges. Als David Ben-Gurion erfahrene Arbeiter aufrief, beim Aufbau des Landes zu helfen, folgte mein Vater diesem Aufruf und ging mit uns nach Haifa, wo er bei etlichen großen Bauvorhaben mitarbeitete.

Doch im Jezreel-Tal fühlte er sich wohler – und ich mich auch. Unsere Rückkehr ins Tal kurz vor meinem achten Geburtstag war einer der schönsten Tage meines Lebens. Wir zogen zwar diesmal nach Bet She'arim, doch bis zum Haus meiner Großeltern in Nahalal brauchte ich nur zehn Minuten, wenn ich mit dem Pferd querfeldein galoppierte.

Ich wuchs barfuß auf – nicht, weil wir uns keine Schuhe leisten konnten, sondern weil wir es liebten, die Erde unter den Füßen zu spüren. Wie meine Onkel und Tanten und meine Geschwister erbte ich die Gene von Yisrael Betser, wodurch ich groß wurde, und die Gene von Shifra Shturman, wodurch ich stark wurde. Bereits mit 16 Jahren war ich größer als meine Freunde – 1,88 Meter. Und obwohl ich bloß 72 Kilo wog, war ich das reinste Muskelpaket und hielt mein Gewicht die ganzen Jahre in der Armee und danach.

Ich schwamm, spielte Basketball, ritt, doch Laufen war mein Lieblingssport, denn dabei fühlte ich mich frei. Später in der Armee war das eine der ersten Eigenschaften, die den Offizieren an mir auffielen. Bei den langen Märschen im Laufschritt kam ich immer als erster, zweiter oder dritter an.

Ich war in dem Glauben erzogen worden, daß wir als Bauern mit unserer Arbeit der Entwicklung des eigenen Landes dienen und als Soldaten das Land verteidigen. Daher war der Militärdienst für mich mehr als nur eine Pflicht, er war eine Verantwortung. Doch in unserer Familie und im ganzen Tal schwelgte man nicht in Kriegsgeschichten oder gab mit ihnen an; eigentlich wurden sie nur selten erzählt.

Viele Jahre lang hing ein Gewehr an der Wand im Eßzimmer meiner Großeltern, das gleichzeitig als Wohnzimmer diente. Das Gewehr war nicht als Dekoration gedacht und hatte auch keinen nostalgischen Wert, sondern war eine Verteidigungsmaßnahme. Einige Jahre vor meiner Geburt hatte ein Araber nachts eine Handgranate in ein Haus in Nahalal geworfen und ein Baby getötet. So etwas konnte jederzeit wieder passieren. Die *Fedayeen* kamen weiterhin über die Grenzen, um die Juden im Lande Israel zu terrorisieren.

Mit zehn Jahren konnte ich bereits mit einem Gewehr umgehen; es handelte sich um eine alte Lee-Enfield, die mein Vater zu Hause hatte. Doch ich lernte von meinem Vater nicht nur den praktischen Umgang mit der Waffe, sondern auch, daß die Araber uns erst dann im Lande dulden würden, wenn wir unsere Verteidigungsbereitschaft bewiesen. Frieden, nicht Krieg, war das Ziel, und um das zu erreichen, mußten wir stark sein.

Obwohl mein Vater zweimal als Soldat verwundet worden war, bekam ich von ihm nie eine Kriegsgeschichte zu hören. Im Jezreel-Tal schätzten Freunde und Nachbarn seine Tüchtigkeit als Bauer und seine stete Bereitschaft, anderen in Not zu helfen, ohne darüber viele Worte zu verlieren.

Wie die meisten Kinder im Jezreel-Tal erfuhren wir vom Heldenmut unserer eigenen Familien durch Hörensagen und durch Schulbücher über die jüngere Geschichte unseres Landes.

Da ich in Nahalal groß geworden bin, gehörten die Haganah und die Palmach zu meinen Wurzeln. Die Haganah, eine Selbstverteidigungsorganisation, die sich während der britischen Besetzung unseres Landes im Untergrund gebildet hatte, schützte uns vor den Arabern, als die Briten uns nur wenig Hilfe boten.

Als Angriffstruppe wurde die Palmach zum Vorbild für alle Sondereinheiten in den IDF. Da sie britische Militärtaktik und Kibbuz- und Moshav-Werte in sich vereinte, war die Palmach eine außergewöhnliche Militärtruppe, in der ein paar hundert junge Männer und Frauen zusammen kämpften. Mit Erfindungsgeist und Improvisationsgabe stellten sie sich der Übermacht des arabischen Feindes und erzielten trotz spärlicher Mittel mit ihrer Guerillataktik beachtliche Erfolge. Die Palmach-Kämpfer, unter denen ein großer kameradschaftlicher Zusammenhalt bestand, kamen von den Bauernhöfen und aus der Arbeiterbewegung. Sie waren die Elite der Jugend des Landes, wurden von Freunden angeworben und durch Schwur zur Verschwiegenheit verpflichtet.

Die besten Geschichten, die ich von den Älteren im Dorf zu hören bekam, waren für mich die, aus denen ich Anhaltspunkte und Hinweise auf geheime Waffenlager entnehmen konnte, die während des britischen Mandats im Tal angelegt worden waren, als Juden keine Schußwaffen besitzen durften.

Anhand dieser Hinweise führte ich meine Freunde zu Höhlen in den Bergen oberhalb von Nahalal oder zu Waffenverstecken unter den Dielenbrettern von alten Scheunen. Einmal grub ich einen alten Faulbehälter aus, in dem neben anderen Waffen eine Sten-Maschinenpistole versteckt war. Das Waffenlager hatte mein Vater angelegt – allerdings ohne mir je etwas davon zu sagen.

Als ich 15 wurde, ging mein Bruder Udi zur Armee – zur berühmten Luftlandebrigade. Wie ich hatte er nach alten Waffenlagern gesucht und die Waffen ausprobiert, die er in dem ehemaligen Steinbruch in den Bergen von Nahalal gefunden hatte. Doch als er zur Armee ging, veränderte er sich plötzlich. Soldat zu sein war für ihn kein Spiel mehr.

Wenn er nun von der Armee nach Hause kam, ging er mit seinen Freunden, ebenfalls frischgebackenen Soldaten, in die Berge. Ich belauschte sie, wenn sie von der Armee erzählten. Sie waren alle Kampfsoldaten und beklagten sich über harte Vorgesetzte und lachten über angstvolle Augenblicke, die sie überstanden hatten. Ich lauschte ihren Geschichten mit Begeisterung – nicht weil ich mich auf Krieg oder Kämpfe freute, sondern weil ich mich auf die Herausforderungen freute, die sie schilderten: die langen Märsche und schlaflosen Nächte, die aufregenden Fallschirmabsprünge und den Stolz darauf, ein guter Schütze zu sein.

Ich ging nicht gern zur Schule – eine landwirtschaftliche Oberschule in der Nähe von Haifa –, sondern lernte das Land viel lieber auf Wanderungen persönlich kennen, als in Schulbüchern darüber zu lesen. Häufig gingen meine Freundin Nurit und ich ein paar Tage oder Wochen wandern und campen, entweder im Bergland von Galiläa oder in der Negev-Wüste. Nichts machte uns mehr Spaß, als dem Verlauf eines Wadis zu folgen, an dem wir noch nicht gewesen waren.

Tatsächlich wurde die Erkundung von unbekanntem Gelände, wobei ich mich nur mit Hilfe einer Karte und an den Sternen orientierte, zu meiner liebsten Freizeitbeschäftigung. Wohl auch aufgrund dieser Begeisterung wollte ich in eine Sayeret, eine Sondertruppe der IDF, wo Geländeerkundungen zu den wichtigsten Voraussetzungen des Soldatenberufes zählen.

Und ich wußte, daß ich auf dem Gebiet der Geländeerkundung in der Armee noch sehr viel dazulernen würde, besonders in der Einheit, in die ich wollte – in der Sayeret der Fallschirmjäger, der besten Aufklärungseinheit in den IDF, die für Spezialeinsätze ausgebildet war.

Ich hatte nicht vor, Berufssoldat zu werden, weil ich wußte, daß in der Armee Disziplin verlangt wurde. Da ich aufgrund meiner Erziehung an moralische Autorität glaubte, die man sich selbst verdient, und nicht an die Autorität, die einem allein durch den Rang zufällt, rechnete ich damit, daß ich das Leben in der Armee einengend finden würde. Orden für Heldentum oder Tapferkeit reizten mich weniger als die Herausforderungen, die ich in einer Einheit finden würde, wo ich meine natürlichen Talente als Sportler und meine Liebe zur Natur voll entfalten könnte. Ich wußte, daß in mir ein guter Soldat steckte – als Sportler, als Geländeerkunder und vielleicht vor allem als Führungspersönlichkeit.

Im Sommer 1964 stählte ich also meinen Körper vor der Einberufung im November ein letztes Mal durch harte Arbeit auf dem Hof und sportliche Wettkämpfe.

Im Herbst 1964 wurde aus meinen Soldatenspielen Ernst. Zu jener Zeit gab es lediglich vier Eliteaufklärungseinheiten in den IDF. Das Oberkommando im Süden nannte seine Sayeret *Shaked*, was Mandel bedeutet. Die Shaked, unter anderem berühmt wegen ihres beduinisch-moslemischen Kommandanten Abed al-Majid, einem der Gründerväter der in den fünfziger Jahren entstandenen Einheit, spürte Feinde auf, die aus Ägypten oder Jordanien in den Negev eingeschleust wurden.

Al-Majid stammte aus einem Dorf in den Bergen oberhalb von Nahalal und kämpfte gegen die Palmach, bis Moshe Dayan ihn davon überzeugte, sich für die israelische Sache einzusetzen. Bei seinem Eintritt in die Armee nahm er den hebräischen Namen Amos Yarkoni an – und wurde ihr bester Spurenleser.

Das nördliche Oberkommando verfügte ebenfalls über eine Sayeret, die aus der Golani-Brigade rekrutiert wurde, einer Infanterieeinheit, die speziell für die Verteidigung der Nordgrenze zuständig war.

Die dritte Sayeret war 1964 gerade erst ins Leben gerufen worden und so geheim, daß ich bei meiner Einberufung von ihrer Existenz keine Ahnung hatte. Sie war direkt dem Generalstab unterstellt, und ihr Name wurde erst Ende der achtziger Jahre bekannt und auch nur deshalb, weil ihre Erfolge eine weitere Geheimhaltung unmöglich machten.

Kurz vor meiner Einberufung war also die Sayeret der Luftlandebrigade die berühmteste in den IDF. Innerhalb der Armee galt die Luftlande-Sayeret, die sich aufgrund ihrer Spezialeinsätze und Überraschungsschläge gegen den Feind einen Namen gemacht hatte, als inoffizielle Erbin der Einheit 101, einer legendären Truppe, die 1952 gegründet worden war.

Die 101. hatte die arabischen *Fedayeen* zurückgeschlagen, die als Saboteure und Terroristen über die Grenze ins Land gebracht worden waren. Ihre Soldaten gingen über die Grenze in feindliches Gebiet, um die Täter aufzuspüren und zu bestrafen.

Ariel »Arik« Sharon, der später General und Politiker wurde, und Meir Har-Zion, der bis zum heutigen Tage legendärste israelische Kämpfer, führten die 50 Soldaten der Einheit an.

Die 101. wird in den Geschichten, die man sich über sie erzählt, als wild und unkontrollierbar beschrieben, Soldaten, die ihre eigenen Regeln aufstellten. Aufgrund der radikalen Methoden der Einheit sahen sich die Politiker gezwungen, sie nach nur sechs Monaten aufzulösen. Doch sie hat den IDF bewiesen, daß auch sehr wenige Soldaten sehr deutliche Signale setzen können. Auf sie geht die Tradition zurück, im strategischen Kampf gegen den Terrorismus vorwiegend Guerillataktiken anzuwenden.

Nachdem die Offiziere und Soldaten der 101. Ende 1952 auf die übrige Armee verteilt worden waren, verbreiteten sich ihre Traditionen in sämtlichen Sondereinheiten der IDF. Der Geist ihres persönlichen Heldentums und die Fähigkeiten, die sie als Spurensucher und Kämpfer entwickelten, sind noch heute tief im Bewußtsein der Armee verankert.

Die Luftlandebrigade, die Sharon nach Auflösung der 101. befehligte, nahm als Speerspitze der IDF für sich in Anspruch, Nachfolger der legendären Einheit zu sein, und die Kundschafter der Brigade – die Sayeret – ließen sich von der 101. inspirieren.

An einem kühlen Novembertag brachten mich meine Eltern zur Rekrutierungsstelle, wohl wissend, daß ich in die Luftlande-Sayeret wollte. Wir verabschiedeten uns wie unter den Menschen im Jezreel-Tal üblich. Mein Vater und ich drückten uns einmal kräftig die Hand, und er sagte: »Viel Erfolg.«

»Auf Wiedersehen, *Abba*«, sagte ich und wandte mich dann an meine Mutter. »Auf Wiedersehen, *Ima*.«

Ich war ein gutes Stück größer als sie und beugte mich vor, um ihr einen Kuß auf die Wange zu geben. Sie packte meine Oberarme mit ihren starken Händen und flüsterte mir ins Ohr, daß sie mir Glück wünsche und ich auf mich aufpassen solle. Dann bestieg ich den Bus. So sind die Menschen im Jezreel-Tal – lakonisch und zurückhaltend, niemals sentimental.

★★★

Heutzutage erledigen die IDF die Einberufung per Computer, und alle Einberufenen wissen bereits vor der Ankunft in der Zentrale in etwa, wohin die Armee sie schicken wird. Damals gab es weder Computer noch ein modernes Erfassungssystem.

Doch einige Dinge ändern sich nie. Die Zentrale, ein Labyrinth von Holzbaracken, Schuppen und Dutzenden von Zelten auf den Lichtungen in den Wäldchen und auf den freien Feldern von Tel Hashomer östlich von Tel Aviv, ist für die Einberufung aller neuen Rekruten zuständig.

Was als Massenauftrieb von 18jährigen Rekruten zunächst mit einem heillosen Chaos beginnt, verwandelt sich rasch in die strenge Organisation der Armee – selbst bei den IDF, die als Volksarmee, die auf der allgemeinen Wehrpflicht beruht, ein gewisses Maß an Zwanglosigkeit erlauben.

Und so wie die jungen Rekruten heute wußten auch wir damals, im November 1964, daß wir nach den zweieinhalb Jahren Wehrpflicht zusätzlich einmal im Jahr einen Monat zu Reserveübungen herangezogen werden würden, und zwar bis zu unserem 40. Lebensjahr. Der größte Teil der IDF ist meist nicht in Uniform und bildet die Reservetruppe.

So ist es seit Gründung des Staates Israel immer gewesen. Ich wünsche mir heute, wie ich es auch damals getan habe, daß diese Pflicht für meine Enkel nicht mehr bestehen wird – für meine Kinder kommt es wahrscheinlich zu spät. Trotz der vielen Jahre, die sich Israel und die Araber mittlerweile bekriegen, liegt eine der echten Stärken der IDF darin, daß fast jede Familie in unserem winzigen Land weiß, was es heißt, einen Angehörigen in der Armee zu haben.

Ich bin sicher, daß Einberufungszentralen überall auf der Welt eines gemeinsam haben – brüllende Feldwebel. Der damals wohl berühmteste Feldwebel der IDF war Hezi, ein strenger, schnauzbärtiger, aus dem Jemen stammender Tyrann. Er trug eine Uniform mit messerscharfer Bügelfalte, und über der Brust hatte er eine Trillerpfeife an einer geflochtenen Kordel hängen.

In großen Menschenansammlungen fühle ich mich unwohl, was mit meiner Körpergröße zu tun haben mag – 1,94 Meter. In Israel überrage ich jeden um eine Kopflänge. Doch ich konnte kaum erwarten, daß es endlich losging. Deshalb war ich schließlich erleichtert, als ich Hezis Trillerpfeife hörte, mit der er uns in einen großen Saal trieb, wo er uns junge Rekruten sogleich in der besten Manier eines alten Hasen zur Schnecke machte. Wir wurden im Eiltempo durch mehrere Baracken geschleust und bekamen so viele Spritzen, wie ein Stachelschwein Stacheln hat. Dann ging es in einen riesigen Lagerraum, wo wir Uniformen, Seesäcke, Helme und Stiefel zugeworfen bekamen. Dann zurück in die Haupthalle, wo man uns an die Werbeoffiziere für die verschiedenen Armeeeinheiten verwies.

Die Werbeoffiziere versprachen uns das Blaue vom Himmel – Abenteuer, Aufregung, berufliche Vorteile –, falls wir ihre Kriterien erfüllten. Diejenigen, die die Anforderungen für die Kampfeinheiten nicht erfüllten, endeten als Schreiber und Fahrer, Koch und Adjutanten in den rückwärtigen Diensten. Für jemanden aus Nahalal gab es nichts Schlimmeres, als ein *Jobnik* zu sein – ein nicht für den Kampf vorgesehener Soldat.

Im Laufe der nächsten Tage besuchte ich sämtliche Rekrutierungsstationen von der Marine bis zur Luftwaffe, alle wollten mich für ihre Grundausbildung anwerben.

Doch ich wußte, wohin ich wollte: in die Luftlandebrigade und speziell in die Luftlande-Sayeret, die beste Elitetruppe der Brigade. Die Faszination, die sie auf mich ausübte, rührte nicht allein daher, daß mein Bruder Udi auch in der Einheit gedient hatte. Nach allem, was ich über die Sayeret gehört hatte, glaubte ich, daß es dort am interessantesten wäre.

Die Tests für die Luftlande-Sayeret begannen ein paar Tage nach meiner Ankunft in der Einberufungszentrale. Innerhalb eines Tages mußten wir Lang- und Kurzstreckenläufe, Hürdenläufe, Ringkämpfe und ein paar harte Basketballspiele absolvieren. Wir alle wollten auf die Werbeoffiziere Eindruck machen. Obwohl sie fast gleichaltrig waren, wirkten sie um einiges älter und sehr viel lebenserfahrener als wir. Am ersten Tag nahmen 70 an den Tests teil. Ich war aufgrund meiner Lauffreudigkeit, meiner drahtigen Muskulatur und meiner Körpergröße bei allen Übungen fast jedem überlegen.

In den nächsten vier Tagen erlebten wir bei den Tests den gleichen Ablauf; alle, die es nicht schafften, schieden aus. Schließlich, als insgesamt 40 von uns den Anforderungen genügt hatten, sagte man uns, wir sollten unsere Matchbeutel auf dem Dach eines Busses verstauen, der nach Tel Nof fuhr, zum Luftwaffenstützpunkt, dem Hauptquartier der Luftlandetruppen.

Und Schluß war es mit den Hätscheleien. Bring dies weg, bring das weg, schrubb dies, mach das sauber – so ging es ohne Unterlaß. Wir mußten Zwölfmeilenmärsche machen, und gerade wenn der Stützpunkt in Sicht kam, schickten sie uns in die andere Richtung, noch einmal zwölf Meilen.

Wir lernten die »Bergeübungen« kennen, eine in den IDF sehr beliebte Übung, um aus einem Zug von Rekruten eine festgefügte Einheit zu machen. Soldaten schleppten sich abwechselnd auf Tragen. Es ist unangenehm, einer der vier Träger zu sein, und noch schlimmer, auf der Trage zu liegen und durchgerüttelt zu werden.

Wir machten diese Übung Dutzende Male, im Laufschritt rund um den Stützpunkt herum, immer und immer wieder; wir lernten dabei, zusammenzuarbeiten, wir lernten, wer sich drückte und auf wen Verlaß war, wer Durchhaltevermögen besaß und wer bloß ein Schaumschläger war. Wenn die Offiziere genug von den Bergeübungen hatten, mußten wir mit unseren Betten über dem Kopf zehn Kilometer laufen, als Strafe dafür, daß einer von uns sein Gewehr nicht richtig geputzt hatte. Sie gönnten uns in 24 Stunden zwei oder drei Stunden Schlaf. Doch niemand zählte sie mehr, so sehr waren wir damit beschäftigt, die Grundlagen der militärischen Disziplin zu lernen.

Meine Begeisterung fürs Laufen erwies sich als nützlich. Da ich ein schneller Läufer war – ich war entweder der schnellste oder folgte dem Einsatzleiter auf den Fuße –, konnte ich meist ein paar Minuten für ein Nickerchen rausschlagen, während ich auf meine Kameraden aus dem Zug wartete.

Nach etwa zwei Wochen wurden wir nach Beit Lid geschickt, das mitten im Land unweit von Netanya liegt. Dort wurde unser Zug mit zwei regulären Zügen von Luftlanderekruten zusammengeschlossen. Gemeinsam absolvierten wir die dreimonatige Grundausbildung. Im Anschluß daran kam die Fallschirmsprungausbildung, und in den folgenden drei Monaten würden wir lernen, wie man eine Schützengruppe kommandiert. Erst nach diesem Kurs waren wir dann richtige Soldaten, berechtigt, die rote Uniformmütze und die roten Stiefel der Fallschirmjäger zu tragen sowie die silbernen Schwingen über der linken Hemdtasche unserer grünen Uniform. Am Ende der Ausbildung würden etwa 50 von uns ausgeschieden und zu weniger anspruchsvollen Einheiten geschickt worden sein.

Da wir für die Sayeret ausgebildet wurden, nahm man unseren Zug härter ran als die beiden anderen Rekrutenzüge. Wenn sie sechs Meilen marschierten, legten wir zwölf zurück. Wenn sie zwölf hinter sich hatten, marschierten wir weitere fünfzehn. Die Offiziere und Ausbilder unseres Zuges kamen allesamt aus der Sayeret, nicht aus dem regulären Bataillon. Von Anfang an gaben sie uns das Gefühl, daß diejenigen, die die Ausbildung bis zum Schluß durchstanden, einer ganz besonderen Familie von Soldaten und Offizieren angehören würden.

Die Soldaten in jeder Armee erzählen, daß zu ihrer Zeit die Grundausbildung sehr viel härter war als heute. Zu meiner Zeit gab es in der Armee keinerlei Vorschriften, die die Macht eines Soldaten einschränkten, der einen höheren Rang als den eines Feldwebels innehatte. Eine Stunde Schlaf und dann drei Stunden Laufen mit unseren Betten über dem Kopf; ein zwanzigminütiges Schläfchen, dann zwei Stunden eine drei Meter hohe Pyramide aus Steinen bauen, die wir im Gelände fanden. Wir wurden auf die Realität des Soldatenlebens vorbereitet, wenn es hieß, daß wir Tage, manchmal Wochen an einem Stück mit sehr wenig Schlaf auskommen müßten, um rund um die Uhr in aller Eile eine Operation vorzubereiten oder um rund um die Uhr in einem richtigen Krieg zu kämpfen.

In Beit Lid lernten wir auch den Umgang mit den verschiedenen Waffen des Zuges. Es handelte sich um 7.62-mm-Maschinengewehre, Granatwerfer und Bazookas. Unsere ersten Gewehre waren klobige FNs, die unter belgischer Lizenz in Israel hergestellt worden waren. Als Fallschirmjäger wurde von uns erwartet, daß wir alle Waffen bedienen konnten, und nachdem wir die FNs beherrschten, waren wir froh, daß wir als eigene Waffen Uzis bekamen. Nach dem Sechstagekrieg 1967 erhielten Kampfsoldaten Kalaschnikows, die man bei den von den Sowjets ausgerüsteten arabischen Truppen erbeutet hatte, und ich machte die Erfahrung, daß die Kalaschnikow die beste Universalangriffswaffe überhaupt ist. Ich habe in den kommenden 18 Jahren im aktiven Dienst und später als Reservist stets dieselbe benutzt.

Doch der Umgang mit Waffen hat mir nie sonderlich Spaß gemacht, obwohl ich die ganzen Jahre über, die ich in den Sondereinheiten der IDF war, immer mal wieder neue Waffen ausprobieren mußte. Ob die IDF nun vorhatten, sie zu kaufen, ob sie sie vom Feind erbeutet oder die Entwicklung einer neuen Waffe bei der israelischen Rüstungsindustrie in Auftrag gegeben hatten, die Soldaten der Eliteeinheiten waren die ersten, die sie ausprobierten.

Für mich waren die taktischen Geländeübungen, die Ausbildung in Topographie und Geländeerkundung weitaus interessanter. Mit meiner Liebe zur Geographie Israels war ich anderen gegenüber auf diesem Gebiet im Vorteil.

Wie in jeder Armee üblich, übten wir alles immer und immer wieder, so lange, bis wir es beherrschten. Rund um die Uhr, tagaus, tagein, lernten wir, unsere Fähigkeiten zu vervollkommnen, denn nur die allerbesten von uns würden die Ausbildung erfolgreich abschließen. Abgesehen von zweimal 24 Stunden, die wir während der Grundausbildung freibekamen, spielte sich unser Leben ausschließlich innerhalb unseres Zuges und unserer Kompanie ab, wobei wir von der übrigen Brigade kaum etwas mitbekamen, von der Welt draußen ganz zu schweigen.

Anfänglich war ich überrascht, wie schnell ich Gefallen an der Armee fand. Ich hatte nie großen Respekt vor Autoritäten, wenn sie sich nicht auf faire und moralische Grundsätze berufen konnten. Doch die Feldwebel und Offiziere hatten nie etwas an mir auszusetzen. In all den Wochen meiner Grundausbildung wurde ich kein einziges Mal persönlich bestraft.

Alle Soldaten der Sayeret – sogar neue Rekruten – werden dazu ermutigt, Vorschläge zu machen, wie sich die Leistungen der Einheit verbessern lassen, auch wenn das bedeutet, den kommandierenden Offizier zu kritisieren. In einer Sayeret ist kein Platz für blinde Bewunderung ranghöherer Offiziere. Das kam mir sehr entgegen. Meine Eltern haben mich dazu erzogen, an mich selbst zu glauben, für meine Überzeugungen einzustehen. Meine gesamte Armeelaufbahn hindurch habe ich Offizieren für das Respekt gezollt, was sie wußten und was sie mir beigebracht haben. Doch ich habe auch gelernt, daß es verschiedene Arten von Vorgesetzten gibt.

Manche verdienen sich den Respekt ihrer Soldaten, indem sie so hart ausbilden, daß ihre Leute schließlich genausoviel von dem Job verstehen wie der Offizier. Andere verschaffen sich nur dadurch Respekt, daß sie die Angst vor der Autorität schüren.

Die besten Offiziere sind von Natur aus Führungspersönlichkeiten; sie verbinden Distanz und Freundschaft miteinander, sie sind reserviert und persönlich zugleich, was für die Soldaten ein Ansporn ist. Solche Offiziere holen das Beste aus ihren Soldaten heraus, weil sie selbst Vorbilder sind, indem sie ihre Fairneß durch Taten unter Beweis stellen und indem sie durch Ehrlichkeit den Soldaten gegenüber ihre Integrität bewahren. So ein Offizier wollte ich werden.

Mein erster Kompaniechef, Giora Eitan, war einer von dieser Sorte. Er war der Neffe von Rafael »Raful« Eitan, unserem Brigadekommandeur, der es bis zum Generalstabschef schaffte und schließlich in die Politik ging. Giora starb im Sechstagekrieg auf den Golanhöhen.

Die anderen Soldaten in meinem Zug kamen überwiegend aus den Kibbuzim und Moshav-Höfen Israels. Die Jungen aus der Stadt verstanden meist mehr vom Kämpfen und wirkten zunächst etwas zäher als wir. Doch den meisten fiel die harte Arbeit schwer, und sie klagten häufig, besonders über den monotonen Drill.

Vielleicht ist einer der vielen Gründe, warum Bauern so gute Soldaten abgeben, der, daß wir lernen, geduldig zu sein; wir warten auf den Wechsel der Jahreszeiten oder nehmen das unberechenbare Wetter hin. So, wie wir wissen, daß wir in einer Jahreszeit die Saat ausbringen, um in der nächsten zu ernten, war uns nun klar, daß das in der Grundausbildung Gelernte uns im richtigen Gefecht zugute kommen würde. Doch die große Abschlußübung, die am Ende unserer Ausbildung in der Negev-Wüste stattfand, erschütterte meinen Glauben an die Richtigkeit dieser simplen Gewißheit.

Wir wurden mit unseren Lkws nach Süden gefahren und marschierten dann in die Wüste, wo wir kurz vor Tagesanbruch unsere Position erreichten. Der Kompaniechef hielt eine mitreißende Ansprache. Die Zugführer erteilten uns ihre Befehle.

Ich freute mich darauf zu erleben, wie sich unsere Züge zu Kompanien formierten und die Kompanien zu Bataillonen wurden, bis sich die gesamte Luftlandebrigade mit anderen Brigaden zu einer Armee auf dem Vormarsch verband. Dann blickte ich hinauf zu den alten Ölfässern, die oben auf der Bergkuppe in einer Reihe aufgestellt waren. So können feindliche Positionen nicht aussehen, dachte ich. Ohne Minenfelder durchqueren zu müssen, ohne Stacheldraht zu zerschneiden, ohne durch Schützengräben zu laufen und ohne unter Beschuß zu stehen, kam mir der Auftrag unserer Kompanie, den Hügel einzunehmen, nachdem zwei Jagdbomber der Luftwaffe Napalm abgeworfen hatten, albern vor. Das Ganze wirkte nicht echt auf mich.

Dazu kam noch ein Problem, über das ich mir schon während der gesamten Grundausbildung Gedanken gemacht hatte. Soweit ich es beurteilen konnte, hatte die Armee ganz andere Sorgen als fiktive Feinde bei einer Übung. Unsere Ausrüstung war eine Katastrophe. Mein Koppeltragegestell war eine Zumutung. Zu eng, zu schmal, einfach unbrauchbar, und ständig überlegte ich, wie ich die Stoffgurte verbessern könnte, an denen meine Ausrüstung befestigt war.

Als ich in der Grundausbildung das erste Mal frei hatte und nach Hause konnte, saß ich stundenlang beim Schneider in Nahalal und überlegte mit ihm, wie man den Stoffgurt umändern könnte, damit er zu meinem langen Oberkörper paßte. Ich lernte durchs Zusehen und machte dergleichen von da an selbst; ich nähte Taschen fest, damit sie mir nicht beim Laufen gegen den Körper schlugen, ich befestigte mit Draht Haken an dem Gürtel, um mehr Halterungen für die Ausrüstung zu haben.

Das Tragegestell war nicht das einzige Ausrüstungsproblem. Die kleinen, leichten Uzis waren aufgrund ihrer kurzen Reichweite und der geringen Anfangsgeschwindigkeit des Geschosses zwar gut für den Häuserkampf geeignet, doch auf größere Entfernungen verloren sie an Genauigkeit und Durchschlagskraft. Während der Übungen fragte ich mich, ob die Generale, die von einem Berg in der Ferne aus zusahen, von diesen und anderen Problemen wußten, beispielsweise von der mangelhaften Ausrüstung des einzelnen Soldaten oder den Krankentragen, die aus dem Leim gingen.

Am Ende der Übung hielten zuerst die Kompaniechefs, dann die Regiments- und schließlich die Brigadekommandeure Reden, in denen sie ein positives Resümee zogen. In meinen Ohren war es ausgemachter Mist.

Doch ich hoffte auf die zweite Phase unserer Ausbildung, die Fallschirmsprungausbildung. Die Offiziere kündigten an, daß wir dann eine neue Ausrüstung bekämen. Zunächst aber hatten wir eine Woche Urlaub.

Ich verbrachte die Woche zu Hause bei meiner Familie und meinen Freunden. Ich half meinem Vater morgens auf dem Hof, und den Rest des Tages war ich mit meinen Freunden zusammen, die ebenfalls eine Woche frei hatten. Nurit, die auch in der Armee war, war leider im Dienst. Sie fehlte mir.

Bei meiner Rückkehr nach Tel Nof war ich enttäuscht. Die Offiziere hatten zwar nicht gerade gelogen, doch die neue Ausrüstung, die wir bekamen, von der Uniform bis zur Uzi, bestand aus den gleichen alten Modellen, die wir bereits kannten. Also ging ich in meinem nächsten Heimaturlaub wieder zum Schneider, um mein Koppeltragegestell anpassen zu lassen.

Die Nacht der Pumpen

Das Flugzeug hebt ab, die Ringe der Reißleinen sind eingehakt, du stehst auf, gehst schwankend zur offenen Kabinentür, dein Herz klopft wie wild, während du in den wirbelnden Wind fällst, Sekunden vergehen, bis sich der Fallschirm öffnet, dann wird alles still.

Es war vor allem diese friedliche Stille über der Erde, die mir am Fallschirmspringen gefallen hat. Ich fliege nicht besonders gern. Meine Füße gehören auf die Erde. Doch ich freute mich jedesmal auf die Stille, die daher rührt, daß man mit dem Wind schwebt.

Die Grundausbildung war kein Vergnügen für mich. Das geht wohl allen so. Aber ich war mit meinen Leistungen zufrieden. In der Grundausbildung lassen sich alle Soldaten in drei Gruppen einteilen: diejenigen, die überhaupt keine Probleme haben, die, die einigermaßen klarkommen, und die, die zusammenbrechen. Schon bald wurde deutlich, zu welcher Gruppe ich gehörte.

Doch die Enttäuschung, die ich seit der Negev-Übung empfand, hielt an.

Nach der Fallschirmsprungausbildung kamen wir in den Kurs für Gruppenkommandanten, in dem Feldwebel ausgewählt werden und in dem man nach zukünftigen Offizieren Ausschau hält. 30 Prozent von uns waren bereits ausgesondert worden und waren entweder bei den regulären Fallschirmjägern oder bei weniger anspruchsvollen Infanterieeinheiten gelandet. Allmählich fühlten wir uns wie richtige Soldaten. Wir wußten, was wir bei gemeinsamen Aktionen zu tun hatten, und waren uns unserer Fähigkeiten und der Schlagkraft bewußt, die wir als organisierte Kampfeinheit besaßen.

Eines Tages bekamen wir Befehl, vor Premierminister Levi Eshkol einen Einsatz vorzuführen. Als Kind habe ich Zeitungsberichte über derartige Vorführungen gelesen, unter denen ich mir die aufregendsten Dinge vorstellte. Meist stand in den Zeitungen so etwas wie »die Fallschirmjäger bewiesen außergewöhnliche Kampfstärke«. Jetzt freute ich mich darauf, selbst dabeizusein.

Wir machten ein paar Übungssprünge, doch dann fand ein ranghöherer Offizier, daß das Ganze zu lange dauerte. Daher beschlossen die Kompaniechefs, einen kleinen Bluff zu inszenieren. Wir ließen die Bazookas, Granatwerfer und schweren Maschinengewehre am Boden, ohne daß die prominenten Gäste etwas davon mitbekamen, und sprangen mit leichter Ausrüstung. Das schwere Zeug nahmen wir erst nach der Landung wieder auf.

Am nächsten Tag berichteten die Zeitungen prompt, daß »die Fallschirmjäger« vor den Augen der Minister »ihr erstklassiges Können demonstriert« hätten. Wir machten noch lange unsere Witze darüber. Doch mich deprimierte es auch, daß die Armee mit Tricks arbeitete. Meine Haltung zur Armee erreichte ihren absoluten Tiefpunkt.

Doch dann wählte man mich für meinen ersten Einsatz hinter den feindlichen Linien als Bazookaschützen aus; mein erster richtiger Kampfeinsatz. Die palästinensischen *Fedayeen* aus Kalkiliya kurz hinter der Grenze im Westjordanland (damals noch Jordanien) störten fast täglich das Leben in Kfar Saba, einem Ort ein paar Meilen nordöstlich von Tel Aviv.

Sie verminten Straßen und überfielen mitten in der Nacht Bauernhäuser. Es kamen täglich unschuldige Menschen um. Die Generalität beschloß, Wasserpumpstationen, die die Dorfbewohner in der Gegend von Kalkiliya versorgten, sowie die einzige Tankstelle in dem Gebiet zu zerstören. Wir wollten die jordanische Regierung zwingen, hart gegen die palästinensischen *Fedayeen* durchzugreifen.

Ich war stolz, daß man mich für den Einsatz ausgesucht hatte, als einen von nur dreien aus unserem Zug, die einem Zug mit erfahrenen Soldaten angeschlossen wurden. In den vier Monaten, die wir an der Bazooka ausgebildet und dazu gedrillt worden waren, Munition zu sparen, hatte ich zum Üben insgesamt nur vier scharfe Geschosse abgefeuert. Jetzt übte ich, zum Neid der anderen jungen Soldaten unseres Zuges, mit vier scharfen Geschossen pro Tag, um mich auf den großen Tag vorzubereiten, an dem wir die Pumpstationen angriffen.

Der Auftrag versetzte uns in Euphorie, und in den folgenden zweieinhalb Tagen führten wir mit dem Rest der Einsatzgruppe Übungen durch. Am Morgen vor der Operation wurde ein letzter Appell abgehalten, nach dem die Kommandeure mitreißende Reden schwangen. Wenige Minuten später sollten wir zum Sammellager in einem Orangenhain in der Nähe der Grenze gebracht werden. Doch direkt nach den Reden kam einer der älteren Kämpfer aus der Einsatzgruppe mit einem seltsamen Anliegen zu mir.

»Hör mal«, sagte der Feldwebel. »Mein Zugführer sagt, wir sollen unsere Bazookas tauschen.«

Ich hatte ein französisches 82-mm-Panzerabwehrrohr, das ich wie meine Westentasche kannte. Er bot mir seine belgische 73-mm-Bazooka an. Ich verzog das Gesicht und tat so, als würde ich nicht verstehen, was er wollte. Ein Soldat gibt seine eigene Waffe niemals her.

Der Feldwebel wußte das. Doch er hatte eine Erklärung parat. »Deine hat mehr Feuerkraft«, sagte er, »der Zugführer meint, für den Einsatz brauche ich eine stärkere Waffe als meine.«

Ich beherrschte den Umgang mit der Bazooka. Jeder Schuß, den ich bei unseren Übungen abgegeben hatte, war ein Volltreffer. Doch wenn ich mich jetzt mit ihm stritt, würde ich vielleicht am Ende nicht mit zum Einsatz dürfen. Argwöhnisch fragte ich, ob seine Bazooka auch fehlerfrei funktionierte.

»Natürlich«, sagte er.

Die Bazooka hat eine Kontrollampe, die anzeigt, ob die Abzugsvorrichtung den elektrischen Kontakt schließt, der das Geschoß abfeuert. Die Lampe dient der Sicherheit des Ladeschützen, der hinter dem Schützen die Waffe lädt und vor dem Abschuß dem Abgasstrahl ausweichen muß. Ich nahm seine Bazooka und überprüfte den Testschalter. Er funktionierte.

Ein junger Soldat, der es kaum erwarten kann, an einer Schlacht teilzunehmen, und zu seinem ersten richtigen Einsatz abkommandiert wird, diskutiert nicht mit einem Feldwebel. Ich tat etwas, das man als Soldat niemals tun sollte – ich tauschte meine Waffe gegen die eines anderen.

Als wir in der Nacht die Grenze überquerten, schien es mir, als würde man das kleinste Geräusch bis nach Amman hören. Ich preßte meine Bazooka fest an mich, als wir uns leise durch die Wäldchen bewegten, immer darauf bedacht, möglichst keine Zweige zu streifen oder irgendwelche Tiere aufzuschrecken. Ein einziger bellender Hund konnte die Dorfbewohner am Rande von Kalkiliya wecken und Alarm auslösen.

Ich hatte regelrecht Panik davor gehabt, die Grenze zu überqueren, doch das legte sich, als ich sah, daß die Landschaft so aussah wie in Israel. Die jordanischen Bauern bauten zu dieser Jahreszeit die gleichen Getreidesorten an – auch wenn sie nicht über unsere Technologie verfügten. Und die Grenze, die das Land durchschnitt, konnte den Duft der Orangenhaine nicht zerteilen. Es war beruhigend, daß die Natur durch die Grenze nicht abgetrennt werden konnte, und ich wurde wieder zuversichtlicher.

Wir hörten das rhythmische Stampfen der Pumpstation, als wir uns ihr durch die Wäldchen näherten. Das Signal wurde weitergegeben, und ich kauerte mich hin, mein Ladeschütze direkt hinter mir, bereit, ein Geschoß ins Rohr zu schieben, sobald der Befehl kam.

Ich nahm die rechte Hand vom Abzug und wartete, daß mein Ladeschütze mir auf den Helm klopfte, das Zeichen, daß er beiseite getreten war und die hintere Austrittsöffnung der Bazooka frei war.

Das Zeichen kam. Ich legte die Hand an die Abzugsvorrichtung, zielte und feuerte.

Nichts geschah. »Öffnen!« schrie ich, wie wir es gelernt hatten. »Freigabe!« Er schlug mir auf den Helm, und ich betätigte den Abzug. Nichts.

»Geschoß wechseln«, sagte ich. Er tat es. Nichts. »Noch mal!« Wieder nichts.

Es war der größte Frust meines Lebens. Ich legte die Bazooka ab, nahm meine Uzi und feuerte wütend das ganze Magazin auf die Zementwände des Gebäudes leer. Wenn der Feldwebel, mit dem ich die Bazooka getauscht hatte, in dem Augenblick vorbeigekommen wäre – ich hätte ihn wahrscheinlich erschossen.

Dann kam der Befehl zur Feuereinstellung. Jetzt waren die Sprengtrupps an der Reihe und machten sich an die Arbeit. Wir traten den Rückzug an. Hinter uns zerriß die Explosion der zerberstenden Pumpen die Nacht, mit einem Feuerball, der sich im Nu in eine dicke Rauchsäule verwandelte, die noch dunkler war als die sternenklare

Nacht. Im Laufschritt verließen wir das Gebiet, bevor der Geruch des Rauchs uns erreichte.

In derselben Nacht berichtete ich meinem Zugführer, was mit meiner Bazooka passiert war. Am nächsten Morgen traf sich die ganze Kompanie zu einer Einsatzabschlußbesprechung, auf der die Kommandanten der einzelnen Einsatzgruppen berichteten. Danach schilderten die Zugführer den Ablauf der Operation. Mein Zugführer erwähnte, daß meine Bazooka versagt hatte.

Ich sprang auf, inmitten der dicht an dicht sitzenden Soldaten, und wandte mich den vorn sitzenden Offizieren zu. »Sir«, sagte ich direkt zu dem Kompaniechef, einem Hauptmann. »Es gab einen ernsten Vorfall.« Als einfacher Unteroffizier wählte ich meine Worte sorgfältig und sprach mit ruhiger Stimme, ohne jedoch an meinen Gefühlen einen Zweifel zu lassen.

»Schießen Sie los«, sagte der Kompaniechef.

»Ein Feldwebel hat die Tatsache ausgenutzt, daß ich ein junger Soldat bin«, fuhr ich fort. »Er wußte genau, daß ich meine Beteiligung an dem Einsatz nicht gefährden wollte. Er wußte, daß meine Bazooka funktionierte, und er wußte, daß seine Bazooka nicht in Ordnung war.«

Ich hielt inne, um sicherzugehen, daß sie mich verstanden, und überlegte mir genau, was ich sagen wollte. »Er hat mich hinters Licht geführt und gelogen, als er sagte, er hätte Befehl vom Zugführer. Und«, schloß ich, »er hat eine Situation herbeigeführt, in der ich im entscheidenden Moment der Operation nicht das in die Tat umsetzen konnte, was ich in der Ausbildung gelernt habe.«

Später erzählte mir einer meiner Freunde aus unserem Zug, ich hätte mich wie ein Kompaniechef angehört, nicht wie ein Unteroffizier.

Der Feldwebel wurde rot. Ich blickte den Kompaniechef an, in der Erwartung, er würde den Feldwebel umgehend aus der Sayeret entlassen. Einen Kameraden aus der Einheit zu hintergehen war für mich das Schlimmste, was ein Soldat tun konnte.

Doch Tzimel, der Kompaniechef – derselbe Tzimel, der später als »Trittbrettfahrer« bei Karameh dabei war –, sagte nichts.

So kam es, daß ich auch nach meinem ersten Einsatz weiterhin

Bedenken hegte, was die Armee betraf. Ich hatte an einer Operation teilgenommen, hinter der Grenze, ich hatte alles erlebt, was zu einem Kampfeinsatz gehört, Vorbereitung, Einsatzbesprechung, Befehlsausgabe, Truppenbewegung, Zielortung, Einsatz am Ziel, Rückkehr und Abschluß des Einsatzes. Das gefiel mir. Doch daß ein Feldwebel einen Soldaten hinterging – und daß ich klein beigegeben hatte –, wurmte mich.

Einige Wochen nach der »Nacht der Pumpen«, wie wir sie nannten, wurde Giora Haika unser neuer Kompaniechef. Er rief mich und vier andere aus unserem Zug in sein Büro und bot uns an, einen Offizierslehrgang zu belegen.

Ich hatte nie vorgehabt, Berufssoldat zu werden. Während ich in der Armee war, wollte ich mein Bestes geben, und dann nach Nahalal zurückkehren. Dieser Konflikt hat mich während meiner gesamten Zeit in der Armee begleitet. So sehr ich Nahalal und mein Zuhause liebte, so sehr liebte ich auch die Erfahrungen und Erlebnisse bei Sondereinsätzen, und als ich nun gefragt wurde, ob ich nach Hause zurückkehren oder weitere Zeit in der Armee bleiben würde, wußte ich, daß ich Offizier werden wollte.

Mir hatte es schon immer gefallen, die Führungsposition innezuhaben. In dem Lehrgang zum Gruppenkommandanten, den jeder in der *Sayeret* durchlaufen muß, hatte ich festgestellt, daß ich das natürliche Talent besaß, eine Truppe effektiv zu organisieren und zu leiten. In diesem Lehrgang hatte ich auch gelernt, daß die Arbeit eines Einsatzoffiziers zu 80 Prozent daraus bestand, theoretische und praktische Soldatenausbildung zu betreiben, und das hatte mir genausoviel Spaß gemacht wie die Entdeckung meiner eigenen Führungsqualitäten.

Die Teilnahme am Offizierslehrgang bedeutete, daß ich mich für sechs zusätzliche Monate, also bis Juni 1967, verpflichten müßte. Ich sagte spontan zu, denn ich wußte damals nicht, daß es das erste, aber nicht das letzte Mal war, daß die Armee mich bat, meine persönlichen Pläne zu ändern. Diese sollten jedoch noch durch weitaus stärkere, geschichtsträchtigere Kräfte beeinflußt werden.

Drei sture Kämpfer

Ein 120-Kilometer-Nonstopmarsch ist lang und ermüdend, eine Reise rund um die Uhr bis an die Grenze der Belastbarkeit. Doch ein gut vorbereiteter Soldat schafft die Strecke problemlos.

Es werden kurze Pausen von fünf bis zehn Minuten eingelegt, zum Essen macht man zwanzig Minuten Rast. Man trägt seine Kampfausrüstung – Gewehr, Koppeltragegestell mit allerlei Ausrüstungsgegenständen, etwas Proviant im Sturmgepäck. Nichts Besonderes.

Das größte Problem ist die Monotonie. Die ersten 10 oder 20 Kilometer sind gut zu schaffen. Nach 30 Kilometern wird man langsam müde, und etwa bei 40 hat man das Gefühl, man kommt nie an. Es ist eine meditative Erfahrung, eine der intensivsten Selbsterfahrungen, die ein Mensch machen kann. Du lernst dich kennen, deine Leistungsfähigkeit, deinen Körper.

Und deinen Kopf. Es ist eine gewaltige emotionale Anstrengung. Am Anfang plaudern die Soldaten miteinander. Doch schon sehr bald hat jeder seinen eigenen Rhythmus gefunden, hängt seinen Gedanken nach und weiß, daß niemand ihm helfen kann.

So geht es rund um die Uhr weiter. Ich habe dabei an meine Familie gedacht und daran, was sie gerade machen, während ich marschiere. Um halb fünf am Morgen ist mein Vater aufgestanden, um die Kühe zu melken. Um sieben ist mein kleiner Bruder zur Schule gegangen. Um sieben Uhr abends haben sie zusammen zu Abend gegessen. Und wir marschierten immer noch, über den weichen Sandstrand des Mittelmeeres, über die Berge von Galiläa, durch die Wüste Negev.

Allmählich werden die ersten Klagen laut. Mit einem Mal rennt ein Soldat los – er möchte die Sache endlich hinter sich bringen. Es geht darum, deinen Kopf von deinem Körper zu lösen, nicht an deinen Körper zu denken. Dein Körper muß seinen eigenen Rhythmus finden, dann kommt er allein klar.

Ich habe erlebt, wie einige Kameraden über Kilometer hinweg gestöhnt haben, und ich habe sie bewundert, weil sie trotz ihrer Schmerzen weitermarschiert sind. Der Marsch ist schon schwierig genug, wenn einem nichts weh tut. Wenn man Schmerzen hat, wird das Ganze zum Alptraum. Da ich sozusagen barfuß groß geworden bin, hatte ich an den Füßen eine dicke Hornhaut. Ich habe mir nie Blasen gelaufen.

Auf meinem ersten 120-Kilometer-Marsch am Ende der Grundausbildung fiel mir etwas Merkwürdiges auf. Ich beobachtete den Zugführer und den Kompaniechef. Ihnen schienen die Strapazen nicht soviel auszumachen, obwohl sie sich körperlich genauso anstrengten und nicht unbedingt besser in Form waren als wir.

Erst als ich den Offizierslehrgang machte, kam ich hinter das Geheimnis: Als jemand in verantwortlicher Position hat man einen psychischen Vorteil. Wenn du Menschen unter strapaziösen Bedingungen führst, mußt du für sie ein Vorbild sein. Je mehr Klagen du hörst, desto dynamischer wirst du. Als Vorbild bist du Kommandeur und nicht Soldat. Die Verantwortung, die du als Führungsperson trägst, läßt dich sämtliche Schmerzen, Strapazen und die ganze Monotonie vergessen.

Im Offizierslehrgang lernte ich Infanteristen aus der ganzen Armee kennen. Obwohl sie angeblich die Crème de la crème waren, die besten aus den einzelnen Truppengattungen, stellte sich bald heraus, daß diejenigen von uns, die aus der Luftlandebrigade kamen, vor allem wir fünf aus der Sayeret, noch bessere Soldaten waren als sie. Aufgrund unserer Gefechtserfahrung waren wir allen anderen Kadetten überlegen und auf taktischem Gebiet sogar unseren Ausbildern.

Nach etwa drei Monaten Lehrgang kam ein Adjutant der Luftlandebrigade zu uns in den Stützpunkt, um mit uns fünf aus der Sayeret zu sprechen. Wir warteten vor seinem Büro und fragten uns, warum man uns einen Adjutanten schickte. Als Kampfsoldaten der Sayeret sprachen wir niemals mit Adjutanten, den Schreibtischhengsten, deren Arbeit mit dem Fronteinsatz nur am Rande zu tun hatte.

Als erster ging Moshe hinein und kam nach wenigen Minuten wieder heraus. »Der Typ spinnt«, sagte er. »Wenn wir uns nicht mindestens für weitere 18 Monate nach dem Offizierslehrgang verpflichten, kommen wir nicht wieder in die Brigade. Direkter Befehl von Raful.«

Einige Kadetten im Lehrgang waren aus der regulären Luftlandebrigade. Meiner Ansicht nach konnte es sich nur um einen Irrtum seitens des Adjutanten handeln. »Wahrscheinlich gilt das für die anderen«, sagte ich. »Uns meint er bestimmt nicht.«

»Doch«, sagte Moshe. Ich wollte es noch immer nicht glauben. Aber auch die anderen erzählten das gleiche, als sie wieder herauskamen.

Als ich hineinging, wußte ich genau, was ich tun würde.

Ich salutierte. Der Adjutant bot mir einen Stuhl an. »Wie läuft's?« fragte er im Plauderton.

»Ganz gut«, erwiderte ich mürrisch. Er wartete, daß ich weitersprach. Doch ich schwieg und blieb stehen und wartete darauf, daß er mir mitteilte, was er mir zu sagen hatte.

»Hören Sie«, begann er jetzt im offiziellen Ton. »Ich habe Ihnen einen Befehl von Raful mitzuteilen. Jeder von Ihnen, der nach dem Lehrgang zurück in die Brigade möchte, muß sich für ein weiteres Jahr verpflichten, zusätzlich zu den sechs Monaten, zu denen Sie sich bereits als Teilnehmer des Offizierslehrgangs verpflichtet haben.«

»Moment mal, ich bin in der Sayeret«, sagte ich.

»Spielt keine Rolle«, entgegnete der Adjutant und studierte dabei die vor sich liegenden Unterlagen.

»Gut«, sagte ich, und schlug einen äußerst förmlichen Ton an. »Hiermit bitte ich um meine Entlassung aus der Offiziersschule.« Der Adjutant hob verblüfft den Kopf. Niemand hat jemals einen Offizierslehrgang abgebrochen. Ich fuhr fort: »Ich bitte hiermit um meine Rückversetzung in meine Einheit, wo ich meinen Dienst als Feldwebel, als einfacher Soldat und nicht als Offizier, fortsetzen werde.« Sein Mund klappte auf. Und um dem Ganzen noch eins draufzusetzen, fügte ich hinzu: »Eigentlich könnte ich auf der Stelle abreisen.«

Er schnappte nach Luft und suchte nach Worten. Schließlich sagte er: »Ausgeschlossen.«

»Was meinen Sie mit ausgeschlossen?« fragte ich aufgebracht. »Was Sie hier machen, ist Betrug. Wenn man mir vor dem Lehrgang gesagt hätte, daß ich mich für weitere zwei Jahre verpflichten muß...«

»18 Monate«, korrigierte er mich.

»Sie kapieren offenbar nicht«, konterte ich. »Es geht mir hier nicht um den genauen Zeitraum. Es geht mir ums Prinzip. Es ist Betrug. Hätte man mir gesagt, ich müßte ein Jahr länger machen, hätte ich mich vielleicht verpflichtet. Aber das hat man nicht. Und jetzt höre ich es von Ihnen? Mitten im Lehrgang? Das können Sie vergessen. Ich breche den Lehrgang ab und gehe zurück nach Tel Nof. Aus Prinzip«, fauchte ich ihn an.

»Hören Sie, das ist ein Befehl vom Brigadekommandeur«, entgegnete er in der typischen defensiven Art dieser Bürohengste, die sich immer auf höhere Stellen berufen. »Und ich werde ihm sagen, daß sein Befehl hier nicht sonderlich ernst genommen wird«, fügte er hinzu, wohl um mir zu drohen.

»Sagen Sie ihm genau das, was ich Ihnen gesagt habe«, erwiderte ich scharf, stand auf und ging nach draußen zu meinen Kameraden.

Ich erzählte ihnen, was ich gesagt hatte, und dann gingen sie nacheinander wieder zu dem Adjutanten und sagten ihm, daß sie sich ebenfalls nicht für eine zusätzliche Dienstzeit verpflichten würden. Es war jetzt eine Frage des Prinzips geworden.

Am nächsten Tag kam Giora Haika, unser Kompaniechef, und rief uns fünf zu einer Besprechung zu sich.

»Seid ihr alle verrückt geworden?« begann er.

Ich hob die Hand. »Zunächst einmal, wir haben in der Sayeret gelernt, daß man als Kampfsoldat nicht mit Adjutanten spricht. Wieso sind nicht Sie oder einer unserer Zugführer gekommen, um mit uns zu reden?«

Das brachte Giora aus dem Konzept. »Davon habe ich nichts gewußt«, gab er kleinmütig zu. »Ich bin darüber genauso überrascht wie ihr.«

Er verhielt sich beiden Seiten gegenüber loyal – uns und Raful. Er sagte nicht, ob er den Befehl für gut oder schlecht hielt, und äußerte sich auch nicht dazu, daß uns ein Adjutant und nicht ein

Offizier den Befehl übermittelt hatte. Doch er versprach, der Sache nachzugehen. Drei Tage später kam er mit schlechten Nachrichten wieder. »Die Sache ist komplizierter, als ich dachte«, sagte er. »Ihr kennt Raful ja. Er ist ein Dickkopf. Und er ist Brigadekommandeur. Denkt noch mal über das Ganze nach und sagt mir dann, wie ihr euch entschieden habt.«

Wir diskutierten ausführlich darüber, doch ich hatte bereits für mich entschieden, daß ich mit meinen Prinzipien nicht die Lebensplanung der anderen in Mitleidenschaft ziehen wollte. Einige hatten vor, in der Armee Karriere zu machen. Wenn sie sich mir anschlossen, konnte das ihre Chancen zerstören. Da Raful zu stur war, um zuzugeben, daß er einen Fehler gemacht hatte, war es zwecklos, ihn bekämpfen zu wollen. Ich schlug vor, daß jeder von uns am besten allein entschied, was er wollte. Doch auch die Betsers sind stur – vor allem in prinzipiellen Dingen. Ich machte meine eigenen Pläne.

Die zweitbeste Einheit nach der Luftlande-Sayeret war damals die Shaked, die Eliteaufklärungseinheit des Südkommandos.

Die Shaked war im Negev stationiert und hatte viele Kampfeinsätze gegen die aus Ägypten und Jordanien eingeschleusten Freischärler. Fast täglich hatten sie es mit Terroristen aus dem Gazastreifen zu tun, mit ägyptischen Geheimdienstoffizieren im Aufklärungseinsatz, jordanischen und palästinensischen Eindringlingen aus dem Jordangraben und Schmugglern aus den Beduinenstämmen, die über alte Routen von Afrika zum Persischen Golf durch die Sinaihalbinsel und den Negev nach Jordanien und von dort nach Saudi-Arabien gelangten.

Amos Yarkoni, der legendäre Kommandeur der Shaked, der als gebürtiger Beduine zuvor den Namen Abed al-Majid trug, kam aus dem Jezreel-Tal. Als Kind hütete er die Schafe seiner Familie auf den fruchtbaren Feldern, die meine Großeltern und ihre Freunde aus den Sümpfen im Tal gemacht hatten. Mein Vater und Moshe Dayan überwachten die Felder zu Pferd und vertrieben die Beduinen, die mit ihren Schafen die Moshav-Ernte zerstörten. Sie kämpften mit Stökken und Steinen um die Felder von Nahalal und das beduinische Weideland, bis mein Vater und Yarkoni schließlich doch noch gute Freunde wurden.

Der Unabhängigkeitskrieg unterbrach diese Freundschaft, als sich alle Araber, mobilisiert durch panarabische Propaganda, gegen uns verbündeten. Doch die Beduinen – wie die Drusen und Tscherkessen, die beiden anderen alten, staatenlosen Völker im Nahen Osten – haben eine alte Tradition, der sie ihr Überleben verdanken. Als Staatenlose schlagen sie sich im Falle eines Konfliktes auf die Seite des Stärkeren und verhalten sich loyal gegenüber dem Land, in dem sie leben.

Im Jahre 1948 erklärte die arabische Welt dem neugeborenen jüdischen Staat den Krieg; der Unabhängigkeitskrieg begann, und die Beduinen, Drusen und Tscherkessen unterstützten den Invasionsversuch der Araber. Abed al-Majid wurde einer der Führer der irregulären Milizen, die die jüdischen Siedlungen in dem Gebiet überfielen.

Doch als sich 1948 der Sieg der IDF abzeichnete, dachten viele Beduinen, die innerhalb der Grenzen Israels lebten, noch einmal über ihre Loyalität nach. Moshe Dayan traf sich mit Abed al-Majid und überredete ihn, sich auf die Seite Israels zu schlagen, ja sogar den IDF beizutreten. Seitdem können Beduinen, Drusen und Tscherkessen Angehörige der Sicherheitskräfte werden. Und aus dem gleichen Grund gehen syrische Drusen in die syrische Armee.

Als meine Freunde aus Nahalal, die in der Shaked waren, Amos erzählten, daß Nahman Betsers Sohn in seine Einheit wollte, setzte er alle notwendigen Hebel in Bewegung, um mich sofort nach Beendigung meines Offizierslehrgangs zu sich zu holen. Ich sollte für Amos einen neuen Skaked-Zug ausbilden. Ich wollte die Shaked in Aktion sehen, wie sie im Negev bewaffnete Palästinenser fing, die sich vom Gazastreifen und vom Westjordanland aus über die ägyptische und jordanische Grenze einschlichen.

Die Wochen vergingen, und ich absolvierte weiter den Offizierslehrgang. Ich war gerne in der Luftlandetruppe und wollte meine Chancen nicht gefährden, meinen Reservedienst bei der Sayeret abzuleisten. Ich hegte nach wie vor die unberechtigte Hoffnung, daß Raful doch noch eines Tages auftauchen würde, um uns den Befehl zu erklären. Als er nicht kam, beschloß ich, ihn persönlich aufzusuchen.

Ein paar Wochen vor Abschluß des Offizierslehrgangs hatte ich ein Wochenende Heimaturlaub und besuchte ihn in Tel Adashim, dem Moshav, in dem er lebte und der ein paar Kilometer von Nahalal im Jezreel-Tal liegt. Er kannte meine Familie und begrüßte mich herzlich als Nachbarn und einen seiner Soldaten. Zudem war er auf seine Fallschirmjäger besonders stolz.

Wir saßen in der kleinen Schreinerwerkstatt in seinem Hof. Ich kam direkt zur Sache. »Ich habe mich freiwillig für die Luftlande-*Sayeret* gemeldet«, begann ich, »weil sie die beste Kommandoeinheit der Armee ist. Sie sind unser Brigadekommandeur. Doch wegen Ihres willkürlichen Befehls verlasse ich die Fallschirmjäger und gehe in die Shaked.«

Aber statt seine Entscheidung zu begründen oder sie rückgängig zu machen, versuchte er mich zu überreden, mich für weitere zwei Jahre in der Brigade zu verpflichten.

»Das ist nicht nur eine Zeitfrage«, unterbrach ich ihn. »Wir fühlen uns von der Brigade getäuscht. Es war meine Idee, daß wir uns alle weigern, zur Brigade zurückzukehren. Die anderen können entscheiden, wie sie wollen. Doch ich werde mein Wort auf keinen Fall brechen.«

Raful bewundert jeden, der zu seinen Prinzipien steht und sich Kameraden gegenüber loyal verhält. Doch er machte seinen Befehl nicht rückgängig. Als ich ging, schwor er, daß er es schaffen würde, mich zurück in die Brigade zu holen.

Raful ist stur. Amos Yarkoni war genauso stur. Von allen Kommandeuren, die ich kennengelernt habe, liebte keiner seine Soldaten so wie er, und er hat nie den Kopf verloren. Er widersetzte sich Rafuls Bemühungen, mich zurück zur Luftlandebrigade zu holen, und wurde darin von Shaike Gavish, dem General des Südkommandos, unterstützt.

Für Amos war es mittlerweile eine Frage der Ehre, mich zu behalten, und ich glaube, es machte ihm genausoviel Spaß, Rafuls Forderungen, mich zur Luftlandetruppe zurückzuholen, abzuschmettern, wie es ihm Spaß machte, die Söhne der Pioniere des Jezreel-Tals auszubilden und zu befehligen.

Als ich in die Shaked kam, war Amos bereits über 40 und hatte nur noch ein Jahr als ihr Kommandeur vor sich. Er war ein kluger erfahrener Soldat, der mich in die Geheimnisse der Wüste einweihte. Er sprach fließend Hebräisch mit arabischem Akzent und trug einen sorgfältig gestutzten Schnäuzer. Eine schwarze Prothese in Form einer Faust ersetzte seine verlorene Hand. Mit der Zeit hatte er bei der Bedienung von Waffen seine eigene Methode entwickelt und konnte es so schnell wie andere mit zwei Händen.

Ein Großteil unserer Arbeit bestand darin, die Eindringlinge aufzuspüren, die – meist nachts – über die Grenze des Gazastreifens nach Israel kamen. Unsere Morgenpatrouillen nahmen die Spur auf, und wir machten uns auf die Jagd. Manchmal führten die Spuren zurück in den Gazastreifen. Häufig machten wir Gefangene. Manchmal kam es auch zu Feuergefechten. Unsere Gefangenen waren ägyptische Spione, palästinensische Terroristen, Schmuggler und Diebe.

Amos brachte uns bei, ihre Spuren zu lesen und die Zeichen der Wüste, der Felder und Wälder im Süden zu deuten. Ich lernte von ihm, wie man an einem verwelkten Blatt erkennen konnte, wie lange es her war, daß jemand darauf getreten hatte. Ich lernte an den Fußspuren zu unterscheiden, ob jemand gelaufen war oder im Hinterhalt gehockt hatte, ob sie von ägyptischen Armeestiefeln oder den Schuhen eines palästinensischen Terroristen stammten.

Für einen Beduinen haben die Spuren in der Wüste dieselbe Bedeutung wie für Menschen, die in der Stadt aufwachsen, die Verkehrszeichen. So wie die Menschen in der Stadt auf Ampeln achten, achten Beduinen auf Fußspuren im Sand, denn bei einem Fremden in der Wüste kann es sich um einen Dieb oder Schmuggler handeln, um einen feindlichen Kundschafter oder um jemanden, der einen Hinterhalt legen will.

Amos' Unterweisungen, die den Jungen aus der Stadt vollkommen Neues offenbarten, ließen für uns vom Lande die Landschaft auf eine Art und Weise lebendig werden, wie ich es mir nicht hätte träumen lassen. Nach wenigen Wochen konnte ich die Fußspuren meiner Soldaten lesen und genau sagen, wie müde sie nach einem langen Marsch waren und ob jemand von ihnen gehumpelt hatte. Ich habe im Laufe der Jahre viele Beduinenkundschafter kennengelernt, doch Amos war ihnen allen in jeder Hinsicht haushoch überlegen; er verstand mehr von der Natur, er war ein besserer Vorgesetzter, ein integrer Familienvater und fühlte sich der Shaked wie kein anderer verpflichtet.

Er erteilte keine Befehle. Er unterrichtete uns anhand von konkreten Beispielen und nicht mit Hilfe von Theorien. Spuren lesen, so lehrte er uns, heißt, sich buchstäblich in die Schuhe des anderen zu versetzen. Einmal verfolgten wir nachts eine Gruppe Terroristen, die vom Gazastreifen her eingedrungen war; die Spuren deuteten auf vier Männer hin und führten zu einem Lagerschuppen in dem Orangenhain eines Kibbuz nahe der Grenze. Doch aus dem Hain hinaus führten mit einemmal die Spuren von fünf Männern. Wir waren alle verwirrt. Wo war der fünfte Mann hergekommen? Wer war er?

Amos hockte sich neben den Spuren hin und studierte sie eine Weile. Dann stand er plötzlich auf und verschwand in dem Wäldchen. Kurz darauf kam er wieder und hielt zu unserem Erstaunen das Messer eines ägyptischen Kommandosoldaten in der Hand.

»Ganz einfach«, sagte er. »Einer von den vieren hat etwas verloren oder vergessen«, erklärte Amos. »Er ist in seiner eigenen Spur zurückgegangen und dann wieder dort weitergegangen, wo er bereits langgegangen war. Ich habe seine Spur zurückverfolgt und habe gesucht, was er verloren hat«, sagte er, und aus seinem Mund klang es wirklich ganz einfach.

Wir waren die Könige des Negev, von Beersheba bis Eilat, und machten Jagd auf Diebe aus dem Gazastreifen, die Bauernhöfe ausraubten, wir verfolgten ägyptische Nachrichtentrupps und lockten palästinensische Freischärler in Fallen. Wir nahmen sogar ein paar Israelis – Araber, Drusen und sogar Juden – gefangen, die heimlich das Land verlassen wollten, weil sie in Schwierigkeiten geraten waren.

Abgesehen von den täglichen Patrouillen zur Sicherung der Grenze, die sehr wichtig sind, ist es die Aufgabe einer jeden Armee, sich für den Krieg zu rüsten. Neben meinem Einsatz bei der Terroristenbekämpfung betraute mich Amos von Anfang an damit, einen Zug auszubilden.

Jeder noch so junge Soldat oder Offizier wußte, daß es trotz der Waffenstillstandsabkommen mit Ägypten, Syrien, Jordanien und dem Libanon zum Kriegsausbruch kommen konnte. Im Januar 1967 war die Situation so, daß damit genausogut im Laufe des Jahres oder erst in fünf Jahren zu rechnen war. Die arabischen Staaten machten kein Hehl aus ihrer Absicht, weiterhin gegen unsere Besiedlung des Landes zu kämpfen. Für jede Armee-Einheit ist es von vorrangiger Bedeutung, für den Krieg gerüstet zu sein.

Amos gab mir 50 gute Soldaten, und ich trennte die Spreu vom Weizen, so daß am Ende 30 ausgezeichnete Kämpfer übrigblieben. Der Schlüssel zum Erfolg einer Sayeret ist die Beherrschung der Fertigkeiten im Gelände, insbesondere Kartenkunde und Orientierung. Im Krieg erkundet die Aufklärungseinheit vor den vorrükkenden Panzertruppen die feindlichen Stellungen; sie überwältigt entweder den Feind oder übermittelt den Panzertruppen die Informationen, die sie benötigen, um ihre Aufgabe zu erledigen.

Meine Soldaten sollten lernen, sich rasch, aber mit Bedacht zu bewegen. Ich wollte, daß sie genau wußten, welche Spuren sie selbst hinterließen und wie die Spuren von anderen zu deuten waren. Sie sollten wissen, wie sie aus eigener Kraft überleben konnten, zum Beispiel wie sie in der Wüste Nahrung fanden oder wie die natürlichen Gegebenheiten der Landschaft zu nutzen waren: Felsspalten als Versteck, zur Deckung oder Tarnung, Punkte, an denen man dem Feind auflauern konnte oder die dem Feind als Beobachtungsposten dienen konnten.

Sobald sie die Grundlagen beherrschten, teilte ich sie in Zweier- oder Dreiergruppen ein und schickte sie zu Orientierungsübungen auf lange Märsche, die bis zu einer Woche dauerten. Ich selbst ging allein von einem Trupp zum anderen, so wie sie im Negev verstreut unterwegs waren, und näherte mich ihnen während eines Marsches oder an einem Rastplatz. Wichtig war mir, daß ich sie dabei jedesmal überraschte, und um ihre Reaktion zu testen, gab ich in ihrer unmittelbaren Nähe ein oder zwei Schuß ab. Ich hatte noch allzugut in Erinnerung, wie sehr ich über die gestellten Gefechtsübungen enttäuscht gewesen war, die ich in meiner Grundausbildung erlebt hatte. Ich wollte, daß meine Leute in realitätsnahen Situationen die Wirklichkeit des Soldatenlebens erfuhren und lernten, daß sie nur dann überleben konnten, wenn sie allzeit auf der Hut waren. Und dafür sorgten meine unkonventionellen, aber effektiven Methoden. Ob sie nun eine Übung mitten im Negev durchführten oder an der Front kämpften, sie waren rund um die Uhr Soldaten und mußten wissen, wie man wachsam bleibt. Wenn ich auf eine Gruppe stieß, die ihre Waffen nicht griffbereit hatte oder wenn ich sie dabei erwischte, daß alle gleichzeitig ein Nickerchen machten, gab ich aus meinem Versteck ein paar Schüsse über ihre Köpfe hinweg ab, eine Lektion, nach der sie niemals wieder ihre Wachsamkeit vernachlässigten.

Dieser Zug blieb fast 20 Jahre als Reserveeinheit zusammen. Noch heute sprechen mich Soldaten an, die damals bei mir die harte – aber herzliche – Ausbildung gemacht haben, und der Tenor ist immer der gleiche: »Muki, deiner Ausbildung verdanken wir, daß wir nach den ganzen Kriegen noch am Leben sind.« Und sie haben viele mitgemacht – vom Sechstagekrieg im Jahre 1967 bis zum Libanonkrieg 1982.

Im Februar 1967 heirateten Nurit und ich schließlich und zogen in das Dreizimmerhaus der Familie Dayan. Als Offizier konnte ich fast jedes Wochenende nach Hause – manchmal auch mitten in der Woche –, außer wenn die Einheit einen Sondereinsatz hatte.

Im April stand mir kurz vor Ablauf meiner Wehrpflicht noch ein Monat Urlaub zu. Danach würde ich einer Reserveeinheit angehören, in der ich, solange ich körperlich fit war, einen Monat pro Jahr Dienst tun würde.

Ich wollte meinen Reservedienst wieder bei den Fallschirmjägern ableisten. Das war die Einheit, in die ich gehörte.

Aber Amos wollte mich in der Shaked. Niemand wußte, wie alt Amos genau war – nicht einmal Amos selbst, doch noch im selben Jahr beschloß der alte Beduine, daß es an der Zeit war, das Kommando abzugeben. Sein Stellvertreter Binyamin »Fuad« Ben-Eliezer, ein stämmiger Oberst mit schmalen Lippen und einem ansteckenden Grinsen, löste Amos als Kommandeur der Shaked ab. Fuad wurde später General und ging danach in die Politik. Doch zunächst einmal wollte Amos, daß ich bliebe und Fuad bei der Übernahme des Kommandos unterstützte.

Eines Abends, wir saßen in seinem spartanisch eingerichteten Büro bei einem Glas schwarzen Tee, machte Amos mir ein einmaliges Angebot. »Du wirst eines Tages General«, sagte er in seinem sachlichen Ton zu mir. »Bleib hier bei uns im Südkommando, und ich gebe dir eine Kompanie«, lockte er. Damit wäre ich einer der jüngsten Kompaniechefs in den IDF gewesen. Aber es hätte auch bedeutet, daß ich mich für weitere zwei Jahre verpflichten mußte. Und ich hatte doch nicht vor, Berufssoldat zu werden.

Ich schüttelte den Kopf. »Ich gehöre zu den Fallschirmjägern«, erwiderte ich, »und das wissen Sie. So gern ich auch in der Shaked war, die Fallschirmjäger sind mir am liebsten. Sie wissen, wieso ich zur Shaked gekommen bin – wegen meiner Auseinandersetzung mit Raful. Aber jetzt habe ich meine Pflicht erfüllt und an meinen Prinzipien festgehalten.«

»Denk darüber nach«, bat er. »Versprich mir, daß du darüber nachdenkst.«

»Ich verspreche es«, sagte ich. »Aber Sie kennen mich. Ich werde meine Meinung nicht ändern.«

Ende April 1967 schloß mein Zug die Grundausbildung ab.

Am letzten Abend nach einer langen Geländeübung saßen wir am Lagerfeuer im Negev unter einem sternenklaren Himmel. Einige meiner Leute holten eine Flasche Wein hervor und ließen sie zur Feier des Tages kreisen. Ich selbst trinke keinen Alkohol – und mute es Freunden niemals zu, mich singen hören zu müssen –, aber es war schön, die anderen in fröhlicher Stimmung zu erleben.

Doch nach einer Weile stand ich auf und ging ein Stück hinaus in die Wüste, um die Sterne zu betrachten und über meine Zukunft nachzudenken. In wenigen Wochen würde ich wieder Zivilist sein, nach zweieinhalb Jahren Wehrdienst plus den sechs zusätzlichen Monaten nach dem Offizierslehrgang.

Nurit war schwanger, und in Nahalal wartete die Arbeit auf dem Bauernhof. Wir schmiedeten Pläne, fremde Länder zu bereisen. Als Teenager hatte Nurit in Tansania gelebt, wo ihr Vater in einer Militärdelegation seinen Dienst leistete.

Afrika klang interessant. Und obwohl ich die Schule vor der Armee nie besonders ernst genommen hatte, reizte mich immer mehr der Gedanke, Geographie zu studieren.

Ich war mit mir zufrieden. Ich hatte zwar keinen Krieg erlebt, aber ich wußte, daß ich für den Ernstfall gerüstet war. Und ich wußte auch, daß es eines Tages Krieg geben würde. Die Araber duldeten uns noch immer nicht im Lande Israel. Und wenn es zum Krieg kam, wollte ich das Land als Fallschirmjäger in der Speerspitze der IDF verteidigen.

Nur wenige Menschen schaffen es, mich in der Wüste zu überraschen. Amos war einer davon. »Muki, ich möchte mit dir reden«, sagte Amos leise, als er plötzlich mit Fuad hinter mir auftauchte.

»Ich habe mich entschieden, Amos«, sagte ich, weil ich wußte, was sie wollten. »Ich gehe nach Hause. Und ich werde Reservist bei den Fallschirmjägern.«

Amos seufzte. »Ich weiß. Aber wenn du schon nicht bleiben willst, um Fuad bei der Übernahme der Einheit zu unterstützen, dann tu mir bitte einen anderen Gefallen. Geh zur Einberufungsstelle in Tel Hashomer, und übernimm die Rekrutierung für die Shaked. Ich will, daß er«, und dabei zeigte Amos mit seiner schwarzen Faust auf Fuad, »die besten Rekruten bekommt, die du finden kannst.«

Ich schuldete Amos etwas dafür, daß er mich nach dem Streit mit Raful in die Shaked geholt hatte. Es war nur einen Monat Arbeit, und einen Großteil davon könnte ich in Nahalal sein, das nur zwei Stunden nördlich von Tel Hashomer liegt. Keiner von uns ahnte, daß der Krieg meine Pläne zunichte machen würde. Statt im Juni 1967 entlassen zu werden, sollte ich meinen ersten Krieg erleben.

Kampf um Ehre

Ich weiß nicht, ob es damit zusammenhängt, daß wir in einer kollektiven Siedlung groß geworden sind, daß wir in einer fest zusammengewachsenen Gemeinschaft lebten oder daß wir als Kinder unsere Aggressionen bei der harten Arbeit auf dem Hof abreagierten, jedenfalls hatten die Jugendlichen im Jezreel-Tal zu meiner Zeit keinerlei Erfahrung mit der rohen Gewalt, die aus Haß erwächst, geschweige denn damit, einem anderen bewußt Schmerzen zuzufügen.

Wie viele Jugendliche überall auf der Welt, die in guter körperlicher Verfassung sind und patriotische Gefühle haben, hielten wir uns für tapfer. Doch obwohl wir genau wußten, daß wir zur Armee gehen würden, und hofften, daß wir im Kriegsfall den Feind für sein Land sterben lassen würden und nicht er uns für unser Land, hatten wir keine Ahnung von wirklicher Gewalt. Wir waren in dem Bewußtsein erzogen worden, daß Gewalt zur Selbstverteidigung notwendig ist, aber wir wiesen jede Form von Haß zurück, die zu blinder Gewalt führt. Ich haßte Terroristen, nicht die Araber. Ich haßte den Krieg, nicht die Armee.

Als Kind fuhr ich jedes Jahr mit der *Noar HaOved* ins Zeltlager. Die Noar HaOved war eine pfadfinderähnliche Organisation, die der Moshav-Siedlungsbewegung angeschlossen war, zu der meine Eltern gehörten. Das Zeltlager fand jedes Jahr woanders statt, und zwei Wochen lang lebten wir unter freiem Himmel, machten Wanderungen und besuchten historische Stätten. Unsere Gruppenleiter waren Teenager wie wir, höchstens zwei oder drei Jahre älter.

In dem Jahr, als ich 14 wurde, ging es in ein Waldgebiet in der Nähe von Hadera, auf halber Strecke zwischen Haifa und Tel Aviv. Wir zelteten in einem kleinen Wald am äußeren Rand der Stadt. Wasser holten wir vom anderen Ende des Feldes, auf dem unser Lager stand. Eines Nachmittags gingen wir zu fünft dorthin, um unsere Feldflaschen aufzufüllen.

Als wir die Wasserstelle erreichten, trafen wir dort Jugendliche, wie wir sie nie zuvor gesehen hatten. Sie waren aus der Stadt, sie waren anders gekleidet, sie sprachen anders, sie benahmen sich anders. Wir trugen Sandalen und kurze Hosen. Sie trugen Schuhe und lange Hosen. Auf uns Kinder vom Lande aus dem Jezreel-Tal machten sie einen seltsam bedrohlichen Eindruck.

»Was wollt ihr?« fragte der Anführer, der etwas größer als die anderen war, so wie ich etwas größer als meine Freunde war.

»Wir sind aus dem Zeltlager da hinten«, erklärte ich als Wortführer von uns fünfen. »Wir dürfen diesen Wasserhahn benutzen«, setzte ich hinzu und wollte an den Hahn treten.

Er machte einen Schritt zur Seite und versperrte mir den Weg. »Ihr kriegt nichts«, sagte er. »Zischt ab.«

Ich war verblüfft. Ich fragte mich, wieso er sich das Recht nahm, jemandem Wasser zu verweigern. Doch noch verwirrender war unsere Angst.

Ich erinnere mich ganz deutlich an diese Sekunden. Niemand hatte mich je so deutlich provoziert. Die Kraftprobe war eine Frage der Ehre. Meine Großeltern und meine Eltern hatten mir beigebracht, niemals zu kneifen. Es wäre eine Schande gewesen, wenn ich mich hätte einschüchtern lassen, wenn ich zurück ins Lager gelaufen und den Gruppenleitern den Vorfall gemeldet hätte, statt die Situation selbst in den Griff zu bekommen. Doch die andere Möglichkeit, nämlich die Herausforderung anzunehmen, war für uns alle abwegig. Wir hatten nie richtig gekämpft mit der Absicht, dem anderen weh zu tun. Wir haben höchstens mal miteinander gerungen. »Wir sind hier, um Wasser zu holen«, wiederholte ich, als Anführer meiner Freunde. »Wir haben die Erlaubnis dazu.«

»Zischt ab«, höhnte ihr Anführer erneut.

Die Spannung stieg. Ich wußte, ich hatte das Recht, mir Wasser zu holen, und in diesem Augenblick wurde mir klar, daß ich, bereit oder nicht, für meine Rechte einstehen würde, auch wenn ich dafür kämpfen mußte. Sie sahen aus, als ob sie schon einige Schlägereien erlebt hätten. Und mich durchfuhr eine zweiter Schock. Die einzigen Schlägereien, die ich erlebt hatte, waren Filmszenen gewesen, die ich im Sommer im Freiluftkino in Nahalal gesehen hatte, und ich wußte, daß das nichts mit der Wirklichkeit zu tun hatte.

Ich war auf dem Gebiet völlig unbedarft und hatte noch nie jemanden richtig geschlagen. Ihr Blick sagte mir, daß sie Erfahrung mit Gewalt hatten. Doch hinter der Aggression und der drohenden Haltung erkannte ich auch nervöse Angst. In dem Augenblick begriff ich, daß der Feind genauso Angst hat wie du und daß derjenige gewinnt, der seine Angst überwinden kann.

Die Situation spitzte sich zu. Entweder wir würden kämpfen müssen, oder wir versuchten, sie zu ignorieren und uns Wasser zu nehmen und es einfach drauf ankommen zu lassen. Der Anführer machte einen Schritt auf mich zu. Mein Körper spannte sich an, als mir klar wurde, daß es jetzt kein Zurück mehr gab. Ich wußte nicht, wie, aber ich wußte, daß ich kämpfen würde.

Doch da kam einer der Gruppenleiter aus dem Lager angerannt. Er sprang zwischen uns, ohne Fragen zu stellen, und tat, was zu tun war. Er ging auf den größten Jugendlichen los und schlug ihm einmal ins Gesicht. Der Anführer taumelte zurück und fiel zu Boden. Seine Freunde liefen davon. Sekunden später sprang der Stadtjunge auf und lief hinter seinen Freunden her.

Ich stand da, mit offenem Mund, und sah dem davonlaufenden Jungen nach; zum erstenmal in meinem Leben verstand ich, was Kampf bedeutete.

Dieses Erlebnis behielt ich über die Jahre hinweg in Erinnerung, und es brachte mich schließlich auf die Idee für einen Einstufungstest der Shaked-Rekruten. Zusätzlich zu den üblichen Tests, mit denen die körperliche Belastbarkeit und der Teamgeist gemessen wird, wollte ich die Kandidaten auf ihre Fähigkeit prüfen, Gewalt einzusetzen.

Sie mußten sich in zwei Reihen einander gegenüber aufstellen. »So, jetzt schlagt euch abwechselnd«, befahl ich.

An ihren Gesichtern konnte ich ablesen, daß die meisten den Befehl nicht verstanden.

»Schlagt euren Kameraden gegenüber. Ins Gesicht«, erklärte ich. Dabei würde niemand ernsthaft verletzt werden, und ich würde sofort sehen, wer nicht richtig fest zuschlug, wer es mit übertriebenem Vergnügen tat, wer den Befehl immer noch nicht verstand und wer es versuchte, aber einfach nicht fertigbrachte.

»So was nennst du schlagen?« fragte ich einen der zögerlichen Rekruten mit meiner freundlichsten Stimme und ging auf ihn zu. Ich hatte schon früh gelernt, nur dann meine Stimme zu heben, wenn ich Lärm übertönen muß, nicht, um jemanden mit meiner Autorität zu beeindrucken.

Der Soldat zuckte die Achseln. Ich verpaßte ihm eine Ohrfeige, die ihn zu Boden warf. »Jetzt schlag mich«, sagte ich, als er sich wieder erholt hatte. Doch er hatte Angst – schließlich war ich ein Offizier.

»Schlag mich«, befahl ich. Er gab mir einen harmlosen Klaps. Wieder verpaßte ich ihm eine. Wieder rappelte er sich hoch. Und wieder befahl ich ihm, mich zu schlagen.

Inzwischen war er richtig wütend. Doch darum würde ich mich später kümmern. Ich würde sie lehren, daß Wut zwar ein gutes Motiv, aber eine schlechte Taktik ist. Als er mich genauso fest schlug, wie ich ihn geschlagen hatte, wußte ich, daß er das Zeug zum Soldaten hatte.

Ich wollte sehen, ob sie die psychologische Barriere überwinden konnten, die aus Unerfahrenheit erwächst. Schließlich ist es in jedem Fall besser, Konfliktsituationen in der Ausbildung zu erleben als im richtigen Gefecht. Ich wollte keine Soldaten, denen es Spaß machte, anderen Schmerzen zuzufügen. Aber ich wollte Soldaten, die sich nicht scheuten, Gewalt anzuwenden.

Der Dreistundenkrieg

Ich ging davon aus, daß ich nach Nahalal zurückkehren würde, sobald ich die neue Shaked aufgestellt hatte. Doch der ägyptische Staatspräsident Gamal Abdel Nasser hatte Mitte Mai 1967 andere Pläne mit mir – und Israel.

Kaum eine Woche nach meiner Ankunft in Tel Hashomer sperrte Nasser überraschend das Rote Meer, so daß kein Schiff mehr unseren südlichsten Hafen Eilat erreichen konnte. Die Kriegsgefahr nahm weiter zu, als er den Abzug der UN-Friedenstruppen erzwang, die seit dem Suezkrieg von 1956 im Sinai stationiert gewesen waren, und als er Truppen und Panzer an der Grenze zwischen dem Negev und der Sinaihalbinsel zusammenziehen ließ.

In Fernsehübertragungen aus Kairo und dem Rest der arabischen Welt war zu sehen, wie Millionen von Menschen auf den Straßen zum Dschihad aufriefen, dem Islamischen Heiligen Krieg gegen uns. Sie wollten uns ins Meer treiben, sagten arabische Politiker, während sie ihre Armeen mobil machten.

Nasser ließ seine gesamte Armee an unserer Grenze aufziehen. Die IDF mobilisierten ihre Reserven. Der Krieg schien unvermeidlich. Und ich wollte bei den Fallschirmjägern sein, wenn er ausbrach. Da ich befürchtete, daß die Armeeverwaltung mich übersehen würde, weil sich das Ende meines aktiven Dienstes mit meiner Verpflichtung als Reservist überlappte, beschloß ich, die Sache selbst in die Hand zu nehmen.

Ich überließ dem Feldwebel der Shaked das Kommando über die Rekrutierungsstelle und machte mich auf den Weg zur Luftlandebrigade, wo ich mit offenen Armen empfangen wurde. Sie hatten vor, in Sharm el-Sheikh, an der Südspitze der Sinaihalbinsel, also weit hinter den feindlichen Linien, zu landen. Ich beteiligte mich an der Planung.

Amos brauchte keine 24 Stunden, um mich zu finden. »Du bist der beste Spurenleser im ganzen Land«, seufzte ich, als ich seine

Stimme erkannte. Ich wußte, was er wollte – ich sollte in die Shaked zurückkehren.

»Ich mußte gar nicht nach Spuren suchen«, sagte Amos mit einem leisen Lachen. »Ich kenne dich, und ich weiß, wo du herkommst.«

Vielleicht wollte er damit sagen, daß er als ein Sohn des Jezreel-Tals genauso gehandelt hätte. Doch es ist zu spät, ihn danach zu fragen – er starb Ende der achtziger Jahre. Aber ich rechne ihm hoch an, daß er mir nie das Gefühl gegeben hat, mich entschuldigen zu müssen, und daß er den Vorfall nie mehr erwähnte.

Er gab mir die Truppen zurück, die ich gerade ausgebildet hatte, und zusätzlich ein paar Dutzend Soldaten, die aus der Reserve einberufen worden waren. Wie er es versprochen hatte, befehligte ich nun mit meinen 23 Jahren eine Truppe von der Größe einer Kompanie.

Die durch Reservisten verstärkte Shaked teilte sich in mehrere Truppen auf und verteilte sich entlang der ägyptischen Frontlinie, die sich rasch vor unseren Augen an der langen Grenze zwischen dem Negev und der Sinaihalbinsel bildete.

Da mir die vorderste Aufklärungsposition für das Erste Bataillon der Neunten Brigade unter Arik Sharons Divisionskommando übertragen worden war, war mein Gefechtsauftrag klar und einfach. Als Aufklärungseinheit und Vorhut für das Bataillon würden wir vor Sharons Panzern in den Sinai eindringen und feindliche Positionen ausmachen, die angegriffen werden sollten. Wenn wir sie allein einnehmen konnten, sollten wir es tun. Falls nicht, würden wir via Funkverbindung mit Fuad und Amos dem Hauptquartier die Informationen übermitteln, die die Artillerie oder unsere eigenen Panzer brauchten, um die feindlichen Stellungen zu nehmen. Wir würden die ersten israelischen Soldaten sein, die die Grenze zum Sinai überschritten, mit Arik Sharons gesamter Division im Rücken.

Es bedeutete zwei Wochen zermürbenden Wartens. In der Stadt, an der Heimatfront, wurden Bunker ausgehoben, und es herrschte große Besorgnis. Zumindest hatten wir alle Hände voll zu tun.

Nacht für Nacht patrouillierten wir an den ägyptischen Linien, eine Viertelstunde Fahrt durch flaches Wüstenland, das hin und wieder von Gerölldünen und breiten Mündungen alter Wadis durchbrochen wurde, die seit Tausenden von Jahren keinen Tropfen Regen mehr gesehen hatten. Nacht für Nacht zogen weitere ägyptische Panzer und Artillerie gegen uns auf.

Tagsüber gruben wir uns ein und bereiteten unseren Angriff vor. Da Israel so klein ist, darf der Feind erst gar nicht ins Land eindringen. Das Grundprinzip des Gefechts lautete Angriff. Gerät man in einen Hinterhalt, angreifen. Wird man unter Beschuß genommen, angreifen. Natürlich nicht blindlings, nicht unüberlegt. Denken, planen, aber dann angreifen. Es mag einige Verluste geben, aber wenn man nicht angreift, verliert man alles, wenn der Feind vorrückt. Dieses Prinzip gilt sowohl für eine einzelne Einheit als auch für die gesamte Armee. Wir können es uns nicht leisten, daß auch nur ein einziger feindlicher Panzer unsere Linien durchbricht.

Während der Feind seine Absicht kundtat, in unser Land einzufallen, hatten wir also vor, uns zu wehren, indem wir in sein Land einfielen. Zehntausende von Soldaten trafen im Süden ein, um sich den Hunderttausenden ägyptischen Soldaten entgegenzustellen, die ein paar Meilen westlich von uns aufzogen.

Unsere Soldaten an der Front waren zuversichtlich, vor allem, wenn sie Gefechtseinheiten wie meiner angehörten, die im Krieg die Initiative übernehmen sollten. Doch die Regierung zögerte. Und von Tag zu Tag wurde das öffentliche Selbstvertrauen schwächer, während die Araber immer kriegsbegeisterter wurden. Vor dem Hintergrund unserer Geschichte schien es für uns ein Kampf auf Leben und Tod zu werden. Obwohl der Holocaust nicht einmal eine Generation zurücklag, war das Leben von Millionen Juden erneut in Gefahr, nur weil sie Juden waren.

Zwei Wochen lang versuchten die Politiker, den Krieg zu verhindern, während wir mit seiner Vorbereitung beschäftigt waren. Die Wirtschaft kam zum Stillstand, als im Zuge der allgemeinen Mobilmachung alle tauglichen Männer im Land in die Schützengräben beordert wurden. Und an der Front rüsteten wir uns für den Ernstfall: tägliche Appelle – morgens, mittags, abends. Tägliche Wartung der Fahrzeuge – Jeeps, Befehlsfahrzeuge und Halbkettenfahrzeuge; jeden Tag Konditionsübungen wie Dauerläufe, Waffenübungen und Nahkampf. Schweiß verdunstet schnell in der trockenen Hitze, und nachts fegte ein steifer Wind über die Ebene. Wir arbeiteten hart und warteten auf den Beginn des Krieges.

In diesen zwei Wochen machten wir kaum ein Auge zu. Tagsüber hielt ich die Soldaten auf Trab; sie mußten sich um die Ausrüstung kümmern, Karten lesen und exerzieren. Nachts patrouillierte ich mit dem Jeep oder zu Fuß und meldete dem Kommando, das die Luftaufnahmen und andere nachrichtendienstliche Berichte vom Hauptquartier aktualisierte, welche feindlichen Truppenbewegungen ich beobachtet hatte.

Im Radio und aus den Tageszeitungen erfuhren wir lediglich, daß das Kabinett zusammentraf oder die UN eine Versammlung abhielt, daß Jerusalem sich um eine friedliche Lösung bemühte und daß der Außenminister mit seinen jeweiligen Kollegen von den Großmächten sprach. Währenddessen versprach Nasser in seinen Reden vor einer Million fanatischer Anhänger in Kairo der arabischen Welt einen so großartigen Sieg wie der Sieg des Sultans Salah ad-Din über die Kreuzfahrer.

In der »Nacht der Pumpen« hatte ich die Erfahrung gemacht, daß es für einen Soldaten ein äußerst wichtiges Erlebnis ist, wenn er zum erstenmal die Grenze überquert. Von jeher lebst du in einem Land, hinter dessen Grenze sich der Feind befindet. Du überquerst die Grenze und erwartest einen Hinterhalt. Doch statt dessen stellst du fest, daß es im Feindesland genauso aussieht wie in deinem Land, und mit einem Mal wird dir bewußt, daß es auf beiden Seiten Menschen gibt, die in Ruhe und Frieden leben und ihre Felder bestellen wollen.

Aber bei Sondereinsätzen wie in der »Nacht der Pumpen« weißt du, wie du hineinkommst und wie du wieder herauskommst. Es ist deine Initiative, auf der Grundlage deines Plans. Die Paranoia, die dich bei der Grenzüberquerung befällt – ebenso wie die wachsame Gelassenheit, die sich danach einstellt –, könnte man im Vergleich mit dem Gefühl kurz vor Ausbruch eines Krieges schon fast als angenehm bezeichnen. Im Krieg weißt du nur, wie du hineinkommst. Wie du wieder rauskommst, bleibt ungewiß.

Am 5. Juni 1967, kurz vor Sonnenaufgang, kam der Befehl, daß wir uns bereit machen sollten. Motoren dröhnten die Front hinauf und hinunter in der Dunkelheit, die ganz allmählich dem strahlenden Licht der Sonne wich, die hinter uns im Osten aufging.

Die erste Welle von Flugzeugen, schwer mit Bomben beladen, flog im Tiefflug unter dem gegnerischen Radar über unsere Köpfe hinweg, als die Sonne am Horizont auftauchte. Sie hatten die aufgehende Sonne im Rücken und flogen in westlicher Richtung direkt auf die Feinde zu. Und wir jagten ihnen nach.

Nach 15 Minuten hatten wir unsere erste Feindberührung. Eine Gerölldüne ragte vor uns auf. Ich hob die Hand, und die drei Jeeps und drei Schützenpanzer blieben stehen.

Die Sonne stand genau hinter mir, und beim Aufstieg warf ich einen schmalen schwarzen Schatten auf die Düne. Direkt unterhalb der Kammlinie ließ ich mich auf alle viere sinken. Aufgrund der letzten nachrichtendienstlichen Informationen – ja sogar aufgrund meiner eigenen Beobachtungen, die ich erst zwei Tage zuvor gemacht hatte – rechnete ich mit einer Formation von 20 bis 30 Panzern auf dem flachen Grund einer Wadimündung.

Schon als ich zum Kamm hochkroch, nahm ich in der Luft einen seltsamen Geruch wahr. Dicke schwarze Rauchsäulen verdunkelten den Himmel.

Ich spähte über den Kamm, um einen Blick auf den Feind zu werfen. Doch statt der erwarteten Panzer, die das Feuer eröffnen würden, sah ich sie als Quelle der schwarzen Rauchwolken.

Der Rauch kam von über einem Dutzend Panzer, die wie Fackeln in der Morgensonne brannten. Weitere Panzer standen reglos auf der weißen Ebene der Wadimündung. Dutzende Jeeps und Lastwagen standen verstreut überall in der Landschaft herum wie kaputtes Spielzeug.

»Irgend jemand war vor uns da«, murmelte ich vor mich hin, während ich mir den Schauplatz ansah, und konnte es nicht fassen. *Wir* sollten doch als erste die Grenze überschreiten. Schockiert – und zugleich freudig erregt, als mir allmählich klar wurde, was es bedeutete – suchte ich den Horizont von Norden nach Süden ab und versuchte, mir einen Reim auf den Anblick zu machen, der sich mir bot. Dann begriff ich, daß die Luftwaffe uns tatsächlich zuvorgekommen war.

Und in der Ferne bot sich mir das wohl erstaunlichste Bild: Tausende ägyptische Soldaten auf der Flucht nach Westen; mit letzter Kraft versuchten sie, zu Fuß den Suezkanal und ihre Heimat Ägypten zu erreichen, jenseits der Sinaihalbinsel.

Ich gab meine Beobachtungen per Funk an Amos und Fuad durch, die im Befehlsfahrzeug der Shaked saßen, irgendwo in Sharons vorrückender Armee.

»Ich will mir die Sache mit meiner Einheit mal aus der Nähe ansehen«, sagte ich zum Schluß.

»Laß das lieber die Panzertruppe machen«, sagte Fuad mit Nachdruck.

»Fuad«, bat ich, »bitte. Laß mich runter zu den Zielen gehen.«

»Auf keinen Fall«, beharrte er.

»Okay«, sagte ich, »und wenn ich die kleineren Ziele nehme?« Die Luftaufnahmen zeigten zwei kleine Gruppen Jeeps und Laster, die das erste ägyptische Lager, das jetzt von den Bomben zerstört worden war, auf beiden Seiten flankierten; ein Panzer war von einem unserer Flugzeuge getroffen worden und lag auf der Seite.

Den Satz, mit dem Fuad mir antwortete, sollte ich in den kommenden Stunden und Tagen immer wieder zu hören bekommen. »Okay, Betser, aber sei auf der Hut.«

Die Erwartungen, die wir hatten, als wir in den Rauch hineinjagten, der über die Ebene blies, machten rasch Verblüffung Platz. Als wir dann geradewegs in das erste Flankenlager fuhren, schlug unser Erstaunen angesichts der zerstörten Panzer in Entsetzen um.

Aus der Ferne wirkte der Krieg, als hätte ein wütender Riese sein Spielzeug zerstört. Jetzt sahen wir den wahren Preis des Krieges: Während der Rauch uns umwehte, verwandelte sich das zerstörte Spielzeug in zerstörte Menschen. Ein abgetrennter Arm zeigte ins Nichts. Ein Kopf, mit offenem Mund, schien darüber zu staunen, daß der übrige Teil seines Körpers verschwunden war. Der Wind trug den durchdringenden Gestank von brennendem Fleisch.

Ich richtete mich im Jeep auf und gab mit der Hand das Zeichen zum Halt. Unter mir lag ein ägyptischer Soldat auf dem Rücken, und die Fliegen versammelten sich bereits um das klaffende Loch in seiner Brust. Sein glattes Gesicht war so jung, daß es noch keine tägliche Rasur gebraucht hatte. Woher kam er wohl? Aus Kairo? Alexandria? Oder aus einem Bauerndorf am Ufer des Nils? Er tat mir leid, so weit von zu Hause fort. Ich dachte an mein Zuhause und wie nah es mir erschien.

Das Stöhnen eines ägyptischen Soldaten durchbrach die Stille. Ich gab den Sanitätern Zeichen, nach Verwundeten zu suchen und sie zu behandeln. Als ich nach hinten zu meinen Leuten blickte, sah ich, daß sich mein eigenes Entsetzen in den Augen der jungen Soldaten spiegelte, die ich erst einen Monat zuvor ausgebildet hatte. Doch in den Augen der älteren Reservisten, die 1956 den Suezkrieg im Sinai mitgemacht hatten, sah ich etwas anderes – ein Verständnis für die Qualen, die diejenigen von uns durchmachten, die zum erstenmal ein solches Ausmaß an Zerstörung sehen und mit den zunächst überwältigenden Gefühlen von Abscheu und Furcht vor dem, was Krieg bewirken kann, fertig werden mußten.

Und der Krieg ging weiter.

Es dauerte nicht lange, bis die Panzer uns eingeholt hatten und uns daran erinnerten, daß wir weitermußten. Wir wechselten ein paar Worte mit den Kommandanten und machten uns auf den Weg ins Innere der Sinaihalbinsel.

Unsere Jeeps holten die ägyptischen Soldaten rasch ein, die vor der Schlacht davonliefen, die nie stattfand. Wir fuhren zwischen ihnen hindurch wie ein Auto, das sich auf der Straße einen Weg durch ein Meer von Fußgängern bahnt. Doch diese geschockten Fußgänger trugen die sandfarbenen Uniformen der ägyptischen Armee, einer geschlagenen Armee, völlig gebrochen.

Manchmal schossen wir eine Salve in die Luft – doch nur zur Warnung, damit sie Platz machten. Manchmal sahen wir Hunderte von ihnen draußen in der Wüste: hilflose, verängstigte Soldaten, ohne Waffen und von ihren Offizieren im Stich gelassen, die mit den noch funktionstüchtigen Fahrzeugen nach Hause gefahren waren und ihre Soldaten sich selbst überlassen hatten.

Ab und zu trafen wir auf einen Soldaten, der noch eine Waffe trug. Eine Kugel über seinen Kopf genügte, und er ließ sie fallen. Doch wir fühlten uns nicht wohl in unserer Haut, und das nicht nur, weil wir mit den im Stich gelassenen ägyptischen Soldaten Mitleid hatten. Es gab keinen Plan für den Eventualfall, der uns auf einen so überwältigenden, raschen Erfolg vorbereitet hätte. Wir hatten Gefechte von Berg zu Berg, von Hügel zu Hügel und von Tal zu Tal erwartet. Statt dessen schien unser größtes Problem darin zu bestehen, durch die Scharen von Ägyptern zu kommen, die auf dem Weg nach Hause waren.

Zwei Tage und Nächte fuhren wir über die Sinaihalbinsel durch diese Menschenmassen hindurch in Richtung Osten, mitten durch die Wüste Sinai. Nachts machten wir Rast – ein weiterer Luxus in diesem Krieg des Jahres 1967. Zum Schutz gegen die kalten Wüstennächte und entsprechend den Sicherheitsbestimmungen im Kriegsfall – obwohl wir zweifellos gewonnen hatten, war der Krieg noch nicht zu Ende –, hüllten wir uns in Decken, statt uns am Lagerfeuer zu wärmen. Wir aßen kalten Proviant und schliefen ein paar Stunden, bevor wir uns vor Sonnenaufgang wieder auf den Weg machten.

Am dritten Tag erreichten wir Tamad, eine kleine ägyptische Festung in einer Oase, wo die Beduinen eine funktionierende Wasserpumpe unterhielten. Zum erstenmal trafen wir auf eine ägyptische Stellung, die verteidigt wurde. Doch auch das konnte man kaum als Kampf bezeichnen. Die Ägypter gaben rasch auf, nachdem wir sie mit ein paar Granatsalven beschossen und mit dem Jeep einen Überraschungsangriff in ihr Lager gestartet hatten.

In Tamad richteten wir ein Lager ein, wo sich der Rest der Shaked-Truppen einfand. Als wir am nächsten Morgen in unserem Lager erwachten, sahen wir uns von Hunderten von Ägyptern umringt – die nicht kämpfen, sondern sich ergeben wollten. Sie wollten etwas zu essen. Sie wollten nach Hause.

Fuad berief eine Lagebesprechung ein. Nach den ersten Worten hielt er plötzlich inne. »Wer ist das?« sagte er mit argwöhnischem Blick und zeigte auf die staubbedeckten Soldaten. Mitten unter ihnen saß ein ägyptischer Soldat, ebenso staubbedeckt, und wollte etwas zu essen. Wir gaben ihm eine Dose Proviant und etwas Wasser, und er machte sich wieder auf den Weg.

Was Fuad uns mitzuteilen hatte, versetzte alle in Begeisterung. Die IDF kontrollierten den Sinai, so gab er bekannt. Doch die Golanhöhen im Norden seien noch hart umkämpft.

Zwanzig Jahre lang, seit dem Ende des Unabhängigkeitskrieges, hatten die Syrer von den Golanhöhen aus wahllos unsere Siedlungen mit Artilleriefeuer und Kanonen beschossen, was inzwischen Dutzende Opfer unter der Landbevölkerung gefordert hatte.

Als wir uns jedoch an der Stelle versammelten, von wo aus wir mit Hubschraubern zum Golan gebracht werden sollten, gab Fuad eine weitere Änderung der Pläne bekannt. In El Arish, einer Stadt an der Mittelmeerküste im Norden des Sinai, setzten ägyptische Kommandotruppen unsere Einheiten, die die Stadt in den ersten Tagen des Krieges eingenommen hatten, gehörig unter Druck. Wie ich später erfuhr, war mein Bruder bei diesen Kämpfen dabei, die wesentlich härter waren als alles, was ich in dem Krieg bisher erlebt hatte.

»Sie verstecken sich tagsüber und operieren nachts«, sagte Fuad. »Und sie haben Verluste verursacht. Tote und Verwundete.« Genau das Richtige für einen Einsatz der Shaked.

Am späten Nachmittag erreichten wir die Sanddünen im Norden des Sinai und gingen in der Nähe des Flugplatzes von El Arish in Stellung. In der Nacht trafen Stabsoffiziere der Panzerbrigade ein, um uns über die Lage zu informieren. Sie waren von den ununterbrochenen Kämpfen zur Verteidigung der rasch eingenommen Stadt noch ganz aufgedreht und schilderten, daß »Horden« ägyptischer Kommandos die Versorgungstruppen auf der Straße, die vom Gazastreifen nach Kantara am nördlichen Zipfel des Suezkanals durch die Stadt führt, angegriffen hatten.

Fuad und Amos befragten die Einheimischen in der Gegend, doch sie konnten uns, entweder aus Angst oder aus purer Unkenntnis, nur wenig sagen. Ich schlug vor, daß Beobachtungen aus der Luft hilfreich sein könnten, und wir bekamen von der Luftwaffe eine zweisitzige Piper zur Verfügung gestellt.

Aber ein Flugzeug stellte sich als zu schnell für eine Geländeerkundung heraus. Wir forderten deshalb einen Hubschrauber an.

Wir flogen darin über den Strand von El Arish. Die deutlichen Fußspuren im weichen weißen Sand führten jedoch immer nur zu anderen Fußspuren. Es ergab keinen Sinn. Wir überlegten, daß sie sich vielleicht tagsüber, als Einheimische verkleidet, in der Stadt verborgen hielten und nachts ihre Ausrüstung aus Verstecken in der Gegend holten. Wir beschlossen, mit dem Jeep an den Strand zu fahren und zu Fuß nach den Verstecken zu suchen.

Der Strand von El Arish besteht aus feinem weißen Sand, der bei jedem Schritt in kleinen Lawinen wegrutscht. Wir marschierten den Strand auf und ab, verteilten uns dann und gingen vom Wasser bis zu der schmalen holprigen Straße, die den Strand von der Stadt trennt.

Ich suchte das Terrain ab, konnte aber nichts Ungewöhnliches bemerken. Bis auf die Palmzweige, die mitten auf dem Strand lagen.

In jedem Palmenhain fallen Zweige herab. Doch diese Zweige lagen zu sauber geordnet da und waren für abgestorbenes Holz zu grün. Ich blickte auf. Nach dem, was ich von El Arish gesehen hatte – vom Salz angefressene, flache Bungalows mit Blick auf den Strand, eine staubige, von zweistöckigen Gebäuden flankierte Hauptstraße und drum herum ein aus Baracken bestehendes Flüchtlingslager –, bezweifelte ich, daß die Stadtverwaltung wildwachsende Bäume beschneiden ließ.

Die großen Palmen befanden sich in einer Senke zwischen zwei Dünen, in einer *Tmila*, wie die Araber sagen, wo Grundwasser und Meerwasser zusammenlaufen, wodurch das Süßwasser näher an die Oberfläche gedrückt wird. Da das Grundwasser dort gerade mal anderthalb Meter unter der Erde war und die Palmwedel ein Dach bildeten, kam mir der Gedanke, daß eine *Tmila* ein ausgezeichnetes unterirdisches Versteck abgeben könnte.

Ich stellte mit einigen Soldaten in meiner Nähe Blickkontakt her und entfernte mich von dem Palmendach. Ich winkte den herbeilaufenden Soldaten, leise zu sein. Nachdem ich sie per Handzeichen formiert hatte, näherten wir uns vorsichtig der Senke, wo die langen Palmzweige so ordentlich arrangiert da lagen, daß es unnatürlich wirkte.

In der letzten Stunde waren wir ein halbes dutzendmal an den Zweigen vorbeigegangen, und nichts war passiert. Es war nur eine Vermutung von mir, die Intuition eines Soldaten. Doch ich wollte vorsichtig sein, für alle Fälle. »Fertig?« signalisierte ich meinen Soldaten wortlos. Sie nickten und richteten ihre Uzis auf die Palmzweige.

Behutsam, fast unmerklich, hob ich einen der Palmwedel. Zehn ägyptische Kommandosoldaten, Gewehr im Anschlag, warteten auf uns. Wir schossen zuerst. Sie starben alle in den wenigen Sekunden, die es dauert, ein Magazin zu leeren.

Den Strand auf und ab blieben wir überall stehen, wo Palmen standen. Wir gaben am Rand von jeder Tmila Schüsse ab und forderten die Soldaten auf, sich zu ergeben. Wenn sie sich weigerten, griffen wir an. Einige ergaben sich, einige nicht. Es war Krieg.

Ich hatte einen leichten Krieg – Israel hatte einen leichten Krieg –, doch ein Krieg ist keine Vergnügungsfahrt. In der Gegend von Rafiah, wo mein Bruder unter Raful kämpfte, kam es nach heftigen Panzergefechten in der Stadt zu Häuserkämpfen gegen ägyptische Soldaten, die sich nicht zurückziehen oder ergeben wollten. Um die 650 israelische Soldaten verloren in dem Krieg bei Kämpfen im Sinai, auf den Golanhöhen, in Jerusalem und im Westjordanland ihr Leben.

Einer meiner besten Freunde damals, Ranny Marx, starb im Sinai. Ranny und ich waren beide Zugführer in der Shaked, doch er wurde drei Monate vor mir aus der Armee entlassen. Er kehrte zurück nach Hause in den Kibbuz Hazorea, und als der Krieg ausbrach, bekam er den Befehl über einen Aufklärungszug, der einer Panzerbrigade angeschlossen war.

Giora Eitan, Rafuls Neffe und mein erster Kompaniechef, als ich zur Armee ging, starb auf den Golanhöhen. Ganz gleich, welch großartige Siege man im Krieg erringt, Beerdigungen sind etwas sehr Trauriges. Ich war nach dem Krieg auf zahlreichen Beerdigungen. Doch wir mußten unsere Gefühle verdrängen.

Auch wenn der Rest der Welt glaubt, daß der Krieg nach sechs Tagen zu Ende war, für uns ging der Kampf weiter, was meine Entlassung aus der Armee verzögerte. Die Shaked wurde nach Kantara am Suezkanal verlegt, im Rahmen der neuen IDF-Stationierung entlang des Ufers der berühmten Wasserstraße.

Der Kanal ist stellenweise knapp zwei Fußballfelder breit, gesäumt von wenigen Dünen und Hartsand, einer natürlichen Dekkung, sowie von weiten Flächen mit offenem Gelände. Dadurch wurden zwar Panzer aufgehalten, doch nicht Artilleriefeuer, Mörser oder die Kugeln eines Heckenschützen. Die Shaked versorgte entlegene Stellungen entlang des Kanals per Schiff mit Nachschub und verfolgte ägyptische Kommandos, die immer mal wieder unsere neuen Stellungen angriffen.

Eines Nachmittags erhielt die Shaked einen sonderbaren Auftrag. Ein Zug der Sayeret der Panzertruppe unter Brigadegeneral Shmuel »Gorodish« Gonen hatte etwa zehn Kilometer südlich von Kantara drei Jeeps samt Ausrüstung zurückgelassen, als er vom gegenüberliegenden Ufer beschossen wurde.

»Gorodish will, daß wir die Jeeps zurückholen«, sagte Fuad.

»Merkwürdig«, sagte ich erstaunt. »Eine Sayeret möchte, daß jemand anders für sie die Arbeit erledigt? Die müßten doch wirklich selbst imstande sein, das Zeug zu holen. Und wieso setzt Gorodish wegen drei Jeeps Menschenleben aufs Spiel?«

Fuads Gesicht verfinsterte sich. »Ich wette, die haben die verschlüsselten Karten für die ganze Zone zurückgelassen.«

»An Gorodishs Stelle wäre es mir peinlich, Hilfe anzufordern«, sagte ich.

Fuad, der später in die Politik ging, sagte nichts dazu. Gorodish wurde nach dem Sechstagekrieg als Held gefeiert, der General, der stets aufrecht stehend im Panzerturm in die Schlacht gefahren war. Ich dachte an Raful, als ich Fuad zu dem Sattelschlepper folgte, auf dem das mobile Hauptquartier des Südkommandos transportiert wurde. Raful würde keine Einheit anfordern, die nicht seinem direkten Befehl unterstand, damit sie einen Fehler seiner eigenen Leute ausbügelte.

Der als launisch verschriene Gorodish empfing uns zu meiner Überraschung höflich und respektvoll. Er ließ Kaffee und Tee kommen und erläuterte uns dann die Lage. Anhand der Karte, die auf dem langen Tisch ausgebreitet war, zeigte er uns die Stelle, wo die Jeeps standen.

Fuad hatte mit seiner Vermutung richtig gelegen. »Mir geht es nicht um die Jeeps«, sagte Gorodish ohne Umschweife. »Ich will die Karten und die Ausrüstung.« Er hatte Sorge, daß die Ägypter die verlassenen Jeeps entdecken und Kommandos über den Kanal schikken würden, um der Sache auf den Grund zu gehen. Dann würden sie die verschlüsselten Karten finden, auf denen die Dislozierung unserer Truppen am Kanal eingezeichnet war.

Ich begriff, in welchem Dilemma er steckte. Was wäre für einen berühmten Helden des Sechstagekrieges die größere Schande? Die Shaked zu bitten, etwas wieder in Ordnung zu bringen, was seine Leute vermasselt hatten, oder dem Generalstab zu sagen, daß sämtliche Codes auf sämtlichen Karten in der Armee geändert werden müssen?

»Bitte, holt die Karten, Codes und Funkgeräte zurück«, flehte er und fügte fast schüchtern hinzu: »Heute nacht.«

Wir mußten mit drei Möglichkeiten rechnen: Entweder die Jeeps waren nicht angerührt worden, oder die Ägypter hatten bereits alles gestohlen und in den Jeeps Sprengfallen angebracht, oder sie warteten im Hinterhalt, daß die IDF ein paar Leute schickten, um die Sachen zu holen.

Gegen acht Uhr am Abend hatte ich einen Plan ausgearbeitet, der vorsah, daß wir die zehn Kilometer über die Dünen bis zum Kanal zu Fuß zurücklegten, statt mit einem Jeep über die Straße zu fahren, die von der anderen Seite einzusehen war.

Gorodish billigte den Plan, und ich suchte ein Dutzend meiner Leute für den Einsatz aus. Der General bestand darauf, mir drei Soldaten aus der Gruppe mitzugeben, die die Jeeps zurückgelassen hatte. »Sie zeigen euch, wo die Jeeps stehen«, sagte er.

Er hatte uns bereits auf der Karte gezeigt, wo die Jeeps waren. Ich brauchte die drei Männer nicht, und ich wollte sie auch nicht. Doch ich vermute, Gorodish war deshalb so darauf erpicht, daß sie mitkamen, damit sie sahen, wie man so einen Auftrag ausführt. Warum mich also mit ihm anlegen? Aber als wir zusammen mit den drei Soldaten von der Panzertruppen-Sayeret im Schlepptau aufbrachen, beschloß ich, mich in keiner wichtigen Phase des Auftrags auf sie zu verlassen.

Nach zweieinhalb Stunden Marsch durch die Dünen waren wir schließlich nur noch wenige hundert Meter von den Jeeps entfernt. Drei Gruppen würden sich dem Ziel nähern. Zwei zur Deckung der Flanken von Norden und Süden, und die dritte, die mir unterstand, würde von Osten heranrücken. Ich ließ Gorodishs Soldaten zurück.

»Ihr gebt uns Rückendeckung«, sagte ich. Ich wußte zwar, daß aus der Richtung keine Gefahr zu erwarten war, aber ich wollte nicht, daß sie uns irgendwie in die Quere kamen. »Haltet die Augen offen und achtet auf unser Signal«, sagte ich zum Schluß zu ihnen, als meine drei Gruppen in Aktion traten.

Wir krochen die letzten 200 Meter über den Kamm einer Düne und dann hinunter auf die freie Fläche. Für diese 200 Meter brauchten wir fast genausolange wie für den 10-Kilometer-Marsch. Jenseits des Kanals konnten wir die Stellung der Ägypter sehen, deutlich erkennbar an dem hohen Turm, von dem aus sie die Dünen und die Wälle am Ostufer überblickten. Wir krochen zu den Jeeps, sorgsam darauf bedacht, daß sich unsere Konturen in der kahlen baumlosen Landschaft nicht gegen das Mondlicht abzeichneten.

Bevor wir irgend etwas aus den Jeeps nahmen, mußten wir sicher sein, daß keine Sprengfallen angebracht waren, die hochgingen, wenn wir das Handschuhfach öffneten oder das Funkgerät ausbauten. In der Wüste sind Geräusche über große Entfernungen zu hören, besonders nachts über das langsam fließende Wasser des Kanals. Ich hörte auf der anderen Seite Gelächter und mußte an die Hyänen im Jezreel-Tal während meiner Jugend denken. Und ich lächelte vor mich hin, als ich weiter zum nächsten Jeep kroch. Nacheinander überprüften wir jedes Fahrzeug und beluden dann genauso langsam und vorsichtig drei Tragen mit Ausrüstungsgegenständen – Funkgeräte und Waffen. Ich sammelte alle Karten ein und tat sie in meinen Rucksack, wo sie sicher aufgehoben waren.

Wir machten uns genauso leise auf den Rückweg, wie wir gekommen waren, kriechend. Mit der Taschenlampe gab ich den anderen zwei Gruppen – und den drei Soldaten von der Sayeret der Panzertruppen – das verabredete Blinksignal, daß sie zu uns stoßen sollten.

Meine beiden zum Flankenschutz eingeteilten Gruppen bewegten sich dicht über den Boden gegen den Horizont und waren nach wenigen Minuten bei uns. Doch keine Spur von Gorodishs drei Soldaten. Wir krochen vorsichtig zu ihnen, wobei wir zwischendurch immer wieder Blinksignale gaben; wir hatten Angst, daß sie in den Hinterhalt eines feindlichen Kommandos geraten waren, das jetzt vielleicht uns auflauerte. Als wir sie schließlich sehen konnten, war ich entsetzt.

Sie waren einfach eingeschlafen. Ich sprang auf und lief die letzten Meter. Wütend trat ich den ersten, den ich erreichte, gegen die Schulter. Der nächste sprang auf und tastete nach seinem Gewehr. Ich hob den Fuß, um erneut zuzutreten.

»Nicht!« rief einer meiner Soldaten hinter mir.

Ich hielt inne, den Fuß in der Luft, sprachlos über die Dreistigkeit der drei Soldaten – und über meine eigene Unbeherrschtheit. Schließlich bellte ich: »Das klären wir später«, und überhörte ihre Versuche, sich zu entschuldigen. Ich kehrte ihnen den Rücken zu und machte mich auf den Marsch zurück zum Stützpunkt; mein Zug formierte sich und folgte mir, ebenso Gorodishs eingeschüchterte Soldaten.

Die ganzen zehn Kilometer sagte ich kein einziges Wort. Ich wußte, daß die drei sich Sorgen machten, was mit ihnen passieren würde, wenn ich Gorodish von ihrem Fehlverhalten erzählte. Ein paar hundert Meter vor dem Lager kam einer der drei zu mir und versuchte stolpernd, in dem Sand mit mir Schritt zu halten. »Sir?« setzte er an. Ich ignorierte ihn.

»Sir, ich möchte Ihnen nur sagen, daß wir Mist gebaut haben.« Seine Stimme zitterte. Ich blieb ungerührt.

»Wenn Sie Gorodish erzählen, was passiert ist«, sagte er, »kommen wir ins Gefängnis.«

Das wußte ich. Doch vor allen Dingen wollte ich den Einsatz zu Ende bringen. Schließlich sagte ich: »Ihr hört, was ich zu sagen habe, wenn wir am Lager sind.«

Etwa hundert Meter vor dem Lager rief ich die Soldaten zu einer kurzen Einsatzanalyse zu mir. Für eine Elitesondereinheit ist eine Besprechung kurz nach dem Einsatz entscheidend, solange die Einzelheiten noch frisch im Gedächtnis sind; man erinnert sich an seine Fehler und kann sie in Zukunft vermeiden.

»Ihr habt ausgezeichnete Arbeit geleistet«, begann ich, weil ich glaube, daß ein Vorgesetzter nicht nur Kritik, sondern auch Lob verteilen muß. Ich war zwar nur ein paar Jahre älter als meine Leute, doch ich war ihr Offizier, was mich ebenso zu ihrem Lehrer wie zu ihrem Kommandanten machte.

Die drei Panzersoldaten saßen aus Angst, mir in die Augen zu blicken, mit gesenktem Kopf ganz außen neben den anderen zu meinen Füßen. »Ihr wart ausgezeichnet im Gelände, unauffällige Zielannäherung; niemand hätte uns bemerken können. Gute Deckungssuche, und das Entladen der Jeeps lief reibungslos. Eine erstklassige Operation.

Aber wir alle kennen den Grund für diesen Einsatz«, fuhr ich fort. »Ein andere Einheit hat diese Fahrzeuge zurückgelassen. Sie haben das Problem von uns lösen lassen, statt es selbst zu tun. Ich habe die drei nicht mitmachen lassen, weil ich ihnen von vornherein nicht getraut habe. Ich habe weder verlangt, daß sie einen Hinterhalt legen, noch, daß sie uns Feuerschutz geben; ich habe lediglich von ihnen verlangt, daß sie sich leise verhalten und warten. ›Haltet die Augen offen‹, habe ich zu ihnen gesagt. Und sie sind eingeschlafen.

Ich weiß genau, was euch erwartet«, sagte ich, wobei ich die drei Soldaten von der Panzer-Sayeret zum erstenmal direkt ansprach. »Und ich bin sicher, daß ihr jetzt im Augenblick etwas empfindet, was ihr viele Jahre nicht vergessen werdet.« Ich hielt inne, um meine Worte wirken zu lassen.

Die Sonne würde in wenigen Minuten aufgehen, und es war bereits so hell, daß ich den Staub auf den Gesichtern meiner Leute sehen konnte, und noch so dunkel, daß die Lichter im Kommandowagen des Brigadegenerals zu erkennen waren. Ich wollte die Sache zu Ende bringen. »Wegtreten«, sagte ich schließlich, und sie durften gehen.

Ich weiß zwar nicht, was aus den dreien geworden ist, doch ich bin sicher, daß sie noch heute, über 20 Jahre später, beschämt sind, wenn sie sich an die Ereignisse jener Nacht erinnern. Ich habe ihnen nie verziehen – aber ich habe Gorodish nie ein Sterbenswörtchen verraten.

★★★

Die Luftwaffe gewann den Krieg in drei Stunden. Die Panzerwaffe und die Infanterie brachten ihn in sechs Tagen zu Ende. Am siebten Tag feierte das Volk von Israel – doch da begann ein neuer Krieg. Niemand von uns – außer vielleicht eine Handvoll Visionäre wie David Ben-Gurion, der damals als alter Mann im Negev lebte und schon lange keine Macht mehr besaß – sah damals, daß unsere neuen, vermutlich sichereren Grenzen uns ebenso einsperrten wie die Palästinenser im Westjordanland und im Gazastreifen.

Für viele in Israel war der Krieg ein Wunder, eine von Gott herbeigeführte Befreiung der biblischen Heimatgebiete Judäa und Samaria im Westjordanland. Die meisten – so auch fast die gesamte politische Führung Israels – wollten nicht einsehen, daß es erforderlich sein würde, in diesen Gebieten militärisch als Besatzungsmacht aufzutreten, um sie zu behalten. Erst eine Generation später sollten sich die Palästinenser in diesen Gebieten gegen die Besetzung auflehnen, und wiederum fast zehn Jahre später begriffen wir, daß wir die Territorien nicht auf ewig mit Gewalt halten und die Hoffnungen der Palästinenser unterdrücken konnten.

Niemand ging in sich, um darüber nachzudenken, was im Sechstagekrieg wirklich geschehen war. Die Feierlichkeiten drängten die Begräbnisse von mehr als 650 unserer jungen Männer und Frauen, die den Tod gefunden hatten, in den Hintergrund.

Die Menschen überließen sich lieber der Euphorie, als sich der Realität zu stellen. Innerhalb von Stunden, nachdem die letzten Schüsse gefallen waren, entwickelte sich eine Heldenverehrung, die sich in den Massen von Siegesalben, -büchern und -schallplatten niederschlug. Rundfunk und Fernsehen, Politiker und Generale, der Stabschef und die Presse, die Auslandskorrespondenten und Rabbis – alle analysierten die Ergebnisse des Krieges stets unter der selbstverständlichen Annahme, daß es ein großartiger Sieg war.

Wir hatten Grenzprobleme behoben, die seit dem Unabhängigkeitskrieg bestanden hatten, und die Grenzen in der Mitte des Landes ausgedehnt, wo die jordanische Grenze bis 1967 knapp 16 Kilometer vom Mittelmeer entfernt verlief.

Wir hatten Jerusalem wiedervereinigt, das entlang der Waffenstillstandslinie von 1949 durch Stacheldraht und Mauern in der Mitte geteilt worden war. Von dort aus hatten jordanische Heckenschützen die Bürger in den Straßen des jüdischen Teils beschossen und orthodoxen Juden den Zugang zur Klagemauer verwehrt, dem letzten Rest des alten Tempels des jüdischen Reiches.

Auf den Golanhöhen hatten wir die Bedrohung beseitigt, die die syrische Artillerie auf unsere Siedlungen im östlichen Untergaliläa ausgeübt hatte, während wir mit der Besetzung der Sinaihalbinsel das von Israel kontrollierte Gebiet verdreifachten. Die neuen Grenzen galten allgemein als sicherer.

Die ganze Welt sah in Israel eine heldenhafte Nation, besonders die USA, wo Leistungsfähigkeit förmlich angebetet wird. Im Juni 1967 lieferten wir den Amerikanern das Paradebeispiel für Leistungsfähigkeit, während sie immer tiefer im Sumpf von Vietnam versanken.

Schlimmer war, daß wir den Feind für schwach und primitiv hielten. Der Anblick der barfüßigen ägyptischen Soldaten, die, von ihren Offizieren im Stich gelassen, durch die Wüste Sinai nach Hause flohen, hatte sich uns unauslöschlich ins Gedächtnis eingebrannt.

Vom Gefühl her fand ich es falsch, doch wie alle anderen ließ ich mich zu dem Glauben verleiten, daß die IDF unbesiegbar seien, die besten Kommandeure, die beste Luftwaffe hatten und die beste Armee überhaupt waren.

Und obwohl Stimmen laut wurden, wie die von David Ben-Gurion, die davor warnten, daß wir den Feind innerhalb der neuen Grenzen lebendig verschlangen, weigerte sich die überwiegende Mehrheit zuzuhören. Die überwiegende Mehrheit glaubte sogar, daß die IDF arabische Hauptstädte mit der gleichen Mühelosigkeit erobern könnten wie den Sinai.

In den Jahren nach dem Sechstagekrieg hörten wir von den Arabern immer nur, daß sie »Israel nicht anerkennen, keine Verhandlungen mit Israel führen, keinen Frieden mit Israel schließen« wollten. Wir interpretierten das so, daß wir machen konnten, was wir wollten. Eines Tages, so sagten wir uns, würden die Araber schon zur Vernunft kommen und um Frieden bitten.

Währenddessen ließen sie trotz der panarabischen Bruderschaft die Palästinenser weiter in den Flüchtlingslagern zugrunde gehen, statt sie in ihre Gesellschaften zu integrieren.

Durch den Sieg im Sechstagekrieg hatten wir Gebiete gewonnen, die uns vermeintliche Sicherheit gaben, die Verbindung mit den biblischen Ländern unserer Vorfahren unterstrichen und in uns den Eindruck erweckten, wir wären frei in unserem Tun und Lassen. Verschiedene Regierungen hintereinander bezeichneten die eroberten Gebiete als Trumpfkarte für die Friedensverhandlungen, besiedelten sie jedoch mit Zivilisten. Sie vertraten das Argument, der Zionismus betrachte die Gründung von Siedlungen als Verteidigung der Landesgrenzen. Geblendet von messianischen Visionen, verschlossen viele die Augen vor der Realität der Militärbesatzung.

Kurz nach dem Krieg ließ die Regierung, die von der Arbeitspartei gebildet wurde, entlang der Sinaiküste eine Straße nach Ofira bei Sharm el-Sheikh bauen, nur um am Ende der Halbinsel eine Stadt zu errichten. Im Norden des Sinai entstand Rafiah; im Westjordanland gründeten sie Bauernsiedlungen im Jordantal, und angeregt durch die Bibel, entstand in der Nähe von Hebron Kiryat Arab. (Später, in den achtziger Jahren, betonte der Likud-Block immer wieder, daß Israel seit biblischen Zeiten Anspruch auf die Gebiete habe, und lockte die Menschen mit Steuersenkungen, sich dort niederzulassen, wodurch sich die jüdische Bevölkerung, die damals 3000 Familien umfaßte, um das Zehnfache vergrößerte – etwa 150000 Menschen.)

Ich muß gestehen, daß auch ich mich zu der Überzeugung verleiten ließ, aufgrund unserer Stärke und der Schwäche der Araber sei ein Kompromiß unnötig. Moshe Dayan sagte: »Lieber Sharm el-Sheikh ohne Frieden als ein Frieden ohne Sharm el-Sheikh.« Nur zehn Jahre später änderte Dayan seine Meinung, als er, einer der Väter des Camp-David-Vertrages, an dem Friedensschluß zwischen Israel und einem seiner arabischen Nachbarn beteiligt war. Vielleicht war das seine mutigste Heldentat.

Doch vorerst führte eine unrealistische Einschätzung unserer Fähigkeiten unausweichlich zum Yom-Kippur-Krieg, als es Ägypten und Syrien gelang, uns zu überrumpeln, und wir lernten, daß Stärke Grenzen hat, daß Euphorie als Reaktion auf Krieg nicht ratsam ist und daß auch unsere Feinde aus einem Krieg die notwendigen Lehren ziehen können, um sich auf den nächsten vorzubereiten.

Wieder daheim – bei den Fallschirmjägern

Durch den Krieg verzögerte sich meine Entlassung aus der Armee. Ich blieb in der Shaked, bis die Errichtung ihres neuen Hauptquartiers im Sinai bei Rafiah abgeschlossen war. Es handelte sich um einen verlassenen UN-Posten, der einer der größten Stützpunkte der IDF im Sinai wurde. Doch bereits im August, zwei Monate nach dem Sechstagekrieg, freute ich mich darauf, zum Neujahrsfest Rosh Hashanah im September für immer nach Hause zu kommen.

An einem heißen Abend saß ich auf den Stufen zum Geschäftszimmer der Shaked und dachte über die Zukunft nach, während ich am endlosen Wüstenhimmel nach Sternschnuppen Ausschau hielt. Zur Unterhaltung der Truppen spielte eine bekannte Rock-and-Roll-Band aus Tel Aviv. Die Musik hallte durch das ganze Lager. Eigentlich finde ich es schöner, wenn man gemütlich am Lagerfeuer zusammensitzt und zur Gitarre oder zum Akkordeon singt. Aber ich freute mich, daß die Soldaten ihren Spaß hatten, und sah meiner bevorstehenden Entlassung aus der Armee und der Rückkehr nach Nahalal erwartungsvoll entgegen.

»Da bist du ja!« Matan Vilnai kam über den festgetretenen Sand des Lagers auf mich zu. »Ich hab' dich schon überall gesucht.« Matan, der Sohn des namhaften israelischen Historikers Zev Vilnai, hatte eine Militäroberschule in der Nähe von Haifa besucht und war wie ich direkt zur Luftlandebrigade gegangen. Er war ein paar Jahre älter als ich – Mitte Zwanzig und damit einer der damals jüngsten Hauptleute in der Armee –, und er wollte in der Armee Karriere machen. Am Vorabend des Sechstagekrieges wurde er zum Kommandanten der Luftlande-Sayeret ernannt, meiner ursprünglichen Einheit. Etwa 30 Jahre später, im Jahre 1995, wurde er stellvertretender Generalstabschef.

»Ich höre, du verläßt die Shaked«, sagte er und setzte sich neben mich auf die Zementstufen.

»Und fahre nach Hause«, fügte ich hinzu.

»Aber du hast dich als Reservist in der Luftlandebrigade verpflichtet.«

»Natürlich.«

»Ich habe Fuads Brief gelesen«, sagte er. »Was nicht heißen soll, daß ich erst deine Akte einsehen mußte, um zu wissen, daß ich dich haben will.«

»Fuad hat in dem Brief gehörig übertrieben«, schränkte ich ein.

Fuad hatte an den Adjutanten des Südkommandos einen Brief geschrieben, der meiner Personalakte beigefügt werden sollte. Er gab ihn mir bei meiner Entlassung. Auf meinem Weg zum Hautquartier des Südkommandos im Negev warf ich heimlich einen Blick hinein und machte den Brief vor Verlegenheit rasch wieder zu, als ich seine Lobeshymnen las.

Aber im Hauptquartier des Südkommandos wollte man gute Offiziere nicht verlieren. Mein Antrag auf Versetzung zur Luftlandebrigade gefiel dem Adjutanten im Kommandohauptquartier ganz und gar nicht, als ich ihm den Brief überreichte.

»Der Offizier«, so las er laut aus Fuads Brief vor, ohne zu ahnen, daß ich den Inhalt bereits kannte, »hat seinen Dienst zur Zufriedenheit abgeleistet«, wobei er nicht das las, was dort wirklich stand, sondern einfach einen ganz anderen Text erfand, an dessen Ende es hieß, der Adjutant könne entscheiden, in welcher Einheit der IDF ich am besten einzusetzen wäre. Und da die regionalen Kommanden nur äußerst ungern einen guten Offizier verlieren, wollte er mich natürlich im Südkommando behalten und verhindern, daß ich zur Luftlandebrigade ging.

Damit ließ ich ihn nicht durchkommen, aber ich verriet ihm auch nicht, daß ich wußte, was Fuad in Wahrheit geschrieben hatte. »Hören Sie«, sagte ich bestimmt. »Ich weiß nicht einmal, warum ich überhaupt mit Ihnen, einem Schreibtischhengst, rede. Was Sie da machen, schadet unserer Seite und kommt dem Feind zugute. Geben Sie mir meine Akte. Ich gehe zu den Fallschirmjägern.« Ich streckte die Hand aus, damit er mir die Akte gab. »Keine Sorge«, sagte ich, »die nehmen mich.«

So hatte noch kein Leutnant mit ihm gesprochen. Er steckte den Brief wieder in den Umschlag und gab ihn mir zusammen mit dem braunen Schnellhefter mit meinen Personalunterlagen für die Luftlandebrigade.

An jenem Abend in Rafiah versicherte ich Matan also, daß ich im September meinen Dienst als Reservist in der Luftlandebrigade antreten würde. »Du kriegst mich als Reservist«, versprach ich ihm.

»Nein«, fiel er mir ins Wort. »Ich will dich als meinen Stellvertreter.«

»Ich gehe wieder nach Hause«, wiederholte ich. »Zurück nach Nahalal.«

»Ich brauche dich«, sagte Matan.

Ich schüttelte verneinend den Kopf. Mein Entschluß stand fest.

»Hör doch«, sagte er leise. »Wir haben einen schrecklichen Krieg hinter uns.«

Das war mir klar. Ich hatte in der Brigade sein wollen, und zwar in ihrer Sayeret, und aus diesem Grund war ich auf dem schnellsten Weg zum Brigadehauptquartier gefahren, als sich Mitte Mai vage andeutete, daß es zum Krieg kommen würde. Doch Amos hatte mich zurück in die Shaked geholt. Später erfuhr ich, daß die Luftlande-Sayeret bei Beginn des Krieges in ihren Flugzeugen auf der Rollbahn gesessen hatte und darauf wartete, in den Sinai zu fliegen, um über Sharm el-Sheikh am südlichsten Zipfel der Halbinsel abzuspringen. Doch aufgrund des Erfolges der Luftwaffe hatte sich der Einsatz erübrigt. Von da an war die Einheit bei jedem Gefecht zu spät eingetroffen. Den ganzen Krieg hindurch hatte sie kaum einen Schuß abgefeuert.

»Ich brauche dich«, sagte er. »Du hast als Rekrut in der Sayeret gelernt und dazu Erfahrungen in der Shaked gesammelt. Es gibt demnächst allerhand zu tun. Der Nachrichtendienst hat ermittelt, daß es entlang der Grenze verstärkt zu terroristischen Aktivitäten kommen wird. Dagegen werden wir was unternehmen müssen. Du bildest die besten Soldaten aus.«

Matan kann sehr überzeugend sein. Als die Musiker längst im Bett waren, diskutierten wir noch immer. Schließlich gestand ich ein, daß mich die Sache reizte. Doch am Ende unseres Gesprächs gab ich nur zu, daß ich Zeit zum Nachdenken brauchte.

»Wie lange brauchst du?« wollte er wissen.

Der nächste Tag war ein Freitag, und ich hatte bereits vor, zusammen mit einem Kameraden übers Wochenende nach Hause ins Jezreel-Tal zu fahren. Ich würde zwar in wenigen Wochen endgültig zu Hause sein, doch bis dahin nutzte ich jede Gelegenheit, Nurit, die mit unserem Sohn Shaul schwanger war, und meine Familie und Freunde zu besuchen. »Ein paar Tage«, versprach ich Matan.

Israel ist zwar ein kleines Land, aber damals waren die Straßen nicht sehr gut, vor allem wenn man mitten aus dem Sinai, der ganz im Süden liegt, nach Galiläa wollte. Mit dem Auto brauchte man vom Sinai bis Nahalal acht Stunden. Solange Nurit schwanger war, wollte ich keine Zeit damit vergeuden, auf den Bus zu warten oder zu trampen. Und von meinen Eltern hatte ich gelernt: Wo eine Wille ist, ist auch ein Weg.

Als Nasser den Abzug der UN-Truppen erzwang, hatten sie einige Citroën 2CV zurückgelassen, die sogenannten Enten, so etwas wie eine französische Version des VW-Käfers. Auch die IDF hatten Enten. Die Wagen der UN waren weißblau, unsere grau.

Ich besorgte mir graue Farbe und übermalte eine der Enten, veränderte die Nummernschilder, so daß sie nicht mehr, wie bei der UN, schwarz auf weißem Grund, sondern weiß auf schwarzem Grund waren, wie bei den IDF, und wir machten uns auf den Weg nach Nahalal. Die Militärpolizei hatte außerhalb des Sinai und des Gazastreifens Straßensperren errichtet, um Plünderer abzufangen. An einer mußten wir anhalten. Sie durchsuchten den Kofferraum und den Rücksitz, wobei ich ihnen lächelnd zusah. Sie kamen gar nicht auf die Idee, daß der Wagen selbst geklaut war. Das amüsierte uns so, daß wir uns fast bis Galiläa darüber kaputtlachten.

Das ganze Wochenende dachte ich über Matans Angebot nach. Wenn ich über die Felder streifte oder in der Scheune arbeitete, waren mein Herz und mein Verstand wie zwei Waagschalen, die jeweils die Werte aufwogen, die mir lieb und teuer waren.

Ich war gern zu Hause bei Nurit, gerade jetzt, da ihre Niederkunft wenige Wochen bevorstand. Ich war aber auch gern in der Armee. Aber ich hatte keinerlei Interesse, dort Karriere zu machen und General zu werden, wie Amos Yarkoni prophezeit hatte. Generale beobachten Gefechte aus der Ferne und sitzen die meiste Zeit hinter dem Schreibtisch.

Ich war gern auf den Feldern im Jezreel-Tal. Ich war aber auch gern im Gelände mit meinen Soldaten, ein Offizier, der seinen Leuten das Selbstvertrauen vermittelte, das sie brauchten, um im Kampf zu überleben.

Mir gefiel die gesteigerte Wachsamkeit, die sich während einer Operation einstellt, wenn alle Sinne auf Empfang gestellt sind und man sich hundertzehnprozentig lebendig fühlt. Mir gefielen die geistigen und körperlichen Herausforderungen, die auf jeden Angehörigen einer Sondereinheit zukommen. Mir gefiel es, bis an meine Grenzen zu gehen, und ich empfand es als Genugtuung, wenn ich im größten Chaos die Ruhe bewahrte.

Doch Nurit und ich hatten Pläne geschmiedet. Wir wollten reisen, und ich wollte, was mich selbst erstaunt hatte, zur Universität gehen, um Geographie, das heißt die Geographie Israels, zu studieren. Es war das Fach, das mich am meisten faszinierte, denn es kombinierte Zoologie und Botanik ebenso wie Geologie und Geschichte.

Ich wollte mein eigenes Leben aufbauen, doch die Werte, die ich in meiner Kindheit verinnerlicht hatte, sagten mir, daß ich meinem Land zu seiner Verteidigung dienen mußte.

Trotzdem fragte ich mich, ob die Armee mich wirklich brauchte. Es hieß, nach dem vernichtenden Sieg über die Araber im Sechstagekrieg seien für unsere Soldaten nur noch Pappziele übriggeblieben. Wir wußten alle, daß die Araber ihre Armeen am Ende wieder aufbauen würden. Aber es herrschte die einhellige Meinung, daß es Jahre dauern würde – vielleicht sogar zehn oder zwanzig –, bis sie für die nächste Runde gerüstet wären.

Dennoch fiel mir, als ich eines Abends draußen auf dem Feld war und über meine Zukunft nachdachte, etwas ein, das ich erst ein paar Wochen zuvor erlebt hatte, in Ras al-Ash, südlich von Port Said, wo der Suezkanal ins Mittelmeer mündet.

Obwohl der Krieg nach sechs Tagen zu Ende war, ging der Konflikt unaufhörlich weiter. Tag und Nacht wurden unsere neuen Stellungen am Ostufer des Suezkanals von ägyptischen MiGs und Artillerie angegriffen. In Ras al-Ash, unweit des nördlichen Kanalendes, brauchte ein Infanteriezug, der die Stellung hielt, dringend Nachschub und bat das Hauptquartier um Hilfe. Ich machte mich mit einem Zug in einem Jeep und in Halbkettenfahrzeugen, beladen mit Munition und medizinischem Versorgungsmaterial, auf den Weg.

Die ganze Fahrt über wurden wir beschossen und brauchten fast drei Stunden für die 20-Kilometer-Strecke. Wir hielten jedesmal an, wenn die Ägypter uns vom anderen Kanalufer sehen konnten, gaben uns gegenseitig Feuerschutz und fuhren dann Fahrzeug für Fahrzeug über das Stück offenes Gelände.

Doch den wohl beängstigendsten Augenblick unserer Fahrt nach Ras al-Ash erlebten wir bei unserer Ankunft. Ich hatte bis dahin noch keinen israelischen Soldaten gesehen, der Angst gehabt hatte. Doch die Soldaten, die dort in ihren unterirdischen Bunkern hockten, wurden regelrecht von Angst geschüttelt. Sie zitterten noch, wenn die Erde nach einem MiG-Angriff schon lange nicht mehr bebte.

Sie flehten uns an, sie rauszuholen. Wir blieben ein paar Stunden, was sie wieder einigermaßen beruhigte. Ich hatte ihre Angst den speziellen Umständen zuschreiben wollen, in denen sie sich befanden, doch als wir nach Kantara zurückkehrten, erwartete mich ein weiterer Schock.

Nachdem die Shaked unter Artilleriebeschuß gekommen war, hatte das Kommando die Stellung um einige Kilometer nach Norden verlegt, unter den gegebenen Umständen ein völlig normales militärisches Verhalten. Nur daß uns niemand per Funk davon informiert hatte. Da wurde mir plötzlich klar, daß wir die ägyptische Armee zwar im Krieg geschlagen hatten, daß sie uns aber als Feind noch immer Schaden zufügen konnte.

Der drei lange Jahre währende Stellungskrieg, der sich an den Sechstagekrieg anschloß, wurde schließlich unter der Bezeichnung »Zermürbungskrieg« bekannt. Er kostete über 500 Soldaten unserer Armee das Leben, bevor er im August 1970 zu Ende ging. Doch kaum jemand wollte sich im Sommer 1967 die Freude über den gerade gewonnenen Krieg durch Hinweise auf Anzeichen eines neuen Krieges verderben lassen.

Mag sein, daß die Zeit der großen Kriege vorüber ist, dachte ich – ohne zu ahnen, daß ich in nur sechs Jahren eines Besseren belehrt werden würde –, doch die kleinen Kriege, besonders die gegen Terroristen, gehen weiter. In stärkerem Maße als jede andere IDF-Einheit, die mir damals bekannt war, würden die Luftlande-Sayeret in diesem Kleinkrieg als Frontkämpfer beteiligt sein. Und ich wußte, daß ich die Fähigkeit und somit die Verantwortung hatte, dabei mitzuwirken.

Als stellvertretender Kommandant der Sayeret wollte Matan, daß ich die nächste Generation von Kämpfern ausbildete. Dank der Erfahrungen, die ich im Krieg, in der Shaked und in der Sayeret selbst gesammelt hatte, konnte ich eine wichtige Funktion erfüllen, sagte er. Freunde, die in der Einheit waren und ihren Neid darüber, daß ich im Krieg gekämpft hatte, während sie auf einem Rollfeld hockten, nicht verhehlen konnten, bestätigten mir zu Hause, daß die Moral in der Luftlande-Sayeret gesunken war, nachdem der Krieg an ihnen vorbeigegangen war.

An jenem Samstagabend nach dem Essen ging ich auf das dunkle Feld hinter unserem Haus und lauschte auf die Geräusche der Nacht, die mir als Kind soviel angst gemacht hatten und mir jetzt so vertraut waren.

Ich erinnerte mich an die Zeit, als nur die Lichter von Nahalal unseren Teil des Tals erhellten und wie Bet She'arim allmählich größer wurde, nachdem meine Eltern von Haifa dorthin gezogen waren.

Jetzt war das ganze Tal besiedelt, und wohin ich auch blickte, funkelten Lichter in der Ferne wie Armbänder in der Nacht. Nahalal war sicher. Meine Eltern waren sicher. Nurit und unser Baby würden in Nahalal nicht allein sein, umgeben von Familienangehörigen und Freunden, sowohl ihren als auch meinen. Ich könnte häufig nach Hause kommen, mal für einen Tag oder übers Wochenende – außer ich mußte zu einem Einsatz. Matan hatte recht, begriff ich. Er brauchte mich wirklich.

Doch es sollte kein Jahr vergehen, bis ich wieder zu Hause war, um mich von meinen Verwundungen zu erholen, die ich mir in der Schlacht bei Karameh zugezogen hatte, eine militärische Niederlage, die darauf zurückzuführen war, daß wir den Feind unterschätzt hatten.

Gefahr am Himmel

Antrag auf Invalidenrente«, sagte der Beamte aus dem Verteidigungsministerium und legte einen Stapel Formulare auf meinen Nachttisch im Krankenhaus von Afula, der Hauptstadt des Jezreel-Tals.

Die Ärzte hatten mir sämtliche Verbände abgenommen, außer einem großen, weißen, quadratischen auf meiner Wunde am Hals. Doch noch immer wurde mein wiederhergestellter Kiefer von Drähten zusammengehalten, so daß ich kaum flüstern konnte, und selbst das tat weh. Ich schüttelte verneinend den Kopf. Ich wollte auf keinen Fall zum Invaliden erklärt werden.

»Sie müssen unterschreiben, damit Ihre Invalidität...« wiederholte er.

Ich unterbrach ihn. »Vergessen Sie's. Ich habe nicht die Absicht zu unterschreiben.«

»Wie bitte?«

»Ich bin kein Invalide«, krächzte ich. »Ich bin verwundet. Aber ich werde wieder gesund. Ich werde keinen Antrag stellen.«

»Das ist das übliche Verfahren«, versuchte er es erneut.

»Ich bin auf dem Weg der Besserung.«

»Schön«, sagte der Beamte. »Unterschreiben Sie hier.« Er beugte sich über den Stapel Papiere, den er mir in die Hand schob, und blätterte eine Seite um. »Und hier.«

Geschwächt, aber nicht völlig kraftlos, packte ich sein Hemd und keuchte »Raus hier« in sein verdutztes Gesicht.

Ein paar Tage nachdem ich wieder zu Hause war, kam er erneut. Ich setzte ihn vor die Tür. Das dritte Mal schickten sie einen Freund von mir, der ebenfalls im Kampf verwundet worden war und mir das Verfahren erläutern sollte.

»Wenn du unterschreibst, zahlen sie dir in einem Jahr eine Invalidenrente, und du kriegst alle möglichen Vergünstigungen«, erklärte mein Freund. »Geld, Muki. Es geht um Geld.«

»Ich will meine Gefechtstauglichkeit nicht in Frage stellen lassen«, sagte ich mit Nachdruck. Ich wollte unter keinen Umständen, daß die IDF-Ärzte mich für gefechtsuntauglich erklärten. »Ich nehme kein Geld, wenn das bedeutet, daß ich nicht mehr gefechtstauglich bin.«

Ich war mir zwar noch nicht schlüssig, ob ich als Berufssoldat zur Armee zurückwollte, doch ich wollte als Reservist in eine Kampfeinheit. Wenn ich gefechtsuntauglich erklärt wurde, hieß das Reservedienst am Schreibtisch. Das Schlimmste überhaupt.

»Das eine hat mit dem anderen nichts zu tun«, versicherte mir mein Freund. »Die Anträge auf Invalidenrente gehen ans Verteidigungsministerium, nicht an die Armee. Da besteht keine Verbindung.«

Doch ich habe kein Vertrauen in die Bürokratie. Ich schenkte dem Brief, in dem die Armee mich zur amtsärztlichen Untersuchung bestellte, keinerlei Beachtung. Ebenso dem zweiten. Und schließlich, als ich auch auf den dritten nicht reagierte, schlossen sie die Akte, ohne daß über meinen Gesundheitszustand irgend etwas vermerkt wurde. Für die große, offizielle Armee habe ich mir bei Karameh keine Kugel eingefangen.

Zu Hause hatte Nurit mit unserem ein Jahr alten Sohn Shaul alle Hände voll zu tun und mußte dazu noch mich gesund pflegen. Schließlich fing ich mit leichten Arbeiten auf dem Hof an und kam langsam wieder zu Kräften. Mit der Zeit gewöhnte ich mich auch an mein neues Gesicht nach der plastischen Operation, in der meine untere Gesichtshälfte wiederhergestellt worden war. Mein Kiefer war etwas breiter geworden, was mich die ersten paar Male überraschte, wenn ich in den Spiegel schaute.

Bereits im Sommer war die Gelbsucht nahezu vergessen. Ich war wieder der alte und so stark wie eh und je, so daß ich sämtliche Arbeiten auf dem Hof verrichtete.

Das Leben war schön. Shaul krabbelte im Garten umher, der zu einer Scheune und einem Hühnerstall führte, wie damals bei meinen Großeltern. Nurit war glücklich. Wir erwarteten eine gute Ernte im Herbst.

Doch allmählich wollte ich wieder zur Armee zurück. Auch nach dem Sechstagekrieg weigerten sich die Araber weiterhin, uns in Frieden leben zu lassen. Die Jordanier verloren im Jordantal die Kontrolle auf ihrer Seite der Grenze an die PLO, die auch auf der jordanischen Seite des Nahal Arawas das Sagen hatte.

Im Jordantal wütete damit ein Zermürbungskrieg. Statt der Artillerie und der Heckenschützen, die von der ägyptischen Front aus über den Suezkanal schossen, erhellten hier Leuchtsignale den Himmel, wenn nachts auf bewaffnete Eindringlinge Jagd gemacht wurde, die den Jordan überquerten. Das hieß, daß die Sayeret im Einsatz war. Im Großeinsatz. Und ich wollte dabeisein.

Ich blieb mit der Einheit in Kontakt. Mein Bruder vertrat mich als stellvertretender Kommandant der Sayeret, und er wie auch die Freunde, die mich besuchten, hielten mich mit ihren Erzählungen ständig auf dem laufenden. Doch ich wußte auch so, was mir fehlte: die kühlen Nächte unter den Sternen, in denen du all deine Sinne auf die Natur der Wüste einstellst, ihre Harmonie wahrnimmst und auf das Heranrücken des Feindes lauschst, auf das Geräusch, das die Stille durchbricht. Ich wollte endlich wieder Spuren verfolgen, ich wollte wieder den Horizont beobachten, ich wollte wieder meine Soldaten in Angriffsstellungen führen, und ich wollte wieder den Feind überlisten. Doch vor allen Dingen fand ich es absurd, mir wegen der nächsten Ernte Sorgen zu machen, während meine Freunde gegen unsere Feinde kämpften.

Dann, im Juli 1968, überraschten uns die Araber mit einer völlig neuen Form von Kriegsführung – Terror mit staatlicher Unterstützung. Sie entführten eine Maschine der El Al auf dem Flug von Rom nach Tel Aviv und zwangen den Piloten, in Algerien zu landen. Die algerische Regierung empfing die Entführer wie Helden. Unsere hilflosen Bürger wurden über zwei Wochen lang festgehalten. Schließlich gab Jerusalem den Forderungen der Terroristen nach und ließ im Austausch für die von den Algeriern festgehaltenen Geiseln eine Anzahl Palästinenser frei, die wegen terroristischer Anschläge in israelischen Gefängnissen einsaßen.

Empört über die Taktik, sich unschuldige Zivilisten als Angriffsziel auszusuchen, war ich entsetzt, ja, schockiert, daß die Regierung den Forderungen der Terroristen nachgab. Ich fragte Freunde, die beim Sicherheitsdienst waren, warum die El Al keine hinreichenden

Sicherheitsvorkehrungen gegen Flugzeugentführungen getroffen hatte. »Wir arbeiten dran«, versicherten sie mir.

»Gebt mir Bescheid, wenn euch was eingefallen ist«, sagte ich. Ich wollte dabeisein.

Im Januar 1969 bekam ich einen Brief nach Hause geschickt. Er trug das Staatssiegel, enthielt aber nur zwei Zeilen mit der Bitte, zu einem Gespräch in einem Büro in Tel Aviv nicht weit vom Verteidigungsministerium zu erscheinen.

Dort wußte man nichts von meiner Verwundung, doch die leuchtendrote Narbe an meinem Hals war unübersehbar. Ich erzählte, woher ich sie hatte, und sie sagten, daß sei kein Hinderungsgrund, an dem einen Monat später beginnenden Lehrgang teilzunehmen.

Doch zwei Wochen später weckte mich mitten in der Nacht das Telefon. »Es ist wieder eine El-Al-Maschine angegriffen worden«, sagte die Stimme. »Wir verlegen den Zeitplan nach vorn. Wir fangen morgen mit der Ausbildung an.«

★★★

»Wer von euch hat schon mal mit einer Pistole geschossen?« Der alte Mann vorn im Klassenraum sprach Hebräisch mit starkem amerikanischen Akzent, bei dem ich mir ein Lächeln verkneifen mußte. Einige meiner Mitschüler grinsten und hoben die Hand. Ich kannte mich zwar mit Pistolen aus, doch irgend etwas in der Stimme des Mannes hielt mich davon ab, ebenfalls die Hand zu heben. Gott sei Dank.

»Ihr habt nicht die blasseste Ahnung«, knurrte er uns an. »Was wißt ihr denn schon? Seid ihr schon mal um zwei Uhr morgens über die Amsterdam Avenue gegangen und plötzlich mit einem Messer bedroht worden?« Wie aus dem Nichts tauchte in seiner Hand eine Beretta auf, mit gespanntem Hahn und schußbereit. »Ich heiße Dave«, sagte er, und der dreiwöchige Intensivkurs in der Handhabung einer Beretta im Nahkampf nahm seinen Anfang.

Sein Hebräisch war derart schlecht, daß er uns damit ansteckte.

Schon nach der ersten Woche sprachen wir zwölf Teilnehmer, die noch übrig waren – die anderen hatte er bereits rausgeworfen – Hebräisch mit den starken Rs und Ls seines komischen Akzents.

Dave war ein Meister im Umgang mit Handfeuerwaffen und lehrte uns sämtliche Aspekte des Nahkampfs, wobei er größten Wert auf Genauigkeit legte. »Es geht darum, den Terroristen zu treffen, nicht das Flugzeug«, trichterte er uns immer wieder ein und ließ uns jede einzelne Bewegung wiederholen, bis sie saß.

Seiner Überzeugung nach war die Beretta vom Kaliber .22 für diesen Einsatz am geeignetsten, da das kleinere Kaliber in Verbindung mit der geringen Geschoßgeschwindigkeit im verhältnismäßig engen Raum eines Flugzeugs nicht ganz so gefährlich ist wie Großkaliber. Dies deshalb, weil beispielsweise ein durchlöchertes Fenster in einer unter Druck stehenden Flugzeugkabine in 10000 Metern Höhe katastrophale Folgen haben kann.

Allerdings war die Beretta relativ schwach, was bedeutete, daß wahrscheinlich zwei Schüsse nacheinander abgefeuert werden müßten, um den Feind unschädlich zu machen. Dave nannte diese Doublettentechnik »peng-peng«. Wir übten mit beweglichen Zielen in einer nachgebauten Flugzeugkabine, bis wir alle Bewegungsabläufe beherrschten, die Dave uns beibrachte – und neue, die wir uns beim Training einfallen ließen.

Wir lernten, welche Typen von Passagiermaschinen zu der kleinen El-Al-Flotte gehörten und welche Passagiermaschinen sonst noch Israel anflogen. Die Araber machten kein Geheimnis daraus, daß sie noch weitere Flugzeugentführungen planten. Doch wir hielten unsere Pläne geheim.

Als harmlose Geschäftsleute getarnt, mit Anzug oder Jackett und Krawatte, mit Aktenkoffer oder Bordcase, bestiegen wir wie normale Passagiere das Flugzeug.

In der Regel erfuhren wir durch Meldungen vom Geheimdienst, ob ein bestimmter Flug als Ziel besonders in Frage kam, weil VIPs an Bord waren oder potentiell verdächtige Passagiere, wie beispielsweise Araber oder Studenten aus westlichen Ländern oder Japan, wo die PLO in linksextremen Kreisen starken Einfluß besaß.

Von unseren strategisch günstig gelegenen Sitzplätzen aus konnten wir die gesamte Kabine überblicken. Direkt nach dem Start gingen wir durch den Gang und sahen nach, welche Gesichter zu den Namen auf der Passagierliste gehörten. Nach der Landung stiegen wir wieder wie normale Passagiere aus.

Großstädte wie Paris, London und New York gehörten plötzlich für mich zum Alltag, ein Junge vom Land in der großen weiten Welt. Doch ich war nie dabei, wenn es ernst wurde.

Terroristen entführten eine El-Al-Maschine auf dem Züricher Flughafen und töteten den Piloten Yoram Peres aus Ma'ayan Zvi. Mordechai Rahamim, einem meiner Freunde aus Daves Lehrgang, gelang es, den Terroristen zu überwältigen. Die Schweizer Polizei verhaftete Rahamim und enttarnte so unsere Aktivitäten.

Einige Wochen später, als ich gerade in New York im Einsatz war, entführten Terroristen eine El-Al-Maschine, die in Amsterdam gestartet war. Einer unserer »air marshals« vermasselte die Sache. Er kannte den Piloten von zu Hause, und die Terroristen schlugen zu, als er gerade seinen Freund im Cockpit besuchte.

Es kam zu einer Schießerei, und das Drama endete mit einem toten Terroristen und zwei Verwundeten – einer Terroristin namens Leila Chaled und einem El-Al-Steward. Die Briten verhafteten die Terroristen. Chaled, eine schwarzhaarige Schönheit, wurde rasch zum Liebling der britischen Sensationspresse, eine Berühmtheit für die radikale neue Linke. Nach ihrer Verurteilung blieb sie nicht lange im Gefängnis. Die Briten, wie alle anderen europäischen Länder, zogen es vor, mit Terroristen zu verhandeln. Als die PLO ein britisches Flugzeug entführte und Chaleds Freilassung forderte, gab London nach. Bei Terroristen der Irisch-Republikanischen Armee dagegen blieben sie unnachgiebig. Sie begriffen wohl nicht, daß Terrorismus ein weltweites Phänomen ist und sich nur durch eine gemeinsame Front besiegen läßt.

Auch in München war ich nicht dabei, als ein Bus, der El-Al-Passagiere von der Abflughalle zur Maschine brachte, überfallen wurde. Uri Cohen, der Pilot, wehrte sich gegen einen der Terroristen, der in dem Handgemenge eine Granate fallen ließ, die explodierte und ihn selbst tötete.

Anderthalb Jahre war ich unterwegs, jede Woche in einer anderen

Stadt, und nicht ein einziges Mal war ich bei einem richtigen Einsatz dabei. Doch einmal, kurz nach dem Start in Paris, erlebte ich eine Situation, in der ich beinahe das angewandt hätte, was Dave mir so gut beigebracht hatte.

An jenem Morgen stand in der Meldung vom Nachrichtendienst nichts darüber, daß ein Araber an Bord sein würde. Doch noch während die Maschine im Steigflug war und die Aufforderungen, sich anzuschnallen und nicht zu rauchen, noch aufleuchteten, spürte ich hinter meinem Sitz – in strategischer Position in der Nähe der Cockpittür – Bewegung.

Ich drehte mich um und sah einen jungen Mann im Anzug mit der typischen dunklen Haut eines Arabers. Er stand im Durchgang zwischen dem Bereich der ersten Klasse und der Touristenklasse. Ich hielt nach der Stewardeß Ausschau, damit sie ihn zurück an seinen Platz scheuchte, doch sie war direkt nach dem Start in der Küche verschwunden.

Ich griff in meine Jacke und tastete nach der Pistole in dem Halfter unter meiner linken Achsel. Der Verdächtige stand am Vorhang und blickte in Richtung Cockpittür. Wenn ich ihn ansprach, würde ich mich enttarnen. Ich spannte alle Muskeln an, bereit, meine Pistole zu ziehen und ihm eine Doublette zu verpassen. Die Cockpittür flog auf – was während des Starts normalerweise nicht passiert –, der Steward kam heraus und setzte sich auf seinen Platz neben der Cockpittür. Ich zog die Waffe im Halfter so weit heraus, daß ich den Finger in den Abzugsbügel stecken konnte.

Der mutmaßliche Terrorist machte einen Schritt nach vorn und schob den Vorhang zwischen den beiden Kabinen beiseite. Ich zog die Waffe ein kleines Stück weiter aus dem Halfter, bereit, herumzufahren und anzulegen, falls der Verdächtige noch einen weiteren Schritt tat.

In dem Augenblick kam die Stewardeß aus der Küche. »Was machen Sie denn hier?« fragte sie meinen Verdächtigen. »Die Anschnallaufforderung ist noch an.«

»Ich muß zur Toilette«, sagte der junge Mann verlegen.

»Sie sind aus der Touristenklasse«, erwiderte die Stewardeß barsch. »Gehen Sie zurück«, sagte sie weiter und zeigte in den hinteren Teil der Maschine.

Der eigensinnige Passagier hatte keine Ahnung, wie knapp er dem Tod entgangen war. Doch ein amerikanischer Tourist, der mir gegenüber auf der anderen Seite des Ganges saß, hatte das Ganze beobachtet. Er lächelte mir zu, hob anerkennend den Daumen und vertiefte sich wieder in seine Zeitschrift.

Nachdem Mordechai Rahamim den Terroristen in Zürich getötet hatte, wußte die ganze Welt, daß bewaffnete »sky marshals« in El-Al-Maschinen mitflogen. Den Schweizern war es unangenehm, daß sie Mordechai verhaftet und vor Gericht gestellt hatten. Danach ließen sie ihn zwar frei, doch jetzt, da unsere Arbeit in der Öffentlichkeit bekannt war, wurde die Situation für uns noch schwieriger. Mit einemmal machten sich israelische Reisende einen Sport daraus, uns unter den Passagieren ausfindig zu machen. Dank unserer Ausbildung übersahen wir die uns anstarrenden Passagiere und reagierten nicht, wenn jemand meinte, uns erkannt zu haben. Passagiere, die uns verschwörerisch ansprachen, wimmelten wir mit einem Lächeln oder einem Stirnrunzeln ab, doch wir ließen uns nie in ein Gespräch verwickeln. In der Luft mußten wir ständig wachsam sein.

Natürlich wurden wir, egal wo wir landeten, gründlich von Polizei und Nachrichtendienst durchsucht. Mit den meisten europäischen Ländern bestanden zwar stillschweigende Kooperationsverträge, doch die Amerikaner sind ausgesprochen rührig, wenn sich bewaffnete Agenten aus dem Ausland auf ihrem Territorium aufhalten. Und unsere Tarnung als Geschäftsleute hielt auch nicht lange – wie viele 24- oder 25jährige Geschäftsleute kommen ohne jedes Gepäck auf internationalen Flughäfen an, um zwei, maximal drei Tage zu bleiben?

Nach dem Vorfall in Zürich, als Mordechai Rahamim seine Waffe gezogen hatte, kamen unsere Vorgesetzten zu dem Schluß, daß es taktisch klüger wäre, den Amerikanern die Wahrheit zu sagen.

Mittlerweile liefen meine Trips nach Manhattan routinemäßig ab. Keine Fragen bei der Einreise. Taxi zum Hotel, ausruhen und während der zwei oder drei Tage Aufenthalt ein paar Sehenswürdigkeiten besichtigen, bevor es wieder zurückging. Ich sah mir die Stadt an wie jeder andere Tourist auch; am liebsten jedoch ging ich ins Museum of Natural History, dem ich jedesmal einen Besuch abstattete, wenn ich wieder in New York war.

Eines Abends, als ich mit einem Freund am Times Square war, kam ein Schwarzer auf uns zu und hielt mir eine Armbanduhr unter die Nase. »Zwei Dollar«, sagte er.

Was soll ich sagen? Ich komme nun mal vom Land, also sah ich mir die Uhr an, blickte dann wieder in sein Gesicht und war mir ziemlich sicher, daß sie gestohlen war. »Nein danke«, sagte ich und ging weiter.

Als ich etwa eine Woche später wieder in New York landete, kam ich problemlos durch die Paßkontrolle. Doch als ich die Ankunftshalle betrat, kam ein Schwarzer auf mich zu und hielt mir etwas Glänzendes hin. Wieder so ein Straßenganove, dachte ich, sagte »Nein danke« und ging an ihm vorbei.

»Was soll das heißen, ›nein danke‹«, zischelte der Mann und legte mir eine Hand auf die Schulter. »FBI.«

Mein Englisch ist nicht sonderlich gut, aber sogar in Nahalal hatten wir Hollywoodfilme gesehen. Ich verstand »FBI«.

»Mitkommen«, sagte er und führte mich am Arm in einen Nebenraum. Drei amerikanische Special Agents warteten bereits, um mich zu verhören. »Leeren Sie Ihre Taschen«, sagte der schwarze FBI-Agent.

Ich holte einen kurzen Gummiknüppel und eine chemische Keule aus einer Tasche. »Ich bin vom Sicherheitsdienst der El Al«, gab ich zu, wie uns unsere Vorgesetzten zu Hause nach dem Zürich-Vorfall angewiesen hatten.

Bis zu jenem Tag hatten wir jede Verbindung mit dem El-Al-Sicherheitsdienst abgestritten. Die Amerikaner hatten zwar so ihre Vermutungen, aber sie wußten nichts mit Sicherheit. Doch nach Zürich war alles anders. Den FBI-Beamten verschlug es die Sprache. Einen Augenblick lang dachte ich sogar, sie hätten mein schlechtes Englisch mit dem starken hebräischen Akzent nicht verstanden. Ich wiederholte, was ich gesagt hatte. »Ja, ich bin vom El-Al-Sicherheitsdienst«, sagte ich in die erstaunten Gesichter.

Sie hatten mich zuerst mürrisch und barsch behandelt. Plötzlich wurden sie respektvoll und stellten neugierig Fragen. Sie wollten Näheres über meine Ausbildung und meine militärische Laufbahn wissen. Ich verstand nicht alles, was sie sagten. Doch ich hatte schließlich auch meine Anweisungen. Ich durfte sagen, daß ich zum El-Al-Sicherheitsdienst gehörte. Mehr jedoch nicht.

Sie telefonierten ein wenig herum – ich nehme an, mit Washington –, und bald darauf ließen sie mich gehen.

»Viel Spaß in New York«, sagte der schwarze FBI-Beamte, den ich anfangs für einen Gauner gehalten hatte. Er schlug mir auf die Schulter wie einem alten Freund. »Und handeln Sie sich keinen Ärger ein«, sagte er zum Abschied. Wie sollte er auch wissen, daß ich mir seit 18 Monaten nichts sehnlicher wünschte – und bei meinem Einsatz als »sky marshal« noch nicht auf meine Kosten gekommen war?

Der Job langweilte mich zunehmend. Die Begeisterung, die ich zunächst in den fremden Großstädten empfunden hatte, ließ rasch nach. Städte sind eng und laut und üben keine große Faszination auf mich aus. Der ewige Trott – drei Tage zu Hause, dann wieder drei Tage unterwegs – machte das Ganze noch schlimmer.

Doch dann flog ich nach Afrika.

Als ich das erste Mal in Nairobi landete, tat ich mich mit einem anderen »sky marshal« zusammen, und wir machten eine Viertagefahrt in die Nationalparks von Kenia und Tansania. An die hundert Reisen nach New York, London und Paris waren nichts im Vergleich zu den vier Tagen im afrikanischen Busch.

Ich war restlos begeistert. Es war eine völlig andere Welt, wo die Natur alles beherrschte. Afrika brachte in mir eine Saite zum Klingen, wie es Amerika oder Europa niemals vermochten. Ich liebte die Farben und Gerüche, die würdevolle Art, mit der sich die Menschen in den Dörfern und sogar in der Stadt bewegten. Ich liebte die dunkelbraune Erde und das fremdartige Obst und Gemüse, das sie hervorbrachte. Ich liebte die wilden Tierherden in den Nationalparks, von denen jeder einzelne weitaus größer war als ganz Israel. Ich liebte einfach alles.

Ich wußte bereits einiges über Afrika. Mit 16, als Nurit und ich frisch verliebt waren, zog sie nach Tansania, wo ihr Vater in einer Militärdelegation war. Sechs Monate lang schrieben wir uns jede Woche einen Brief, dann kam sie mit ihrem Bruder nach Hause, um die Oberschule in Israel abzuschließen. Wieder daheim, schmiedete sie mit mir begeistert Pläne, wie wir beide zusammen nach Afrika gehen könnten.

Fast jedes afrikanische Land, mit Ausnahme der arabischen Nationen in Nordafrika, wünschte sich für die Ausbildung seiner Armee-Einheiten eine militärische Delegation aus Israel. Brigadegeneral Yitzhak Bar-On befehligte die Sondereinheit innerhalb des militärischen Nachrichtendienstes, die speziell für Auslandshilfe zuständig war. Um mit Hilfe des Militärs nach Afrika zu kommen, war er der richtige Ansprechpartner. Da ich nur Leutnant und dazu noch Reservist war, mußte ich schon etwas Chuzpe aufbringen, um einen Brigadegeneral in Tel Aviv telefonisch um ein persönliches Gespräch zu bitten.

Wir trafen uns in einem schmucklosen Bürogebäude nicht weit vom Gelände des Verteidigungsministeriums in der Innenstadt von Tel Aviv, und ich erzählte ihm von meinem bisherigen Werdegang und wie sehr mir Afrika gefiel. Er sagte sehr wenig, und am Schluß unseres kurzen Gespräches teilte er mit: »Wenn es etwas zu besprechen gibt, rufen wir Sie an.«

Am folgenden Wochenende flog ich nach Rom, eine meiner letzten Reisen für die El Al. Die ganze Zeit über fragte ich mich, ob ich jemals wieder etwas von Bar-On hören würde. Doch als ich nach Hause kam, sagte mir Nurit als erstes, daß das Büro des Generals angerufen hatte.

»Ich habe Sie überprüfen lassen«, sagte er, als ich ihn zurückrief, »und wir haben etwas zu besprechen.«

»Ich bin bereit«, sagte ich gespannt.

»Wir brauchen junge Leute, und insbesondere Fallschirmjäger«, erklärte er. »Für ein bestimmtes afrikanisches Land.«

»Ich bin dabei«, fiel ich ihm ins Wort.

»Es gibt da nur ein Problem«, sagte er unheilvoll und hielt inne, bevor er hinzufügte: »Sie müssen wieder zur Schule gehen. Einen Kurs belegen. Sie müssen Englisch lernen. Und afrikanische Geographie und Kultur und...« Mir kam der Gedanke, daß er meinen Lebenslauf wahrscheinlich bis zurück zur Oberschule verfolgt hatte, wo ich nie viel Begeisterung für allgemeinbildende Fächer aufgebracht hatte.

»Kein Problem«, unterbrach ich ihn. »Das schaffe ich, wenn ich dafür nach Afrika komme.«

»Der Kurs beginnt aber erst in einigen Monaten«, schob er nach, vermutlich, um meine jugendliche Ungeduld zu dämpfen.

Doch als Bauer – und als Offizier, der so manche Nacht hindurch im Hinterhalt gelegen hat – wußte ich, daß Geduld sowohl Taktik als auch Strategie sein konnte. Und ich hatte eine Strategie.

Im Herbst sollte ein 40tägiger Einheitsführerlehrgang anfangen. Als stellvertretender Kommandant einer Sayeret hatte ich automatisch Anspruch auf eine Teilnahme. Nach erfolgreichem Abschluß des Lehrgangs hätte ich den Rang eines Hauptmanns erhalten, was mich für Bar-Ons Militärmission in Afrika noch wertvoller machen würde.

Im September 1970 hängte ich also meine El-Al-Beretta an den Nagel und begann den Lehrgang in einem Ausbildungslager im Westjordanland unweit von Shekhem, der biblischen Stadt, die bei den Arabern Nablus heißt. Er umfaßte theoretische und praktische Elemente der Kompanieführung. Aufgrund meiner Erfahrung im Sechstagekrieg mit der Shaked, als mein Zug durch die vielen Reservisten auf Kompaniegröße anwuchs, war mir vieles davon schon bekannt.

Doch von sehr viel größerer Bedeutung als das, was ich in dem Lehrgang lernte, war meine Begegnung mit Uri Simhoni, einem der Ausbilder und designiertem Kommandanten der Sayeret Egoz, der neuen Aufklärungseinheit für Sondereinsätze des Nordkommandos. Uri wollte mich für die Egoz als Stabsoffizier.

Schließlich ging der jordanische König Hussein im selben Monat des Jahres 1970 im Jordantal und in den palästinensischen Flüchtlingslagern in der Gegend von Amman mit Gewalt gegen die PLO, diesen Staat im Staate, vor. Der Kampf zwischen Hussein und Arafat wurde zu einem blutigen Bürgerkrieg, der einen Monat andauerte. Dieser unter der Bezeichnung »Schwarzer September« bekannte Bürgerkrieg endete mit der Vertreibung der PLO aus dem Haschemitischen Königreich.

Doch die Angriffe der PLO auf israelische Siedlungen und Straßen gingen weiter. Unter Ausnutzung des relativ freien politischen

Klimas im Libanon verlegte Arafat seine Organisation von Jordanien nach Beirut und baute im Südlibanon unmittelbar hinter der israelischen Grenze rasch seine bewaffnete Präsenz aus.

Statt über den Jordan drangen die PLO-Trupps nun durch das gebirgige Grenzgebiet im Norden nach Israel ein, um die Dörfer und Städte von Galiläa zu überfallen. Als Sayeret des Nordkommandos bildete die Egoz eine weitere Speerspitze im Kampf gegen derlei feindliche Einfälle.

Dennoch wollte ich meine Träume von Afrika nicht aufgeben. »Danke für das Angebot«, sagte ich zu Uri, »aber ich habe mich für einen Lehrgang in sechs Monaten gemeldet, und dann gehe ich für zwei Jahre nach Afrika. Ich kann mich zu nichts verpflichten, das länger als sechs Monate dauert.«

Er dachte über das Problem nach und fand schließlich eine Lösung. »Ich gebe dir die Aufklärungskompanie«, schlug er vor, »und du hast freie Hand, sie nach deinen Vorstellungen auszubilden.«

Das käme hin. Die Aufklärungskompanie einer Sayeret bildet neue Rekruten aus. Ein Sechsmonatekurs in der Egoz, das ließ sich hervorragend mit dem Zeitplan vereinbaren, den Yitzhak Bar-On für mich vorgesehen hatte. Aber ich wollte noch etwas mehr von Uri.

»Was?« fragte er. »Du wirst Stabsoffizier. Du kriegst einen Adjutanten, einen Wagen, was willst du denn noch?«

»Wenn es zu einem Einsatz kommt«, erwiderte ich, »bin ich dabei. Ohne wenn und aber.« Ich wollte unbedingt kämpfen. Das war mir klar, seit ich angefangen hatte, mich allmählich von meiner Verwundung zu erholen, die ich mir bei Karameh zugezogen hatte. Ich wollte wissen, ob Karameh den psychologischen Mechanismus zerstört hatte, der einen Soldaten befähigt, mit dem Gefühl in die Schlacht zu gehen, das ihm nichts passieren kann.

Anderthalb Jahre war ich als »sky marshal« für El Al in der Hoffnung um die Welt geflogen, bei einem Kampfeinsatz dabeizusein, doch nicht einmal hatte ich die Chance bekommen, herauszufinden, ob ich Karameh auch in psychologischer Hinsicht überlebt hatte. Jetzt, da sich Arafat und seine Al-Fatah, die wohl größte Organisation in der PLO, im Südlibanon breitmachten, wäre ich mit der Egoz wieder mittendrin.

Das mußte ich Uri nicht erst erklären. Er versprach mir, daß ich dabeisein würde, wenn die Egoz ihre nächste Operation plante.

So ging ich im Oktober 1970 direkt nach Abschluß des Einheitsführerlehrganges zur Egoz. Meine Offiziere und Soldaten trafen ein paar Tage später ein. Sobald sie aus dem Bus gestiegen waren, formierten wir sie für einen 80-Kilometer-Marsch und ließen sie wissen, daß garantiert die Hälfte von ihnen am Ende der Ausbildung in andere Einheiten versetzt worden sein würde, die nicht so anspruchsvoll waren wie die Sayeret des Nordkommandos.

Bei der Ausbildung der Egoz machte ich mir sämtliche Erfahrungen zunutze, die ich bei der Luftlande-Sayeret, der Shaked, im Krieg und bei Karameh gesammelt hatte, um aus ihr die zäheste und intelligenteste Einheit der IDF zu machen.

Die Rekruten waren die besten, die die Feldwebel und Offiziere im Rekrutierungszentrum in Tel Hashomer finden konnten. Doch das Nordkommando ist in den Bergen stationiert, und das Gelände, in dem unsere Soldaten sich bewähren mußten, zählt zu den härtesten überhaupt. Körperkraft und Koordinationsvermögen sind wichtig. Noch wichtiger ist eine starke Psyche. Teamwork, Dynamik, Ehrgeiz, Willenskraft sind die wesentlichen Elemente.

Doch ich wollte mehr, sagte ich zu ihnen, als wir zu unserem Marsch durch das Bergland entlang der gesamten israelisch-libanesischen Grenze bis zum Hermonmassiv im Nordosten aufbrachen. Ich wollte die Wahrheit. Ehrlichkeit ist die Quelle der Zuverlässigkeit, die grundlegende Voraussetzung, um einer Sayeret anzugehören, die meinem Kommando unterstand.

Gefechtstauglich

Zu dem von mir heiß ersehnten Kampfeinsatz kam es Anfang 1971, in der kleinen Stadt El Hiam im südlichen Libanon, wo mein Vater früher Seite an Seite mit Moshe Dayan in der Palmach gekämpft hatte.

Aufgrund der Geheimhaltungsvorschriften durfte ich meinem Vater gegenüber die Operation mit keinem Wort erwähnen. Ein paar Tage vor dem Einsatz besuchte ich ihn in Bet She'arim, 20 Minuten vom Stützpunkt entfernt. Wie gewöhnlich sprachen wir an jenem Nachmittag nicht viel. Bekleidet mit meinem grünen Drillichanzug und Kampfstiefeln, half ich ihm, einen Anhänger mit Heuballen zu beladen. Ich sagte ihm nicht, daß mir in wenigen Tagen wieder feindliche Kugeln um die Ohren pfeifen würden. Doch er verstand, warum ich in diesem Winter in der Egoz sein wollte. »Paß auf dich auf«, sagte er, als ich wieder abfuhr.

Anfang 1971 gab die PLO dem Gebiet im Südosten des Libanon den Namen »Fatah-Land«, nach der größten Gruppe von Arafats Organisation. Von diesem felsigen Bergland aus wurden Angriffe auf israelische Siedlungen an der Grenze durchgeführt. Aus der Schlacht bei Karameh hatte Arafat eine wichtige Lektion gelernt: Es war besser, seine Truppen zu verteilen, als sie an einem Ort zu konzentrieren. Und so errichtete die PLO – ohne Störung seitens der libanesischen Regierung – in allen Städten und Dörfern im Fatah-Land bewaffnete Stellungen. Vom Hermonmassiv im Osten bis zum Mittelmeer benutzten sie den Südlibanon als Schutzzone, von der aus sie ihre Überraschungsangriffe über die Grenze starteten.

Terroristen schlagen dort zu, wo die Menschen am wenigsten damit rechnen – im öffentlichen Bus, im Kino, beim Einkaufen auf dem Markt, bei der Ernte auf einer Apfelplantage. Der Kampf gegen Terroristen ist dann erfolgversprechend, wenn man sie permanent auf Trab hält, sie immer wieder überrumpelt, so daß sie sogar die Orte fürchten, wo sie sich am sichersten fühlen – kurz, wenn man es ihnen mit gleicher Münze heimzahlt. Ein Luftangriff, der schon von weither zu hören ist, schadet ihrer Moral weniger als ein Kampf von Angesicht zu Angesicht mit tüchtigen Soldaten direkt vor ihrer Haustür.

In den Bergen bricht die Dunkelheit schnell herein. Am 31. Januar 1971, als die Sonne gerade im Westen verschwand, doch noch bevor der purpurfarbene Himmel schwarz wurde, überquerten 35 Egoz-Soldaten leise die Grenze unweit des Kibbuz Dan; Ziel war ein kleines Haus mitten in El Hiam.

Uri hatte sein Versprechen gehalten und mich an zweiter Stelle in dem Fünfmanntrupp eingesetzt. Wir sollten als letzter Trupp das Hauptquartier des regionalen Kommandos der Fatah in der Gegend nördlich von Metulla, unserer nördlichsten Stadt, angreifen. Wieder einmal würde ich an der Speerspitze sein.

Wir legten ein mörderisches Tempo vor, um den Zeitplan einzuhalten – fünf Stunden durch die kalten, feuchten Berge bis an den Rand der Stadt, dann weitere zwei Stunden, in denen wir uns einzeln oder zu zweit geräuschlos von Schatten zu Schatten bewegten, durch El Hiam hindurch, um das Ziel zu erreichen, ohne entdeckt zu werden.

Als wir uns dem Ziel näherten, lösten sich einzelne Gruppen aus der Formation, um uns bei der Durchführung des Angriffs Flankenschutz zu geben und unseren Rückzug zu decken.

Wie auf den Luftaufnahmen des Nachrichtendienstes zu sehen gewesen war, befand sich nördlich des Hauses, das unser Ziel bildete, eine kleine Anhöhe. Dort ging der vorletzte Trupp in Stellung. Unter Führung von Moshe Kafri, Uris Stellvertreter, waren sie mit Maschinengewehren und Panzerfäusten ausgerüstet, um das Ziel vor dem Angriff sturmreif zu schießen. Das Fünfmannteam, das Uri für den Angriff ausgewählt hatte, würde schließlich das Haus stürmen.

Die restlichen sieben krochen in einen kleinen Buschbestand am Rande eines Wäldchens neben dem einstöckigen Haus. Uri Simhoni und Baruch, einer seiner Stabsoffiziere, würden zurückbleiben, während wir letzten fünf unseren Auftrag ausführten. Baruch hatte ein Infrarotfernglas.

Ich kroch in Stellung und nahm das dunkle Haus und den Hof drum herum genau in Augenschein. »Uri«, flüsterte ich, »ich kann den Wachposten sehen. Er sitzt auf dem Traktor.« Keine 20 Meter von mir entfernt, so daß ich ihn mit meiner Uzi mit Schalldämpfer mühelos würde unschädlich machen können, saß der Posten auf dem Fahrersitz des Treckers, eine Kalaschnikow auf dem Schoß.

Laut Informationen des militärischen Nachrichtendienstes mußten wir mit zwei Wachen rechnen. Doch wir entdeckten sonst niemanden, weder im Hof noch in der Umgebung.

Es klickte dreimal leise im Lautsprecher des Funkgeräts, was hieß, daß Moshe Kafris Trupps in ihren Stellungen waren.

Ich wollte hinüberkriechen und den Wachposten geräuschlos erschießen, aber Uri wollte noch warten.

Zu spät. Der Posten kletterte vom Traktor, ging zum Haus und die Treppe zur Veranda hoch und verschwand im Gebäude.

Endlich gab Uri den Befehl; zunächst signalisierte er uns, daß wir uns bereit machen sollten, den Weg zum Haus hinunterzulaufen, und gab dann Kafri durch Klicken des Walkie-talkie-Mikros das Zeichen zum Angriff.

Bazookas, Granaten und heftiges Feuer aus den Maschinengewehren krachten ins Haus. Sie durchschlugen Holz und Fensterläden aus Eisen und ließen das Glas zersplittern. Das Feuer hielt eine ganze lange Minute an. Dann trat Stille ein. Uri nickte uns zu, und wir sprinteten über einen Pfad zwischen Büschen hindurch auf den Hof. Der schmale Weg zwang uns, hintereinander zu laufen.

David Agmon, der rangältere Kompaniechef in der Egoz, war der erste. Dann kam ich und schließlich Dubi Adar, Michael Sofer und Udi Kain, drei rangniedrigere Offiziere. Da wir hintereinander liefen, hatte nur David Agmon freie Schußbahn. Er gab eine Salve ab, und dann kam nichts mehr, seine Waffe klemmte.

Ich überholte ihn sofort und feuerte kurze Salven auf die Veranda, während ich auf den Hof lief, die übrigen vier hinter mir.

Plötzlich wurden wir von der fünf Meter entfernten Veranda aus mit einer Kalaschnikow beschossen. Ich lief weiter, in die Leuchtspurgeschosse des Feindes hinein, und feuerte mit meiner Uzi auf den Al-Fatah-Kämpfer auf der Veranda. Eine Kugel traf ihn in die Brust und schleuderte ihn nach hinten gegen die Wand. Er rutschte nach unten, so daß ich Zeit hatte, die Mauer unterhalb der Veranda zu erreichen.

Doch seine Kalaschnikow feuerte weiter in die Dunkelheit. Ich warf eine meiner Handgranaten über meinen Kopf auf die Veranda. Drei Sekunden vergingen, bevor die Sprengkraft der Granate die Waffe des Feindes verstummen ließ. Erst dann blickte ich nach hinten.

Die vier anderen Soldaten lagen mehr oder weniger schwer verwundet auf dem Boden. Über Funk meldete ich die Verwundeten, rannte dann zum nächstgelegenen Fenster und warf zwei Granaten hinein. Noch bevor sie explodierten, tauchte Michael Sofer neben mir auf. »Nur ein Streifschuß«, sagte er als Erklärung zu dem Blut, das ihm die Stirn hinablief, und warf dann noch eine von seinen Handgranaten hinterher. Wir drückten uns zum Schutz nebeneinander gegen die Mauer unter dem Fenster, während wir angespannt auf die Explosionen warteten.

Nur wenige Sekunden waren vergangen, seit das Feuer aufgehört hatte, und schon war der Arzt der Einheit bei Dubi und versuchte im trüben Schein einer Taschenlampe sein Leben zu retten. Doch der junge Leutnant starb. Agmon war am Handgelenk verletzt worden, und Udi Kains Fuß vom Knöchel abwärts völlig zerfetzt.

Jeder von uns hatte eine *Gur* dabei, eine starke Rahmensprengladung, die sich an jeder Wand befestigen läßt. Während die Sanitäter die Verwundeten verarzteten, nahm ich ihnen ihre Gurs ab und beauftragte zwei Soldaten, die aus Kafris Stellung herbeigelaufen kamen, sie wie geplant anzubringen. Als die Verletzten schließlich auf Tragen weggebracht wurden, befahl ich, die Zündungen auszulösen. Die siebzehneinhalb Sekunden, die wir Zeit hatten, vor den herumfliegenden Trümmern Deckung zu suchen, reichten voll und ganz. Als wir nach der Explosion zurückgehen wollten, um das Ausmaß des Schadens zu begutachten, bekam Uri vom Hauptquartier Anweisung, kein weiteres Risiko einzugehen.

Also machten wir uns auf den Rückweg, etwas langsamer, weil wir den verwundeten Udi und Dubis Leichnam auf Tragen transportieren mußten. Kurz vor Sonnenaufgang fanden wir schließlich ein sicheres Gelände, wo ein Sanitätshubschrauber landen konnte, um die Verletzten aufzunehmen. Ein paar Stunden später überquerten wir am Kibbuz Dan zu Fuß die Grenze.

Wer in den Kampf zieht, braucht ein gerüttelt Maß an Zuversicht, um daran zu glauben, daß er überleben wird. Jeder Soldat, der ein Feuergefecht miterlebt hat, weiß das. Doch nach Karameh war ich mir nicht mehr sicher gewesen, ob ich dieses Maß an Zuversicht noch immer würde aufbringen können. Bis El Hiam.

Als wir unter Beschuß genommen wurden, lief ich einfach weiter. Als Agmons Uzi Ladehemmung hatte, setzte ich den Angriff fort und lief in das Feuer hinein. Ich hatte das Vertrauen aufgebracht, ich war nicht zurückgeschreckt. Der psychologische Mechanismus hatte funktioniert.

Doch trotz meines persönlichen Erfolges als Soldat und der strategischen Bedeutung des Angriffs hatte der Einsatz einen sehr hohen Preis gefordert. Ein toter Offizier und zwei Verwundete ist ein schmerzlicher Preis für eine kleine Einheit, für eine kleine Armee, für ein kleines Land.

Dennoch setzten wir die PLO mit unserer Operation und ähnlichen Einsätzen während der siebziger Jahre so sehr unter Druck, daß sie sich tief in ihrem Kernland verwundbar fühlte. Wir schlugen dort zu, wo sie sich am sichersten glaubte – zu Hause, direkt vor ihrer Tür. Sie geriet in die Defensive und war gezwungen, sich zu verteidigen, statt weitere Terroranschläge gegen unser Volk zu planen.

Terroristen muß man auf Trab halten, so lautet die Devise. Mag sein, daß sie dann nicht mehr so leicht aufzuspüren sind, doch sie sind so sehr mit ihrer eigenen Sicherheit beschäftigt, daß sie keine Zeit mehr haben, Verbrechen zu planen.

Der militärische Nachrichtendienst konnte nicht mit Sicherheit sagen, wie viele Menschen in dem Al-Fatah-Haus in El Hiam ums Leben gekommen waren. In der libanesischen Presse war vage von zwei oder drei Toten die Rede. Wir trösteten uns damit, daß die Al-Fatah diesen Stützpunkt auflöste und ihn nach Norden, weiter weg von der Grenze und unseren Siedlungen, verlegte.

Was mich betraf, so hatte ich mir, wie ein Reiter, der nach dem Abwurf vom Pferd gleich wieder aufsitzt, durch meine Leistung in El Hiam bewiesen, daß Karameh meinen Kampfgeist nicht gebrochen hatte.

Roter Himmel über Jinja

Vor dem Sechstagekrieg leisteten die Israelis in vielen Ländern Afrikas, Asiens und Lateinamerikas landwirtschaftliche Entwicklungshilfe. Nach dem Krieg wollten jene Länder, die sich noch nicht den Arabern oder der Sowjetunion angeschlossen hatten, von uns Militärhilfe.

Aus persönlichen Gründen faszinierte mich Afrika. Ich wollte mit dem Wagen oder zu Fuß seine Vergangenheit und Frühgeschichte erkunden. Unter dem endlosen Himmel des Kontinents spürte ich unsichtbare Schwingungen, und ich verliebte mich in seine Ursprünglichkeit und geheimnisvolle Aura. Mich interessierte die unberührte Natur, nicht die Geopolitik. Glücklicherweise deckten sich meine persönlichen Interessen mit denen meines Landes, das in Afrika einen Exportmarkt erschließen und politischen Einfluß ausüben wollte.

Den israelischen Delegationen dort gehörten nach wie vor Zivilisten von Institutionen und israelischen Firmen wie Solel Boneh und Mekorot an, die in Afrika Verträge für Bauvorhaben abschlossen. Doch die neuen Länder im postkolonialen Afrika wollten Armeen, und aufgrund des Ansehens, das die IDF nach dem Sechstagekrieg gewonnen hatten, waren wir ihre erste Wahl.

Das Verteidigungsministerium und das Außenministerium führten für offizielle Entwicklungshilfedelegationen einen gemeinsamen sechsmonatigen Lehrgang durch. In den in Beit Berl, dem Universitätscampus der Arbeitspartei nördlich von Tel Aviv, abgehaltenen Kursen wurden Sprachen und landeskundliche Themen wie beispielsweise Geographie und Volkskulturen unterrichtet. Meine Englischkenntnisse hatten während meiner Zeit als schweigsamer »sky marshal« für die Ein- und Ausreise auf ausländischen Flughäfen ausgereicht. Jetzt jedoch mußte ich mein Englisch so weit aufbessern, daß ich später afrikanische Offiziere in Topographie würde unterweisen können.

Neben Themen wie der Geschichte der wichtigsten Ethnien Zentralafrikas und der Volkswirtschaft der Staaten, in denen israelische Militärdelegationen dienten, lernten wir auch, wie man sich auf Cocktailparties und offiziellen Diners benahm. Parties finde ich meistens todlangweilig. Cocktailparties sind noch schlimmer. Ich trinke selten Alkohol und betrinke mich nie; in dem Kurs lernte ich nun, wie man sich an einem einzigen Glas Wein zum Anstoßen festhält und um Mineralwasser statt Whisky bittet.

Nach der Hälfte des Kurses erreichten uns brandheiße Neuigkeiten aus Afrika. Der stellvertretende Stabschef der ugandischen Armee hatte sich nach einem Staatsstreich zum Generalstabschef und Staatsoberhaupt erklärt. Der neue ugandische Präsident Idi Amin, der einen Fallschirmjägerlehrgang der IDF absolviert hatte, bezeichnete Golda Meir und Moshe Dayan als seine Idole und hatte Fotos von ihnen auf dem Schreibtisch stehen. Amin ist unser Freund, sagten die Experten vom Außen- und Verteidigungsministerium. Ich war naiv.

Ein paar Tage nach dem Putsch trat Burka Bar-Lev in mein Leben, jener Brigadegeneral der IDF, der die israelische Mission in Uganda leitete. Er wollte, daß ich in der ugandischen Stadt Jinja ein Fallschirmjägerbataillon aufbaute, das zunächst nur aus einer 100 Mann starken Kompanie bestehen sollte. Es gab noch drei weitere israelische Militärs in Jinja, die im Auftrag des Verteidigungsministeriums mit ihren Familien dorthin gezogen waren: zwei Artillerieoffiziere und Itzik Ben-Akiva, ein IDF-Offizier, der offizielle Leiter der israelischen Mission in der Stadt.

»Die Ugander können schöne Paraden abhalten«, sagte Burka zu mir. »Schließlich sind die meisten von ihnen in Großbritannien ausgebildet worden. Sie werden aber Fallschirmjäger aus ihnen machen. Zuerst kommen Amins eigene Stabsoffiziere auf einen dreiwöchigen Lehrgang hierher. Sie können über die gesamte Armee verfügen. Alles, was Sie wollen. Flugzeuge, Hubschrauber und so viel Munition, wie die wollen.«

Diese Großzügigkeit erstaunte mich. Selbst in einer Sayeret versuchen wir, Munition zu sparen. Doch wie Burka mir erläuterte, ging es für Israel in Uganda ums Geschäft. »Je mehr Munition sie verwenden, desto mehr kaufen sie.«

Dies war ein böses Erwachen aus meinen unschuldigen idealistischen Träumen, in denen ich mir eingebildet hatte, daß Israel mit seiner Entwicklungshilfe in Ländern der Dritten Welt noblere Ziele verfolgte als reine Geldscheffelei. Burka erzählte mir in dem offenen Gespräch über das, was ich in Uganda zu erwarten hatte, noch etwas anderes, worüber wir beide lachen mußten. Im Rückblick betrachtet, hätten wir es vielleicht als Warnung verstehen sollen.

»Eines müssen Sie wissen«, sagte er mir über Amin. »Er ist wie ein großes Kind, das mit überdimensionalem Spielzeug spielt.« Dann lachte er auf. »Raten Sie mal, was er sich als nächstes wünscht. Ein Unterseeboot! Für den Victoriasee.«

Damals hörte sich das lustig an. »Natürlich kriegt er keins von uns«, versicherte Burka mir. Doch Amins Verschrobenheiten lieferten wirklich Stoff für amüsante Geschichten. (Er ließ sich auf einem Thron sitzend von Botschaftern derjenigen Länder tragen, die bei ihm in Ungnade gefallen waren.) Burka hinterließ bei mir den Eindruck, daß derlei Dinge uns Israelis in Uganda nicht passieren konnten. Amin liebte Israel, sagte Burka. Und in den Jahren nach 1967 war Israel auf jeden Freund angewiesen, den es finden konnte.

Die Sowjetunion stellte sich hinter die Araber und benutzte sie als Werkzeuge gegen die USA. Westdeutschland hatte wegen des Holocaust Schuldgefühle, durfte aber, wie es in seiner Verfassung festgeschrieben war, keine Waffen verkaufen. Die Franzosen, die uns bis 1967 mit Waffen beliefert hatten, verhängten nach unserem Sieg im Jahre 1967 gegen uns ein Waffenembargo. Ich beschloß, mir wegen Amins Verschrobenheiten und Israels Afrika-Interessen keine Gedanken zu machen, und konzentrierte mich auf die Arbeit, die mir bevorstand, und die schönen Dinge, die Nurit und mich auf unseren Reisen durchs Land erwarteten.

Einige Tage nach Beendigung des Kurses in Beit Berl trafen rund 30 ugandische Offiziere für einen dreiwöchigen Fallschirmjägerlehrgang in Israel ein. Der Kurs war vom Verteidigungsministerium für ausländische Armeeoffiziere organisiert worden. Ein etwa 40jähriger Brigadegeneral brachte seinen Stellvertreter, seine Stabsoffiziere und Zugführer mit.

Nie zuvor hatte ich derart charmante, höfliche Menschen kennengelernt. Da sie in Großbritannien ausgebildet worden waren, kannten sie sich zwar mit militärischen Prinzipien aus, doch von Gefechtseinsätzen hatten sie keine Ahnung. Sie verstanden zwar etwas von Logistik und Strategie, aber sie hatten nie zuvor eine Operation geplant.

In dem dreiwöchigen Intensivkurs vermittelten wir ihnen in geraffter Form, was unsere Fallschirmjägerrekruten lernen: Topographie, Orientierung im Gelände, Stoßtruppeinsätze, Angriffe mit Hubschraubern, Fallschirmspringen und die Arbeit mit Luftunterstützung. Morgens um fünf fingen wir mit Konditionsübungen an, und dann ging es weiter bis in den Abend hinein, mit drei kurzen Essenspausen. Wir behandelten sie wie Rekruten, nicht wie Generale, Oberste oder Majore. Jeder machte alles, und es schien ihnen zu gefallen.

Im Bergland von Samaria, nördlich der Stadt Nablus im Westjordanland, führten wir mit ihnen Manöver durch, zu denen sogar Angriffsübungen mit Hubschraubern sowie Fallschirmsprünge gehörten. Auf den Golanhöhen übten wir in der verlassenen syrischen Stadt Kuneitra den Häuserkampf. Wie in allen Kursen, in denen die Ausbilder und Auszubildenden hart arbeiten und viel Spaß miteinander haben, entwickelte sich auch diesmal unter uns eine echte Kameradschaft, wobei der jeweilige Rang keine Rolle spielte.

Erst als ich einige Wochen nach dem Kurs nach Uganda kam, wurde mir bewußt, wie seltsam ihnen zumute gewesen sein mußte. In Uganda bekamen Kompaniechefs einen Mercedes mit Fahrer zur Verfügung gestellt. Die Unterkünfte der Brigadekommandeure, vor denen rund um die Uhr weiß behandschuhte Wachen strammstanden, wirkten auf mich wie Paläste. Erst da wurde mir klar, daß unsere Armee ihnen ebenso eigenartig vorgekommen sein mußte wie die ihre uns.

Durch ihre britische Ausbildung legten sie auf nichts mehr Wert als auf die strikte Beachtung der Rangordnung. Hierarchien und die sinnlose Einhaltung militärischer Traditionen schienen wichtiger zu sein als irgendein anderer Aspekt des Militärdienstes.

In der ugandischen Armee waren die Rangunterschiede überdeutlich. Offiziere hatten Chauffeure, Leibwachen und Dienstpersonal, etwas, das demjenigen befremdlich erscheint, der in einem Moshav aufgewachsen ist und zu der festen Überzeugung erzogen wurde, Arbeit zu respektieren und alle Menschen als gleich zu erachten. In den IDF essen Offiziere mit ihren Soldaten an einem Tisch, und auch wenn zwischen einem Kommandanten und seinem Soldaten ein gewisser Unterschied bleibt, so hebt doch das freundschaftliche Verhältnis, vor allem in einer Sondereinheit, die traditionellen Förmlichkeiten des Militärs auf.

Als ich eines Tages in Entebbe Nachschub aus Israel abholen sollte, lief ich einem der Bataillonskommandeure über den Weg, die ich in Israel ausgebildet hatte. Ich konnte mir die Frage nicht verkneifen, ob es ihn gekränkt hätte, wie wir ihn während des dreiwöchigen Kurses behandelt hatten. »Hier seid ihr richtige Götter, aber wie wir mit euch umgegangen sind…«, setzte ich an, neugierig zu erfahren, wie er sich in den drei Wochen gefühlt hatte, in denen wir ihm das Leben so schwer gemacht hatten.

Seine Antwort überraschte mich. »Es war einfach herrlich«, sagte er strahlend. »Eines der schönsten Erlebnisse meines Lebens.«

Der größte Schock bei meiner Ankunft in Uganda war das Haus, das mir zur Verfügung gestellt wurde. In einem Schuppen, der auch »Onkel Toms Hütte« hätte sein können, am Ende des großen Gartens, lebte eine ganze Familie, die uns bedienen sollte.

»Mein Großvater hätte mich umgebracht, wenn er erfahren hätte, daß ich mich von Hausangestellten bedienen lasse«, sagte ich zu Nurit und schlug vor, »sie aus der Sklaverei zu entlassen« und nach Hause zu schicken.

»Das geht nicht«, erklärte sie und erzählte mir, daß ihre Familie auch Dienstpersonal gehabt hatte, als sie in Tansania gewesen war. Später, als wir unsere Angestellten besser kennengelernt hatten, sagte ich zu George, ihrem angegrauten Haushaltsvorstand, sie sollten doch nach Hause in ihr Dorf zurückkehren. Er schüttelte nur den Kopf und sagte: »Mr. Betser, das werden Sie nie verstehen.«

In den IDF ist es Offizieren untersagt, persönliche Dinge von Soldaten erledigen zu lassen. Ich mußte meine Stiefel immer selbst putzen. Doch in Afrika sorgten plötzlich die Hausangestellten dafür, daß meine Uniformen stets gebügelt und meine Stiefel poliert waren.

Nurit und ich durften im Haushalt keinen Finger rühren. Als man mir sagte, ich solle der ganzen Familie 50 Schilling im Monat zahlen, knapp ein Wochenlohn in Israel, verdreifachte ich ihren Lohn auf der Stelle.

Zu dem Haus gehörte ein 6000 Quadratmeter großes Grundstück, das von einem der Hausangestellten, einem Teenager aus der Familie, ausgezeichnet gepflegt wurde. Ich wollte in dem herrlichen Garten arbeiten. Als Bauer war ich begeistert von dem fruchtbaren Boden und den ergiebigen Regenfällen, die alles so schnell wachsen ließen. Doch als ich den Gärtner fragte, wo ich den Rasenmäher finden könne, regte er sich gewaltig auf. Schließlich kam Nurit aus dem Haus. Da sie weitaus besser Englisch spricht als ich und bereits aus ihrer Zeit in Tansania Erfahrung im Umgang mit Hausangestellten hatte, verstand sie schließlich, wo das Problem lag. »Er sagt, er kümmert sich um den Rasen, und es ist nicht richtig, daß du, als Hausherr, die Arbeit machst.« Mein Großvater hat sich bestimmt im Grabe umgedreht. Nach einigem Hin und Her waren sie schließlich damit einverstanden, daß ich im Garten arbeiten durfte, wann immer ich wollte.

Die Annehmlichkeiten, die mir mein Job einbrachte, beschränkten sich nicht nur auf das luxuriöse Haus. Ich bekam Geld, um mir ein Auto zu kaufen – erst da wurde mir richtig klar, wie weit ich von Israel entfernt war. Ich kaufte einen nagelneuen Peugeot 404, der in Israel ein Vermögen kostete und dort meine finanziellen Möglichkeiten weit überstiegen hätte.

Jinja liegt am Weißen Nil, etwa 80 Kilometer nördlich von Kampala, der Hauptstadt von Uganda. Die Landschaft ist grün, üppig, naß – das genaue Gegenteil von Israel. Ich machte es mir zur Gewohnheit, auf meinem allmorgendlichen Weg zum Stützpunkt zwischendurch anzuhalten, um den Ausblick auf den Victoriasee zu bewundern, und jedesmal war ich wieder verblüfft, wenn ich mir klarmachte, daß unser ganzes Land in einer Ecke dieser gewaltigen Masse Süßwasser Platz fände.

Auch das Wetter überraschte mich immer wieder. Der Himmel rötete sich binnen Minuten, und ganz plötzlich wurde alles für ein, zwei oder drei Stunden von Regen, Donner und Blitz verschlungen.

Es war, als würde die Welt um einen herum aufbrechen. Blitze, erschreckend nahe, erfüllten den halben Himmel, und der Donner ließ den Boden beben. Dann hörte der Regen genauso plötzlich auf, wie er begonnen hatte. Bevor ich nach Jinja gekommen war, kannte ich keinen warmen Regen. In Galiläa fällt nur im Winter Regen, und er ist immer kalt. In Uganda kannten wir nur Hitze und Feuchtigkeit. Zu Hause zählen wir jeden Millimeter Niederschlag. In Uganda mißt man den Regen in Zentimetern.

Nachdem ich den ersten Regen erlebt hatte, verstand ich, daß mein Haus einen eigenen Gärtner brauchte, der sich um all das hervorschießende Grün kümmerte. Man beschneidet einen Baum, steckt einfach einen Zweig als Schößling in die Erde, und den Rest erledigt die Natur. Theodor Herzl, der österreichische Journalist, der den modernen Zionismus begründete, hatte damals die Idee, mit dem British Empire zu verhandeln, um aus Uganda die Heimat des jüdischen Volkes zu machen. Jetzt, da ich selbst in Uganda war, fragte ich mich, ob die zionistische Bewegung gut daran getan hatte, den Uganda-Plan zu verwerfen. In Uganda wäre es sehr viel einfacher als im Nahen Osten gewesen, Landwirtschaft zu betreiben.

Die ersten drei Tage in Jinja brauchte ich, um das Notwendigste zu regeln, und dann trat ich meine Arbeit im Stützpunkt an. Meine Ankunft dort machte die anderen Israelis – und die afrikanischen Offiziere in meinem Stab – sehr nervös.

»Wir sind hier nicht in Israel«, sagte Itzik Ben-Akiva, der ranghöchste israelische Offizier in Jinja. »Hier kann man sich Zeit lassen. Sie haben dir zehn Tage gegeben, um dich zurechtzufinden. Nimm sie dir.«

»Ich habe mich zurechtgefunden. Ich kann anfangen zu arbeiten«, sagte ich.

»Bitte, Muki«, sagte Ben-Akiva. »Laß es langsam angehen, gönn dir noch etwas Zeit.«

Mir wurde klar, daß sie Angst hatten, meine rasche Vorgehensweise würde sie zwingen, ihr Tempo ändern zu müssen. Aber ich konnte nicht einfach dasitzen und Däumchen drehen. Ich nahm mir noch zwei Tage und rief dann meine Stabsoffiziere zu einer Besprechung zusammen. Sie nahmen in einer Reihe vor mir Aufstellung wie neue

Rekruten vor einem Stabsfeldwebel. Die Förmlichkeit war mir zwar unangenehm, doch sie bestanden darauf.

Wir begannen mit der Zugausbildung und machten Übungen mit bewaffneten Jeeps, rückstoßfreien Geschützen, Granatwerfern, Bazookas und sonstigem, was eine Kompanie Fallschirmjäger beherrschen muß. Die Ausbildung verlief reibungslos – obwohl mir immer wieder gravierende Unterschiede zwischen der Einstellung der Offiziere in Afrika und der, die ich aus Israel gewohnt war, auffielen.

Eines Tages mußten nach einem Unfall mit ihrem Jeep zwei Soldaten ins Krankenhaus. Ich bat die Stabsoffiziere, mir über das, was geschehen war, einen Bericht zu geben.

»Das ist doch nicht wichtig«, sagte der Kompaniechef.

»Was soll das heißen, nicht wichtig?« fragte ich, weil ich nicht verstand, was er meinte.

»Solche Dinge sind hier nicht wichtig«, sagte er teilnahmslos.

»Ich möchte einen Bericht«, befahl ich. »Jeder Soldat, der dabei war, wird befragt.« Als Angehöriger der IDF, in denen für einen Offizier die Sicherheit seiner Soldaten höchste Priorität hat, fand ich seine Haltung äußerst ärgerlich und nahezu unbegreiflich. Die Sicherheitsbestimmungen beim Umgang mit Waffen fand er einsichtig. Er wußte, wie ein Soldat zu bestrafen war, der unvorsichtig mit einer Waffe hantierte. Doch er und seine Offzierskameraden verstanden nicht, wie wichtig es war, mit Fahrzeugen genauso vorsichtig umzugehen wie mit Waffen. Vor allem aber war den ugandischen Offizieren das Leben ihrer Soldaten nicht viel wert.

Es brauchte drei Monate Ausbildung, bis die Kompanie so weit war, daß wir mit den Zügen im Kompanierahmen üben konnten. Für eine richtige Übung brauchten wir etwas mehr Gelände, damit wir die rückstoßfreien Geschütze und Granatwerfer einsetzen konnten. Doch in der unmittelbaren Umgebung von Jinja gab es kein geeignetes Gelände. Ich studierte daher die Karten und wurde etwa 400 Kilometer südlich fündig.

Ich rief die ugandischen Stabsoffiziere zusammen. »Wir gehen dorthin«, sagte ich und zeigte auf die Karte. Sie sahen mich an, als hätte ich den Verstand verloren.

»Das sind 400 Kilometer … Eine lange Fahrt … Viel Verwaltungskram, um die ganze Kompanie dahinzubringen…«, klagten die Ugander. Ich überhörte die Nörgeleien. »Wir fahren dorthin, erkunden das Gelände, bereiten eine Übung vor, kommen zum Lager zurück, erledigen den Verwaltungskram für die Logistik, machen ein paar vorbereitende Übungen und bringen dann die Kompanie nach Süden, wo wir ein Feldlager errichten; anschließend eine Woche Übungen und hierher zurück«, sagte ich zu ihnen.

Doch nach der Besprechung kam Ben-Akiva zu mir, entsetzt über meinen Plan. »Muki, du verstehst das nicht, die Leute hier arbeiten nicht so schwer; das läuft hier nicht so.«

»Ich bin hier, um sie auszubilden«, sagte ich mit Nachdruck, »und ich habe durchaus die Absicht, meinen Auftrag, so gut ich kann, zu erfüllen.«

Itzik und ich kamen überein, Burka entscheiden zu lassen. Während eines langen Mittagessens, bei dem er zunächst Neuigkeiten von zu Hause erzählte, sprach er mich schließlich auf die Kompanieübung an, die ich weit vom Stützpunkt entfernt durchführen wollte. »Itzik sagt, Sie übertreiben etwas mit der Ausbildung«, sagte er. »Aber kein Problem. Machen Sie weiter, los, ran an die Sache.«

Etwa zehn Tage vor der Übung beschloß ich, mit dem Wagen in die von mir ausgesuchte Gegend zu fahren, um sie genauer zu erkunden, bevor der Plan endgültig ausgearbeitet wurde. Itzik Ben-Akiva bot sich an mitzufahren und ebenso die beiden anderen Israelis, die in Jinja stationiert waren.

Wir fuhren früh am Morgen los, verbrachten ein paar Stunden im Gelände und machten uns dann auf den Rückweg. Die ganze Fahrt über beschlich mich ein ungutes Gefühl, das ich nicht genau bestimmen konnte. Ich habe öfter Vorahnungen, und irgend etwas war nicht so, wie es sein sollte. Die Vorahnungen bestätigten sich, als wir in Jinja ankamen.

Während der zehntägigen Vorbereitung auf die Übung im Süden hatte in Jinja das Gerücht die Runde gemacht, die Libyer hätten Amin sehr viel Geld geboten – wenn er uns aus dem Land jagte.

Am Tag vor der Übung rief uns der Stützpunktkommandant in sein Büro. »Mr. Gaddafi sagt, libysche Offiziere können uns besser ausbilden als israelische«, sagte er und lachte über die Idee. Wir lachten mit. »Das ist nur Politik«, fügte er seufzend hinzu, und dann ließ er eine Bombe platzen. »Aber es ist gut, daß Sie ein paar Tage draußen auf Übung sind. Ein paar libysche Offiziere besuchen Stützpunkte in Uganda, um vor Ort zu entscheiden, was sie uns für ein Angebot machen können. Sie kommen auch hierher. Es paßt also ausgezeichnet, daß Sie dann nicht hier sind.«

Wieder in meinem Büro, rief ich Burka an. Er bestätigte, was ich gerade erfahren hatte. »Es gibt keinen Grund zur Beunruhigung. Es ist alles unter Kontrolle«, versprach er mir.

Am nächsten Tag fuhr ich mit der ganzen Kompanie nach Süden, und die Übung lief planmäßig ab – ausgenommen, daß ich die Soldaten am letzten Tag per Befehl von einer Praxis abhalten mußte, die sonst offenbar üblich war: das Erlegen von Elefanten mit einer Panzerfaust, um an das Elfenbein heranzukommen. Ich war empört und machte das den Offizieren und Soldaten gegenüber deutlich.

Als wir von der Kompanieübung zurückkamen, hörten wir, daß die Libyer dagewesen waren. Ich rief Burka an, um zu fragen, was geschehen war. »Amin spielt mit den Libyern«, sagte er. »Er will sehen, wieviel Geld sie ihm anbieten.«

»Vielleicht spielt er mit uns«, gab ich zu bedenken.

»Nein, nein, es ist alles okay. Es ist alles unter Kontrolle.«

Als ich auflegte, war mein ungutes Gefühl noch stärker geworden. Niemand in dem Lehrgang in Beit Berl hatte je zur Sprache gebracht, daß die Araber, insbesondere die Ägypter, unser Engagement in Uganda möglicherweise als beunruhigend empfinden könnten und versuchen würden, uns zu vertreiben. Vielleicht dachten sie, wir hätten vor, den Luftstützpunkt in Entebbe als Basis für Luftangriffe auf Ägypten oder andere arabische Staaten in Nordafrika zu nutzen. Ein solcher Plan existierte zwar nicht, doch die Araber schienen es zu glauben.

Da jeder Amins Launenhaftigkeit kannte, traute sich niemand, die Möglichkeit in Erwägung zu ziehen, daß er uns tatsächlich aus dem Land werfen wollte. Burka nannte den Besuch der Libyer »eine Ungezogenheit von Amin«, doch wir hätten keinen Grund, uns deshalb Sorgen zu machen.

Aber nicht einmal eine Woche, nachdem ich mit meinen ugandischen Fallschirmjägern nach Jinja zurückgekehrt war, überraschte Amin uns. Er ordnete an, daß nichtmilitärische israelische Organisationen und Firmen Uganda binnen 24 Stunden zu verlassen hätten. Israelis, die für diese Unternehmen arbeiteten, sahen ihre privaten Pläne mit einem Schlag zerstört. Viele, die mit ihren Familien da waren und ihre Kinder auf ugandische Schulen schickten, hatten sich darauf eingerichtet, nicht nur ein paar Jahre zu bleiben.

Ich rief Burka an. »Wie kann er sie so mir nichts, dir nichts rauswerfen?« fragte ich.

»Politik«, sagte Burka. »Reine Politik. Er wirft sie raus und läßt die Militärdelegation bleiben. Keine Sorge. Das ist nur eine Show für die Libyer.«

Bis dato hatten die Ugander uns aus der israelischen Militärdelegation mit großem Respekt behandelt. Selbst wenn wir in Zivil waren, kamen wir mit unseren Offiziersausweisen, die wir von der ugandischen Armee bekommen hatten, durch die Straßensperren, die den normalen Verkehr stunden-, manchmal tagelang blockierten.

Dieses Gefühl der Immunität – und der irrige Glaube, daß wir Amin kontrollierten und nicht umgekehrt – hatte uns den Blick auf die Realität verstellt. Innerhalb von 48 Stunden strich er sämtliche Privilegien der Militärdelegation und gab auch uns nur 24 Stunden, um zu packen und das Land zu verlassen.

Mit einem Mal waren wir nicht mehr privilegiert, sondern unerwünscht und unbedeutend. Bekannte in Jinja und anderswo im Land waren für uns plötzlich unerreichbar.

Nurit, ich und der kleine Shaul waren erst knapp dreieinhalb Monate in Uganda und hatten dementsprechend wenig zu packen. Doch andere israelische Familien, die zum Teil schon vier Jahre in Jinja lebten, hatten sich in dieser Zeit einen großen Hausstand angeschafft. Wir halfen unseren israelischen Nachbarn beim Packen.

Nachdem wir zuvor überall Respekt und Freundschaft erfahren hatten, schlugen uns nun Haß und Feindseligkeit entgegen. Die Schlagzeile in der Zeitung an jenem Morgen lautete: »GEHT ZURÜCK NACH ISRAEL.« Die Hausangestellten weinten natürlich, doch ob sie das taten, weil sie uns wirklich gern hatten oder weil sie ihren Job verloren, werde ich nie erfahren.

In den Zeitungen hieß es, Israel plane, Amin zu stürzen. Er wollte seine Luftwaffe nun von den Ägyptern und Libyern ausbilden lassen, die ihm Mirage-Bomber versprachen. Mit der für Amin typischen Logik begründete er seinen Entschluß damit, daß Israel 1967 die arabischen Luftstreitkräfte mit Mirage-Bombern zerstört habe.

Die Araber lieferten die Jets natürlich nie, wahrscheinlich weil die Franzosen es nicht zuließen. Ich nahm es Paris nicht übel, daß es im Nahostkonflikt beide Seiten mit Flugzeugen belieferte. Dasselbe taten wir im Grunde auch in Afrika. Doch in Afrika wurde Uganda allein von Tansania bedroht, wo wir ebenfalls Soldaten ausbildeten. Nur ein einziges Mal in den drei Monaten, die ich in Uganda war, erfuhr ich von irgendwelchen Zusammenstößen an der Grenze. Ich ließ mir einen Bericht geben. Der Zusammenstoß war genauso albern wie die Zeitungsmeldungen, die behaupteten, wir hätten Amins Sturz geplant.

Doch an jenem Tag hatten wir andere Sorgen, als uns um die moralischen Aspekte der Geopolitik zu kümmern. Bei uns in der Nachbarschaft lebten insgesamt vier israelische Familien. Wir versammelten uns in einem der Häuser, um unsere Flucht nach Kampala zu planen. Schließlich diskutierten wir die Frage, ob wir mit oder ohne Waffen sicherer wären.

Es kann Stunden dauern, bis vier Familien einen gemeinsamen Nenner gefunden haben. Einige hielten es für sicherer, unbewaffnet zu fahren, falls wir an einer Straßensperre durchsucht würden. Einer von uns rief Burka in Kampala an, der bis über beide Ohren in logistischen Vorbereitungen steckte, um alle Israelis aus dem Land zu bringen. Burka überließ die Entscheidung uns. »Das müßt ihr entscheiden« sagte er. »Aber seht zu, daß ihr so schnell wie möglich herkommt.«

Irgend jemand mußte eine Entscheidung fällen. »Leute«, sagte ich schließlich, »wir nehmen die Waffen mit. Wir reisen als Touristen, nicht als Soldaten, doch wir behalten die Waffen zu unserer persönlichen Sicherheit. Also, auf geht's.«

Damit unser Fahrzeugkonvoi nicht auffiel, fuhren wir im größeren Abstand zueinander und überholten uns immer wieder gegenseitig. Als wir aus Jinja hinausfuhren, mußte ich an Karameh denken.

So wie ich mich in Karameh gefragt hatte, »wo die hervorragenden großen IDF sind«, die den Sechstagekrieg gewonnen hatten, fragte ich mich jetzt: »Wo ist dein Land?«

Zum erstenmal – und hoffentlich auch zum letztenmal – spürte ich, was es heißt, ein Jude im Exil zu sein, ein hilfloser Flüchtling, schutzlos in einem fremden Land, wo die Regierung nichts als Haß für uns übrig hatte.

Burka erwartete uns in Kampala. Wir übernachteten in einem Hotel in der Stadt, um am nächsten Morgen mit einer Linienmaschine nach Nairobi zu fliegen. Von dort würden uns dann die IDF nach Hause bringen.

Als wir die Maschine in Entebbe bestiegen, auf dem Flughafen, den eine israelische Firma gebaut hatte, trauerte ich um das schöne Land, das mir fehlen würde, und um seine Menschen, die weiß Gott etwas Besseres verdient hatten als Idi Amin. Doch vor allem trauerte ich um mein eigenes Land, das von einem schäbigen Diktator gedemütigt worden war.

Ich hatte alle Hebel in Bewegung gesetzt, um nach Uganda zu kommen, wo ich mindestens zwei Jahre hatte bleiben wollen. Als ich nach vier Monaten abreiste, glaubte ich nicht, daß ich Uganda jemals wiedersehen würde. Unglücklich stieg ich die Gangway hoch und betrachtete Shaul, der sich an Nurits Hand festhielt. Ich konnte nicht wissen, daß ich unter ganz anderen Bedingungen zurückkehren würde, die mit der Schmach, die wir alle damals empfanden, nichts zu tun hatten.

»Die Einheit«

Nahalal hat mir Kraft und Stärke geschenkt, denn dort liegen meine Wurzeln, dort wurden mir die Werte vermittelt, die mich geprägt haben, und dort habe ich die Freiheit erfahren, zwischen den beiden Idealen meiner Familie wählen zu können – der Erschließung des Landes als Bauer oder seiner Verteidigung als Soldat. Ich tat beides gern.

Das unsanfte Ende unseres Abenteuers in Uganda zwang mich, zwischen den zwei Werten zu entscheiden. Ich kehrte zu einer Zeit nach Hause zurück, als Israel von einer neuen Welle arabischer Terroranschläge heimgesucht wurde, die im Innern des Landes und in Übersee gegen israelische und jüdische Institutionen begangen wurden. Ich war zwar zunächst aus persönlichen Gründen nach Afrika gegangen, doch das beschämende Ende dieser Erfahrung machte mir klar, daß Israel noch immer Probleme hatte. Ich glaubte, daß ich helfen konnte.

Ich beschloß, Matan Vilnai anzurufen, der mittlerweile Bataillonskommandeur in der Luftlandebrigade war, einer der jüngsten in den IDF.

»Rühr dich nicht von der Stelle«, befahl er, als er meine Stimme erkannte. »Wo bist du?«

Ich sagte es ihm, und wir trafen uns am selben Nachmittag. Eine Stunde lang erzählten wir uns, wie es uns ergangen war. Als ich erwähnte, daß ich zurück zur Armee wollte, bot er mir an, Kompaniechef in seinem Bataillon zu werden. Auf diesem Posten, so rechnete ich mir aus, hatte ich die meisten Chancen, dann den Job zu bekommen, den ich wirklich wollte – Kommandeur der Luftlande-Sayeret. Ich nahm sein Angebot an.

Doch ein paar Tage später begegnete ich zufällig einem Freund auf der Straße in Tel Aviv. Als er hörte, daß ich wieder zur Armee wollte, sagte er aufgeregt: »Muki, du mußt unbedingt in unsere Einheit kommen, die Sayeret Matkal. Es ist jetzt die allerbeste Einheit.

›Die Einheit‹. Wir machen kribbelige Sachen. Zum Beispiel Sabena.«

Die Sayeret Matkal war die geheimste Einheit in der israelischen Armee und unterstand dem direkten Befehl des Generalstabschefs; sie wurde nur für die wichtigsten Sonderoperationen eingesetzt. Am Sechstagekrieg war sie nicht beteiligt, da Avraham Arnan, ein legendärer Kämpfer, der die Einheit in den sechziger Jahren gegründet hatte, stets sagte: »Ein Kämpfer der Sayeret Matkal ist für das Chaos des Krieges zu wertvoll.«

Statt dessen übernahm die Sayeret Matkal – auch »die Einheit« genannt – nur Aufträge, die bis ins kleinste Detail geplant wurden. Keiner ihrer Einsätze war der Öffentlichkeit bekannt – bis Ahmed Jibrils »Volksfront zur Befreiung Palästinas«, eine der PLO angehörige Gruppe, eine vollbesetzte Sabena-Linienmaschine auf einem Flug nach Israel entführte.

Die Maschine stand auf dem Rollfeld des Flughafens Ben-Gurion in Lod, während das Land den Atem anhielt. Als Flugzeugmechaniker verkleidete Soldaten »der Einheit« stürmten nach genauem Zeitplan die Maschine und befreiten die Passagiere; die Entführer wurden entweder getötet oder gefangengenommen.

Und selbst nach der erfolgreichen Befreiung, der ersten in der Geschichte der Luftfahrt überhaupt, bestätigte der Sprecher der Armee nur, daß eine »Sondereinheit« eingesetzt worden war. Informationen, die darüber hinausgingen, wurden von der Militärzensur gestrichen. Jede Armee-Einheit ist für jeweils ihre Angehörigen »die Einheit«. Doch wenn Kabinettsmitglieder beim Generalstabschef anfragen, ob »die Einheit« zur Lösung eines Problems eingesetzt werden kann, weiß jeder, daß die Sayeret Matkal gemeint ist.

»Wir haben einen tollen Kommandeur, Ehud Barak«, fügte mein Freund hinzu. »Sabena hat bewiesen, daß ›die Einheit‹ wieder im Kommen ist«, sagte mein Freund. »Und glaub mir, wenn Ehud hört, daß du zur Armee zurückgehst, will er dich bestimmt haben.«

»Ich habe mich bereits festgelegt«, wandte ich ein, »und eine Zusage gemacht. Ich habe Matan mein Wort gegeben, daß ich in sein Bataillon gehe.«

»Schön, aber du kannst mich nicht davon abhalten, Ehud zu sagen, daß du wieder im Lande bist«, warnte mich mein Freund zum Abschied.

Wir sind ein sehr kleines Land, und obwohl die Armee groß erscheint, ist sie in Wirklichkeit sehr klein. Wir Angehörigen der Sondereinheiten waren ein kleiner Kreis und kannten uns alle, auch wenn wir nicht direkt zusammenarbeiteten. Ich hatte von Ehud gehört, der in einem Kibbuz im Jezreel-Tal aufgewachsen war. Er spielte Klavier, hatte Physik, Geschichte und Philosophie studiert, und er hatte in jenem Frühjahr bei der Befreiung der Maschine auf dem Flughafen von Lod den Oberbefehl gehabt.

Als ich am Abend nach Netanya zurückkehrte, fand ich zwei Nachrichten von Ehud vor, der mich um Rückruf bat. Ich war nicht überrascht. Seine Zielstrebigkeit war allgemein bekannt. »Ich will mit Ihnen reden«, sagte er, als ich ihn schließlich am Telefon hatte. »Morgen. Wir haben einiges zu besprechen.«

»Sie wissen ja sicherlich, daß ich bereits Matan eine Zusage gegeben habe...«, setzte ich zu einer Erklärung an.

»Ja, ich weiß. Sie haben den Fallschirmjägern zugesagt. Aber ich möchte mit Ihnen reden. Nach dem, was ich über Sie erfahren habe, gehören Sie einfach in ›die Einheit‹.«

Als ich mich nach meiner Rückkehr aus Uganda für die Armee entschieden hatte, wußte ich, daß für mich nur eine Laufbahn in den Sondereinheiten in Frage kam, dem besten Teil der IDF. Ich mochte die Fallschirmjäger zwar, weshalb ich zuerst Matan angerufen hatte. Doch am meisten mochte ich die Sondereinheiten.

Wer die Karriereleiter in der großen Armee hinaufsteigen will, muß in der Regel Kommandos in verschiedenen Truppengattungen absolvieren. Selbst die allerbesten brauchen mitunter 30 Jahre vom Rekruten bis zum Stabschef.

Doch mit meinen 25 Jahren fand ich das Leben zu kurz, um mich auf irgendeinen Beruf festzulegen. Die übliche Laufbahn – ein paar Jahre in den Sondereinheiten, dann ein paar mehr bei der Panzerwaffe oder beim Nachrichtendienst, dann zurück zur Infanterie als Brigadegeneral und schließlich die Bewerbung um einen Sitz im Generalstab – erschien mir langweilig, weil sie so kalkulierbar und bürokratisch war. Ich wollte in die Sondereinheiten – mein ganzes

Leben schien mich dafür zu prädestinieren. Entsprechend der Tradition meiner Familie war ich bis zu meinem Eintritt in die Armee ein Abenteurer und Wanderer gewesen, so daß ich allem Anschein nach für eine Einheit wie die Sayeret Matkal wie geschaffen war.

Wenn ich Matans Angebot annahm, kam ich wieder zu den Fallschirmjägern, eine Grundvoraussetzung dafür, überhaupt Kämpfer einer Sondereinheit zu werden, und meine bevorzugte Truppengattung. Doch Ehud Barak bot mir eine interessante Aufgabe in der Sayeret des Generalstabs an, womit ich dann wirklich an der Speerspitze der IDF wäre.

Ehud, ein kleiner untersetzter Mann, verströmte eine ungeheure Energie, als er am nächsten Tag auftauchte und ohne Umschweife zur Sache kam. Er hatte seine Hausaufgaben gemacht und beim Nachrichtendienst Erkundigungen über mich eingeholt. Er wußte, was ich wollte. Er war gekommen, um mir einen Posten anzubieten. »Ich mache Sie zum Kommandanten der neuen Rekruten und zum höheren Stabsoffizier. Wenn Sie es nur für ein oder zwei Jahre machen wollen, einverstanden«, sagte er. »Sie werden viel erleben, und dann gehen Sie zurück nach Nahalal und bleiben bei uns als Reservist. Falls Sie aber in der Armee Karriere machen wollen, ist es ebenfalls von Vorteil, zu uns in ›die Einheit‹ zu kommen. Sie werden vieles lernen, was Ihnen auch auf anderen Posten zugute kommen kann. Ich garantiere Ihnen, Sie machen sich einen Namen.«

Das überzeugte mich. Doch es gab da noch ein Problem. Ich hatte Matan bereits eine Zusage gegeben und fühlte mich nicht wohl in meiner Haut.

Aber wie in dem Fall, als Raful und Amos Yarkoni sich um mich stritten, ging auch diesmal die Frage, wo ich als nächstes in der Armee eingesetzt werden sollte, an höhere Instanzen. Ehud wandte sich umgehend an den Stabschef David »Dado« Elazar. Matan hatte keine Chance.

Ich mietete in der Nähe das Stützpunkts der Sayeret Matkal eine Wohnung; Nurit wohnte mit Shaul wieder in Nahalal. Ich würde an den Wochenenden, den Feiertagen und im Urlaub nach Hause kommen. Einige Tage später klingelte das Telefon.

»Muki Betser? Hier ist Yonni Netanyahu.«

Yonni war drei Monate vor mir eingezogen worden und diente in der regulären Luftlandebrigade, während ich zur Sayeret der Brigade gegangen war. Wir waren zwar zur gleichen Zeit im Offizierslehrgang gewesen, doch wir hatten nie viel miteinander zu tun gehabt. Jetzt war Yonni Ehuds Stellvertreter, und er hatte sich einen Namen gemacht. Er galt als mutiger, einsatzfreudiger Kämpfer, der, um die stundenlange Wartezeit bei einer Militäroperation zu überbrücken, stets ein geschichtliches oder philosophisches Buch zum Lesen dabeihatte. »Die Sache ist geritzt, Muki«, sagte er. »Ich schicke dir einen Wagen. Es brennt.«

Als er »es brennt« sagte, sah ich mich in allem bestätigt, was ich von »der Einheit« erwartet hatte. Zwanzig Minuten später traf der Wagen ein. Innerhalb einer Stunde gab Ehud mir ein Büro, einen Wagen, einen Sekretär und einen Trupp neue Rekruten, die ich ausbilden sollte. Doch vor allen Dingen sollte ich an der Planung einer Operation mitwirken.

Zwei Jahre zuvor, auf dem Höhepunkt des Zermürbungskrieges im Jahre 1970, hatte die syrische Artillerie das Feuer auf die Golanhöhen und Israel eröffnet, um zusätzlich zum gemeinsamen Kampf mit Ägypten vom Ufer des Suezkanals aus eine zweite Front zu eröffnen.

Israel griff die Artilleriestellungen innerhalb Syriens aus der Luft an. Eine israelische Phantom wurde von einer MiG-Rakete getroffen und stürzte über Damaskus ab. Gideon Magen, ein 32 Jahre alter Kibbuznik, und Pini Nahmani, ein 26 Jahre alter Moshavnik, wurden die ersten israelischen Kriegsgefangenen in Syrien seit dem Sechstagekrieg.

Das einzige Lebenszeichen von ihnen erhielten wir ein paar Tage nach ihrer Gefangennahme. Das staatliche syrische Fernsehen zeigte Aufnahmen von ihnen in einem Gefängnis von Damaskus. Pini war offenbar schwer verwundet und lag auf einer Trage. Doch die Syrer weigerten sich, mit dem Internationalen Roten Kreuz über ihre Freilassung zu verhandeln und ließen nicht einmal Vertreter des Roten Kreuzes zu ihnen.

Drei Monate später reagierten die IDF. Eine Panzerabteilung

überquerte die syrische Grenze und nahm 37 syrische Soldaten gefangen, die gegen die beiden Israelis ausgetauscht werden sollten. Doch während der Operation wurde eine Mirage, die von dem 21jährigen Moshavnik Boaz Eitan geflogen wurde, von einer syrischen MiG-Rakete getroffen.

Jetzt hatten die Syrer drei Kriegsgefangene, die sie für sehr viel wertvoller hielten als die 37 Soldaten in unserer Hand. Zwei Jahre lang baten wir auf diplomatischem Wege, über den Austausch der Kriegsgefangenen zu verhandeln, doch ohne Erfolg. Es gelang weder mit Hilfe der Genfer Konvention noch des Roten Kreuzes, unsere Soldaten zu sehen. Wir wollten sie zurückhaben.

Es bestand die Möglichkeit, sie in Damaskus zu befreien, doch das wäre mit Verlusten auf unserer Seite verbunden gewesen. Damit blieb uns nur eine Alternative: Wir mußten jemanden kidnappen, der dem Feind sehr viel wichtiger war als ein paar Soldaten.

Unser Nachrichtendienst meldete, daß hochrangige Offiziere des syrischen Nachrichtendienstes und der syrischen Luftwaffe entlang der libanesisch-israelischen Grenze regelmäßig Aufklärungsfahrten unternahmen. Die Offiziere fuhren im Konvoi in Zivilwagen, wobei sie von libanesischen Verbänden, darunter Militärpolizei mit Motorrädern, Jeeps und Landrovern, eskortiert wurden. Panzerwagen der libanesischen Armee eskortierten sie an bestimmten Abschnitten der Grenze.

Wenn es uns gelang, die Offiziere unversehrt während ihrer Patrouille auf libanesischer Seite zu kidnappen, könnten wir Damaskus anbieten, sie gegen unsere Leute auszutauschen.

Von Metulla nach Rosh Hanikra an der Mittelmeerküste verlaufen die Straßen entlang der Grenze auf unserer und auf libanesischer Seite im Abstand von nur wenigen hundert Metern parallel zueinander. An einigen Stellen jedoch verringert sich der Zwischenraum auf einige Dutzend Meter.

Wir wollten möglichst nahe an die Grenze heran, in einer Gegend, wo uns die Vegetation und das Gelände Deckung boten. Der Nachrichtendienst hielt die Umgebung des Kibbuz Zar'it für geeignet, wo wir uns in den Obstplantagen, die sich direkt bis zur Grenze erstreckten, verstecken konnten. Von dort mußten wir nur noch eine

Böschung hinabstürmen und befanden uns schon auf libanesischem Territorium.

An der Operation mit der Bezeichnung »Kessel« waren drei Verbände beteiligt, die das Ziel einkreisten – einer, der den Konvoi überraschen sollte, die anderen beiden, um ihn zu flankieren und Fluchtwege zu versperren. Der Erfolg der Mission hing zum großen Teil vom richtigen Timing ab. Der Nachrichtendienst würde uns 24 Stunden, bevor eine solche syrische Patrouille stattfand, informieren.

»Fingerspitzengefühl ist angesagt«, beschrieb Ehud die Operation. Wenn wir wild drauflos schossen, war alles umsonst, denn tote syrische Offiziere waren für einen Gefangenenaustausch nutzlos. Wir mußten sie mit einer so gewaltigen Machtdemonstration überraschen, daß sie sich gleich ergaben, statt Widerstand zu leisten. Doch ein großes Truppenaufgebot an der Grenze würde den Libanesen auffallen und die Syrer abschrecken. Wir wollten eine Operation, von der nur die Syrer – und wir – etwas mitbekamen. Noch am selben Abend könnten wir Damaskus mitteilen, daß wir die Offiziere in unserer Gewalt hatten und einen Austausch vorschlagen.

»Die Einheit« hatte die Aktion bereits einmal, kurz vor meiner Ankunft, in Angriff genommen. Doch im letzten Moment, als sich der Konvoi bereits näherte, brach Dado das Unternehmen ab, weil Meldungen eingegangen waren, daß in der Gegend unerwartet libanesische Truppenverbände aufgetaucht waren.

Ich nahm an dem zweiten Versuch teil. Ehud und sein kleiner Trupp hockten getarnt auf der libanesischen Seite der Grenze, um die Gefangennahme durchzuführen. Ein zweiter Trupp wartete östlich von Ehud. Sie sollten die Syrer vorbeilassen und ihren Rückweg blockieren. Ein dritter Trupp – unter meinem Befehl – wartete westlich von Ehud, um die Syrer aufzuhalten, falls sie durchbrächen.

Mein Trupp – mit drei Schützenpanzern, sogenannten APCs – würde auf dem Weg in den Libanon an einer kleinen UN-Stellung vorbeikommen, die seit der Waffenstillstandsvereinbarung am Ende des Unabhängigkeitskrieges im Südlibanon stationiert war. Keine hundert Meter weiter würden wir einen noch kleineren Kontrollpunkt der libanesischen Polizei passieren, bevor wir in Ehuds Richtung weiterfuhren.

Ich gab meinen Soldaten genaueste Instruktionen. »Sie rechnen nicht mit uns«, sagte ich zu dem Team, das ich für den Einsatz ausgesucht hatte. »Aber es ist für sie ja nichts Ungewöhnliches, wenn sie uns auf Patrouille sehen. Wir dürfen bei ihnen nur nicht den Eindruck erwecken, daß wir unterwegs zu einer Aktion sind, die in der Nähe stattfindet. Also haltet die Gewehrläufe nach unten gerichtet und macht ein entspanntes Gesicht, wenn wir vorbeifahren.«

Ehud und seine Soldaten schlichen nachts zu Fuß über die Grenze und verbargen sich im Gebüsch und hinter Felsen entlang der Straße, wo wir den Konvoi abfangen wollten. Dado leitete den Gefechtsstand von einem Wäldchen in Grenznähe aus.

Meine drei APCs warteten auf unserer Seite der Grenze auf den Einsatzbefehl. Kurz nach Mittag hörte ich Ehuds Stimme über Funk. »Sie kommen«, sagte er. Ich gab meinen Männern das Zeichen, in Bereitschaft zu gehen. Die Panzermotoren liefen bereits.

»Zwei Limousinen«, meldete Ehud an Dado. »Ein Landrover... Zwei Jeeps... ein Schützenpanzer...«

»Halt!« sagte eine Stimme über Funk. Es war Motta Gur, der Befehlshaber des Nordkommandos, der zusammen mit Dado die Operation von dem Wäldchen aus leitete.

»Das geht schon klar«, wandte Ehud ein. »Kein Problem für uns.« Das Funkgerät rauschte ein Sekunde. Mit angehaltenem Atem wartete ich auf die nächste Stimme. Dado pflichtete Motta bei. »Nein«, entschied er.

»Ich bitte um Erlaubnis, die Aktion fortzusetzen«, sagte Ehud beharrlich. Ich hörte die Anspannung in seiner Stimme. »Ich kann sie sehen. Ein paar Meter entfernt. Ich kann jetzt zuschlagen.«

»Nein«, sagte Dado mit Nachdruck. »Keine Erlaubnis.«

Ich seufzte, weil ich wußte, daß Ehud den Schützenpanzer nur erwähnt hatte, weil er genau schildern wollte, was vor sich ging, nicht weil er darin ein Problem sah. Keine Minute später fuhr der Konvoi mit den syrischen Offizieren und ihrer libanesischen Eskorte unten auf der libanesischen Straße an mir vorbei. Wir hatten uns zwar auf einen solchen Fall vorbereitet, doch die Generale waren der Ansicht, daß die Operation wegen des libanesischen Schützenpanzers zu riskant war.

Es war ein enorm frustrierender Augenblick, da ich das Gefühl hatte, unsere Kameraden in syrischer Kriegsgefangenschaft zu verraten. Wir blieben noch ein paar Minuten in unserer Stellung. Dann beorderte Ehud uns in das Wäldchen, wo Dado und Motta warteten.

An jenem Nachmittag gaben alle Kommandanten der eingesetzten Kräfte ihre Meinung ab, doch Ehud fand die schärfsten Worte. »Ich habe genau Meldung gemacht«, sagte er, wobei er seine Wut zwar im Tonfall, nicht aber inhaltlich beherrschte. »Ich hätte nicht gedacht, daß ihr die Aktion abblasen würdet, weil ein Schützenpanzer dabei war. Wir haben uns auf so einen Fall vorbereitet. Der APC stellte keine Gefahr dar. Aufgrund eurer Entscheidung haben wir eine Operation abgebrochen und somit womöglich die letzte Chance vertan, unsere Jungs freizubekommen.«

Dado und Motta hörten zu wie zwei Schüler, die von einem wütenden Lehrer gescholten werden. Ehud fuhr fort: »Aber das schlimmste an eurer Entscheidung ist, daß wir vielleicht beim nächsten Mal nicht mehr alle Informationen melden, die wir haben, aus Angst, ihr könntet so eine Entscheidung fällen wie heute.«

Motta sah Dado an, aus dessen finsterem Blick abzulesen war, was für einen inneren Kampf er ausfocht. Er war Waise und als Kind vor der Besatzung durch die Nazis aus Jugoslawien geflohen. Er hatte in der Palmach gekämpft und in der Armee Karriere gemacht. Statt uns mit einem Hinweis auf seinen Rang den Mund zu verbieten, ließ er zu, daß wir unserem Ärger Luft machten. Mit gesenktem Kopf, während er mit einem Stock Muster in die dunkle harte Erde des Wäldchens kratzte, hörte er sich an, was jeder seiner höheren Offiziere zu sagen hatte. Wir alle unterstützten Ehud.

Schließlich blickte Dado auf. »Vielleicht war es falsch von mir«, sagte er. »Ich hoffe nur, wir kriegen noch eine weitere Chance.«

Weniger als eine Woche später war es soweit. Ehud rief die Stabsoffiziere zusammen und verkündete, daß die Syrer am nächsten Tag wieder eine Aufklärungspatrouille fahren würden. »Diesmal gehe ich kein Risiko ein«, versprach er. »Ich bleibe bei den Generalen, und falls sie sich querlegen, mache ich ihnen klar, daß wir es schaffen können.«

Er übergab Yonni den Befehl für den Haupttrupp, und wir ergänzten den Plan für die Operation – zwei Wagen sollten mit geöffneter Motorhaube am Straßenrand parken und eine Panne vortäuschen. Neben den beiden Wagen, in denen Soldaten saßen, hielten sich weitere Trupps entlang der Straße im unwegigen Gelände versteckt.

Wieder übernahm ich mit meinem Trupp den Flankenschutz vor dem syrischen Konvoi, während eine Kompanie der Egoz den Rückraum deckte. Doch zur Beruhigung der Generale bekam mein Trupp zusätzlich einen Panzer. Erneut wollten wir das Ziel von drei Seiten einkesseln. Die Egoz übernahm den Osten, meine halbe Kompanie den Westen.

Gegen elf Uhr an jenem Morgen meldete die Egoz, daß sich ein Konvoi näherte – zwei Landrover und zwei Panzerwagen fuhren nach Süden in Richtung Rameish, einem Dorf auf der anderen Seite der libanesischen Grenzstraße.

Aber etwa eine halbe Meile nördlich des Dorfes hielt der Konvoi an. Yonnis Trupp, sowohl die Soldaten, die sich im Gelände versteckt hielten, als auch die, die in den beiden Wagen darauf warteten, auf die libanesische Straße zu stürmen, gingen in äußerste Alarmbereitschaft. Ich gab den Befehl, die Motoren anzulassen.

Die Minuten verstrichen unerträglich langsam. Um 11.25 Uhr schickte Ehud die beiden Wagen, die eine Panne vortäuschen sollten, zu der libanesischen Straße. Ich konnte sie von meiner Stellung aus nicht sehen – erst wenn ich an der Straße war –, doch laut Plan sollten sie neben der Straße anhalten. Die Soldaten sollten schleunigst Dekkung suchen und zu den anderen Kämpfern stoßen, die die ganze Nacht in ihrer Stellung gelegen hatten. Einer von Yonnis Soldaten, die als Zivilisten verkleidet waren, öffnete die Motorhaube des ersten Wagens, um die Panne vorzutäuschen.

Doch wie so oft bei einem Sondereinsatz geschah das Unvorhergesehene, das alles über den Haufen warf. Ein VW-Bus tauchte auf der Straße auf und hielt neben dem Konvoi. Dann machte er eine Kehrtwendung und raste davon. Einer von Yonnis Leuten lief zu ihm zurück, um ihm zu sagen, daß der VW-Bus aufgetaucht war. Der syrische Konvoi mit seinen vier großen Fahrzeugen begann nun, umständlich auf der schmalen Straße zu wenden. Der Kundschafter der Egoz meldete, daß der VW verdächtig in Ehuds Richtung fuhr. Enttäuschung machte sich in mir breit, als ich per Funk die Meldung über den VW hörte. Die Generale würden die Aktion wieder abblasen.

Doch »die Einheit« ist unter anderem deshalb so erfolgreich, weil sie improvisieren kann, eine Tradition, die sie von der Palmach übernommen hat. Ehud gab den Befehl. Yonnis Trupp trat in Aktion; einige Soldaten rasten in den beiden Wagen mit der vorgetäuschten Panne die paar hundert Meter bis zu dem syrischen Konvoi, dessen erster Panzerwagen sein Wendemanöver noch immer nicht abgeschlossen hatte. Als die beiden Wagen neben dem Konvoi anhielten, sprangen die übrigen Kämpfer aus ihren nur ein paar Dutzend Meter entfernten Verstecken am Hang oberhalb der Straße.

Jetzt brauste ich mit meinen APCs los, gefolgt von dem rumpelnden Panzer. Innerhalb von 30 Sekunden waren wir auf der unter uns verlaufenden libanesischen Straße. Als wir an der UN-Stellung und den libanesischen Polizisten vorbeikamen, sah ich, wie sich in ihren gelangweilten Gesichtern Erstaunen breitmachte. Doch meine Soldaten hielten ihre Gewehrläufe gesenkt, wie ich es ihnen gesagt hatte, und ich lächelte den Libanesen von meiner Position vorn im APC aus zu.

Vor uns sah ich einen unserer Arabisch sprechenden Offiziere auf einem Felsblock oberhalb der Straße stehen. Er rief den Syrern und ihren libanesischen Begleitmannschaften über Lautsprecher zu: »Keine Bewegung! Ergebt euch!« Während ein paar Soldaten von Yonnis Trupp die Araber aus den beiden Wagen zerrten, hielten andere die beiden libanesischen Panzerwagen in Schach.

Kurz bevor ich in Sicht kam, eröffneten libanesische Soldaten in einem der Panzerwagen das Feuer. Yonnis Kämpfer streckten sie nieder. Doch als ich schließlich auf der Straße auftauchte, sah ich, wie der Offizier mit dem Lautsprecher umkippte und sich den Knöchel hielt, wo er von einer libanesischen Kugel getroffen worden war: unser einziger Verwundeter bei dem Einsatz.

Als wir am Ort des Geschehens ankamen, verbanden Yonnis Leute gerade dem letzten Syrer die Augen. Er rief ununterbrochen: »Nicht schießen! Nicht schießen!«, während er mit seinen Kameraden in unsere Wagen mit der vorgetäuschten Panne verfrachtet wurde, die sie nach Israel bringen würden. Inzwischen luden meine Soldaten die fünf gefangenen libanesischen Soldaten auf die APCs.

Plötzlich sah ich, wie ein syrischer Offizier und ein libanesischer Soldat zu fliehen versuchten; sie liefen in nördlicher Richtung über ein gepflügtes Feld, das sich auf der vierten, offenen Seite des dreiseitigen Kessels befand, mit dem wir den Konvoi eingeschlossen hatten. Ich gab Befehl, sie zu verfolgen, doch es gelang ihnen, einen steilen Hang hinunterzukommen, so daß wir sie nicht mehr erreichen konnten. Wir machten kehrt und fuhren in Richtung Grenze. Als wir die Grenze nach Israel überquerten, starb einer der fünf Libanesen, der bei dem Feuergefecht verwundet worden war, in einem unserer Schützenpanzer.

Ehud, Dado und Motta sowie andere höhere Offiziere sahen zufrieden grinsend zu, wie wir die Gefangenen an einen Verhörtrupp auslieferten, der sie in Gewahrsam halten würde, bis sie im Austausch gegen unsere Leute freikämen. Bis jetzt hatte alles geklappt. Bei der anschließenden Besprechung, die routinemäßig nach jedem Sondereinsatz stattfindet, waren wir sicher, daß unsere Leute in syrischer Gefangenschaft in ein paar Stunden oder Tagen wieder zu Hause sein würden.

Ein strahlender Dado ließ den Blick über die Gesichter der Soldaten und Offiziere vor sich gleiten und ergriff das Wort. »Damit wäre der Fehler von letzter Woche wohl wettgemacht«, sagte er. »Und jetzt sind die Syrer wohl gezwungen, unsere Leute zurückzugeben. Unter unseren Gefangenen sind ein General und«, Dado machte eine theatralische Pause, »zwei Offiziere vom Nachrichtendienst der syrischen Luftwaffe.«

Der syrische Diktator Hafis al-Assad hatte seine Armeelaufbahn bei der Luftwaffe begonnen. Uns war augenblicklich klar, daß wir mit der Gefangennahme von zwei Nachrichtenoffizieren seiner Machtbasis innerhalb der syrischen Armee den Schlüssel für einen erfolgreichen Gefangenenaustausch in Händen hielten.

Bei Einbruch der Dunkelheit unterbreitete Israel den Syrern folgendes geheime Angebot: »Wir werden diese Demütigung nicht publik machen. Wir werden euch eure Leute noch heute nacht zurückgeben – im Austausch gegen unsere Leute.« Innerhalb weniger Stunden hörte ich, daß Damaskus zu dem Handel bereit war.

Aber dann kam Golda Meirs Regierung der Gedanke, daß die Syrier, unsere stursten und halsstarrigsten Feinde, doch auch ihren Einfluß auf Ägypten geltend machen könnten, wenn sie so schnell auf unsere Bedingungen eingingen. Kairo hielt zehn israelische Soldaten gefangen, darunter Piloten, die im Zermürbungskrieg abgeschossen worden waren. Bei uns waren mehrere Dutzend ägyptische Soldaten in Gefangenschaft.

Natürlich ist so ein Prozeß langwierig und kompliziert – und die Politiker konnten die Sache nicht geheimhalten. Unsere Entführungsaktion wurde publik. Aber derlei delikate Verhandlungen lassen sich nicht unter den Augen der Weltöffentlichkeit führen. Die Ägypter lehnten jede Kooperation ab. Acht Monate vergingen. Schließlich wiederholte unsere Regierung das Angebot, das sie den Syrern ursprünglich gemacht hatte. Laßt unsere Jungs frei, und ihr kriegt eure. Die Syrer willigten ein.

Einige Wochen später veranstaltete die Luftwaffe für die drei befreiten Kriegsgefangenen eine Party, zu der auch wir eingeladen wurden. In Zivilkleidung nahmen wir hinten im Saal Platz. Es war ein sehr bewegender Abend. Die ehemaligen Kriegsgefangenen schilderten auf der Bühne, wie sie von den Syrern gefoltert worden waren, während sie all die Monate über in feuchten unterirdischen Einzelzellen im Gefängnis von Damaskus saßen.

Dann wurde Pini Nahmani im Rollstuhl auf die Bühne gefahren. »Die ganze Zeit über haben wir die Hoffnung nicht aufgegeben, daß die Jungs von der Sayeret Matkal uns rausholen würden«, sagte er.

Wir alle rutschten unbehaglich auf unseren Stühlen hin und her. Es war nett gesagt, und wir freuten uns über das Kompliment, doch so etwas in der Öffentlichkeit zu hören, war uns ganz und gar nicht recht. Die Stärke unserer Einheit, den Feind zu überrumpeln, stützte sich schließlich darauf, daß wir geheim blieben. Die Zensur sorgte dafür, daß nichts von dem, was Pini über unsere Existenz gesagt hatte, nach draußen drang.

Der Job

Nach einem Einsatz der Sayeret Matkal gibt es keine Siegesfeiern und keine Vergünstigungen für besondere Leistungen. Am Tag nach der Gefangennahme der fünf syrischen Offiziere gingen wir wieder an die Arbeit.

Wie jede Einheit der IDF besteht die Sayeret Matkal zum einen aus regulären Soldaten, zum anderen aus Reservisten. Doch im Gegensatz zu den meisten israelischen Veteranen, die als Wehrpflichtige gedient haben und höchstens 30 Tage im Jahr zu Reserveübungen herangezogen werden, umfaßt der Reservedienst der Sayeret-Matkal-Kämpfer unter Umständen bis zu 60 Tage.

Reservisten nehmen auf allen Ebenen an den täglichen Aktivitäten »der Einheit« teil. Sie üben an neuen Waffen, lernen neue Taktiken und Drills. Sie helfen bei der Planung neuer Einsätze, üben für bevorstehende Operationen und machen Lehrgänge in ihren jeweiligen Spezialgebieten mit.

Ein typischer Tag sieht beispielsweise so aus, daß ein Team von Kämpfern im Negev eine kombinierte Verlege- und Tarnübung durchführt, während eine zweite Gruppe irgendwo im Land eine Sicherheitsüberprüfung vornimmt. Wieder im Stützpunkt, testet ein Team vielleicht eine neue Methode zur Befreiung eines entführten Flugzeugs (der Stützpunkt der Sayeret Matkal hat eine eigene Start- und Landebahn), während eine andere Gruppe den von IMI, der israelischen Rüstungsindustrie, entwickelten Prototyp eines neuen Sturmgewehrs oder ein neues Nachtsichtgerät ausprobiert; wieder ein anderes Team studiert in der Zeit Luftaufnahmen von einem Hauptquartier eines Terrorkommandos, das »die Einheit« ausheben soll.

Und schließlich hält sich jeweils eine ständige Einheit von Kämpfern in permanenter Alarmbereitschaft, für den Fall, daß sie zu einer Geiselnahme durch Terroristen gerufen werden. Im Notfall sind sie binnen Minuten an Bord eines Hubschraubers, der sie zu jedem Einsatzort in Israel bringt.

Avraham Arnan gründete die Sayeret Matkal als Sondereinheit, die für Einsätze zuständig ist, bei denen unkonventionelle militärische Lösungen erforderlich sind; darüber hinaus führt sie äußerst schwierige Aufklärungsmissionen auf feindlichem Territorium durch. Arnan baute die Sayeret Matkal während der Dienstzeit von Generalstabschef Yitzhak Rabin auf. Sein Vorbild war David Stirling, der Gründer der britischen SAS, dessen Buch *Wer wagt, gewinnt* er ins Hebräische übersetzte. Alle neuen Rekruten mußten das Buch lesen, das sie am ersten Tag in »der Einheit« zusammen mit ihren Waffen ausgehändigt bekamen.

Als die Formel 1 der Infanterie, wo neue Methoden entwickelt und ausprobiert werden, damit sie schließlich von allen Infanterieeinheiten der Armee angewandt werden können, wird »die Einheit« im Büro des Generalstabschefs durch den Inspekteur der Infanterie und Luftlandetruppen vertreten. Trotz dieser Sonderposition entschieden sich viele Offiziere aus der Sayeret Matkal auf ihrer Karriereleiter für den Nachrichtendienst, von wo aus sie ihre Kollegen in der Sayeret Matkal mit den Informationen versorgten, die sie bei anstehenden Problemen zur Aufstellung von Einsatzplänen benötigten.

Jeder Generalstabschef kannte die Namen aller höheren Offiziere in der Sayeret Matkal, dieser kleinen Elite-Armee innerhalb der IDF. Der Kommandeur »der Einheit«, in der Regel ein Oberst, hält direkten Kontakt zum Stabschef. Arnans Konzept verlieh uns eine Unabhängigkeit, die keine andere Einheit – außer vielleicht bestimmte Kampfgeschwader der Luftwaffe – in den IDF genießt.

Mit einem eigenen Etat ausgestattet, entschieden wir selbst, was wir an Material kaufen mußten – oder gegen Bezahlung entwickeln ließen. Da wir direkten Kontakt zu den höchsten Kommandeuren hatten, die uns mit nachrichtendienstlichen Informationen versorgten, und von anderen Truppengattungen logistisch unterstützt wurden, konnten wir Operationen in die Wege leiten, Aufträge übernehmen, Einsätze durchführen und Missionen vorschlagen.

Doch abgesehen von den zahlreichen Unterschieden, die zwischen ihr und der übrigen Armee bestehen, zeichnet sich die Sayeret Matkal vor allem dadurch aus, daß sie sich nicht auf den Krieg vorbereitet. »Die Einheit« hatte im wesentlichen drei Aufgaben: Begabungen zu vervollkommnen, Operationen zu planen und durchzuführen und neue Grundregeln für den Kampf gegen den internationalen Terrorismus zu entwickeln.

Wie jede Sayeret in den IDF sucht sich »die Einheit« ihren Nachwuchs unter den neuen Rekruten aus, die dreimal im Jahr im Rekrutierungszentrum in Tel Hashomer eingezogen werden. Meine Grundausbildung für die Luftlande-Sayeret hatte fast ein Jahr gedauert. In der Egoz hatte ich selbst einen sechsmonatigen Grundausbildungskurs geleitet. Die Grundausbildung eines Sayeret-Matkal-Kämpfers ist sehr viel länger.

Am Ende der Grundausbildung bekommen die Neulinge im Rahmen einer nichtöffentlichen Feier, an der nur Angehörige »der Einheit« teilnehmen, die Anstecknadel der Sayeret Matkal ausgehändigt. Von da an gilt der Soldat als gefechtsbereit – doch die Ausbildung ist für ihn noch nicht zu Ende. Wenn er Glück hat, gehört er in dieser Zeit zu den Auserwählten, die an einem Einsatz teilnehmen dürfen.

Yonni hatte neue Rekruten ausgebildet, bis er Ehuds Stellvertreter wurde. Jetzt war es meine Aufgabe, aus Menschen, die sowohl über hohe Intelligenz als auch über technisches Können und körperliche Fitneß verfügten – die Voraussetzung für jede Sondereinheit –, gute Kämpfer zu machen.

Doch ich achtete bei meinen Leuten auch auf Integrität und auf angeborene Fähigkeiten, die man nicht erlernen kann. Jeder kann alles lernen, von Auto fahren bis schießen, von schwimmen bis klettern, doch es gibt immer manche, die über mehr Talente als andere verfügen. Es ist die härteste Auslese in den IDF, und über die Hälfte besteht den Kurs nicht.

In der Sayeret Matkal kommt dem Umgang mit Waffen wesentliche Bedeutung zu. Die Kämpfer müssen sich mit dem gesamten Arsenal an Feuerwaffen vertraut machen, über das die IDF verfügen, ob nun von der israelischen Rüstungsindustrie entwickelt, auf dem Weltwaffenmarkt erworben oder vom Feind erbeutet.

Späher müssen vor allen Dingen genau beobachten und Meldung machen. Die Kämpfer der Sayeret Matkal lernen die Bedienung sämtlicher Beobachtungs- und Kommunikationsgeräte der IDF. Nachtsichtgeräte, Kameras, Ferngläser und Funkgeräte aller Arten und Größen – ein Sayeret-Matkal-Kämpfer kann mit allem umgehen.

Karten und Luftaufnahmen wird jeder in der Sayeret Matkal am Ende seiner Ausbildung genauso mühelos entziffern können, wie er eine Zeitung liest, und auch im Anfertigen von Karten muß er Meister sein. Die Soldaten lernen, sich in jedem Gelände zu bewegen und zu verstecken. Im kleinen Israel umfaßt die Topographie das schneebedeckte Hermonmassiv ebenso wie die Wüstenschluchten des Negev. Die Sayeret Matkal ist überall im Lande zu Hause.

Die Soldaten lernen Tarnmethoden und wie sie dabei ihre Luftzufuhr sicherstellen und ihren Abfall entsorgen; sie ernähren sich von hartem, gepreßtem Trockenproviant und müssen die Ruhe bewahren, während der Feind über ihre Köpfe hinwegmarschiert. Selbstbeherrschung und Geistesgegenwart sind genauso entscheidend wie Kampfgeist. Mindestens einmal während der Anfangsausbildung werden sie entführt – manchmal auf offener Straße in Zivilkleidung – und gefangengenommen. Auf diese Weise wird festgestellt, ob sie dem Druck bei Verhören standhalten können, denn sie werden in dem Glauben belassen, daß ihre Peiniger wirklich Araber sind. Die Sayeret Matkal legt stets großen Wert darauf, daß viele, wenn auch nicht die meisten ihrer Soldaten Arabisch sprechen. Ich kann es nicht – bis auf ein paar Brocken, die man als Bauer lernt. Meine besonderen Fähigkeiten liegen woanders.

Einer der vielen Höhepunkte der Ausbildung ist eine Orientierungsübung, die die Soldaten einzeln in vier Tagen in einem Umkreis von 150 Kilometern absolvieren müssen – Israel erstreckt sich in der Länge gerade mal über 400 Kilometer. Sie dürfen weder Kontakt zu Bekannten aufnehmen noch ein Fahrzeug benutzen und müssen innerhalb bestimmter Zeitabstände an Dutzenden Koordinaten eine Markierung hinterlassen. Meine Leute mußten stets damit rechnen, daß ich unverhofft auftauchte und sie vielleicht beim Schummeln erwischte. Ich spürte ihnen genauso nach, wie ich meinen Shaked-Rekruten gefolgt war.

Am letzten Abend des Abschlußdrills finden sich die neuen

Kämpfer nicht weit von der Felsenfestung Masada ein. Nach einer kurzen realistischen Gefechtsübung laufen sie den Berg hoch zu dem Plateau, wo Juden des Zweiten Reiches vor 2000 Jahren lieber kollektiven Selbstmord begingen, als den Römern lebend in die Hände zu fallen. Dort, nur mit den Sternen und ihren Kameraden als Zeugen, wird ihnen die goldene Anstecknadel überreicht, die innen im Hemdaufschlag getragen wird, so geheim wie »die Einheit« selbst. Es ist für alle Beteiligten eine bewegende Zeremonie. Von dem Abend an sind sie Kämpfer der Sayeret Matkal, der besten Eliteaufklärungseinheit des Generalstabs der IDF, eben »der Einheit«.

»Frühling der Jugend«

Ich habe immer Verständnis für die Forderung der Palästinenser nach Selbstbestimmung gehabt. Die Gebiete, die wir 1967 in einem uns aufgezwungenen Krieg eroberten, sollten, so wie ich es verstanden hatte, als Trumpfkarte ausgespielt werden, um auf dem Verhandlungsweg einen echten Frieden zu erreichen. Daher befürwortete ich beispielsweise die Grenzkorrekturen in Jerusalem, doch ich war gegen die Politik der Regierung, Israelis tief in den besetzten Gebieten anzusiedeln.

Ich war der Ansicht, daß der Frieden erst dann zustande kommen würde, wenn wir uns das Land mit den Palästinensern teilten. Das verlangte Zugeständnisse an die Palästinenser. Nicht an den Terrorismus. Terrorismus, aus welchen Motiven auch immer, empörte mich, und solange die PLO das Schlachtfeld dem Verhandlungstisch vorzog, wollte ich mich an dem Kampf beteiligen.

Anfang 1973 beschlossen wir, sie zu Hause anzugreifen, so wie in El Hiam. Nur, diesmal wollten wir die Türschwelle überschreiten – und bis in ihre Schlafzimmer in Beirut eindringen.

Beirut, die wohl am stärksten westlich geprägte Stadt der arabischen Welt, zog mit seinen Kasinos und Strandbädern, seinen von französischen und italienischen Boutiquen gesäumten Boulevards und seinen Banken, deren Tresore mit Goldbarren gefüllt waren, sowohl die reichsten Touristen als auch Araber an, die in der libanesischen Hauptstadt politische Freiheit suchten.

Eben diese Freiheit, das Ergebnis eines empfindlichen politischen Gleichgewichts zwischen maronitischen Christen, Sunniten, schiitischen Muslimen und drusischen Stämmen ermöglichte es der PLO auch, in Teilen der Stadt und weiten Landstrichen, vor allem im Südlibanon, die Macht zu übernehmen. Sie nahmen sich Westbeirut, die Hügel oberhalb des Hafens. Aus den Flüchtlingslagern rekrutierten sie Infanteristen. Doch die Führer lebten gut – zum großen Teil von dem Geld, mit dem arabische Regime die palästinensische Sache unterstützten oder sich vor Gewaltakten der PLO schützten.

Nachdem König Hussein die PLO im September 1970 aus Jordanien vertrieben hatte, wurde Beirut sogar zum Weltzentrum des internationalen Terrorismus. Fabriken, in denen Landminen hergestellt wurden, Waffendepots, Rauschgiftschmuggel und PLO-Ausbildungslager gehörten schließlich ebenso zum Beiruter Stadtbild wie die Bikinimädchen am Strand. Terrorgruppen wie die IRA in Irland, die Roten Brigaden in Italien, die Rote Armee in Japan und der Leuchtende Pfad in Lateinamerika schickten ihre Mitglieder ins PLO-Hauptquartier in Beirut, wo sie in den neuesten Terrormethoden ausgebildet wurden.

Im Herbst 1972 führte eine Einheit der Al-Fatah, einschließlich einiger Terroristen aus Westeuropa, den bis dahin wohl skrupellosesten Akt des internationalen Terrorismus durch. Unter der Bezeichnung »Schwarzer September«, in Erinnerung an die Niederlage der Palästinenser in Jordanien im Jahre 1970, nahmen die Terroristen israelische Athleten, die an den Olympischen Spielen in München teilnahmen, als Geiseln gefangen.

Die Geiselnahme lenkte die Aufmerksamkeit der Welt auf das Ziel der Terroristen – die Ausrottung Israels – und rief augenblicklich »die Einheit« auf den Plan. Soweit wir wußten, war unsere Einheit damals weltweit die einzige, die zu derlei Rettungseinsätzen befähigt war.

Während die Sayeret Matkal eine Antiterroreinheit aufstellte, die nach Deutschland gebracht werden sollte, flog Mossad-Chef Zvi Zamir voraus, um die Vorbereitungen zu treffen. Doch die Deutschen lehnten Zamirs Hilfsangebot mit der Begründung ab, ihre Sicherheitskräfte würden mit dem Problem schon allein fertig.

Und wie sie fertig wurden... Die Sache endete in einer absoluten Katastrophe. Elf israelische Athleten wurden bei dem Blutbad auf dem Flughafen in Fürstenfeldbruck getötet. Nach einem morgendlichen Gedenkgottesdienst gingen die Spiele weiter. (Erst nach dem Massaker gestanden die Deutschen ein, daß sie keine Antiterroreinheit wie die Sayeret Matkal besaßen. Tatsächlich baten sie als Konsequenz aus dem Massaker Israel um Hilfe beim Aufbau der GSG 9, ihrer Antiterroreinheit für Sondereinsätze.)

Das Trauma des Massakers bei den Olympischen Spielen in München grub sich tief in die Seele Israels ein. Viele fühlten sich an die letzten in Deutschland ausgetragenen Olympischen Spiele von 1936 erinnert. Hitler hatte das internationale Sportereignis ausgenutzt, um sich in den Augen der Welt Ansehen und Respekt zu verschaffen. Im Jahre 1972 wollte Bonn mit den Olympischen Spielen demonstrieren, daß Deutschland sich mit seiner blühenden Wirtschaft wieder zu einer stabilen westlichen Demokratie entwickelt hatte. Alle Israelis, die 1972 das entsetzliche Drama in München mitverfolgt hatten, mußten an Deutschland zur Zeit des Holocaust denken. Wieder einmal starben Juden in Deutschland einfach deshalb, weil sie Juden waren.

Für uns war offensichtlich, daß wir auf uns selbst angewiesen waren, wenn wir die für das Verbrechen Verantwortlichen ihrer gerechten Strafe zuführen wollten. Premierministerin Golda Meir beauftragte Militär und Geheimdienst, Jagd auf die Leute zu machen, die das Attentat auf unsere Athleten geplant und ausgeführt hatten. Nach der außergewöhnlichen Anordnung dieses Rachefeldzugs führten Agenten des Mossad den ganzen Sommer hindurch mit Palästinensern in Westeuropa einen heimlichen Krieg mit Spionageaktionen und Mordanschlägen. Und im Februar 1973 kam Ehud von einer Besprechung im Kirya, dem Gelände des Verteidigungsministeriums und der IDF in der Innenstadt von Tel Aviv, zum Stützpunkt zurück und rief die höchsten Offiziere »der Einheit« zusammen. Als wir an dem kunststoffbeschichteten, T-förmigen Tisch in seinem Büro Platz nahmen, machte er einen zufriedenen Eindruck. Er öffnete einen braunen Schnellhefter und holte drei grobkörnige Fotos hervor.

»Mohammed ›Abu Yusuf‹ Najar, Anführer des ›Schwarzen Septembers‹«, begann er und legte das erste Foto wie eine Spielkarte auf den Tisch.

»Kamal Adouan, als Leiter der Einsatzplanung verantwortlich für Terroranschläge der PLO in Israel«, sagte er bei dem zweiten Foto. »Und Kamal Nasser, Arafats Sprecher«, sagte er und klatschte die dritte Karte hin.

Diese drei Männer organisierten seit 1968 fast sämtliche Terroranschläge gegen israelische Ziele. Wir kannten ihre Namen. Doch Ehuds Gesichtsausdruck legte den Schluß nahe, daß die Geheimdienstakte mehr als nur Fotos enthielt. Er zog eine Karte von Beirut heraus.

»Die beiden Kamals«, sagte er, also Adouan und Nasser, »wohnen im zweiten und dritten Stock eines Eckhauses einer Seitenstraße am Ende der Rue Verdun in der Gegend von A-Sir. Hier.« Er zeigte auf ein Gebiet stadteinwärts vom Hafen aus. »Eine ziemlich noble Gegend«, sagte er, und dann spielte er seinen Trumpf aus. »Abu Yusuf wohnt gleich gegenüber.«

Wir begriffen sofort. Wir sahen einander an, denn wir wußten bereits, was jetzt kam. Doch Ehud überraschte uns erneut. »Wir haben den Grundriß ihrer Wohnungen«, sagte er und nahm den nächsten Stoß Unterlagen aus dem Schnellhefter. »Was meint ihr, können wir sie kriegen?«

Die Sayeret Matkal lehnt nie einen Auftrag ab, geschweige denn eine Herausforderung. Wir machten uns noch am selben Abend an die Arbeit und setzten uns zunächst zu einem Brainstorming zusammen, der ersten Phase bei der Planung einer Operation. Ehud ermutigte uns, neue Ideen vorzuschlagen, und verwarf nichts auf der Stelle. Er schuf eine Atmosphäre, in der jeder ohne weiteres Vorschläge für die verrückteste wie auch die sicherste Vorgehensweise bei einer geplanten Operation machen konnte.

Was die Hierarchie betrifft, so unterscheidet sich die Sayeret Matkal deutlich von jeder anderen Einheit in der Armee. In einer Planungssitzung, die in freundlicher, persönlicher und offenherziger Atmosphäre abläuft, spielt der jeweilige Rang des einzelnen keine Rolle; gefragt sind Phantasie und Originalität, da sie als sinnvoller gelten als militärische Traditionen oder Konventionen. Die besten Ideen werden gesammelt und weiterentwickelt. Am Ende setzt sich die allerbeste Idee durch.

Bei zahlreichen Tassen schwarzem Kaffee und Tee schlossen wir bei der Sitzung sogleich den Einsatz von Hubschraubern aus, da sonst das Überraschungselement verlorenging. Außerdem hatte Raful diese Methode im Dezember 1968 angewandt, als er für eine Stunde auf dem internationalen Flughafen von Beirut landete, um als

Vergeltung für den Athener Bombenanschlag auf eine El-Al-Maschine, die gerade starten sollte, 13 arabische Linienmaschinen in die Luft sprengte. Und überhaupt, wir wenden eine Methode immer nur einmal an.

»Touristen« lautete das Stichwort, aus dem wir einen Plan entwikkelten. Wir würden in Schlauchbooten mit Außenbordmotoren an der Küste landen.

Vom Strand mußten wir dann zu den Zielen gelangen, etwa zehn Kilometer entfernt mitten im Stadtgebiet. Vom Mossad bekamen wir die Informationen über die Wohnungen der Terroristenführer. Und Autos. Wie viele Autos, das hing von der Größe des Trupps ab, was die Frage nach der benötigten Feuerkraft aufwarf. Als Touristen verkleidet – und auf die Wagen beschränkt, die uns der Mossad zur Verfügung stellen würde –, mußten wir unser gesamtes Waffenarsenal unter der Kleidung tragen. Die Sprengstoffladungen zum Öffnen der Wohnungstüren der Ziele mußten so kompakt sein, daß wir sie am Körper oder in einer Tasche tragen konnten, die keinen Verdacht erregte.

Auf unsere Bitte hin hatte sich die israelische Rüstungsindustrie bereits daran gemacht, eine Mini-Uzi zu entwickeln. Außerdem brauchten wir Schalldämpfer, falls wir unterwegs gestört wurden – und für die Wachposten, mit denen wir rechnen mußten.

Schließlich beschlossen wir, die Einheit in drei Gruppen aufzuteilen, die einem vorgeschobenen Gefechtsstand unterstellt sein sollten, der uns gegen Störungen von seiten der libanesischen Polizei – und beim Eintreffen von PLO-Verstärkungen – schützen sollte. Dieser Gefechtsstand unter der Leitung von Ehud würde sich auf der Straße direkt vor den Wohnungen befinden und mit der schwimmenden Einsatzzentrale auf unserem Transportschiff in ständigem Kontakt bleiben, während die drei Gruppen die drei Wohnungen gleichzeitig angriffen.

Wir markierten sämtliche bekannten PLO-Hochburgen in der Stadt, damit wir auf dem Weg in und aus der Stadt nicht mit ihnen in Berührung kamen. Wir rechneten damit, daß die PLO und die Libanesen 20 Minuten brauchen würden, um Verstärkung zu schikken, nachdem die ersten Schüsse gefallen waren. Bis dahin mußten wir bereits wieder am Strand sein, wo wir die Boote für die Rückfahrt besteigen würden. Wenn wir die Zahl der an der Aktion beteiligten Kämpfer auf das absolute Minimum beschränkten, konnten wir mit drei Autos auskommen.

Nach dem Massaker bei den Olympischen Spielen in München wollte Golda Meir »Herz und Hirn des Terrorismus ebenso treffen wie seine Hände und Füße«. Moshe Dayan beschloß, unsere Mission mit dem Decknamen »Operation Frühling der Jugend« zum Mittelpunkt einer umfassenderen Operation in derselben Nacht zu machen.

Eine Einheit aus der Luftlandebrigade unter dem Befehl von Amnon Shahak, dem späteren Generalstabschef, bekam den Auftrag, das sechsstöckige Hauptquartier der weltbesten Experten auf dem Gebiet der Flugzeugentführung anzugreifen, George Habashs Volksfront für die Befreiung Palästinas. Zwei andere Einheiten, Fallschirmjäger und die *Shayetet* (die Kommando-Sayeret der Marine), sollten Waffenproduktionsanlagen und Brennstoffdepots der PLO in der Gegend von Tyrus und Sidon angreifen.

Die Einheiten arbeiteten ihre Pläne unabhängig voneinander aus, und mit Ausnahme einer Handvoll höherer Offiziere waren sie nicht über die jeweiligen Operationen der anderen unterrichtet. Aus Sicherheitsgründen erfuhren die ausgewählten Kämpfer sogar erst eine Woche vor der Mission, welche Ziele sie anzugreifen hatten.

Bereits in der ersten Brainstorming-Sitzung bat ich Ehud, mich mit der gefährlichsten der drei Missionen zu beauftragen. Er gab mir ein grobkörniges Paßfoto, und ich trug es fortan in meiner Hemdtasche. Ich wollte mein Opfer zweifelsfrei erkennen, wenn es soweit war.

Da wir unsere Pläne unablässig weiter ausfeilten, kamen wir bald zu der Einsicht, daß wir, wenn wir schon als Touristen gelten wollten, unsere Tarnung noch überzeugender gestalten mußten; ein paar von uns sollten sich als Frauen verkleiden. Dazu wählten wir die kleinsten Kämpfer unter uns aus, die mit dem glattesten Gesicht. Ehud mit seiner gewölbten Brust und dem Babyface gäbe eine täuschend echte Brünette ab, der kleine Amiram Levine und Lonny, ein Soldat, den ich in mein Team geholt hatte, eigneten sich hervorragend als Blondinen.

Während sie sich Perücken und Kleider besorgten – die Brust wollten sie sich mit Granaten ausstopfen –, gingen wir übrigen nacheinander in ein Herrenbekleidungsgeschäft auf der Allenby Road im Zentrum von Tel Aviv. Als innerhalb von zwei Tagen zum fünften Mal ein großer Kerl in den Laden kam und ein übergroßes Jackett verlangte, ahnte der Geschäftsführer, daß irgend etwas im Gange war. Der Sicherheitsdienst schickte einen Offizier, der dem Herrenausstatter dringend nahelegte, Stillschweigen zu bewahren.

Wir wurden laufend mit nachrichtendienstlichen Informationen versorgt und machten uns zunächst an das Studium der Gebäudegrundrisse. Den Meldungen des Nachrichtendienstes zufolge waren vor den Apartmenthäusern ständig zwei oder drei Wachen postiert. Wenn jedoch Arafat zu Besuch kam – und das tat er meistens spät in der Nacht –, wurden die Wachen verdoppelt oder verdreifacht. Auch den Fall kalkulierten wir mit ein, sozusagen als Geschenk des Himmels.

Von der israelischen Rüstungsindustrie bekamen wir schließlich die Mini-Uzis, doch sie waren für den Einsatz noch nicht zu gebrauchen. Wir probierten ein paar leichte, kompakte Maschinenpistolen von ausländischen Herstellern aus, aber für eine solche Mission waren sie nicht sehr zuverlässig, da sie viel zu oft Ladehemmung zeigten. Also entschieden wir uns wieder für unsere altbewährte Uzi, die wir unter unseren Sportjacketts tragen würden.

Statt mit der .22er Beretta, die ich während meiner Ausbildung zum »air marshal« kennengelernt hatte, ließ ich die Übungen mit den Handfeuerwaffen mit schallgedämpften 9-mm-Berettas durchführen. Wir übten, vom fahrenden Wagen aus zu schießen und während der Fahrt den Fahrer zu wechseln, für den Fall, daß irgend etwas schiefging und wir selbst ans Steuer mußten.

Bei der Wahl des Sprengstoffs entschieden wir uns für ein sehr genau wirkendes, leichtes und flexibles Material, das in der Sayeret Matkal entwickelt worden war und mit dem sich Türschlösser mit einer geballten, präzisen Detonation heraussprengen ließen. Doch für den Fall der Fälle trug einer in jedem Team einen Aktenkoffer mit zusätzlichen Waffen und Brennstoff, darunter Sprengstoffstangen von jeweils 250 Gramm.

Vor allen Dingen mußten wir lernen, uns unauffällig in einem Wohngebiet zu bewegen. Wir übten jeden Abend in Tochnit Lamed im Norden von Tel Aviv in einem teilweise noch unbewohnten Neubaugebiet, das von seiner Größe und Architektur her einige Ähnlichkeit mit A-Sir in Beirut aufweist. Vier- bis achtstöckige Apartmenthäuser säumten die ruhige Straße. Zu zweit und zu dritt, die drei »Frauen« jeweils mit einem Mann als Pärchen, gingen wir durch das Viertel. Ehud, der mir gerade bis zur Schulter reichte, schlang einen Arm um meine Taille, und ich legte ihm eine Hand auf die Schulter, ein Liebespaar beim Abendspaziergang.

Generalstabschef David »Dado« Elazar wohnte nur ein paar Straßen entfernt in Neve Avivim, einer weiteren Siedlung mit Apartmenthäusern im Norden von Tel Aviv. Fast jeden Abend kam er vorbei und sah uns zu. Einmal hielt er Ehud und mich an, die wir Arm in Arm gingen.

»Was hast du da drunter?« fragte Dado mit einem schlauen Lächeln und griff nach meinen Jackettknöpfen. Ich ließ mich von ihm durchsuchen. Ich trug vier Granaten an der Hüfte, die Uzi in einem Unterarmhalfter, das ich mit Draht so befestigt hatte, daß es wie angegossen saß, eine Beretta in einem zweiten Halfter unter dem anderen Arm und acht Magazine mit je 30 Schuß Munition in Patronentaschen, die ich in das Innenfutter des Sportjacketts eingenäht hatte. Dado mußte grinsen, als er mein verborgenes Arsenal sah.

Hätte er Ehud gefragt, hätte der Sayeret-Matkal-Kommandeur ihm eine ähnliche Waffensammlung zeigen können, die er an einem unter dem Rock festgenähten Tragegurt trug, sowie einen explosiven Busen unter der falschen Chanel-Bluse.

Wir übten, aus dem Wagen zu springen, dann allein oder zu zweit und zu dritt etwa 30 Meter die Straße hochzugehen, wo sich die Teams trennen würden, um sich ihren jeweiligen Zielen zu nähern. Zwei »Frauen« – Ehud und Amiram – blieben zusammen mit einem dritten Kämpfer namens Dov Ber, der uns von der Marine-Sayeret zugeteilt worden war, auf der Straße zurück und hielten Verbindung zu der *Shayetet*-Einheit, die am Strand auf uns wartete.

Immer und immer wieder gingen wir durch die Siedlung und liefen in die beiden fast fertigen Wohnblocks, die sich am Ende der kurzen Straße gegenüberstanden, nachdem wir uns in vier separate Trupps geteilt hatten – die drei für die Wohnungen und Ehuds Trupp auf der Straße. Immer und immer wieder rannte ich mit meinen Teamkameraden Lonny und Zvika Livneh die Treppe hoch, wobei wir die Stockwerke mitzählten, damit wir nicht im falschen landeten, und jedesmal ein paar Sekunden einsparten, bis es perfekt lief.

Unsere Ausbildung in dem bereits bewohnten Teil der Siedlung stellte ein Sicherheitsproblem der besonderen Art dar. Eines Abends rief ein Nachbar aus dem nächsten bewohnten Haus etwa 75 Meter entfernt die Polizei.

Die Polizisten, die daraufhin kamen, verpflichtete der anwesende Generalstabschef persönlich zu Verschwiegenheit und sagte, sie sollten vergessen, was sie gesehen hätten.

An einem Abend – wir hatten gerade wieder eine unserer langen Übungen in Tochnit Lamed abgeschlossen – kam ein Soldat aus einer anderen an der Mission beteiligten Einheit mit einer Frage zu mir. »Muki«, begann er zögernd. »Wir haben keine Unterstützung bei der Mission, nicht wahr? Ich meine, falls irgendwas schiefgeht...«

»Stimmt«, erwiderte ich direkt. Dieses noch ungelöste Problem machte uns allen Sorgen, doch niemand traute sich, es anzusprechen. Die IDF glauben nicht an Selbstmordmissionen.

Ich beschloß, die Sondereinheit zu einer Besprechung einzuberufen, und überlegte mir vorher genau, was ich sagen wollte. »Wir werden eine außergewöhnliche Operation durchführen«, begann ich. »Es geht um zivile Ziele in einer Großstadt. Die Ziele werden bewacht sein. Die Wachen sind vielleicht sogar selbst bewaffnet. In unmittelbarer Umgebung wohnen Zivilisten, die auf keinen Fall zu Schaden kommen dürfen.

Wir verfügen über jede Menge nachrichtendienstliche Informationen. Und was wir mit absoluter Sicherheit wissen, ist, daß diese Leute Blut an den Händen haben.« Ich hielt inne, um meine Worte wirken zu lassen. »Wir gehen ein relativ hohes Risiko ein. Doch wir sind überzeugt«, sagte ich in dem Wissen, für alle an der Einsatzplanung beteiligten Offiziere zu sprechen, »daß das Risiko kalkulierbar und tragbar ist.

Wenn wir die Sache richtig durchziehen, kommen wir ohne Schaden davon. Doch es kann immer etwas Unvorhergesehenes passieren. Zweifellos. Falls etwas passiert, müssen wir Ruhe bewahren, mutig sein und darauf vertrauen, daß wir das Problem lösen können.«

Ich blickte in die Runde. Sie waren nur zwei, drei Jahre jünger als ich, und ich hatte Vertrauen zu ihnen, und das sagte ich ihnen. »Weil ich dieses Vertrauen habe, bin ich überzeugt, daß wir Erfolg haben werden.«

Niemand stellte eine Frage. Aber ich wollte noch einen wichtigen Punkt klarstellen. »Es ist das erste Mal, daß unsere Einheit einen individuellen Feind bekämpft, dessen Namen wir kennen, und nicht anonyme feindliche Soldaten. Doch nach Überzeugung der Regierung des Staates Israel sind diese drei Männer Kriegsverbrecher. Wir nehmen bewußt Rache für das, was in München passiert ist. Wir möchten, daß dieser Feind unseren Zorn erfährt und ihn fürchtet.«

Yonni wollte von Anfang an dabeisein. Doch als Ehuds Stellvertreter mußte er dessen Führungsrolle bei »der Einheit« übernehmen, während Ehud sich ausschließlich um die Vorbereitungen der Mission kümmerte. Bei allen Operationen dieser Art sind sämtliche Aufgaben geteilt. Abgesehen von denen, die direkt mit der Mission zu tun hatten, war Yonni der einzige in der Sayeret Matkal, der von der Operation wußte. Zweiundsiebzig Stunden vor der Mission platzte er in mein Büro. »Hör mal, Muki, ich habe gerade mit Ehud gesprochen, und er hat gesagt, daß ich in deinem Team mitmachen kann, wenn du einverstanden bist.«

Er sah mich mit fast flehendem Blick erwartungsvoll an und fuhr fort, bevor ich etwas erwidern konnte. »Ich habe mich drei Wochen lang nicht eingemischt«, sagte er. »Ich habe mich um ›die Einheit‹ gekümmert. Aber ich möchte die Operation nicht verpassen. Ich habe Ehud gesagt, daß ich bereit bin, als regulärer Soldat mitzumachen. Ehud hat sein Okay gegeben, und da habe ich ihn gefragt, wer das schwierigste und gefährlichste Ziel hat.

Ehud sagt, die Entscheidung liegt bei dir«, fuhr er fort. »Wenn du einverstanden bist, dann bin ich dabei.«

Er war in die Pläne nicht eingeweiht, sondern wußte nur das, was er in der ersten Sitzung erfahren hatte, als Ehud die Meldungen vom Nachrichtendienst bekanntgab. Als großartiger Kämpfer, bis in die Haarspitzen motiviert und ungeheuer tapfer, war Yonni, solange ich niemanden aus meinem Trupp herausnehmen mußte, um für ihn Platz zu machen, ein »Trittbrettfahrer«, den ich jederzeit bedenkenlos in mein Team aufnehmen würde.

»Wir haben folgendes geplant...«, begann ich.

Er gluckste vergnügt und nahm sich einen Stuhl. Vorgebeugt wie ein Kind, das in ein neues Spiel versunken ist, lauschte er zwei Stunden lang, während ich ihm die Operation in allen Einzelheiten erläuterte bis zu den letzten Schritten von der Wohnungstür zum Schlafzimmer, wo wir unser Ziel schlummernd vorzufinden hofften. So wurde Yonni der vierte Mann in unserem Team und nahm an unserer letzten Übung in Tochnit Lamed teil.

Die IDF führten immer schon umfangreiche Planspiele mit Feinddarstellung durch. Doch bei Sondereinsätzen, wo wir ausschließlich offensiv vorgehen und alles bis ins letzte Detail planen, besteht eine der letzten und wichtigsten Stufen der Übungen darin, den Plan Schritt für Schritt auseinanderzunehmen, wobei wir uns unerwartete Ereignisse einfallen lassen, um unsere Reaktionen für derlei Fälle zu testen.

Diese Übung heißt »Störungen und Reaktionen« und ist die einzige Möglichkeit, Pannen einzuplanen. Es war schließlich denkbar, daß wir per Zufall entdeckt wurden oder in einen Hinterhalt gerieten, weil es eine undichte Stelle im Sicherheitsnetz gab.

Bei jeder einzelnen Phase eines Plans für eine so komplexe Operation wie »Frühling der Jugend« müssen zwischen zehn und zwölf Möglichkeiten berücksichtigt werden, die zu einer Panne, einem Fehler oder zu unerwarteten Störungen führen können. Sämtliche Eventualitäten werden im Brainstorming-Verfahren ermittelt und aufgelistet, und es werden theoretisch denkbare Reaktionen geplant. Etwa ein halbes Dutzend der gefährlichsten Fälle werden unter realistischen Zeitbedingungen mit Feinddarstellung getestet und geübt und immer wieder durchgespielt.

Wir wußten nicht, wann oder wo wir mit einem Angriff rechnen mußten – auf dem Weg zum Ziel, auf dem Rückweg nach unten im

Treppenhaus, auf der Straße vor dem Haus, im Wagen, am Strand. Doch wir bereiteten uns auf jede Eventualität vor.

Wie immer sahen Dado und Mano uns auch bei der Übung am letzten Abend zu. Bei einem Drill waren sie als Beobachter in der Wohnung. Als wir den Rückzug antraten, rief Dado plötzlich: »Feindkontakt von hinten. Einer von euch ist verwundet!« Eine klassische Variante bei der »Störung-und-Reaktions«-Übung. Er zeigte auf Zvika Livneh. Wir nahmen ihn und liefen mit ihm die sechs Treppen hinunter. Ein paar Minuten später kam Dado aus dem Haus und bezeichnete unseren Rückzug als schwach. Mano befahl uns, das Ganze zu wiederholen.

»Was sollen wir dagegen machen?« sagte ich zu Yonni im Flüsterton. Er wußte genau, was ich meinte. Es kommt immer mal wieder vor, daß sich einer der höheren Offiziere einem noch höheren gegenüber beweisen muß. Die Übung war ausgezeichnet gelaufen, und das wußten wir.

»Noch eine Bemerkung von ihm«, zischte mir Yonni leise zu, »und er kriegt 'ne Ladung Tränengas ab.«

»Hast du welches dabei?« fragte ich.

Er lächelte und klopfte auf seine Tasche, als Dado und Mano in dem Gebäude verschwanden.

Lonny, Zvika und Yonni hinter mir, rannten wir zum zehnten Mal an dem Abend die Treppen hoch. Wir warteten draußen vor der Wohnungstür auf Ehuds Signal – fünfmal klickte es in dem Motorola-Sender, den ich innen in meiner Jacke befestigt hatte –, dann dauerte es weitere fünf Sekunden, bis der Türgriff explodierte.

Ich stürmte in die Diele der Wohnung. Mano stand in der Ecke. Ich lief an ihm vorbei, die anderen aus dem Team hinterdrein. »Feindkontakt!« rief Mano, als Yonni vorbeilief.

Yonni wirbelte herum, zog die chemische Keule heraus und drückte ab. Ein Sprühnebel wehte Mano in die Augen. Er wollte eine Reaktion. Jetzt hatte er eine. Er rieb sich die Augen, wodurch das Tränengas nur noch schlimmer brennt, und taumelte orientierungslos gegen einen Stapel Fertigfenster, der in einer Ecke des Wohnzimmers lag; das Glas ging zu Bruch. (Nach der Operation ersetzte die Armee den Schaden, der nach Meinung des Bauherrn durch Vandalismus entstanden war. Doch als er erfuhr, wozu wir das Gebäude benutzt hatten, spendete er das Geld dem Soldatenverband, dem israelischen Pendant zur United Service Organisation.)

Dado, der mit unseren Reaktionen zufrieden war, stellte unsere Leistung nicht mehr in Frage – und verlor auch über Yonnis Reaktion kein Wort. Ebenso Mano. Immerhin hatte »die Einheit« einmal ein halbes Dutzend ahnungslose höhere Offiziere des Generalstabs entführt, nachdem sie uns aufgefordert hatten, eine Fähigkeit unter Beweis zu stellen, die wir ihnen versprochen hatten.

Da Sondereinheiten stets von einem bestimmten Nimbus – sowohl positiv als auch negativ – umgeben sind, dürfen sie sich, was die Einhaltung der Hierarchie in der großen Armee betrifft, gewisse Freiheiten herausnehmen, und in den IDF war die Sayeret Matkal die Sondereinheit schlechthin.

Am nächsten Tag fuhren wir nach Haifa, um die Übungen zu Wasser durchzuführen und in einer umfassenden Generalprobe sämtliche Phasen der Mission durchzuspielen. Bis auf das Eindringen in eine Wohnung deckten wir alle Abläufe ab; wir stiegen von Raketenschnellbooten auf Schlauchboote um und führten eine Strandlandung an der Küste von Haifa durch, wo Mossad-Wagen und Fahrer auf uns warteten, die uns den Carmel hoch zu einem Viertel brachten, das dem Ziel in Beirut ähnlich war.

Wir hatten den Eindruck, daß der gefährlichste Teil der Mission darin bestand, zu lernen, wie wir bei heftigem winterlichen Seegang vom Deck des Raketenschnellbootes in die Schlauchboote und wieder zurück kamen. Zwei Mann von der *Shayetet*, der Marine-Sayeret, hielten mich fest, als ich in dem schaukelnden Boot stehend nach einem Seil griff, mit dem ich mich an Bord des Raketenschnellbootes ziehen wollte. Einen Moment lang dachte ich, das schwankende Schiff würde uns alle zermalmen. Doch da war das Seil in Reichweite. Ich packte es, und die Kameraden von der Marine hievten mich an Deck.

Auf dem Weg nach Haifa mit dem Landungsboot sagte einer der Matrosen zu mir, das Meer sei während der Übungen immer besonders schlimm. »Doch wenn die Sache losgeht«, versprach er, »sorgt Gott dafür, daß es ruhig und friedlich ist.« Ich hoffte, daß Gott wußte, was der Matrose wußte.

Dado und Eli Ze'ira, Kommandeur des militärischen Abwehrdienstes, besuchten uns am Montag, dem 9. April, am Pier in Haifa. Nachdem sie uns zunächst mit den üblichen Sprüchen ermutigt und motiviert hatten, sagte Dado plötzlich: »Wir müssen die Schweinehunde töten.«

Ich hob die Hand. »Hast du töten gesagt?« Bis dahin hatten wir geplant, die Männer zu entführen, nach Israel zu bringen und vor Gericht zu stellen. In unseren Augen waren Gefangene, die wir bei Gefechten mit der PLO machten, keine Kriegsgefangenen, sondern Verbrecher und Mörder. Wir rechneten zwar nicht damit, daß unsere Ziele sich einfach mit erhobenen Händen ergeben würden, aber falls doch, wollten wir sie gefangennehmen und an Händen und Füßen gefesselt nach Israel schaffen.

Dado sah Ze'ira an und wandte sich dann wieder uns zu. »Ja, tötet sie«, sagte der Generalstabschef.

★★★

Es ist Tradition in der Sayeret Matkal, daß die Köche vor einem Kommandounternehmen etwas Besonderes zubereiten – doch die Aussicht auf eine siebenstündige Bootsfahrt bei heftigem Seegang, wie wir es am Vortag erlebt hatten, verschlug uns den Appetit. Vorsichtshalber schluckten wir Tabletten gegen Seekrankheit, bevor wir den Stützpunkt verließen, um uns auf den Weg nach Haifa zu machen. Doch wie der Matrose gesagt hatte, sorgte Gott an jenem Abend für eine ruhige See. Auf dem flachen, glatten Wasser verlief die Fahrt recht angenehm.

Die Raketenschnellboote hielten sich weit vor der Küste, mit abgeblendeten Positionslampen. Beirut funkelte in der Nacht wie der Schmuck in den Auslagen seiner Modegeschäfte. Die Schnellboote wurden langsamer, bis sie auf der Stelle trieben, und die Landungsboote wurden zu Wasser gelassen. Wir zogen uns Plastikhüllen über, damit unsere zivile Verkleidung während der Fahrt nicht naß wurde, und kletterten in die Boote.

Die Marinesoldaten fuhren die meiste Zeit mit Außenbordmotoren. Doch als wir nur noch einige hundert Meter von der Küste entfernt waren, stellten sie die Motoren ab und ruderten das restliche Stück. Normalerweise hätten wir ihnen beim Rudern und Manövrieren der Boote geholfen, doch wir saßen nur da, in andächtiger Stille unter unseren Plastikhüllen, und sahen zu, wie Beirut näher kam, fast wie Touristen auf einem Kreuzfahrtdampfer, der in den Hafen einläuft. Als wir die Brandung erreichten, lenkten die Froschmänner die Boote wie Surfbretter, und auf den letzten paar Metern ließen sie sich ins Wasser gleiten und schoben und zogen uns an den Strand. Wir bekamen nicht einmal nasse Füße.

Drei Autos mit Mossad-Fahrern warteten auf uns, wie geplant. Lonny, Zvika Livneh, Yonni Netanyahu, Ehud und ich stiegen in den ersten Wagen. Ehud rutschte neben den Fahrer, und ich setzte mich außen auf den Vordersitz ans Fenster. »Los!« sagte Ehud unter seiner schwarzen Perücke.

Aber als der Fahrer den Wagen langsam anrollen ließ, sagte er mit leiser, deutlich angespannter Stimme: »Ich war gerade noch mal da, um nachzusehen. Drei Gendarmen, mit Maschinenpistolen bewaffnet, patrouillieren auf der Straße vor den Apartmenthäusern.« Wir wußten, daß sich etwa 200 Meter von den Zielen entfernt, an der Kreuzung in A-Sir, eine libanesische Polizeiwache befand.

Ehud biß sich auf die Unterlippe, wohl weil er an die Entführung der syrischen Offiziere denken mußte und daran, daß Dado den Einsatz wegen des Schützenpanzers, mit dem niemand gerechnet hatte, abgebrochen hatte. Ich konnte an seinem Gesicht ablesen, daß er sich fragte, ob er über Funk der Einsatzzentrale auf dem Mutterschiff Meldung machen und damit riskieren sollte, daß die ganze Operation abgeblasen wurde.

»Weiter«, sagte Ehud, nachdem er sich entschieden hatte. Wir hatten für einen solchen Eventualfall geübt. Der Fahrer ließ den Wagen an und fuhr langsam von dem dunklen Strand auf die Küstenstraße, die nach Beirut führt. Unterwegs testeten alle drei Einheiten die Frequenzen, die wir für die Operation ausgewählt hatten.

Die drei Wagen reihten sich in den fließenden Verkehr ein und blieben in Sichtkontakt, doch sie hielten einen gewissen Abstand ein,

Am ersten Tag der Grundausbildung im Jahr 1964. In den IDF ist es üblich, an diesem Tag ein Gruppenfoto mit den Rekruten aufzunehmen. Muki Betser ist liegend der zweite von rechts.
Im Jahr 1965 schreitet der damalige Generalstabschef Yitzhak Rabin die Front der Absolventen eines Offizierslehrgangs ab. Der größte in der Gruppe ist Muki Betser.

Ministerpräsidentin Golda Meir und Verteidigungsminister Moshe Dayan bei einem Gespräch im Jahr 1969. Beide zählten zu den Politikern, die Betser und »der Einheit« unmittelbar Befehle erteilten. (dpa/AFP)
Muki Betser beim Jonglieren in einer Gefechtspause auf ägyptischem Boden während des Yom-Kippur-Krieges.
Moshe Dayan und Generalmajor Ariel »Arik« Sharon bei einer Lagebesprechung während des Yom-Kippur-Krieges im Oktober 1973. (dpa)

Israel in den siebziger und achtziger Jahren.

Halbkettenfahrzeuge transportieren Muki Betsers Einheit zu einem Kampfeinsatz auf den Golanhöhen während des Yom-Kippur-Krieges.

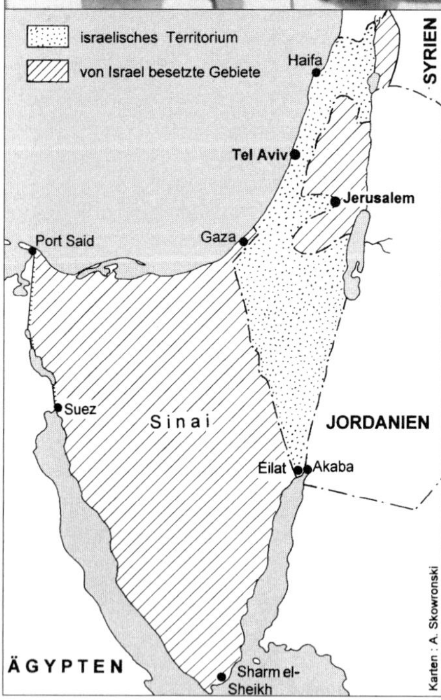

Geopolitische Situation nach dem Sechstagekrieg (1967).

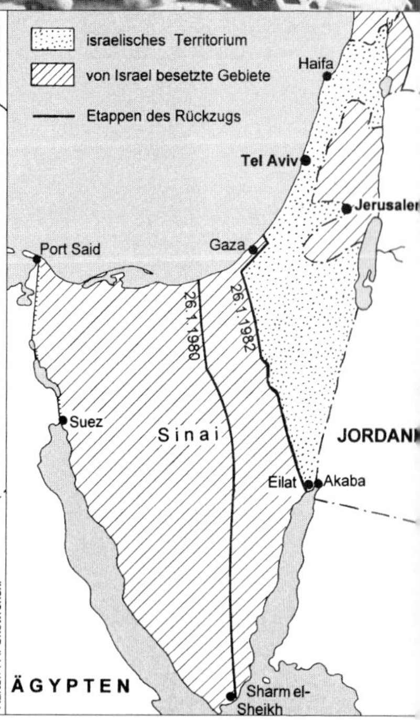

Geopolitische Situation nach dem Yom-Kippur-Krieg (1973) bis in die achtziger Jahre.

Muki Betser an der Spitze seiner Einheit (oben rechts) im Yom-Kippur-Krieg.

Ehud Barak führte im Frühjahr 1973 an der Spitze der Sayeret Matkal gemeinsam mit Muki Betser in Beirut die Exekution der Verantwortlichen für den Anschlag in München 1972 durch. Der spätere Generalstabschef und heutige israelische Außenminister befehligte in verschiedenen Funktionen mehr als 15 Jahre Betser und seine geheimen Soldaten. (dpa)

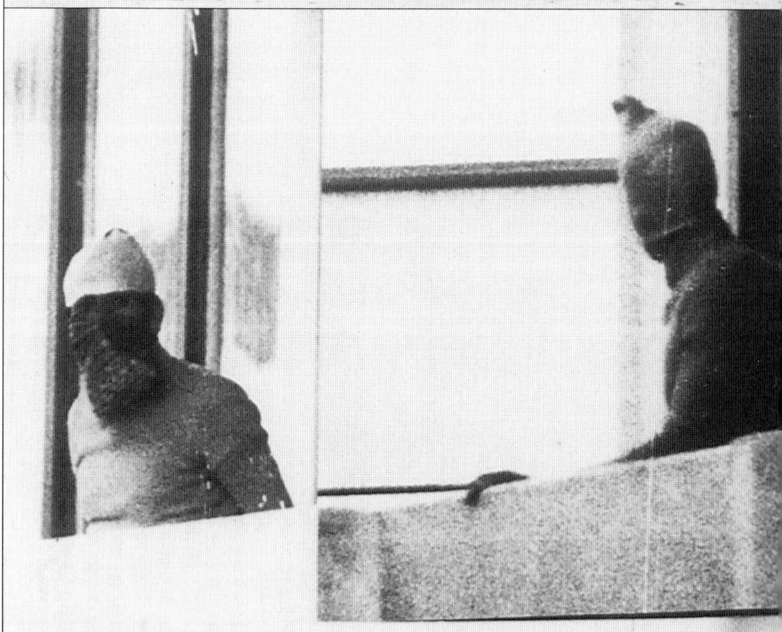

Der Anschlag des »Schwarzen September« bei den Olympischen Spielen 1972 in München. Oben: ein ausgebrannter Hubschrauber nach der mißglückten Befreiungsaktion auf dem Flughafen von Fürstenfeldbruck am 5. 9. 1972. Elf Geiseln kamen dabei ums Leben. (dpa)
Zwei Terroristen auf einem Balkon des iraelischen Quartiers im Olympischen Dorf. (dpa)

Innenminister Hans-Dietrich Genscher bei Verhandlungen mit den Geiselnehmern. (dpa)

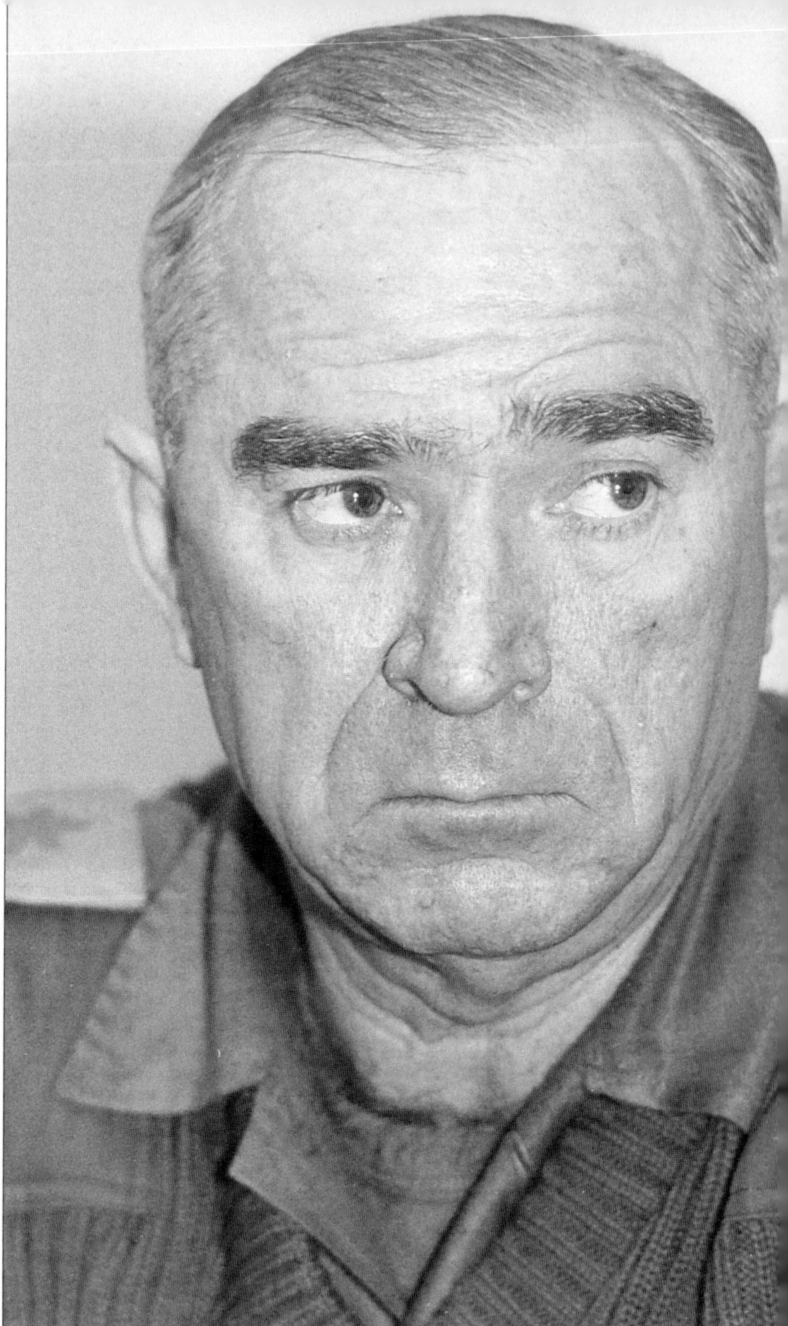

Rafael »Raful« Eitan, der erste Brigadekommandeur Betsers, später Generalstabschef, heute ein einflußreicher Politiker, war ein Befehlshaber, mit dem Muki Betser an vielen entscheidenden Stationen seiner militärischen Laufbahn eng zusammengearbeitet hat. (dpa)

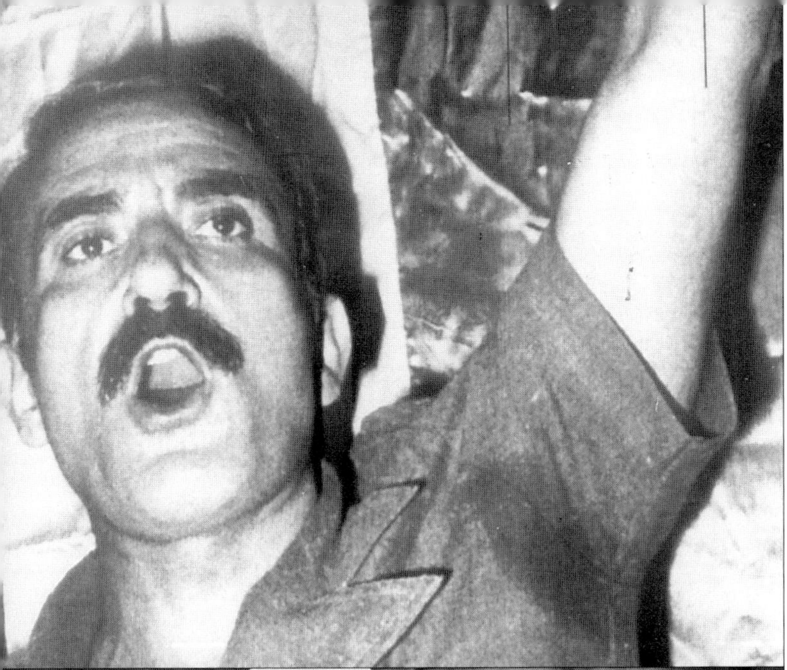

George Habbash war einer der radikalsten Palästinenser und als Führer der »Volksfront zur Befreiung Palästinas« eine der wichtigsten Zielpersonen der »Einheit«. (dpa)
Im August 1974 beobachten der damalige Premierminister Rabin und Shimon Peres, damals Verteidigungsminister, ein Manöver im Sinai. (dpa)

Entebbe, Juli 1976. In einem der gewagtesten und erfolgreichsten Kommandounternehmen der jüngeren Geschichte wurden 104 von deutschen und arabischen Terroristen auf dem Flughafen von Entebbe festgehaltenen Geiseln befreit. Auf dem Rückflug steht Muki Betser bei einer Zwischenlandung in Sharm el-Sheikh neben dem inzwischen legendären schwarzen Mercedes in der geöffneten Heckklappe einer Hercules-Transportmaschine.

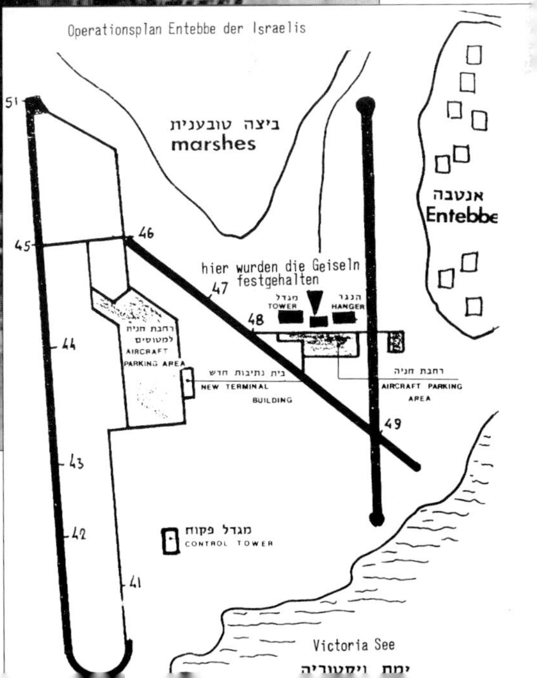

Rechts: eine von den IDF der Presse zur Verfügung gestellte Planungsskizze. (dpa)

Auf einem Gruppenfoto vom Jahrestreffen 1972 der Sayeret Matkal sind neben Betser (ganz rechts) einige seiner wichtigsten Kameraden und Vorgesetzten zu sehen: links neben ihm, liegend: Ehud Barak, damals Kommandeur der »Einheit«; zweite Reihe, von links nach rechts: General Shlomo Gazit (mit Brille), Kommandeur des militärischen Nachrichtendienstes; Oberst Menachem Digli, Kommandeur

der Gefechtsfeldaufklärung und der Spezialeinheiten; General Aharon Yariv (mit Brille), ehemaliger Kommandeur des militärischen Nachrichtendienstes; General Haim Bar-Lev, ehemaliger Generalstabschef; General David Ben-Elazar, Generalstabschef; General Avraham Aran, Gründer der Sayeret Matkal.

Anfang der achtziger Jahre bei einem Empfang im Hauptquartier der deutschen Antiterror-Einheit GSG 9, links am Bildrand Ulrich Wegener, der damalige Kommandeur der GSG 9.

um nicht als Konvoi erkannt zu werden. An der ersten Ampel mußten wir anhalten. Ich warf einen Blick auf den Wagen neben mir. Eine elegante Frau im Fond, mit Chauffeur, sah zu mir herüber. Irgend etwas in ihrem Gesicht gefiel mir, und ich lächelte ihr unwillkürlich zu. Sie wandte den Kopf ab. Wenn die wüßte, was wir vorhaben, dachte ich.

Bei einer solchen Operation setzt irgendwann die Paranoia ein; du bist plötzlich davon überzeugt, daß alle Leute um dich herum genau spüren, daß jemand Fremdes in ihrer Mitte ist. Während meiner Zeit als »sky marshal« auf El-Al-Flügen Anfang der siebziger Jahre hatte ich das Gefühl oft gehabt. Doch der Blickkontakt mit der Frau befreite mich von der Paranoia, die ganze Stadt wüßte von unserer Ankunft. Die Stille im Wagen wurde allmählich angenehm, während wir uns entspannt in den Sitzen des Buick Skylarks zurücklehnten, den der Mossad-Agent in Beirut gemietet hatte.

An der zweiten roten Ampel jedoch durchbrach der Fahrer plötzlich die Stille. »In der Gegend ist Polizei«, wiederholte er, offenbar beunruhigt. Als gut ausgebildeter Agent wußte der Fahrer auf Anhieb, wenn etwas gefährlich war.

Ich dachte an die syrischen Offiziere und blickte Ehud an. Wenn er Mano Shaked, der sich an Bord des Raketenschnellbootes in der Dunkelheit vor der Küste befand, über Funk informierte, würde Mano Verbindung mit Dado aufnehmen. Dado würde die Sache mit dem Mossad-Chef erörtern, und beide würden mit dem Verteidigungsminister sprechen, der wiederum die Premierministerin anrufen würde. Bis dahin wäre die Mission im Eimer.

Alle Insassen des Wagens warteten auf Ehuds Antwort. Nachdem alles so minuziös geplant war, hatten wir Sorge, daß die Einsatzzentrale durch die geringste Information, die von dem Plan abwich, in Panik geraten könnte. Angespannt wartete ich auf Ehuds Antwort. Die Ampel sprang auf Grün. »Ich habe gehört, was Sie gesagt haben«, sagte Ehud schließlich zu dem Fahrer. »Weiter.« Der Wagen fuhr mit einem Ruck an, und ich entspannte mich in den weichen Polstern der amerikanischen Limousine und beobachtete das geschäftige Treiben von Beirut wie ein Tourist auf dem Weg nach A-Sir. Ich wußte genau, was Ehud vorhatte, und ich war froh darüber. Wir würden uns vor Ort selbst eine Meinung bilden und dann entscheiden.

Die Fahrt in die Hügel dauerte nur kurz, und dann fuhren wir langsam in die Zielgegend hinein. Wir parkten in einer Seitenstraße der Rue Verdun. Wie bei der Übung gingen Ehud und ich zuerst.

Autos fuhren vorbei. Ein paar Leute, die noch am späten Abend einen Spaziergang machten, nichts Ungewöhnliches in einer Mittelmeerstadt. Ich legte den Arm um Ehuds Schulter, wie ein Liebespaar. »Es erinnert mich an Rom«, flüsterte ich ihm ins Ohr, während wir über den Bürgersteig schlenderten.

Zunächst sahen wir keinen von den Polizisten, die der Mossad-Fahrer erwähnt hatte. Doch plötzlich traten zwei Gendarmen aus dem Schatten vor uns und blieben auf dem Bürgersteig stehen, um sich eine Zigarette anzuzünden. Ihre Koppelschlösser aus Messing schimmerten im Schein einer Straßenlaterne. An ihren Schulterriemen hing eine Maschinenpistole. Sie blockierten den Gehweg. Ich spürte, wie Ehud sich verkrampfte.

»Wir sind Touristen«, erinnerte ich ihn, »Zivilisten. Sie müßten uns den Weg freimachen.«

Und so setzten Ehud und ich unseren Spaziergang fort und schlenderten direkt auf sie zu. Doch sie nahmen keine Notiz von uns. Wir drückten uns etwas enger aneinander und gingen jetzt am Rand des Bürgersteigs. Noch immer rührten die Polizisten sich nicht von der Stelle. Als wir an ihnen vorbeigingen, streifte meine Schulter die des einen Gendarmen. Er drehte nicht einmal den Kopf, um mich anzusehen.

Vor uns schien die Luft rein. Ich kannte die kleine Straße in- und auswendig. Die Glastüren zur Eingangshalle meines Zielgebäudes glänzten mir entgegen.

Wir wußten, daß die Wachen manchmal ein Nickerchen machten. Aber als wir uns dem Gebäude näherten, war kein einziger Wachposten zu sehen.

»Das ist es«, sagte ich zu Ehud. Ich nahm den Arm von seiner Schulter und ging auf die Glastür zu, während Ehud stehenblieb.

Durch die beleuchtete Eingangshalle hinter der Tür sah ich die Treppe. Zvika, Lonny und Yonni folgten mir. Ehud, Amiram und

Dov Ber, der Verbindungsoffizier von den *Shayetet*-Marinekommandos, der der Mission zugeteilt worden war, blieben auf der Straße.

Im Gebäude holte ich die Beretta und die Uzi hervor. Wir bewegten uns schnell, in Etappen, machten auf jedem Treppenabsatz halt, bevor wir halb laufend, halb gehend, immer zwei oder drei Stufen auf einmal, zum nächsten Absatz weitereilten. Die sechs Etagen hoch zählten wir jeden Treppenabsatz und bemühten uns, leise Schritte zu machen und leise zu atmen.

Vor der Wohnungstür angekommen, kniete Zvika sich hin, um die Sprengladung am Türgriff anzubringen. Ich stand hinter ihm und deckte seinen Rücken. Lonny und Yonni flankierten die Tür.

Ich blickte zu Lonny hinüber, der Zvika bei der Vorbereitung des Plastiksprengstoffs zusah. Mit seiner blonden Perücke sah Lonny wirklich wie eine junge Frau aus. Er warf mir einen Blick zu. Ich lächelte. Er versuchte zurückzugrinsen, doch durch die Anspannung wirkte sein Mienenspiel gezwungen und verkrampft. Ich fühlte mich ruhig. Ich zwinkerte ihm zu und nickte dann Zvika zu, sich bereitzumachen. Ich ließ es im Funkgerät dreimal klicken, damit Ehud wußte, daß wir bereit waren.

Die Stille zog sich dahin, während wir auf Ehuds Signal – fünfmaliges Klicken – warteten, das uns sagte, daß die drei Einheiten ihm ihre Bereitschaft signalisiert hatten. Endlich kam das Klicken. Ich zählte mit den Fingern mit: eins, zwei, drei, vier, fünf. Beim fünften Klicken ballte ich die offene Hand zur Faust und zeigte auf Zvika. Er aktivierte den Zünder und stand auf. Ich lehnte mich gegen die Wand, Lonny zu meiner Rechten. Zvika stellte sich auf die andere Seite der Tür, Yonni links neben ihm.

Alle drei Einheiten stellten ihre Zünder auf die gleiche Zeit ein. Die Explosionen waren für Ehud das Zeichen, dem Mutterschiff zu melden, daß die Operation begonnen hatte und daß die übrigen IDF-Einheiten, die in jener Nacht in Beirut waren, in Aktion treten sollten.

Die Sekunden verstrichen langsam, während wir auf die Zündung warteten. Doch kurz vor der Explosion fielen unten auf der Straße Schüsse. Die letzten zwei Sekunden vor der Zündung kamen mir endlos vor, während ich auf die Schießerei auf der Straße lauschte.

Schließlich sprengte die Explosion die Tür auf. Durch den Rauch stürmte ich zusammen mit Zvika in die Wohnung. Instinktiv bogen wir nach links in den Hauptflur und liefen den Flur hinab, der mir von den Übungen her so bekannt war.

In vier Schritten erreichte ich das Büro. Ein halbes Dutzend leere Stühle standen vor dem Schreibtisch. Die Aktenschränke dahinter erinnerten mich daran, daß der militärische Abwehrdienst jedes Blatt Papier haben wollte, das wir in die Finger bekamen. Rechts von mir befand sich, laut Grundriß der Wohnung, den ich mir eingeprägt hatte, die Schlafzimmertür. Gerade als ich mich ihr zuwandte, wurde sie aufgerissen.

Das Gesicht, das mir von dem Foto in meiner Brusttasche so vertraut war, blickte mich an, als ich meine Waffe hob. Der Mann knallte die Tür zu. Salven aus meiner und Zvikas Uzi durchlöcherten die Schlafzimmertür. Ich rannte nach vorn und trat durch die Reste der Tür. Der Mann, der für das Massaker in München verantwortlich war, lag tot am Boden.

Ich wandte den Blick ab, als auf der Straße erneut Schüsse fielen. Die Stapel von Papieren auf dem Schreibtisch und die Aktenschränke dahinter ließen mich einen Augenblick verharren. Doch die Schießerei vor dem Haus ging weiter, und ganz gleich, was der militärische Abwehrdienst wollte, das Feuergefecht veränderte die Situation völlig. »Keine Zeit für Dokumente!« befahl ich, während ich bereits über den Wohnungsflur lief. »Die da unten brauchen unsere Hilfe.«

Yonni und Lonny bewachten den Eingang der Wohnung im Treppenhaus. Sie folgten mir, als ich zur Treppe rannte. Wir sprangen fast von Treppenabsatz zu Treppenabsatz auf dem Weg zur Straße, wo das Feuergefecht lauter wurde.

Ich lief zur Haustür hinaus und tauchte in den Schatten eines Baumes, von wo aus ich die Straßenkreuzung in Augenschein nahm. In dem Moment rollte ein brennender Landrover der libanesischen Polizei über die Kreuzung. Direkt vor ihm erblickte ich Amiram Levine. Mitten auf der Kreuzung schwenkte er die Uzi von Ziel zu Ziel und sah mit seinem kleinen kräftigen Körper und der blonden Perükke dabei aus wie eine wilde Tänzerin.

Rechts von mir stand Ehud mitten auf der Kreuzung und schoß ebenfalls wild um sich. Auch ich nahm den Landrover unter Beschuß, um Amiram Feuerschutz zu geben, damit er zu mir laufen konnte. Der Landrover krachte gegen ein Gebäude. Doch ein zweites Fahrzeug, ein Jeep mit vier Mann Verstärkung, fuhr mit quietschenden Reifen in den Kugelhagel hinein, mit dem wir die Kreuzung eindeckten. Die Insassen fielen aus dem Jeep, getroffen von unseren Salven.

Einen Augenblick lang trat in dem Viertel Stille ein. In der Ferne hörte ich Sirenen. Und Explosionen. Amnon Shahaks Team bei der Arbeit in Habashs Hauptquartier, schloß ich.

»Muki!« rief Amiram. »Der Posten. Er ist in dem Dauphine.« Er zeigte auf einen gedrungenen kleinen Renault, der auf der anderen Straßenseite parkte. »Er hat mit der Schießerei angefangen«, rief Amiram. »Ich habe ihn getroffen – aber ich bin nicht sicher, ob er tot ist.« Eine Kugel, die ein paar Meter von mir entfernt pfeifend auf den Asphalt schlug, bestätigte Amirams Zweifel.

»Den schnappen wir uns«, sagte ich. Amiram und ich liefen rechts und links von dem Renault quer über die Straße und feuerten im Laufen in den Wagen hinein. Doch als wir gerade zum letzten Sturmangriff übergingen, sahen wir Dov Ber, den Verbindungsoffizier von den Marinekommandos, der aus der entgegengesetzten Richtung ebenfalls angriff. Das war zwar mutig, aber falsch, denn er lief uns direkt in die Schußlinie. Zum Glück sahen Amiram und ich ihn noch rechtzeitig, bevor wir feuerten und den Fahrer ausschalteten.

Die Mossad-Fahrer rasten auf die Kreuzung und kamen mit quietschenden Reifen neben Ehud zum Stehen. Plötzlich tauchten die Teams von den anderen beiden Zielen auf und sprangen in die beiden ersten Wagen.

Wir rannten zu unserem. Die Sirenen kamen näher. Das ausgelaufene Benzin des einen Jeeps ging lodernd in Flammen auf. Doch bevor wir unseren Wagen erreichten, bog ein dritter Jeep mit Verstärkung in die Kreuzung ein. Ich zog eine Handgranate aus der Halterung unter meinem Jackett. Der Jeep machte eine Vollbremsung, und ein Gendarm sprang heraus. Ich feuerte mit meiner Uzi auf ihn, verfehlte ihn aber. Er lief zum Gebäude und verschwand in der Eingangshalle. Ich schleuderte die Granate auf den Jeep. Wie in Zeitlupe flog sie durch die Luft, prallte vom Segeltuchverdeck ab, landete neben dem Jeep auf der Straße und explodierte. Vier Gendarmen fielen aus dem Jeep, verwundet oder tot.

Für einen Moment legte sich plötzliche Stille über die Wohngegend und schien sie wie ein Tuch vom Rest der Welt abzuschirmen. Die Schüsse hörten auf. Kaum zwei Minuten waren vergangen, seit wir unsere Ziele angegriffen hatten. Ich rannte zu unserem Wagen. Die Tür flog auf. Ich warf mich mit dem Kopf voran auf den Beifahrersitz neben Ehud. Dann stieß Zvika die Tür auf, und auch Yonni sprang herein.

»Los!« befahl Ehud, und der Fahrer jagte von der Kreuzung weg, den Hügel hinab, während Ehud über Funk Meldungen von den anderen beiden Mossad-Wagen einholte.

Amitai Nahmanis Sondereinheit meldete, daß alles gut verlaufen war. Doch im dritten Wagen war ein Mann namens Aharon verwundet. Kamal Nasser hatte bei dem Feuergefecht geschafft, aus seiner Pistole einen einzigen Schuß abzugeben, der Aharon am Bein verwundete, bevor der Terrorist von Zvika, dem Chef des Teams, getötet wurde.

Ehud beendete den Funkkontakt, und wir rasten wie verrückt die Hügel von Beirut hinab. Die Mossad-Fahrer kannten die Stadt, und sie beherrschten die amerikanischen Limousinen so gut, daß sie sie schleudernd und schlingernd um die Kurven lenken konnten, während wir im Höllentempo durch die Stadt fuhren. In unserem Fluchtwagen brach kein Jubelgeschrei aus. Wir saßen da, jeder in seine eigenen Gedanken vertieft, wachsam, falls feindliche Trupps die Verfolgung aufnahmen.

Als wir bereits ein paar Häuserblocks entfernt waren, bremsten die Fahrer ab und rollten mit normaler Geschwindigkeit in aller Ruhe weiter. So erreichten wir die Küstenstraße und fuhren auf der Landstraße in südlicher Richtung zur Anlegestelle. Aber einen halben Kilometer vor dem Schotterweg, der hinunter zum Strand führte, wo die Schlauchboote auf uns warteten, tauchte vor uns eine Routinepatrouille der libanesischen Armee mit einem Schützenpanzer auf, der langsam die Straße entlangfuhr und mit Suchscheinwerfern das Ufer abtastete. So kurz vor der Flucht waren wir nicht auf ein weiteres Feuergefecht aus.

Nervös und angespannt vor Furcht, daß sie mit ihren Scheinwerfern im letzten Moment doch noch die Marinesoldaten entdecken würden, die am dunklen Strand auf uns warteten, krochen wir im Schneckentempo hinter ihnen her, statt zu überholen, ein Zivilwagen, der die Armee respektvoll vorausfahren läßt.

Eine entsetzlich lange Minute fuhren wir hinter dem APC her, wie frustrierte Pendler, die auf einer schmalen Straße hinter einem breiten Lkw herzuckeln müssen. Der Weg zum Strand kam näher. Der APC fuhr daran vorbei. Wir verlangsamten unsere Geschwindigkeit noch mehr und bogen problemlos in den Weg ein.

Am Strand stürzten wir aus den Wagen und liefen zu den Männern der Marine hinüber. Wir ließen die Wagen zurück, und die Mossad-Agenten stiegen zu uns in die Schlauchboote. Doch wir verhielten uns weiter still, bis wir die Brandungszone weit hinter uns gelassen hatten. Unserem Plan nach hätte die ganze Aktion 20 Minuten dauern dürfen. Von der Landung am Strand bis zum Ablegen hatten wir genau eine halbe Stunde gebraucht.

Erst als alle Trupps von den anderen Einheiten, die in jener Nacht in Beirut im Einsatz waren, die Raketenschnellboote erreicht hatten, erfuhren sie, was tatsächlich passiert war. Zwei Kampfgruppen waren in Beirut am Werk gewesen, unsere und Amnon Shahaks Fallschirmjäger, die das Hauptquartier von Habash angegriffen hatten.

Wir hatten drei der höchsten PLO-Führer getötet. Und das sechsstöckige Hauptquartier von George Habashs Volksfront für die Befreiung Palästinas war zerstört worden. Doch bei dem Angriff auf Habashs Hauptquartier waren zwei unserer Männer ums Leben gekommen. Amnon Shahak, der bereits bei Karameh einen Orden bekommen hatte, wurde für seine mutige Rettung verwundeter Soldaten erneut ausgezeichnet.

Nach der »Operation Frühling der Jugend« wurde die Frage aufgeworfen, ob wir in jener Nacht in Beirut gehofft hatten, Arafat zu erwischen. In Karameh war er mir entwischt, weil die Planung schlecht gewesen war. In Beirut war die Planung ausgezeichnet gewesen. Wir hatten bei unserem Einsatz nicht damit gerechnet, Arafat zu bekommen, höchstens darauf gehofft, ihn zufällig zu packen. Arafat war regelmäßiger Gast in den drei Wohnungen, und für gewöhnlich arbeitete er bis spät in die Nacht, genau der Zeitpunkt, den wir für die Operation ausgewählt hatten. Doch Arafat blieb niemals sehr lange an ein und demselben Ort, aus Angst, ein leichtes Ziel abzugeben.

Natürlich waren die Zeitungen voll mit Meldungen über die Mission. Der Überraschungsangriff auf drei der berüchtigtsten Terroristen der Welt brachte uns Lobeshymnen von seiten der westlichen Presse ein. In der arabischen Welt verbreitete sich das Gerücht, daß die amerikanische Botschaft in Beirut uns zur Flucht verholfen hätte, was natürlich barer Unsinn war. Doch die libanesische Regierung stürzte.

Keiner unserer Namen – auch nicht der Name Sayeret Matkal – tauchte in den Zeitungen auf. Aber ich konnte verstehen, warum in der libanesischen Presse Augenzeugenberichte erschienen, in denen die Rede war von »zwei schönen Teufelinnen, einer Blondine und einer Brünetten, die sich wie Derwische mit ihren Maschinenpistolen gegen Polizei und Armee zur Wehr setzten.«

Gefechtsregeln

Ehud Barak verließ »die Einheit« im Juni 1973, um in den USA zu studieren; zu seinem Nachfolger als Kommandeur der Sayeret Matkal ernannte er jemand ganz Besonderen – Giora Zorea. Giora, ein willensstarker Mann mit ehernen Grundsätzen, kam aus dem Kibbuz Ma'agan Michael und hatte es vom einfachen Soldaten zum Zugführer in der Sayeret Matkal gebracht. Er stand in der Tradition anderer tatkräftiger Kämpfer in seiner Familie – sein Vater Meir zum Beispiel meldete sich im Zweiten Weltkrieg zur Jüdischen Brigade der britischen Armee, um gegen die Nazis zu kämpfen, und wurde schließlich General in den IDF. Giora galt allgemein als aufrichtig und war ein außergewöhnlicher Soldat und unabhängiger Geist.

Doch Giora war nur Reservehauptmann. Damit er noch ein paar Erfahrungen sammeln konnte, schickte Ehud ihn zu diversen Ausbildungskursen. Doch Giora brachte nicht die Geduld dafür auf. Er wollte Einsätze und Aktion, nicht Theorie und Routine. Und als dickköpfiger Kibbuznik setzte er sich auch durch. So wurde Giora ohne die übliche Kompaniechefausbildung zum Major befördert und übernahm die Sayeret Matkal. Zu seinem Stellvertreter ernannte er Amiram Levine, einen Berufssoldaten, der 1992 General wurde und 1994 das Nordkommando übernahm. Yonni ging zur Generalstabsakademie, einer weiterführenden Akademie der Armee, des Verteidigungs- und des Außenministeriums.

Damit waren Amitai Nahmani und ich die beiden dienstältesten regulären Offiziere im Stab, die beiden ranghöchsten Hauptleute in »der Einheit«. Und ich machte mich bereits mit dem Gedanken an meine Entlassung und meine Rückkehr nach Nahalal vertraut.

Da mich nur Sonderoperationen interessierten, und zwar in der »kleinen Armee«, die ich wegen ihrer Funktion als Speerspitze der Streitkräfte mochte, reichten mir die 18 Monate, die ich in der Sayeret Matkal gedient hatte. Nurit ging es seit unserer Rückkehr aus

Afrika nicht gut, und obwohl unsere Familien sich um sie kümmerten, wollte ich bei ihr und Shaul sein.

Doch in jenem Frühjahr kam Giora kurz vor der Übernahme des Kommandos zu mir und bat mich, noch ein paar Monate zu bleiben. »Du kennst ›die Einheit‹ besser als jeder andere«, sagte er. »Bitte bleib noch. Zumindest so lange, bis ich die Sache im Griff habe.« Ich war mir sicher, daß Giora nicht sehr lange brauchen würde, um sich einzugewöhnen. Statt »die Einheit« im September 1973 zu verlassen, um mein ziviles Leben in Nahalal zu beginnen, erklärte ich mich bereit, bis Ende Oktober zu bleiben. Ich konnte nicht ahnen, daß es wieder mal der Krieg sein sollte, der meine Pläne veränderte.

Die PLO war nach unserer »Operation Frühling der Jugend« zwar angeschlagen, doch der Terrorismus fand dadurch kein Ende. Meine militärische Laufbahn ging also weiter. Manchmal planten und übten wir für bestimmte Operationen wie »Frühling der Jugend«. Manchmal übernahmen wir binnen weniger Stunden einen Auftrag.

An einem Freitagnachmittag erteilte Giora dem Stab den Befehl, so schnell wie möglich einen großen Trupp am Luftwaffenstützpunkt Ramat David im Jezreel-Tal bereitzustellen. »Nehmt die gesamte Ausrüstung für einen Einsatz bei Flugzeugentführungen mit – und sorgt dafür, daß jeder eine saubere, gebügelte Uniform trägt«, ergänzte er ohne jede weitere Erklärung. Als wir kurz darauf in Ramat David waren, das von Nahalal aus auf der anderen Seite des Jezreel-Tals liegt, lüftete er das Geheimnis. »Wir fangen eine irakische Linienmaschine ab, die George Habash an Bord hat«, teilte Giora uns auf dem Luftwaffenstützpunkt mit.

Bei Amnon Shahaks Angriff auf Habashs Hauptquartier während der »Operation Frühling der Jugend« waren das Gebäude zerstört und viele Terroristen getötet worden, aber es waren auch zwei Israelis zu Tode gekommen, und Habash hatte überlebt. Er war vor allem für seine Planung von Flugzeugentführungen bekannt, und hatte sich von der PLO gelöst, weil er sie für zu gemäßigt hielt.

Er war Arzt und vertrat einen radikalen Marxismus; dank seiner Verbindungen zu extremistischen Gruppierungen der neuen Linken wie der Roten Armee in Japan und der Baader-Meinhof-Gruppe in Westdeutschland konnte er seine Strategie eines internationalen Terrorismus gegen Israel – und den Westen – in die Tat umsetzen. Seine Leute griffen Ziele in ganz Europa und Israel an und unterstützten internationale Terrorgruppen bei ihren Einsätzen.

»Er ist auf einem Routineflug von Beirut nach Bagdad, und vermutlich hat er Leibwächter dabei. Außerdem sind noch die normalen Passagiere in der Maschine«, sagte Giora. »Zwei unserer Kampfpiloten werden außer Sichtweite hinter der irakischen Maschine herfliegen. Sie werden den Piloten über Funk auffordern, ihnen nach Israel zu folgen – wenn nicht, werden sie ihn abschießen.«

Das war natürlich ein Bluff, doch darauf konnte sich keine arabische Fluggesellschaft verlassen, besonders nach dem, was ein paar Monate zuvor im Februar im Sinai passiert war. Seit langem war bekannt gewesen, daß Libyens Muammar al-Gaddafi jedem Piloten eine Million Dollar für seine Familie anbot, wenn er bereit war, sich mit einer Maschine voller Sprengstoff auf die Innenstadt von Tel Aviv zu stürzen. Als eine aus Ägypten in den Sinai fliegende libysche Verkehrsmaschine auf dem Radarschirm im Frühwarnsystem der israelischen Luftwaffe auftauchte und auf das Landesinnere von Israel zusteuerte, hatten wir Gaddafis Drohungen ernst genommen.

Unsere Abfangjäger flogen der libyschen Maschine entgegen und versuchten, mit dem Piloten Funkkontakt herzustellen. Doch er reagierte nicht. Die Maschine flog weiter. Dado wurde zu Hause informiert und fällte die verhängnisvolle Entscheidung.

Der Flugschreiber, der in der Wüste gefunden wurde, bewies, daß es der Fehler des Piloten gewesen war. Seine Maschine mit über 100 Passagieren an Bord hatte sich in einem Sandsturm verirrt, doch er ignorierte die Aufforderungen, den Jägern zu einem Flughafen zu folgen. Alle Insassen kamen ums Leben.

Die Tragödie war für Israel und die ganze Welt ein Schock. Die Regierung bot den Hinterbliebenen der Opfer eine Entschädigung an, die schließlich über einen Dritten in Europa ausgezahlt wurde.

Doch die Katastrophe eröffnete uns jetzt die Möglichkeit, Habash zu fangen. Kein Pilot eines Passagierflugzeugs würde jemals wieder einen Abfangjäger der israelischen Luftwaffe (IAF) ignorieren. Genauso ernst, wie wir die libysche Drohung nahmen, würden sie unsere Drohung nehmen. »Sagen Sie einfach, es liegt eine technische

Störung vor und daß Sie wieder zurück nach Beirut fliegen«, würden die IAF-Piloten den arabischen Piloten anweisen, falls irgendwer an Bord den Kurswechsel bemerkte.

Die Passagiermaschine startete an jenem Abend in Beirut um acht Uhr, womit wir etwa eine Stunde Zeit hatten, ihre Ankunft in Ramat David vorzubereiten. Wir wußten, was zu tun war. Wir hatten es Hunderte Male geübt. Eine Stunde war dafür mehr Zeit als genug.

Wir warteten, versteckt im hohen Gras, fast am Ende der Landebahn. Sobald die Maschine vorbeirollte, würden wir ihr zu Fuß folgen und uns in kleinen Teams auf die Öffnungen der Maschine verteilen: die Notausstiege über den Flügeln und am hinteren Teil, eine Luke unterhalb des Laderaums, wo es eine Innentür gibt, die direkt in die Kabine führt, und natürlich die Haupttür hinter dem Cockpit.

Aufgrund meiner El-Al-Erfahrung wußte ich, wo ich sein wollte: an der vorderen Haupttür für die Passagiere auf der linken Seite der Maschine. Während meine Kameraden sich um die anderen geschlossenen Türen kümmerten, um in die Maschine zu gelangen, würde die Stewardeß die Haupttüre für uns öffnen, in der Annahme, sie wären auf befreundetem Territorium gelandet. Giora wollte, daß wir saubere und gebügelte Uniformen trugen mit polierten Fallschirmjägerabzeichen, daß wir unsere roten Barette aufhatten und statt Uzis Pistolen in der Hand hielten. »Habash soll sehen, daß die IDF im Vergleich zu seinen Terroristen würdevoll auftreten«, sagte Giora. Und ich wollte der erste israelische Soldat sein, den Habash zu Gesicht bekam.

Ein paar Minuten später, als der Nachrichtendienst meldete, daß die Maschine gestartet war, machten wir uns einsatzbereit. Eine halbe Stunde verging, dann zwanzig Minuten, zehn, fünf. Schließlich tauchten die Lichter der Maschine am Horizont auf, eskortiert von zwei Jagdflugzeugen, die hinter ihr flogen. Die Maschine setzte auf und raste dann die Landebahn hinunter auf uns zu, während die beiden Jäger über sie hinweg in die Höhe schossen und zur Landung auf einer anderen Rollbahn ansetzten.

Wir hatten eine Boeing mit irakischem Kennzeichen erwartet. In der Dunkelheit raste aber eine Caravelle mit dem Symbol einer libanesischen Fluggesellschaft an uns vorbei. Doch für Fragen war keine

Zeit. Wir spurteten in zwei Kolonnen auf die Rollbahn. Die Gruppen teilten sich in Teams auf, die mit Leitern zu den Luken und Türen der Maschine liefen.

Die Mannschaft stellte die Leitern an die Außenwand des Flugzeugs, und ich kletterte als erster hoch. Wie ich erwartet hatte, öffnete die Stewardeß die Tür. Ihr Gesicht erstarrte vor Verwirrung. Ich eilte lautlos an ihr vorbei, und während die anderen drei aus meinem Team sich um das Cockpit kümmerten, stürmte ich in den Gang der Kabine und sah mir genauestens die Gesichter der Passagiere an. Ich hatte meine Pistole schußbereit in der Hand, für den Fall, daß Habash oder seine Leibwächter Widerstand leisteten.

Auf englisch rief ich »Hände hoch!«, und augenblicklich streckten alle die Hände in die Luft. Ich schritt durch die Kabine, blickte nach rechts und links, mit entsicherter Pistole, und suchte nach Habash. Doch er war nicht an Bord. Im selben Moment ging die Hintertür auf und Amitai Nahmani kam mit der zweiten Gruppe in die Maschine gestürmt.

»Entwarnung«, sagte ich enttäuscht. »Er ist nicht da. Ich habe mir alle angesehen. Sieh von mir aus selbst nach, aber er ist nicht da.« Amitai ging durch den Gang zum vorderen Teil des Flugzeugs, wo ein paar meiner Soldaten bereits Wache standen, und ich folgte ihm. Mittlerweile schwärmten Offiziere und Soldaten mit gezückten Pistolen durch die Maschine, wobei es ihnen allmählich dämmerte, daß Habash nie an Bord gegangen war.

Das Flugzeug stand am Ende der Landebahn, beleuchtet von Scheinwerfern; daneben waren Stühle und Tische aufgestellt, an denen die Passagiere verhört wurden. Der Stützpunktkommandeur Zorik Lev, der einige Monate später im Yom-Kippur-Krieg fiel, besorgte Essen und Getränke für die verängstigten Passagiere. Ganz allmählich beruhigten sie sich, als sie begriffen, daß wir Habash suchten und nichts von ihnen wollten. Bei den Verhören stellte sich heraus, daß drei mutmaßliche Terroristen an Bord waren – kleine Fische, nicht der Großterrorist, den wir uns erhofft hatten. Wenige Stunden nachdem die Maschine gelandet war, hob sie wieder ab, mitsamt den Passagieren an Bord, darunter einem libyschen Botschafter und einem libanesischen Minister.

Wie sich herausstellte, hatte die irakische Boeing in letzter Minute ein technisches Problem gehabt, daher hatte die Fluggesellschaft die Caravelle eingesetzt. Doch Habash, um seine Sicherheit besorgt, verschob den Flug, als er hörte, das der routinemäßige Flugplan geändert wurde. Sein Büro sagte, er sei krank.

Von dem Augenblick an, in dem Giora uns die Operation erklärt hatte, war mir die Sache fragwürdig erschienen: Um den Mann zu fassen, der praktisch die Flugzeugentführung als eine Methode des politisch motivierten Terrorismus erfunden hatte, entführten wir selbst eine Maschine.

Obwohl der Versuch, Habash durch die Kaperung einer Passagiermaschine zu fassen, meiner Ansicht nach unseren eigenen moralischen Grundsätzen im Kampf gegen den Terrorismus widersprach, hielt ich die empörte Reaktion der internationalen Diplomatie für heuchlerisch. Statt mit vereinten Kräften gegen Flugzeugentführungen vorzugehen, war es ihnen gleichgültig, ob Araber und Juden sich gegenseitig umbrachten, solange wir den Luftverkehr unbehelligt ließen.

Yom Kippur

»Der Nachrichtendienst meldet eine große Konzentration syrischer Truppen an den Golanhöhen und eine noch größere Konzentration ägyptischer Truppen entlang des Suezkanals«, sagte Giora.

Wir hielten wie jeden Freitagnachmittag in seinem Büro unsere Stabssitzung ab. Am nächsten Tag war Yom Kippur, der höchste jüdische Feiertag. Am Yom Kippur herrscht im ganzen Land eine unglaubliche Stille. Der gesamte Verkehr ruht. Die meisten Menschen fasten und gehen in die Synagoge. 1973 fiel der Feiertag auf einen Samstag. Die meisten von uns hatten vor, den Tag friedlich zu Hause zu verbringen. Ein Sayeret-Matkal-Team für eventuelle Notfälle hatte natürlich im Stützpunkt Dienst.

»Nach Einschätzung des Nachrichtendienstes handelt es sich um ein Manöver«, beruhigte Giora uns wegen des arabischen Truppenaufmarsches. »Aber es ist praktisch die gesamte Armee beteiligt – Infanterie, Schützenpanzer, Panzer, Boden-Luft-Raketenbatterien, Pioniertruppen und Artillerie. Nur für den Fall der Fälle lösen wir Alarmstufe 3 aus.«

Das Notfall-Mobilmachungssystem der IDF wird automatisch bei der nächsten Stufe aktiviert. Jeder Soldat, der sich vorübergehend außerhalb »der Einheit« befindet, hinterläßt in der Regel genaueste Angaben, wie er im Notfall zu erreichen ist, die Telefonnummer seiner Eltern oder Freundin etc. Außerdem muß er sich alle paar Stunden erkundigen, ob sich »die Einheit« gemeldet hat. Und wie für alle Kampfeinheiten in der Armee haben auch wir im ganzen Land ein Netz von Sammelstellen eingerichtet, wo Angehörige »der Einheit« von Transportern abgeholt werden.

Nach dem gleichen Prinzip arbeitet das gesamte Notfall-Mobilmachungssystem im Land, doch wir benutzten es häufiger als andere Einheiten und führten regelmäßig Übungen durch, um sicherzugehen, daß wir jeden Angehörigen der Sayeret Matkal schnellstens zum Stützpunkt einberufen konnten – gleich, ob es sich um einen Unteroffizier handelte, der übers Wochenende frei hatte, oder um einen Reservisten, der bei der Arbeit war. In Galiläa hatten wir drei Sammelstellen in zentral gelegenen Städten, eine davon im Jezreel-Tal.

Während Giora uns über die aktuelle Lage informierte, kamen mir zwei Dinge in den Sinn. Im Mai desselben Jahres hatten Ägypten und Syrien – unsere beiden größten und gefährlichsten gegnerischen Armeen – am Suezkanal und gegenüber unserer Linie auf dem Golan eine Woche lang ein gewaltiges Truppenmanöver abgehalten. Die ganze Woche über befanden sich die IDF in Alarmbereitschaft und mobilisierten in aller Stille die Reserven der gesamten Armee, bis der Feind seine Übungen abgeschlossen hatte. Während ich also Gioras Ausführungen folgte, daß der militärische Abwehrdienst den ägyptischen und syrischen Truppenaufmarsch lediglich als Manöver betrachtete, kam ich zu dem Schluß, daß sie, wenn sie in weniger als sechs Monaten zwei so große Übungen durchführten, etwas Ernstzunehmendes im Sinn hatten. Auch wenn ein Krieg nicht unmittelbar bevorstehen mochte, so war er doch nicht mehr fern.

Der zweite Gedanke, der mir durch den Kopf ging, war nicht weniger besorgniserregend. Ich erinnerte mich an eine Prophezeiung von Moshe Dayan zu Anfang des Jahres. Er war der Überzeugung, daß ein »elektronischer Sommer« – High-Tech-Luftgefechte zwischen unseren und ihren Jagdbombern im Sommer – das Vorzeichen des Krieges sein würde. Im September schossen israelische Mirages und Phantom-Bomber 13 syrische MiGs im Kurvenkampf über der libanesischen Küste ab, ein Paradebeispiel für den »elektronischen Sommer«, den Dayan vorhergesagt hatte.

Dayan glaubte, die Araber wüßten, daß sie niemals bis Tel Aviv oder Haifa kommen würden. Doch falls sie einen Teil vom Sinai oder dem Golan eroberten, wenn auch nur für ein paar Stunden, würden sich die diplomatischen Räder drehen. Der internationale Druck auf Israel würde ein übriges tun. Damals wurde Israel nur von den USA unterstützt. Die westeuropäischen Länder hielten aus Sorge um ihre Ölversorgung aus dem Nahen Osten und aufgrund ihrer Ohnmacht gegenüber dem arabischen Terrorismus Distanz zu uns.

Als ich an jenem Freitagnachmittag nach Nahalal fuhr, spielte ich in Gedanken Kriegsszenarien durch und überlegte mir, welche Berechnungen die ägyptischen und syrischen Befehlshaber anstellten. Wenn Dayan recht hatte, so dachte ich, planten die Ägypter die Überquerung des Suezkanals, um sich einen Teil des Sinai einzuverleiben. Ich fragte mich, an welcher Stelle. Im Norden des Kleinen Bittersees? Oder südlich des Großen Bittersees? Vielleicht in Port Said oder Ras al-Ash, wo der Zermürbungskrieg begonnen hatte. Mit einemmal war es auch durchaus vorstellbar, daß die Syrer auf einem Teil der Golanhöhen durchbrechen könnten.

Dennoch kam ich während der Fahrt nach Nahalal zu dem Schluß, daß die Luftwaffe, ganz gleich, was geschehen würde, mit einem von der Panzertruppe unterstützten Schlag schon die passende Antwort geben würde. Daß es zu einem richtigen Krieg kommen könnte, hielt ich noch immer für unwahrscheinlich.

Yom Kippur, der zehn Tage nach den Neujahrsgebeten begangen wird, ist der heiligste Tag im jüdischen Kalender, ein Tag, an dem man in sich geht, sich die Sünden des vergangenen Jahres bewußt macht, um Vergebung bittet und für das kommende Jahr reinen Tisch macht. In Nahalal hatten meine Großeltern und ihre Genossen die tradierte Religion ihrer Großeltern abgelegt. Yom Kippur in Nahalal bedeutete einen ruhigen Tag im Familien- und Freundeskreis.

Als ich an jenem Abend bei Freunden im Dorf zu Besuch war, nahm mich die Frau eines mit mir befreundeten Piloten beiseite und überraschte mich mit der Frage: »Du bist nicht im Stützpunkt? Alle Piloten haben Ausgangssperre«. Das beruhigte mich. Offenbar studierte die in Alarmbereitschaft versetzte Luftwaffe die nachrichtendienstlichen Informationen und stellte Pläne zur Bekämpfung der Truppenverbände während des feindlichen Manövers auf. Unsere Piloten waren ihren syrischen und ägyptischen Kollegen im »elektronischen Sommer« weit überlegen gewesen. Wir wußten, daß die sowjetischen Boden-Luft-Raketen (Surface-to-Air Missiles = SAMs), die Moskau an Syrien und Ägypten geliefert hatte, gefährlich waren, doch ich ging davon aus, daß die Luftwaffe mit dem Problem fertig würde. Sie hatte 1967 den Krieg gewonnen und ihre Luftüberlegenheit seitdem immer wieder unter Beweis gestellt. Ich beschloß, mir keine Sorgen zu machen.

Doch am Samstag morgen klingelte das Telefon. Es war »die Einheit«. Die Alarmstufe war erhöht worden, und ich mußte sofort zurück zum Stützpunkt.

Ich nahm meine Uniform und überprüfte meinen *Chimidan* – die Fallschirmtasche, die ich immer griffbereit hatte. Sie enthielt meine Klatch, die AK-47-Kalaschnikow aus ägyptischen und syrischen Beständen, die der Shaked nach dem Sechstagekrieg zugeteilt wurden. Ich achtete stets darauf, daß ich mindestens ein halbes Dutzend geladene Ersatzmagazine dabeihatte, die ich kreuzweise mit Klebeband zusammenklebte, um sie schneller wechseln zu können. Außerdem hatte ich ein Dutzend Handgranaten verschiedenster Machart und eine Leuchtpistole. Doch meine Tasche enthielt auch noch andere nützliche Dinge. Meinen Helm, zusätzliche Feldflaschen, Karten, verschiedene Dokumente, mein Koppeltragegestell und die Patronentaschen voll mit weiterer Munition. Ein dickes Taschenmesser mit allen möglichen Werkzeugen steckte in einer Tasche genau über meinem Herzen.

Nurit sah, wie ich meine Ausrüstung überprüfte. Als Künstlerin hatte sie nach dem Sechstagekrieg die graugestrichenen Eingänge zu den unterirdischen Bunkern des Moshav leuchtendbunt bemalt. Wie so viele von uns hatte sie geglaubt, daß wir nie wieder einen Bunker brauchen würden. Jetzt sah es ganz danach aus, daß sie zum Einsatz kommen würden. Wir gaben uns einen Abschiedskuß, und ich umarmte Shaul, bevor ich in meinen Dienstwagen kletterte, einen Dodge Jeep 200 mit Vierradantrieb und hohem Chassis, in dem vier Soldaten mit voller Ausrüstung und mehreren Funkgeräten Platz haben.

Normalerweise fahren am Yom Kippur keine Autos. Es kommt vor, daß religiöse Fanatiker mit Steinen auf Autos werfen, die an dem heiligen Tag unterwegs sind. Sogar Radio und Fernsehen haben Sendepause, um die Feiertagsruhe nicht zu stören.

Ich ließ den Wagen an und fuhr langsam aus dem stillen Moshav. Da ich spürte, daß meine Nachbarn mich beobachteten, rollte ich langsam davon, um sie nicht zu beunruhigen. Doch sobald ich auf der Hauptstraße war, gab ich Gas und raste mit quietschenden Reifen über die Straße, ohne daß mir ein einziger Wagen begegnete.

Bevor ich am Freitag den Stützpunkt verließ, hatte mir Digmi, der

Fahrer, der die Reservisten abholte, gesagt, daß ich ihn entweder zu Hause oder in der Synagoge fände. Seine Frau schickte mich zum Gebetshaus. Ich betrat den Saal in Uniform, die Klatch über der Schulter. Digmi legte sein Gebetbuch hin und eilte hinter mir her.

Während Digmi seinen Lkw holte, fuhr ich zur Sammelstelle, wo bereits ein Dutzend Sayeret-Matkal-Kämpfer auf ihn warteten. Ich ließ sechs in meinen Jeep einsteigen. Als Digmi fünf Minuten später eintraf, beauftragte ich einen Offizier, zusammen mit den anderen eine halbe Stunde auf eventuelle Nachzügler zu warten, bevor sie uns nach Süden folgten.

Zu Anfang waren wir der einzige Wagen auf der Straße. Doch nach und nach sahen wir weitere Militärfahrzeuge, die in rasendem Tempo fuhren. Ich erreichte unseren Stützpunkt in nur zwei Drittel der üblichen Fahrtzeit.

Ich betrat Gioras Büro, als er gerade zu den bereits versammelten Offizieren sagte: »Der Nachrichtendienst hat seine Einschätzung korrigiert. Der Krieg steht unmittelbar bevor. Wir rechnen mit einem Ausbruch der Feindseligkeiten ab 18.00 Uhr. Wir müssen uns bereit machen. Und zwar schnell.«

Doch damit standen wir vor einem großen Problem. Für was genau sollten wir uns bereit machen? Die Sayeret Matkal war für Sondereinsätze zwischen den Kriegen zuständig. Wir planten im voraus, und unsere Aktionen richteten sich gegen zwei oder drei Ziele, die wir selbst bestimmten oder auf die uns der Nachrichtendienst im Auftrag des Generalstabs ansetzte. Für den Kriegsfall hatte die Sayeret Matkal keinen Dauerbefehl. Und schon gar nicht für einen Überraschungsangriff an zwei Fronten.

Allmählich wurde uns klar, daß wir zwar wußten, wie wir kämpfen sollten – aber nicht, wo. Die schrecklichste Vorstellung für uns war, daß wir den Befehl bekommen könnten, uns überhaupt nicht an dem Krieg zu beteiligen. Diesen Gedanken wollten Giora und ich nicht einmal zulassen. Doch andere Offiziere in »der Einheit«, die Arnans Doktrin zu Wert und Zielen der Sayeret Matkal hochhielten, sprachen sich sogar rigoros dafür aus, daß wir im Stützpunkt blieben.

»Wir können uns irgendwelche Ziele überlegen und sie dem Generalstab vorschlagen«, dachte Giora laut nach. Doch uns allen war klar, daß wir bei der Ausführung unserer Ideen auf logistische Koordination angewiesen waren, was das Oberkommando von dringenderen Aufgaben ablenken würde.

In der Zwischenzeit strömten Soldaten und Offiziere in den Stützpunkt. Gegen Mittag wimmelte es auf dem Appellplatz von Kämpfern und Verwaltungspersonal – Berufssoldaten, Wehrpflichtige und Reservisten –, die von unseren Quartiermeistern ausgerüstet wurden.

Die Kommandeure riefen erst die Offiziere und dann die Soldaten zusammen, um ihnen mitzuteilen, was Giora uns gesagt hatte. Doch wir wußten eigentlich nur, daß aus der »Höhle«, dem unterirdischen Kommando- und Kontrollzentrum der gesamten IDF, tief unter dem Hauptquartier des Verteidigungsministeriums in der Innenstadt von Tel Aviv, zuletzt bekanntgegeben worden war, der Krieg stünde »unmittelbar« bevor.

Gegen halb eins rief Giora die höheren Offiziere zu sich. Wir drängten uns um den Tisch in seinem Büro, einige sitzend, andere stehend. Zigarettenrauch lag in der Luft. »Meine Herren«, begann er und sah auf seine Uhr, »wir haben weniger als sechs Stunden, um uns bereitzumachen. Nach Meldungen des Nachrichtendienstes werden die Araber genau um 18.00 Uhr angreifen.«

»Was ist mit der Luftwaffe?« fragte jemand. »Ein Präventivschlag?«

Er schüttelte den Kopf. »Die Regierung hat sich dagegen entschieden, damit die Welt sieht, daß die Araber zuerst angreifen. Nicht wir.«

Er schickte Amnon Biran, der damals der höchste Nachrichtenoffizier der Sayeret Matkal war, zum militärischen Abwehrdienst im Gebäude des Verteidigungsministeriums in Tel Aviv. Giora hatte die Hoffnung, daß Amnon einen Einsatzbefehl für uns herbeizaubern würde.

Ich war da skeptisch. Die Sayeret Matkal führte nur Operationen durch, die sie zuvor geplant hatte. Nach alter Tradition würden wir den Krieg über im Stützpunkt bleiben, fürchtete ich. Aber wir gehörten an die Front oder hinter die feindlichen Linien. Wir waren Israels Elitekommandosoldaten und konnten nicht untätig herumsitzen, während die IDF in den Krieg zogen. Ich hob die Hand. Giora erteilte mir das Wort.

»Es ist völlig ausgeschlossen, daß wir so lange warten, bis sie uns rufen«, sagte ich impulsiv. »Als Soldaten ist es unsere Aufgabe, den Staat Israel und seine Bürger zu schützen«, sagte ich. »Wir können nicht auf einen Auftrag warten, den wir sowieso nicht kriegen, solange der Krieg im Gange ist. Wir müssen uns einen Plan überlegen, wie wir am schnellsten an die Front kommen.«

»Zum Beispiel?« fragte Giora.

»Wir schicken eine Hälfte der Einheit nach Süden und die andere nach Norden. Eine kleine Sondereinheit lassen wir zurück, für den Notfall – oder für den Fall, daß der Generalstab doch noch mit einem Auftrag rausrückt. Wenn wir erst mal bei den regionalen Kommanden sind, werden die schon wissen, was sie mit uns anfangen können.«

Meine kleine Rede schien Giora zu beeindrucken, doch andere hielten an der Tradition fest und sagten, es sei aufgrund unseres Wertes als Sondereinheit falsch, uns ohne einen gut geplanten Auftrag in das Chaos einer Schlacht zu schicken.

Wir debattierten noch eine Zeitlang so weiter. Schließlich traf Giora eine Entscheidung. Zwei Verbände gehen nach Norden zum Golan – einer in den südlichen Golan und der andere in den Norden der Golanhöhen. Ein dritter Verband geht nach Süden an die ägyptische Front. Ein vierter bleibt im Stützpunkt, für den Notfall.

Doch keine Stunde später änderte sich die Situation erneut. Genau um 14.00 Uhr begannen die Ägypter und Syrer mit Luftwaffe, Artillerie und Infanterie ihren gemeinsamen Angriff über die gesamte Länge beider Fronten und stießen über den Suezkanal und in den Golan vor. Giora rief uns ein drittes Mal in sein Büro, um uns die Nachricht mitzuteilen.

»Ändern wir den Plan«, sagte ich. »Gehen wir alle nach Norden. Egal, was am Kanal passiert, der Sinai ist groß genug, um den Negev zu schützen. Aber der Golan ist sehr klein, und es gibt Siedlungen auf dem Plateau und unten in Galiläa.« Dann sagte ich kategorisch mit lauter Stimme: »Wir gehen nach Norden!« Ich hebe selten die Stimme. Sie hörten auf mich.

Giora beauftragte Yonni, der eiligst von der nationalen Generalstabsakademie gekommen war, einen Verband zu befehligen, der sich aus meinen Berufssoldaten und aus Reservisten zusammensetzte, die Yuri, einem Reservemajor, unterstanden. Giora übernahm das Kommando von Amitai Nahmanis Regulären, die ebenfalls durch eine Gruppe Reservisten verstärkt wurden. Ein dritter Verband blieb im Stützpunkt.

Kaum eine Stunde später bestiegen unsere Kämpfer samt ihrer Ausrüstung die Busse. Kurz vor Einbruch der Dunkelheit erreichten wir einen Wald an den Hängen des Berges Kanaan in der Nähe von Safed, wo wir unseren Gefechtsstand errichteten. Giora fuhr mit Amiram, Levine, Amnon Biran, mir und einem Fernmeldeoffizier zum Hauptquartier des Nordkommandos in Nazareth, um uns einen offiziellen Auftrag zu organisieren.

Bald wurde klar, daß das Nordkommando uns nicht helfen konnte. Vom Golan kamen keine regelmäßigen nachrichtendienstlichen Meldungen herein, nur Beobachtungen über Funk von der Front, wo vom nördlichen bis zum südlichen Golan eine Stellung nach der anderen fiel. Der Angriff der Syrer forderte schwere Verluste, und sie drängten zur Mitte der Höhen vor, um die Ausläufer zu erreichen, von wo aus der Weg nach Galiläa frei wäre.

Am Sonntag morgen erkannten wir, daß es schwieriger sein würde beim Nordkommando, in unmittelbarer Nähe der Front, einen offiziellen Auftrag zu bekommen, als in der Gegend von Tel Aviv, das weit weg lag. Mitunter hörten wir dumpfes Artilleriefeuer, das der Wind nach Süden trug, und sahen mit Bomben beladene Phantoms, die in Richtung Golanhöhen unterwegs waren und versuchten, heil durch die SAM-Abschirmung der Syrer zu kommen.

»Besorgen wir uns ein paar APCs, Halbkettenfahrzeuge, irgendwas, womit wir zum Golan kommen«, schlug ich vor. »Wir suchen Raful. Der weiß bestimmt, wie er uns einsetzen kann.« Mein ehemaliger Brigadekommandeur war inzwischen Divisionskommandeur am Golan geworden.

Wir erkundigten uns nach Transportmöglichkeiten und standen im Handumdrehen vor einem neuen Problem. Die Transportoffiziere im Nordkommando warfen uns mit der Begründung aus ihrem Büro, sie hätten bereits alles an die Front geschickt. »Ich habe aber auf einem Platz am Ende des Stützpunkts ein paar APCs gesehen«, wandte ich ein.

»Die sind bereits eingeteilt«, entgegnete einer der Transportoffiziere.

Frustriert machten Giora und ich uns auf den Weg zu dem Lager in der Nähe von Safed. Über uns jagten weitere Phantoms mit Bomben an Bord im Tiefflug zum Golan. Straßen, auf denen der Verkehr normalerweise von Traktoren mit Anhängern voll Heu behindert wurde, waren plötzlich mit Panzertransportern überfüllt. »Uns bleibt nichts anderes übrig«, sagte ich, als wir in dem Wald eintrafen, wo unsere Soldaten warteten. »Wir müssen uns Transporter klauen. Sonst sitzen wir hier fest, bis der Krieg vorbei ist.«

Ich suchte einige unserer gerissensten Soldaten für diesen Job aus. »Fahrt die Straßen ab. Sucht nach APCs. Bringt sie hierher, egal wie. Bettelt, leiht sie euch aus oder klaut sie. Aber bringt sie her.

Und Giora, gib mir deine Wagenschlüssel«, sagte ich bestimmt. Er fuhr einen weißen Carmel, einen kastenförmigen Fiberglaswagen, der früher in Israel hergestellt wurde und den jeder Major zur Verfügung gestellt bekam. Er warf mir die Schlüssel zu.

»Ich fahre rüber zu den Nachschublagern in Safed«, sagte ich. »Ich werde schon irgend jemanden dazu überreden, mir irgendwas zu geben. Halftracks, Schützenpanzerwagen, irgendwas.«

Ich machte mich auf den Weg nach Safed über die Serpentinen des Berglandes von Galiläa. Gleich nach der ersten Kurve sah ich rechts von mir einen Konvoi von Schützenpanzerwagen bergauf auf mich zukommen. Ich fing an zu zählen. Fünf, zehn, zwanzig, über dreißig Schützenpanzer. Genau das, was wir brauchten. Ich holte mein Fernglas hervor und nahm die nagelneuen APCs, die direkt auf mich zurollten und mit ihren Ketten den Asphalt aufrissen, genauer unter die Lupe. Von meiner erhöhten Position aus blickte ich auf die offenen Laderäume der APCs. Sie waren bis auf den Fahrer unbemannt, also genau das richtige für uns. Ein weißer Carmel wie der von Giora führte den Konvoi an.

Ich fuhr ihnen schnell entgegen, hielt mitten auf der Straße an und stoppte dadurch den Carmel. Am Steuer saß ein Transportoffizier, sein Adjutant neben ihm.

»Wo zum Teufel bleibt ihr denn?« rief ich ihm zu, noch bevor er zum Stehen gekommen war. »Wir haben Krieg! Wir warten schon seit zwei Stunden auf euch!«

»Ich weiß, ich weiß«, erwiderte der Major durch das offene Fenster. »Fragen Sie lieber nicht. Eine verrückte Sache. Irgend so ein Offizier hat versucht, mir die APCs zu klauen...«

»Ich habe keine Zeit, mir irgendwelche Geschichten oder Entschuldigungen anzuhören«, herrschte ich ihn wütend an, obwohl ich bloß Hauptmann und kein Major war. »Folgen Sie mir«, sagte ich barsch, »meine Leute warten auf die APCs.«

Ich wendetet Gioras Wagen und behielt den Konvoi im Rückspiegel im Auge. Als wir auf der gewundenen Bergstraße um eine Biegung kamen, sah ich den Wald, wo die Truppe wartete.

Und im selben Moment bog ein Jeep der Militärpolizei um die Kurve und kam auf mich zu. Er stoppte mich.

Mit angehaltenem Atem kurbelte ich das Fenster runter, um zu hören, was der MP-Feldwebel wollte. Es war einer jener Momente, wie ich sie in den Jahren bei der Armee nur selten erlebt habe, in denen sich die Militärpolizei als nützlich erwies. Der Feldwebel fragte, ob ich Hilfe bräuchte.

»Ja«, sagte ich. »Sorgen Sie dafür, daß diese Wagen mir folgen«, und zeigte über die Schulter auf den Konvoi von APCs.

»Kein Problem«, sagte der MP-Feldwebel. Er wendete auf der schmalen Straße vor den Truppentransportern, wartete, bis alle vorbei waren, und fuhr dann hinter dem Konvoi her.

Nicht einmal 15 Minuten nachdem ich Giora in dem Pinienwald zurückgelassen hatte, um irgendwo Halbkettenfahrzeuge aufzutreiben, kehrte ich mit einem Konvoi von 33 APCs zurück. Die ungeduldigen Sayeret-Matkal-Kämpfer begrüßten mich jubelnd und übernahmen die APCs von den Fahrern, ohne den Befehl dazu abzuwarten.

Der Transportoffizier stieg aus seinem Wagen und holte ein Klemmbrett hervor. »Hier unterschreiben«, sagte er. Giora blickte mich an. Ich blickte Giora an. Ich zuckte die Achseln.

Erst da begriff der Major, was los war. Er schrie und tobte und versuchte per Funk, das Hauptquartier des Nordkommandos zu erreichen, wo er mit jemandem sprechen wollte, der für »die Einheit«

zuständig war. Doch an dem Tag hatte niemand Zeit für einen wütenden Transportoffizier.

»Geben Sie mir meine APCs wieder«, schrie er Giora an, »Und Sie!« sagte er an mich gewandt. »Sie werden sich dafür verantworten müssen.«

Giora sagte dem Transportoffizier, er könne in seinem Bericht schreiben, was er wolle. Wir jedenfalls würden im Krieg gebraucht.

Obwohl wir wußten, wie brenzlig die Lage war und wie dringend wir gebraucht wurden, und obwohl ständig Flugzeuge über uns hinweg in die Schlacht jagten, kam uns der Krieg wie ein fernes Gewitter vor, während wir über die gewundenen Straßen von Safed quer durch Galiläa zum Golan fuhren.

Als wir jedoch das Golan-Plateau und damit die Front erreichten, wurde aus dem Gewitter ein richtiger Krieg. Auf den Feldern der Bauern und in den wilden Gebirgszügen der Golanhöhen blitzten um uns herum immer wieder die Feuer von einschlagenden Granaten auf. Das Donnern, Pfeifen und Grollen der Artillerie klang unter dem ständigen Dröhnen der Flugzeuge wie Trommelschläge. Rauchgestank war allgegenwärtig.

Auf dem Basaltplateau mit seinen zahlreichen kleinen Kuppen angekommen, trennten sich Giora und seine Truppe von uns und fuhren in südlicher Richtung nach Hushniyeh, wo der syrische Ansturm das südliche Ende des See Genezareth bedrohte.

Wir eilten währenddessen nach Osten zu Rafuls Hauptquartier in Nafah und gaben über Funk Bescheid, daß wir unterwegs waren. Mit Entsetzen hörten wir, daß Raful das riesige Armeelager verlassen hatte, als es in den ersten Stunden des Krieges heftig attackiert wurde. Die bloße Tatsache, daß er gezwungen gewesen war, sein Hauptquartier auf einen APC in offenes Gelände zu verlegen, bewies, wie ernst die Lage war.

Jetzt trafen wir ein paar Kilometer nordwestlich vom Lager inmitten von APCs, Halbkettenfahrzeugen und Jeeps auf einem steinigen Feld im Dunkeln zu einer kurzen Beratung mit ihm zusammen.

Yonni und ich gingen auf die offene Hecktür von Rafuls Schützenpanzer zu. Im schwachen Licht im Innern des Fahrzeugs erkannten wir ihn gleich an seinem Markenzeichen, dem australischen Buschhut. Er war von Offizieren umringt und zeigte gerade auf die Karte, die vor ihm lag. Ein Fernmeldeoffizier hinter ihm saß vor einer Reihe von Funkgeräten, die jeweils auf eine andere Frequenz eingestellt waren. Aus den Geräten sprudelten ununterbrochen Meldungen von den verschiedenen Stellungen in dem Gebiet. Wir wollten Raful nicht stören, aber mir war klar, daß er auf jede Verstärkung angewiesen war, die er bekommen konnte, und ich wollte, daß er wußte, daß wir da waren.

»Shalom, Raful«, sagte ich von der offenen Tür seines mobilen Gefechtsstandes aus.

Er blickte von der Karte hoch. Schon sein unrasiertes, staubbedecktes Gesicht sah aus wie der Krieg selbst. Doch dann erkannte er uns und lächelte. »Schön, euch zu sehen. Wie kommt ihr denn hierher?« fragte er, und ich überlegte, ob er schon darüber informiert war, daß die Sayeret Matkal die APCs geklaut hatte, um an die Front zu gelangen. Doch für mich war das Ganze bereits Geschichte.

»Wir haben zwei Sondereinheiten auf 15 APCs und genug Ausrüstung und Waffen. Und Panzerfäuste. Was immer du für uns zu tun hast«, sagte ich mit Nachdruck. »Wir sind bereit.«

»Phantastisch«, sagte er. »Ich mach' das hier noch eben zu Ende, und dann bin ich für euch da, okay?«

Yonni und ich warteten draußen. Wir blickten zum Himmel und lauschten den angespannten Diskussionen in Rafuls APC, während zwischendurch in der Ferne das dumpfe Artilleriefeuer erklang. Mit ruhiger Stimme leitete Raful die Funkkonferenzen, die zwischen ihm und dem Nordkommando, dem Nachrichtendienst und den Brigadekommandeuren stattfanden. Doch überwiegend sprach er mit einzelnen Panzerkommandanten, die allein auf dem Schlachtfeld zurückgeblieben waren, nachdem die Reste ihrer Bataillone von den Syrern zusammengeschossen worden waren. Er sprach ihnen Mut und Trost zu und gab ihnen kluge Ratschläge, ohne jemals zu erkennen zu geben, unter welchem Druck er stand.

Schließlich kam er aus dem Transporter, um mit uns zu reden. »Okay«, sagte er, »was würdet ihr gern machen?«

Panzer jagen, das hatten wir bereits entschieden, während wir auf ihn warteten. »Wir kennen uns auf dem Golan aus«, erklärte ich, »wir können nachts arbeiten und haben jede Menge Panzerfäuste und Munition. Laßt uns Panzer jagen.«

Raful gefiel die Idee. Er grinste, ließ sich einen Hörer geben und setzte sich mit Zvi Barazani in Verbindung, der in Nafah im Stützpunkt die Stellung hielt. »Barazani, die Herren für besondere Fälle sind da. Ich möchte sie auf die Jagd schicken.«

Während Raful mit seiner Division ausgerückt war, um die Gegenoffensive zu führen, war Barazani in Nafah zurückgeblieben, um den Stützpunkt gegen einen zweiten syrischen Angriff zu verteidigen – mit dem rechneten sie, da der Stützpunkt an einer wichtigen Kreuzung im mittleren Golan lag.

Ich konnte Barazani über Funk anhören, daß er von der Idee nicht gerade begeistert war. Dennoch schickte Raful uns nach dem Funkgespräch nach Nafah. »Arbeitet mit Barazani ein paar Pläne für eine Nachtoffensive aus und kommt dann wieder her«, sagte er, bevor wir uns in Marsch setzten.

Ich wußte, daß Nafah einer der größten Armeestützpunkte im Golan war, ein regionales Kommando der Panzertruppen mit vielen Panzern, APCs, Halbkettenfahrzeugen, Jeeps und Lastern, die normalerweise ordentlich geparkt jeder auf seinem Platz standen; selbst die Wege dort waren mit weißgestrichenen Steinen gesäumt, ein weiteres Indiz dafür, wieviel Wert man bei den Panzertruppen auf Sauberkeit legte.

Jetzt hingen Rauchfahnen in der windstillen Luft, wie Zeugnisse des Schreckens. Aus Pkws, Jeeps und Truppentransportern züngelten noch immer letzte Flammen. Die zertrümmerten und zerfetzten Fahrzeuge lagen herum wie Leichen.

Wir fuhren langsam in den Stützpunkt hinein und konnten den Anblick, der sich uns bot, kaum fassen. Soldaten kamen aus den verdunkelten Gebäuden. Die nackte Furcht stand in ihren Augen, die von dunklen Rußflecken und noch dunkleren Ringen nach einer angstvollen schlaflosen Nacht umschattet waren. Für die jüngeren unter ihnen war der syrische Angriff die erste Begegnung mit dem Tod von Freunden und dem Gefühl, eine Schlacht überlebt zu haben. Als ich sie sah, mußte ich an Karameh denken, wo ich das Schlachtfeld mit dem Gefühl verlassen hatte, von den Generalen und Politikern im Stich gelassen worden zu sein.

Die Soldaten erzählten, daß Raful und sein Stab sich irgendwann während des Gefechts den Weg aus einem Bunker hinaus freigeschossen hatten, und das nur mit ihren Kalaschnikows, ein paar Bazookas und RPGs. Sie nahmen die vorrückenden syrischen Panzer unter Beschuß und schafften es zu dem APC, in dem Raful seinen mobilen Gefechtsstand einrichtete. Gerade in dem Moment, als alle glaubten, der sofortige Rückzug sei unvermeidlich, stellte der Feind seinen Angriff ebenso plötzlich ein, wie er begonnen hatte.

Bei dem Vorstoß der Syrer bildeten Panzer die Vorhut. Die Soldaten hatten den Angriff zwar aufgehalten, doch es hatte auf beiden Seiten sehr hohe Verluste gegeben. Schließlich drangen syrische Panzer bis zum Stützpunkt vor; Panzerrohre ragten über und durch die Umzäunung.

Barazani war in seiner Einsatzleitstelle.

»Hört mal«, sagte er gleich, als er uns hereinkommen sah, »wir haben keine Aufklärungsergebnisse über die genauen Positionen der Panzer, und ich rate euch davon ab, zu Fuß nach ihnen zu suchen.«

»Wieso?« wollte ich wissen. »Zeig uns doch auf der Karte, wo eine Konzentration von Panzern ist, und wir erledigen sie.«

Er schüttelte den Kopf. »Keine Aufklärungsergebnisse«, wiederholte er, um uns noch mal den Ernst der Lage deutlich zu machen.

»Ich habe lediglich Meldungen von einzelnen Stellungen entlang der Front. Sie stehen unter Beschuß. Sie haben Verluste. Sie werden aus der Luft bombardiert. Und von der Artillerie beschossen. Aber keine Aufklärung. Die Luftwaffe hat echte Probleme mit den SAMs. Und wenn sie an denen nicht vorbeikommen, kriegen wir keine guten Luftaufnahmen und damit keine Aufklärungsergebnisse.«

»Hör mal, Zvi«, sagte ich. »Wir waren letzte Woche schon mal hier. Wir kennen die Gegend. Wir kennen das Gelände. Wir können als Aufklärungseinheit losziehen und die Informationen beschaffen.« Zvi kannte mich von den Fallschirmjägern, und er kannte »die Einheit«. Doch trotz meiner Argumente wollte er die Verantwortung für eine derart gefährliche Mission nicht übernehmen. Es ist nahezu unmöglich, ohne Aufklärung eine Operation durchzuführen; und da er als Kommandeur in der Gegend neu war und die Geländebedingungen im einzelnen nicht kannte, wollte er keinen Fehler machen.

»Zvi«, versuchte ich es erneut, diesmal mit dem Argument, das auch bei Raful gewirkt hatte. »Wir sind in der Nacht unschlagbar. Wir können uns nachts an die Panzer heranschleichen, ohne entdeckt zu werden; wir können sie aufklären, genau beobachten, identifizieren und unschädlich machen. Uns wird bestimmt nichts passieren. Wovor hast du also Angst?«

Bar, der seit den ersten Anzeichen eines drohenden Angriffs der Syrer am Freitag nicht geschlafen hatte, kratzte sich die dunklen Bartstoppeln am Kinn. »Warten wir bis morgen«, sagte er schließlich. »Die Nacht werden wir überstehen, und vielleicht liegen uns ja morgen genauere Informationen vor.« Er sah mir meine Ungeduld an. »Mensch«, fügte er heftig hinzu, »heute nacht geht es nicht. Wenn ihr unbedingt was machen wollt, könnt ihr die Außensicherung des Lagers übernehmen. Ich bin sicher, die werden ein zweites Mal angreifen, um den Stützpunkt zu erobern.«

»Und morgen machen wir uns dann auf Panzerjagd«, ergänzte ich. Ich war nach wie vor der Meinung, wir sollten uns auf die Suche nach größeren Kontingenten feindlicher Panzer machen. Wir könnten sie entweder auf eigene Faust vernichten oder ihre Koordinaten per Funk durchgeben und sie von Luftwaffe oder Artillerie angreifen lassen.

Aber Barazani wollte nicht riskieren, daß die Sayeret Matkal unter seinem Befehl ernsthaft Schaden nahm. Avraham Arnan, der offiziell nicht mehr für »die Einheit« verantwortlich war, galt in bestimmten Kreisen der Armee noch immer als moralische Instanz. Und Arnan verzieh nie jemandem, der sein »Kind« in Gefahr brachte.

Zusammen mit einem jungen Offizier machten wir einen kurzen Inspektionsgang ums Lager. Wir suchten uns höher gelegene Punkte als geeignete Beobachtungsposten, um die Richtung beobachten zu können, aus der wir den nächsten syrischen Angriff auf den Stützpunkt erwarteten.

Noch während unseres Rundgangs nahmen die Syrer das Artilleriefeuer wieder auf. Sie schossen überwiegend mit Kanonen, hin und wieder mit Granatwerfern, was bedeutete, daß der Feind nur wenige tausend Meter entfernt war.

Sie trafen zwar nicht, aber es war dennoch äußerst unangenehm, und wir kamen nur sehr langsam von einer Position zur nächsten. Trotzdem fanden wir mehrere gute Punkte, wo wir die Verbände zur

Verteidigung des Lagers im Osten und Süden in Gefechtsbereitschaft bringen konnten. Während ich einem der Trupps Anweisungen gab, schlug eine Granate genau dort ein, wo ich unmittelbar zuvor eine andere Schützengruppe postiert hatte. Es sah nach einem Volltreffer aus.

Ich nahm das Funkmikrofon, doch ehe ich nachfragen konnte, hörte ich die Stimme von Shai Avitak, dem leitenden Offizier in der Stellung. »Alles klar, keine Sorge«, sagte er, munter wie immer. Doch ich machte mir Sorgen. Ich sprang in den Jeep und raste zu der Stellung. »Ein paar von den Jungs hat es umgeworfen, mehr nicht«, sagte Shai lächelnd, als ich neben ihm anhielt. »Blaue Flecken, aber niemand verwundet.«

»Okay«, erwiderte ich erleichtert. »Bleibt in euren Positionen.«

Das Artilleriefeuer ging weiter, doch es war nicht so heftig, daß ich in Deckung gehen mußte, es ebbte sogar ab, wie ein schweres Unwetter, das in einen Nieselregen übergeht. Ich erkundete den Ostzaun des Lagers, der in Richtung auf die syrischen Truppen verlief. Ein ausgebrannter syrischer Panzer, der noch rauchte, nachdem er am Vortag in Flammen gestanden hatte, berührte mit seinem Geschützrohr den Zaun. Ich beschloß, Barazani erneut zu der Panzerjagd zu drängen, und ging ein zweites Mal zu ihm.

»Avraham Arnan hat mich angerufen«, sagte Zvi, als ich eintrat. »Es paßt ihm gar nicht, daß ihr hier seid. Er möchte, daß ihr zu eurem Stützpunkt zurückfahrt.«

Ich schüttelte nur bestürzt den Kopf, denn ich konnte einfach nicht begreifen, warum jemand dagegen war, daß die besten Kämpfer des Landes ihre Hilfe anboten. Aber mir war klar, daß es Barazani nach Arnans Anruf unmöglich war, uns sein Okay für die Panzerjagd zu geben.

Ich schlenderte im Lager umher und dachte an Karameh, wo ich erstmals erlebt hatte, daß die IDF alles andere als vollkommen waren, und ich mußte an Degania denken, wo meine Großeltern mitgeholfen hatten, den Grundstein für die aktive Verteidigung des jüdischen Volkes in ihrem Land zu legen.

Da setzte erneut heftiges syrisches Artilleriefeuer ein. Ich rannte zur Einsatzleitung, um herauszufinden, was los war.

Überall am Golan wüteten Panzergefechte. Die Syrer hatten zehnmal so viele Panzer wie wir. Die 188. Panzerbrigade setzte zunächst 57 Panzer ein und wehrte 600 feindliche Panzer ab; ihre Verluste betrugen 90 Prozent. Die 7. Panzerbrigade begann mit 70 Panzern und wurde ebenfalls stark dezimiert.

Weitere Meldungen kamen herein. Von einigen Reservetruppen, die an der Front eintrafen, hörten wir, daß sie aufgehalten wurden, weil in der Nachhut das absolute Chaos herrschte. Das Generalhauptquartier in Tel Aviv appellierte an alle, durchzuhalten, bis Verstärkung käme. Doch niemand konnte sagen, wie lange es dauern würde. In der Zwischenzeit hielt eine Handvoll Panzer einen endlosen Strom von feindlichen Panzern auf, die das Plateau überqueren wollten.

Doch Barazani hatte gute Nachrichten für mich. Raful hatte eine Entscheidung getroffen. Er wollte, daß die Sayeret-Matkal-Trupps am nächsten Morgen auf Panzerjagd gingen. Endlich konnte ich mir etwas Ruhe gönnen, wußte ich doch, daß wir am nächsten Tag zum Einsatz kommen würden.

Kommando gegen Kommando

Im Krieg gibt es keinen Schlaf. Keinen richtigen Schlaf. Keinen tiefen Schlaf in einem Bett. Ich machte ab und zu ein Nickerchen, immer nur für ein paar Minuten. Ganz, ganz selten, wenn ich Glück hatte, konnte ich ein oder zwei Stunden rausschlagen. In der ersten Nacht in Nafah ging ich in ein leeres Büro, setzte mich auf einen Stuhl, mit den Füßen auf dem Schreibtisch, und lehnte mich zurück, das Gesicht zum Fenster gewandt, damit ich bei Tagesanbruch wach wurde, noch vor Sonnenaufgang.

Sobald ich wach war, ließ ich mir kaltes Wasser übers Gesicht laufen und kontrollierte die Trupps in ihren Stellungen um das Lager herum. Der Morgennebel verhüllte die Szenerie, doch sobald es hell wurde, war alles deutlich zu erkennen. Unsere amerikanischen Pattons und britischen Centurions, die feindlichen T-52er und T-54er aus sowjetischer Herstellung, die Panzer und Jeeps und APCs und Halbkettenfahrzeuge, die in den ersten beiden Kriegstagen im Einsatz gewesen waren, standen verlassen in der Landschaft herum wie weggeworfenes kaputtes Spielzeug.

Während meines Inspektionsgangs kam über Funk ein Anruf vom nördlichen Rand des Lagers. »Hubschrauber«, meldete er. »Im Anflug von Nordosten.« Ich blickte in die Richtung.

Drei feindliche Hubschrauber flogen am Horizont von Osten nach Westen. Ich war mir relativ sicher, daß sie nach Süden entlang der Straße abdrehen wollten, die von Norden nach Süden über die Golanhöhen führt und parallel zu einer Pipeline verläuft, die früher Öl vom Irak zum Hafen von Haifa beförderte, als die Briten noch den Nahen Osten beherrschten.

Jetzt gingen die Hubschrauber unmittelbar hinter der Pipeline knapp zwei Kilometer nördlich von Nafah langsam auf ein Feld runter.

»Yonni!« rief ich über Funk. »Etwa anderthalb Kilometer nördlich von uns landen Hubschrauber.« Wir wußten beide, daß wir zu den Hubschraubern gelangen mußten, bevor die feindlichen Soldaten an Bord ausschwärmen konnten, und zwar sehr wahrscheinlich in Richtung Nafah. Die Sayeret Matkal greift grundsätzlich lieber an als zu verteidigen.

Sobald Yonni meine Meldung bestätigt hatte, wies ich sämtliche Gruppenführer an, ihre Männer schleunigst auf die APCs zu verfrachten. Und schon brausten wir über die parallel zur Pipeline verlaufende Straße.

Das ganze Gebiet in jenem Teil des Golan besteht aus Hügeln und schroffem Gelände, das mit Steinen und Felsbrocken übersät und mit trockenen Dornenbüschen bewachsen ist. Von der Straße aus sahen wir, wie die Hubschrauber hinter einem Hügel verschwanden und kurz darauf starteten, um nach Osten in Richtung syrische Grenze zu fliegen.

Yonni führte unsere Truppe im vordersten APC an, meine Kompanie war hinter ihm, gefolgt von Yuris Einheit. Ein Dutzend APCs jagten die Pipeline-Straße entlang auf den Landeplatz der drei feindlichen Hubschrauber zu, die, so rechnete ich aus, etwa fünfzig Soldaten transportieren konnten. Wir waren fast doppelt so viele.

Yonni gab etwa 300 Meter vor dem Hügel, wo die syrischen Truppen gelandet waren, den Befehl zum Anhalten. Wir sprangen von den Fahrzeugen und bewegten uns in klassischer Angriffsformation.

Wir rückten von Felsblock zu Felsblock vor, wobei wir uns gegenseitig ständig Feuerschutz gaben. Das Gefechtsprinzip der IDF lautet Angriff, und wir mußten ständig schießen und in Bewegung bleiben, um dem Feind kein Ziel zu bieten.

Als wir den Hügel zur Hälfte erklommen hatten, etwa 20 Meter von der Spitze entfernt, nahmen sie uns unter Beschuß. Wir erwiderten das Feuer und setzten unseren Angriff fort; wir liefen und schossen, liefen und schossen, ohne auch nur einmal Deckung zu suchen, und jeder von uns wußte genau, was er zu tun hatte. Die ersten Handgranaten flogen durch die Luft.

»Granate!« hörte ich jemanden rufen. Drei Handgranaten flogen über meinen Kopf hinweg. Ich warf mich zu Boden in Deckung. Noch bevor die aufgesprengte Erde auf den Boden aufschlug, rannte ich bereits wieder und blieb nur stehen, um meine Kalaschnikow nachzuladen.

Kurz vor dem Gipel warfen auch wir unsere Granaten. Die Explosionen krachten wie Donnerschläge, das Schießen erstarb, und wir hatten den Hügel in unserer Gewalt. Fünfundzwanzig syrische Kommandosoldaten in nagelneuen Tarnanzügen lagen tot um uns herum. Wir suchten uns auf allen Seiten des Hügels günstige Angriffspunkte und hielten Ausschau nach weiteren syrischen Kommandosoldaten.

Mein Trupp lag östlich von Yonnis auf dem Hügel. Wir verständigten uns über Funk, befanden uns aber in Rufweite zueinander. Der Hügel war zwar jetzt in unserer Gewalt, doch in dem in Nebel gehüllten zerklüfteten Gelände konnte der Feind sich hervorragend hinter Büschen und Felsblöcken, in Bodensenken und alten Panzergräben verstecken. Ab und zu gab einer von unseren Männern einen gezielten Schuß ab, wenn sich vor uns irgend etwas Verdächtiges bewegte.

Mit der Morgensonne löste sich der Nebel auf. Etwa 30 Meter vor mir in östlicher Richtung sah ich einen behelmten Kopf auftauchen und wieder verschwinden. Die Bodensenke, so erkannte ich, war ein alter Panzerabwehrgraben. »Yonni! Feind im Panzergraben! Gib mir Feuerschutz! Ich greife an!« rief ich und gab meinem Trupp gleichzeitig das Zeichen, mir zu folgen. Doch als wir aufsprangen, um anzugreifen, sah ich, daß Yonni und etwa zehn seiner Kämpfer aus allen Rohren feuernd bereits auf die feindliche Stellung zuliefen.

Rasch gab ich meinem Trupp Befehl, die Taktik zu ändern und Yonni und seinen Leuten Feuerschutz zu geben, damit die Syrer die Köpfe unten behielten. Weiterhin feuernd, suchten wir uns bessere Positionen in Richtung des Grabens.

Gidon Avidov, ein junger Offizier aus Nahalal, stieß ein paar Meter von mir entfernt einen gellenden Schrei aus. Er blickte nach unten auf seinen Bauch und brach zusammen.

»Sani«, rief ich. Zwei Soldaten packten Gidon und zogen ihn in Deckung. Yonni und seine Leute erreichten den Graben und schossen hinein. Ich lief die letzten zehn Meter, gefolgt von einem Dutzend meiner Männer, und auch wir gaben ein paar Salven in den Graben ab.

Feindliche Soldaten, allesamt tot, lagen auf einem Haufen in einer Ecke des Panzergrabens, in der sie vor unserem Beschuß Schutz gesucht hatten. Aber hatten wir sie auch wirklich alle erwischt, fragten Yonni und ich uns. Wir gingen zwischen Felsen und Büschen in Deckung und beobachteten die Szene vor uns. Wieder lagen wir in der Stille nach dem Lärm auf dem Boden und lauschten, ob sich irgendwelche Überlebenden in dem Gelände davonschleichen würden. Hin und wieder durchbrach ein vereinzelter Schuß aus dem Gewehr eines Soldaten die Stille, der glaubte, irgend etwas vor uns hätte sich bewegt.

Auf einmal kam ein Syrer hinter einem Felsen hervor, die Hände über dem Kopf. »Nicht schießen!« rief er auf englisch.

Wir näherten uns vorsichtig. Er trug das Rangabzeichen eines syrischen Offiziers und humpelte auf uns zu, sein Tarnanzug war von einer Wunde am Bein blutgetränkt.

»Keine Bewegung«, rief ihm jemand auf arabisch zu.

Der Syrer blieb stehen. »Ihr habt alle getötet«, sagte er traurig, als wir uns vorsichtig näherten, um sicherzugehen, daß er allein war.

»Wie viele?« fragte Yonni.

»Wir waren 42 Soldaten«, erwiderte der Syrer.

Yonni und ich wiesen unsere Männer an, die Leichen zu zählen. Mit den 10 Soldaten im Graben und den 31 auf dem Hügel kamen wir mit unserem Gefangenen – dem befehlshabenden Offizier, einem Major – auf 42.

Gidon Avidov starb später im Krankenhaus. Baruch Zur, ein Reservist aus dem Moshav Hatzeva, starb im Kampf, die Sanitäter hatten ihn nicht retten können. Ein paar andere Soldaten waren leicht verwundet.

Die toten syrischen Kommandosoldaten waren gut ausgerüstet; sie hatten neue Kalaschnikows, Ferngläser aus der DDR, Kampfmesser und Proviant. Der syrische Major sagte uns, daß wir die beste Elitekommandoeinheit der syrischen Armee vernichtet hätten. Sie hatten zwar verbissen gekämpft, doch sie hatten gegen uns keine Chance. Entschlossen, aggressiv und kampfbereit, hatten wir unser Bestes gegeben und sie überrollt.

Der Berg jenseits des Tals der Tränen

Ich wartete noch immer darauf, daß Raful mir offiziell den Auftrag erteilte, mit »der Einheit« hinter den feindlichen Linien auf Panzerjagd zu gehen. Doch Raful hatte an jenem Montag, 48 Stunden nach Kriegsbeginn, andere Sorgen.

Am Samstag nachmittag hatten die Syrer mit 1500 Panzern angegriffen. Bereits am Montag morgen hatte Avigdor »Yanosh« Ben-Gal, der Kommandeur der 7. Panzerbrigade, die bei Ausbruch des Krieges aus über 70 Panzern bestand, nur noch 7 übrig. Die 188. Panzerbrigade war fast vollständig vernichtet. Ihr Kommandeur Itzik Ben-Shoham und sein Stellvertreter waren bei dem Versuch getötet worden, die Pipeline-Straße zu verteidigen, eine wichtige Nord-Süd-Verbindung am Golan.

Ich versuchte, nicht die Geduld zu verlieren, während ich in Nafah auf eine Telefonverbindung mit Raful wartete. Als ich mittags bei Barazani in der Einsatzzentrale war, klingelte das Telefon. Barazani hob ab, hörte einen Moment zu und sagte dann: »Er ist gerade hier.« Ich war mir sicher, daß Raful am anderen Ende der Leitung war, als Barazani mir den Hörer reichte.

Doch statt dessen hörte ich Avraham Arnans schneidende Stimme. »Was treibst du da?« begann er. »Ich komme...«

Ich fiel ihm ins Wort, um seine Eröffnungsfrage zu beantworten. »Wir jagen dem Krieg hinterher, Avraham«, sagte ich. »Wir hatten ein Gefecht mit einer syrischen Kommandoeinheit. Baruch Zur und Gidon Avidov sind tot.« Es wurde still in der Leitung. Baruch Zur hatte in den Anfängen der Sayeret Matkal unter Avraham gedient, der damals noch Kommandeur »der Einheit« war.

Doch dann wiederholte er in scharfem Ton seine erste Frage. »Was treibst du da? Mach, daß du zurück zum Stützpunkt kommst, unsere Soldaten sind zu kostbar, um in der Schlacht verheizt zu werden.«

»Avraham, was ist los mit dir?« fragte ich. »Das Land befindet sich im Krieg...«

»Bleib, wo du bist«, unterbrach er mich. »Ich bin unterwegs.«

Eine halbe Stunde später traf er mit einem Jeep ein, kam in den Einsatzraum und rief mich nach draußen, um mit mir unter vier Augen zu sprechen.

»Hör mal«, begann er ohne Umschweife. »Du mußt die Soldaten zurück zum Stützpunkt bringen. Sie sind was Besonderes. Was ganz Besonderes. Sie sind für Missionen zwischen Kriegen da, nicht im Krieg. Laß die Sache von der Panzertruppe erledigen.«

Da Arnan die Einheit gegründet hatte, hatten wir eine besondere Beziehung zu ihm, zumal er an Krebs erkrankt war, den er bis zum Schluß hartnäckig bekämpfte. Doch was den Auftrag »der Einheit« im Kriegsfall betraf, war ich anderer Meinung als er, und das machte ich ihm klar.

»Das hier ist ein Krieg des Volkes Israel«, sagte ich. »Kein Privatkrieg zwischen der Panzertruppe und irgendeinem Feind. Kein Soldat hat blaues Blut. ›Die Einheit‹ ist in diesem Krieg. Wir suchen ihn, bis wir ihn finden. Und dann werden wir kämpfen, so gut wir können.«

Er dachte einen Moment nach und machte mir dann einen Vorschlag. »Wenn ihr unbedingt was tun wollt, dann habe ich einen Auftrag für euch. Erbeutet eine SAM-6 für die nachrichtendienstliche Auswertung.«

Mit den neuesten SAMs sowjetischer Bauart schirmten die Syrer fast ihre gesamte Seite des Schlachtfeldes ab und vereitelten so die Versuche unserer Luftwaffe, sie auf ihrem Vormarsch zu treffen, geschweige denn ihre Stellungen aus der Luft aufzuklären. Wir wußten beide, daß der Diebstahl einer SAM-6 durch die Sayeret Matkal bereits vor dem Krieg hätte vorbereitet werden müssen. Aber ich wollte mich mit ihm nicht über das Für und Wider eines Auftrags streiten.

»Schön«, sagte ich. »Wir werden auch das versuchen.« Doch hier ging es um weit mehr als um die Einzelheiten unseres Einsatzes. Und das wollte ich klar zur Sprache bringen. »Du kannst nicht erwarten, daß ich untätig herumsitze, während das Land um sein Leben kämpft«, fügte ich hinzu.

Es stimmte, eigentlich waren wir für die Auseinandersetzungen zwischen den großen Kriegen zuständig, für Spezialeinsätze. Wir hatten geübt, wie sich SAMs jedweder Bauart ausschalten ließen, und zwar mit Modellen aller bekannten Boden-Luft-Raketen-Systeme.

Während des Zermürbungskrieges wurde durch eine IDF-Operation eine sowjetische SAM-Batterie buchstäblich aus ihrer Stellung in Ägypten ausgehoben, ein gefundenes Fressen für unseren militärischen Nachrichtendienst. Und wir wußten, daß es zur Neutralisierung einer SAM-6 genügte, das Radarleitsystem zu treffen, ohne die Raketen selbst zerstören zu müssen, was ziemlich schwierig war.

Wir konnten uns in feindliches Gebiet schleichen und eine SAM-6 klauen. Doch so etwas ging nicht ohne Planung, Logistik und Aufklärungsergebnisse. Ebenso wie wir auf die Aufklärung angewiesen waren, um Panzer ausfindig zu machen, brauchten wir sie für die Ortung der mobilen Raketenbatterien, die von den Syrern, eben damit wir sie nicht orten konnten, ständig verlegt wurden.

Es war zum Verzweifeln: Da die Luftwaffe die mobilen SAM-Batterien nicht überfliegen konnte, hatten wir keine Luftaufnahmen der SAMs, die nötig waren, um sie auszuschalten. Das brachte mich zu einem Entschluß. Sobald der Krieg vorbei war, würden wir Pläne für unseren Einsatz in einem nächsten Krieg aufstellen und nicht nur für Spezialoperationen zwischen den großen Auseinandersetzungen. Doch zunächst einmal galt es, den gegenwärtigen Kampf auszufechten.

Ich beschloß, Raful aufzusuchen. Ich fuhr allein mit einem Jeep zu Rafuls mobilem Divisionshauptquartier, das noch immer auf einem APC am mittleren Golan untergebracht war, ein paar Kilometer von der Stelle entfernt, wo wir die syrischen Kommandosoldaten eliminiert hatten.

»Gestern haben wir darüber gesprochen, daß wir Panzer jagen sollen«, sagte ich, als er sich einen Augenblick von seiner Arbeit an den Funkgeräten und den Karten loseisen konnte. Ich erwähnte unser erfolgreiches Gefecht gegen die syrischen Kommandotruppen mit keinem Wort. »Wir warten auf deinen Befehl.«

Er starrte mich einen langen Augenblick aus müden Augen an. »Komm«, sagte er schließlich und sprang von dem APC. »Sprechen wir mit Yanosh.«

Ich folgte ihm zu einem Jeep. Schweigend fuhr er in östlicher

Richtung, vorbei an zerstörten Panzern beider Armeen. Plötzlich zählte er mit Trauer in der Stimme Namen von gefallenen Soldaten der 188. und der 7. Brigade auf. Er sprach von Tapferkeit, Hingabe und Heldenmut, Worte, die uns nur selten über die Lippen kommen.

»Die zwei besten Panzerbrigaden in den IDF«, sagte er betrübt. »Keine Brigade hat bisher so gute Arbeit geleistet und ihre Sache so ernst genommen.« Aus dem Munde eines Sohnes des Jezreel-Tals war das das größte Lob überhaupt.

Er rühmte Offiziere wie Itzik Ben-Shoham, den Kommandeur der 188. Brigade, der bei dem Versuch gefallen war, die Pipeline-Straße zu verteidigen, und Yanosh Ben-Gal, der die Reste der 7. und 188. mobilisierte, um die Front gegen die Syrer zu halten. Er sprach von Itzik im Präsens. Doch wir beide wußten, daß Itzik am Sonntag morgen im Kampf getötet worden war.

Wir erreichten Yanoshs Stellung auf einem Hügel mit Blick über ein Tal, das man später als Tal der Tränen bezeichnet hat, weil dort in den ersten Kriegstagen so viele Menschen ihr Leben verloren. Gemeinsam zählten wir die zerstörten syrischen Panzer, die in der überwiegenden Mehrheit nach Osten zeigten, als hätten sie versucht, zurück hinter ihre eigenen Linien zu fliehen. Bei 120 hörten wir auf zu zählen.

Viele von den feindlichen Panzern sahen unversehrt aus; wahrscheinlich waren sie zurückgelassen worden, noch bevor sie zum Einsatz gekommen waren. Durch unsere Ferngläser sahen wir in der Ferne syrische Panzerbesatzungen, die zu Fuß das Schlachtfeld verließen, um nach Hause zu gehen. Einen Moment lang mußte ich an den Sinai im Sechstagekrieg denken. Doch ich schlug mir den Vergleich aus dem Kopf, wußte ich doch nur zu gut, was in den ersten 60 Stunden des Krieges geschehen war. 1967 hatten die Araber die Beine in die Hand genommen. 1973 kämpften sie.

Raful durchbrach das Schweigen. »Ich schlage folgendes vor«, sagte er zu Yanosh. »Muki und seine Jungs greifen die Panzerbesatzungen an, die noch am Leben sind und sich nicht ergeben wollen, und sie schaffen alle noch brauchbaren Panzer zurück.« Keine schlechte Idee, dachte ich, obwohl ich lieber Jagd auf angreifende Panzer gemacht hätte.

Doch Yanosh hatte eine bessere Idee. »Die Schlacht hier ist vorbei«, sagte er. »Ich denke, es wird Zeit, daß wir einen Gegenangriff planen.« Er zeigte nach Osten ins Tal über die zahllosen zerstörten und verlassenen Panzer hinweg. »Die hier sind erledigt. Wir sollten ›die Einheit‹ für die Offensive verwenden.«

In unserer Armee kann ein untergeordneter Offizier anderer Meinung sein als sein Kommandeur, und er kann ohne Bedenken eine Idee äußern, die er für besser hält. Ich schloß mich Yanoshs Meinung an. Er hatte Weitsicht, eine Fähigkeit, die ein General unbedingt besitzen muß. Wir warteten beide stumm auf Rafuls Antwort. Ich überlegte, welche Gedanken ihm durch den Kopf gehen mochten.

Am Golan wurde noch immer gekämpft. Die Syrer hatten den strategisch wichtigen Beobachtungsposten auf den schneebedeckten Gipfeln des Hermonmassivs im Norden eingenommen, den wir ihnen im Jahre 1967 abgerungen hatten. Von dieser Stellung aus hatten wir damals weite Gebietsstreifen im Libanon, in Syrien und Jordanien überblicken können. Jetzt konnten sie mit Hilfe eines hervorragenden elektronischen Überwachungssystems, das wir dort eingerichtet hatten, die gesamte nördliche Hälfte unseres Landes beobachten.

In Hushniyeh, südlich von uns im Golan gelegen, tobten weiterhin erbitterte Panzergefechte. Dorthin hatte Giora Zorea die andere Hälfte »der Einheit« geführt, als wir am Sonntag mit unserem APC-Konvoi die Golanhöhen erreichten. Und noch weiter südlich strömten ägyptische Truppen ununterbrochen über den Suezkanal in den Sinai.

Ich stimmte Arnan in einer Hinsicht zu: Die Panzerwaffe trug die Hauptlast des Krieges, nicht die Infanterie. Der Krieg hatte mit der größten Panzerschlacht der Geschichte begonnen, einer Schlacht, in der unsere Soldaten mit unglaublichem Mut der Übermacht des Feindes standhielten. Als ich über das Tal der Tränen blickte, empfand ich eine tiefe Dankbarkeit gegenüber den Hunderten von Panzersoldaten, die ihr Leben geopfert hatten, um den feindlichen Angriff aufzuhalten.

Aber ich hatte auch den Eindruck, daß die Schlacht nicht mit dem nötigen taktischen Geschick geführt worden war. Wie im Ersten Weltkrieg kämpften einzelne Truppenteile gegeneinander; es wurden also nicht die technologischen und taktischen Mittel eingesetzt, die Israel meiner Überzeugung nach auf dem Schlachtfeld einen Vorteil verschafft hätten. Wir waren die besten Nachtkämpfer im Nahen Osten, doch die Generale machten sich diesen Umstand nicht zunutze. Wir hätten sicherlich einiges mehr übernehmen können: Aufklärungsmissionen zur Zielortung, Angriffe auf feindliche Nachschubkonvois und syrische Panzerparks, Sabotageeinsätze hinter den feindlichen Linien.

Der Verlauf des Krieges wurde in den ersten Tagen von einzelnen Soldaten, wie beispielsweise Avigdor Kahalani, entscheidend beeinflußt. Yanoshs Bataillonskommandeure bekamen alle nach dem Krieg Orden verliehen. Kahalani wurde die höchste Tapferkeitsauszeichnung überhaupt verliehen.

Nachdem sein Bataillon stark dezimiert worden war, hielt er mit seinem letzten Panzer allein einen Strom syrischer Panzer auf, die versuchten, östlich von Kuneitra, einer verlassenen syrischen Stadt, die wir 1967 im Sechstagekrieg erobert hatten, das Tal der Tränen zu durchqueren.

Ich hatte mitbekommen, wie Raful über Funk mit Avigdor gesprochen hatte. Ich kannte Avigdor als schüchternen, klugen Mann und wußte, daß er als junger Zugführer im Sechstagekrieg schwere Brandwunden erlitten hatte. Er brachte es bis zum Bataillonskommandeur und ging nach seiner Pensionierung in die Politik.

Raful hatte Avigdor nicht im autoritären Kommandoton Befehle erteilt, sondern Ratschläge gegeben. Er hatte ihm Mut zugesprochen, bis Avigdor schließlich, als er kein Benzin mehr hatte und nur noch wenige Granaten, erklärte, daß der Kampf verloren sei. »Halt durch«, flehte Raful ihn an, »nur noch fünf Minuten.«

Es war eine Bitte, kein Befehl, und sie machte uns allen Mut, sprach doch aus ihr Gelassenheit und Erfahrung, wie sich Angst überwinden läßt, wenn man den Blick auf das Wesentliche richtet. »Es ist nicht nur für dich hart, auch für die auf der anderen Seite«, fuhr Raful fort, mit der Sicherheit eines erfahrenen Kämpfers und in einem fast heiteren Ton, der Zuversicht vermittelte. »Halte noch fünf Minuten durch«, wiederholte er mit einer Eindringlichkeit, der man sich nicht entziehen konnte. Die fünf Minuten schienen wie eine

Ewigkeit. Doch Avigdor hielt durch. Und so wie Raful es vorhergesehen hatte, kam der syrische Angriff zum Stillstand.

Jetzt, auf dem Hügel mit Blick über das Tal der Tränen, wo ich auf Rafuls Entscheidung wartete, schloß ich mich Yanoshs Meinung an. Die syrischen Soldaten auf der Flucht zu verfolgen wäre für »die Einheit« mit ihren herausragenden Möglichkeiten reine Verschwendung. Wir gehörten als integraler Bestandteil unseres Gegenangriffs an die Spitze, um so die Syrer auf ihr Territorium zurückzudrängen.

Schließlich traf Raful seine Entscheidung. »Okay«, sagte er an mich gewandt. »Unterstütz mit deinen Jungs Yanoshs Brigade. Und treibt sie zurück.«

Yanosh grinste und entschied auf der Stelle, uns Yossi Ben-Hanan zuzuteilen, einem hervorragenden, tapferen Panzeroffizier, der am Morgen am Golan eingetroffen war. Bei Kriegsausbruch hatte er gerade im Himalaya seine Flitterwochen verbracht. Nun machten wir uns gemeinsam daran, die Syrer an die »purple line« zurückzudrängen, jene Waffenstillstandslinie, die die Kartographen nach dem Sechstagekrieg festgelegt hatten.

Im Gegensatz zum Sechstagekrieg, wo wir als Aufklärungstrupp die Vorhut für die Panzerbrigade bildeten, fuhr Yossi Ben-Hanan nun mit seinen Panzern voraus, und wir folgten mit APCs und Halbkettenfahrzeugen. In kurzen, heftigen Gefechten zwangen wir den Feind, sich immer weiter zurückzuziehen. Während die Panzer mit ihrem Feuer die Entscheidung herbeiführten, flankierten wir das Gefechtsfeld zu Fuß und zerstörten Panzer mit Panzerfäusten und Bazookas. Wir eliminierten unterwegs feindliche Infanteriestellungen, die hartnäckig Widerstand leisteten, und als die Kämpfe im Laufe des Tages abflauten, hielten wir Wache bei den schlafenden Soldaten und den fünf Panzern des kleinen Bataillons.

Am Ende des fünften Gefechtstages, einem Mittwoch, erreichten wir die »purple line« in unserem Sektor. Die Straße von Kuneitra nach Damaskus lag vor uns. Stabschef David »Dado« Elazar forderte die Regierung auf, uns den Befehl zum Vorstoß zu geben, um die syrische Hauptstadt zu bedrohen. Am Donnerstag morgen erhielten wir den Auftrag, die »purple line« zu überschreiten. Am Freitag morgen erreichten wir nach ununterbrochenen Kämpfen erschöpft Hales, wo wir uns in einem verlassenen syrischen Stützpunkt ausruhen konnten, während die Generale den nächsten Schritt planten, den Vorstoß über den Leja, einen kahlen Landstrich aus schwarzem Vulkangestein zwischen uns und Damaskus.

Die Männer verteilten sich und versuchten, etwas Schlaf zu finden, den sie auch dringend benötigten. Ich lag auf einer Bank in einem APC, beobachtete die Wolken und Flugzeuge am Himmel, lauschte den Funkmeldungen über die laufenden Gefechte. Yonni schlief unter einem Baum neben dem APC.

Der Bimsstein im Leja wirkte auf die Gummisohlen unserer Fallschirmjägerstiefel oder die Vorderreifen eines Halbkettenfahrzeuges wie eine Käsereibe. Sogar für die metallenen Panzerketten eines APC war die Fahrt über das harte, brüchige Gestein des Leja nicht unproblematisch. Doch wir mußten durch das Gebiet, um unsere Fernkampfartillerie in Reichweite des Westrandes von Damaskus zu bringen.

Ausgestreckt auf der Metallbank eines APC, wartete ich also mit den übrigen Kommandosoldaten darauf, daß Raful das Signal zum Angriff gab. Doch während ich halbwach dem Funkverkehr lauschte, wurde mir klar, daß Yanosh weiterhin Truppen auf den Vormarsch schickte, darunter Yossi Ben-Hanan, der mit seinem halben Dutzend Panzer auf dem zerklüfteten Gestein des Leja in Richtung Tel Shams unterwegs war, einen syrischen Stützpunkt mitten in dem Vulkangebiet.

Direkt nachdem Yossi seinen fünf Panzern den Befehl zum Vormarsch gegeben hatte, kam der Befehl von Raful. »Alle Truppen halt«, hörte ich ihn sagen.

»Yossi, Vormarsch einstellen«, gab Yanosh an Ben-Hanan durch.

Im Funkgerät rauschte es. »Wir können jetzt nicht mehr zurück«, sagte Yossi schließlich. »Wir sind mitten im Leja, klar zum Angriff. Laß mich den Vorstoß zu Ende führen.«

Es folgte eine lange Pause. Dann sagte Yanosh: »Okay, mach weiter.«

Merkwürdig, dachte ich. Raful hatte nicht mitbekommen, daß Yanosh Yossi sein Okay gegeben hatte. Yanosh unterrichtete Raful nicht darüber, daß Yossi auf eigene Faust weiter vorrückte.

Ich hörte über Funk, wie Yossi seinen Soldaten zurief: »Es geht weiter, mir nach, los weiter.« Seine Stimme bebte vor Aufregung, als er die Befehle erteilte, und sie rückten weiter auf syrischem Gebiet vor.

Mit einemmal übertönte das Dröhnen von Phantom-Jets sämtliche Geräusche. Nachdem sie vorbeigeflogen waren, konzentrierte ich mich wieder auf die Funkmeldungen und hörte gerade noch, wie Yossi durchgab, daß er mit seinem Verband den Rand von Tel Shams erreicht hatte. »Wir kommen aus einer unerwarteten Richtung und werden sie überraschen können«, sagte er und fügte hinzu: »Sie werden mir für mein Ohr bezahlen.« Eine syrische Rakete, die am ersten Kriegstag ganz in seiner Nähe explodiert war, hatte Yossis Trommelfell beschädigt.

Ich bekam nicht mit, was Yanosh erwiderte, doch nach einer langen Pause hörte ich Yossis Befehl: »Vorwärts! Marsch zum Angriff! Gott sei mit uns.« Ich habe es immer als unangemessen empfunden, an Gott zu appellieren, wenn man in die Schlacht zieht.

Die Schüsse in Tel Shams waren über Funk deutlich zu hören. Zuerst meldete ein Panzer, dann ein zweiter erfolgreiche Abschüsse – und dann, daß sie selbst getroffen waren. Plötzlich rauschte es nur noch im Funkgerät, und dann war gar nichts mehr zu hören.

Yanoshs Stimme durchbrach die unheimliche Stille, als er Yossis Namen rief. Nichts.

Ich wollte schon Yonni wecken, ihm sagen, daß es für uns was zu tun gäbe – nämlich Yossi und seine Einheit herauszuholen –, als Raful über Funk mit Yanosh sprach.

»Okay, wie viele Panzer hast du?«

Yanoshs angespannte Stimme verriet, wie ihm zumute war, als er Raful von Yossis Vormarsch erzählte. »Ich weiß nicht, was mit ihm passiert ist«, gab Yanosh zu.

Doch ehe Raful etwas erwidern konnte, kam Yossis Stimme aus einem anderen Funkgerät, einem kleinen Infanteriegerät, das auf unsere Frequenz eingestellt war und das wir ihm gegeben hatten, als er sein Bataillon übernahm. Gemessen an der Aufgeregtheit und Tatkraft, die er noch kurz zuvor ausgestrahlt hatte, klang er jetzt ruhig, aber sehr müde.

»Yanosh«, sagte er. »Wir sind getroffen. Alle Panzer. Verluste. Ich habe ein Bein verloren.«

»Wo bist du?« fragte Yanosh mit besorgter Stimme. »Von wo sprichst du?«

»Neben meinem Panzer«, sagte Yossi mit sehr schwacher Stimme. »Mein Panzer... verloren.«

Stille trat ein, und die Spannung wuchs mit jeder Sekunde. Dann ertönte Yossis müde Stimme wieder. »Yanosh. Ich habe ein Bein verloren«, wiederholte er.

Ich wußte, daß sie eng befreundet waren. »Beweg dich nicht«, flehte Yanosh. »Trink etwas Wasser«, riet er ihm. »Schließ die Augen«, sagte er und korrigierte seinen Fehler sofort wieder. »Nein, nicht die Augen schließen.« Yanosh hörte sich sehr erschüttert an. Bis dahin hatte er alle, die ihn während des Krieges über Funk hörten oder mit ihm persönlich sprachen, beruhigen und ihnen Mut machen können. Zum erstenmal hörte ich Angst in seiner Stimme mitschwingen.

Mittlerweile war ich von den Ereignissen so gefesselt, daß meine Erschöpfung verflogen war. Ich weckte Yonni und setzte ihn kurz über die Lage in Kenntnis. Wir riefen ein Dutzend Soldaten zusammen, je sechs für zwei Halbkettenfahrzeuge, und brausten zu Yanoshs Befehlsstand etwa einen halben Kilometer östlich von uns. Währenddessen ging das Funkdrama weiter, und Rafuls nasale schleppende Stimme, an der er leicht zu erkennen war, ertönte aus dem Lautsprecher.

»Wie sieht's mit deiner Truppe aus?« fragte Raful Yanosh.

Yanoshs Stimme zitterte, was für ihn ganz untypisch war. »Fünf von meinen Panzern wurden bei einem Angriff auf Tel Shams getroffen. Yossi ist verwundet, er hat ein Bein verloren.« Seine Worte überschlugen sich, als wollte er es möglichst schnell loswerden.

Ich rechnete damit, daß Raful ihm Vorhaltungen machte. Statt dessen fragte er ruhig: »Warum hast du den Trupp ohne Befehl vorrücken lassen?« Doch ohne die Antwort abzuwarten, fragte er: »Okay, wo sind sie jetzt?«

Ich war verblüfft, daß Raful Yanosh keine Vorwürfe machte. Jeder Panzer war äußerst wichtig für uns. Yossis fünf Panzer machten damals die Hälfte des Bataillons aus. Und er hatte sie verloren, nachdem er entgegen dem Befehl tief in feindliches Gebiet vorgestoßen war, obwohl Raful zuvor ausdrücklich einen Aufschub angeordnet hatte, weil er den Einsatz selbst koordinieren wollte.

Doch Raful hörte sich Yanoshs Erläuterungen ohne Zwischenfragen an. Gerade als wir Yanoshs Frontkommando erreichten, hörten wir Rafuls Stimme erneut über den Äther. »Okay, wir kümmern uns drum.« Typisch Raful, dachte ich. Immer die Ruhe selbst. Augenblicklich hatte er begriffen, wie es stand und daß jetzt nicht der Zeitpunkt für Fragen war. Es galt, eine Lösung zu finden, die Vorwürfe konnten warten.

Bis dahin hatte noch niemand vorgeschlagen, daß wir uns um das Problem kümmern sollten, doch da wir die einzige Einheit vor Ort waren, die einen solchen Einsatz durchführen konnte, wußte ich, daß es unsere Aufgabe war. Ich sprang von dem APC und trat in den Kreis besorgter Offiziere, in der Hoffnung, die fühlbare Anspannung mit einem Lächeln mildern zu können. Yanosh und ich haben die gleiche Größe, sind einen Kopf größer als die anderen Offiziere, die unter dem Tarnnetz standen. »Yanosh«, rief ich ihm über seine Mitarbeiter hinweg zu. »Wir holen deine Leute da raus.«

Seine tiefliegenden Augen waren vor Sorge rot gerändert. »Holt Yossi da raus«, sagte er. »Ihr müßt Yossi da rausholen.«

»Wieso nur Yossi?« fragte ich grinsend. »Wir holen sie alle raus.«

Das Tageslicht wurde schon schwächer, als Yonni und ich mit jeweils sechs Soldaten auf zwei APCs über die feindlichen Linien vorrollten und quer durch den Leja Yossis Spur verfolgten, die seine Panzer auf dem zermalmten Gestein hinterlassen hatten.

Etwa 800 Meter von der Stelle entfernt, von der aus Yossi seinen Angriff auf Tel Shams begonnen hatte, verlief die Straße von Kuneitra nach Damaskus durch die steinige Ebene, die uns von dem befestigten Hügel in der Ferne trennte. Wir hielten die Fahrzeuge an, um zu Fuß weiterzugehen.

Als wir die Straße überquerten, trafen wir auf Soldaten von Yossis Einheit. Sie hatten ihre zerstörten Panzer stehenlassen, um sich zu unseren Linien zurückzuschleppen. Sie gingen gebückt, apathisch, mutlos und geschlagen. Einige hatten Pistolen, andere Uzis. Wieder andere hatten ihre Waffen zurückgelassen. Ihre Niedergeschlagenheit bestürzte mich. Doch solange Yossi noch draußen bei seinen Panzern war, hatte ich keine Zeit, darüber zu debattieren, wie sich ein Kampfsoldat der IDF zu verhalten hat.

»Was ist passiert?« fragte ich einen Offizier, den ich aus dem Jezreel-Tal kannte. Er kam später bei einem anderen Gefecht am Golan ums Leben.

»Wir wurden schwer getroffen«, sagte er. »Sehr schwer. Wir waren total in der Scheiße. Wir konnten entkommen«, sagte er weiter und wies auf die Soldaten, die über die Straße auf uns zukamen. »Die anderen ...« Er zeigte auf den brennenden Panzer in der Ferne. »Ich weiß nicht ...«

»Wo ist Yossi?«

»Der brennende Panzer«, sagte der Offizier. »Genau in der Mitte.«

Es schien ihm gleichgültig, daß er seinen Kommandanten zurückgelassen hatte. Ich wunderte mich, daß niemand versucht hatte, Yossi zu retten. »Was ist da hinten passiert?« fragte ich erneut.

»Yossi hat seine Pistole gezogen und gedroht, jeden zu erschießen, der sich weigert, bei dem Einsatz mitzumachen. Aber es war der reinste Wahnsinn. Fünf Panzer am hellichten Tag gegen den ganzen Stützpunkt. Es war Wahnsinn.«

Ob an seinem Vorwurf etwas dran war, konnte später untersucht werden. Zunächst mußten eventuelle Überlebende gerettet werden, bevor die Syrer aus dem Stützpunkt von Tel Shams auftauchten und sie gefangennahmen. Seit Yossis Meldung, daß er ein Bein verloren habe, hatte ich ständig das Bild vor Augen, wie er irgendwo da draußen verblutete. Ich rief meine Männer, und wir liefen weiter in Richtung Stützpunkt, während die hereinbrechende Nacht die Gegend in Dunkelheit tauchte.

Die letzten Meter bis zu Yossis Panzer, aus dessen offenem Turm noch immer Feuer flackerte, gingen wir im Schutz der Dunkelheit. Ich lief voraus, um nach Yossi zu suchen; er lag halb bewußtlos neben dem Panzer. Sein Bein war nicht abgerissen, sondern grotesk verdreht; ein komplizierter Bruch.

Ich hockte mich neben ihn und lächelte. »Du kommst wieder in Ordnung«, flüsterte ich ihm zu. Yossi war in einem Dämmerzustand zwischen Ohnmacht und Schlaf. »Ich habe es auch durchgestanden«, sagte ich in Erinnerung an Karameh. »Dein Bein kommt wieder in Ordnung. Du kommst wieder in Ordnung.«

Kurz darauf war Yonni neben mir mit einem Sanitäter, der Yossis Bein für den Transport auf einer Trage durch den Leja schiente. »Ich suche die anderen Panzer nach Überlebenden ab«, sagte ich zu Yonni und ließ ihn mit dem Sanitäter bei Yossi zurück.

Wir bewegten uns schnell von Panzer zu Panzer durch die Dunkelheit, klopften an die Stahlhüllen und riefen, ob jemand drin sei. Doch der einzige Überlebende, den wir außer Yossi fanden, war ein Funker namens Zvika.

Auf dem Rückmarsch zu den APCs kamen wir nur langsam voran. Wir trugen Yossi auf einer Trage, und der vulkanische Bimsstein riß die Sohlen unserer Stiefel in Fetzen. Schließlich erreichten wir die APCs und machten uns sogleich auf den Weg, doch wieder kamen wir nur langsam voran. Wir beschlossen, für Yossi und Zvika einen Hubschrauber zu rufen.

Wir entdeckten ein schmales Stück, wo der steinige Boden etwas glatter war, und ein Pilot ging mit seiner Maschine vorsichtig nieder. Er vertraute darauf, daß unsere Einheit wußte, wie man einen Hubschrauber an einer scheinbar unmöglichen Stelle zur Landung einweist.

Rasch brachten wir Yossi und Zvika an Bord und sahen dann zu, wie der Hubschrauber abhob und Kurs auf ein Krankenhaus in Israel nahm. Für sie war der Yom-Kippur-Krieg in jener Nacht zu Ende. Für uns gerade mal halb.

Der Weg nach Süden

Genau eine Woche nach Ausbruch des Krieges nahm die Luftlandebrigade Tel Shams ein; vier Soldaten wurden dabei leicht verwundet. Im mittleren Frontbereich, wo wir im Einsatz waren, entstanden neue Frontlinien auf syrischem Gebiet. Unsere Arbeit war mittlerweile Routine – falls man bei einem Krieg von Routine sprechen kann. Die Generale hätten uns meiner Ansicht nach effektiver einsetzen können, doch wir hatten zumindest gut zu tun, und zwar mit den altbewährten Kommandoeinsätzen hinter den Linien.

Es zählte zu unseren Aufgaben, nachts die Linien zu überqueren und tiefer nach Syrien einzudringen, um feindliche Stellungen zu erkunden und Nachschubrouten zu sabotieren, wir jagten syrische Panzer und vereitelten die Versuche der Syrer, unsere Panzer zu jagen.

Yonni und ich teilten die Einheit in zwei Hälften und übernahmen abwechselnd bestimmte Aufträge. In einer Nacht führte er beispielsweise einen Sabotageanschlag auf einen syrischen Nachschubkonvoi aus, in der nächsten zerstörte meine Einheit einen Panzer.

Nach der ersten Kriegswoche wollte Jerusalem den Syrern unmißverständlich klarmachen, daß wir noch tiefer in ihr Gebiet einfallen konnten, falls sie nicht aufhörten, uns unter Druck zu setzen. Doch wenn wir mit unseren 175-mm-Kanonen Damaskus treffen wollten, mußten wir sie mindestens drei Kilometer über unsere Linien hinausbringen. Yonni übernahm den Auftrag, die Kanonen so nahe an das Ziel vorzuschieben, daß wir den Stadtrand von Damaskus unter Granatbeschuß nehmen konnten, und sie zurück zu unseren Linien zu bringen, bevor die Syrer das Feuer erwiderten.

Die Lage am Golan war mittlerweile stabil, doch ich wußte, daß im Sinai noch heftig gekämpft wurde. Die Ägypter setzten ihre Angriffe fort, und pausenlos strömten Soldaten an verschiedenen Stellen über den Kanal. Ich beschloß, mit meinen Berufssoldaten nach Süden zu gehen, und unterbreitete Yonni den Vorschlag.

Ein paar Tage nach Avraham Arnans Besuch an der Front gestand Yonni mir, er sei mit dem Gründer der Sayeret Matkal einer Meinung, daß »die Einheit« zum Stützpunkt zurückkehren sollte. »Arnan hat mich überzeugt«, sagte er. »Also habe ich Raful meine Ansicht mitgeteilt, daß ›die Einheit‹ in ihren Stützpunkt einrücken sollte.«

»Was hat er gesagt?« fragte ich.

»Er hat mich beschämt«, sagte Yonni und lächelte verlegen. »Raful hat gesagt: ›Wir sind klargekommen, bevor ihr hier aufgetaucht seid, und wir können jetzt auch ohne euch klarkommen.‹«

Als ich Yonni sagte, daß ich mit meinen Soldaten nach Süden gehen wollte, beschloß er, mit Reservisten einer anderen Einheit am Golan zu bleiben. Gemeinsam halfen sie schließlich am südlichen Golan mit, die Gipfel des Hermonmassivs von den Syrern zurückzuerobern.

Inzwischen wußten wir, daß die andere Einheit der Sayeret Matkal am Golan, die Giora Zoreas Befehl unterstand, in den Süden nach Hushniyeh gefahren war. Da sie aber dort nichts tun konnten, waren sie nach ein paar Tagen in den Stützpunkt zurückgekehrt. Amiram Levine war inzwischen mit einer anderen Einheit nach Süden an die ägyptische Front gegangen, weil er dort mithelfen wollte.

Ich rief meine Soldaten zusammen, informierte sie über die aktuelle Kriegslage und lobte sie für ihre gute Arbeit. Dann sagte ich ihnen, sie sollten sich für die Rückfahrt zum Stützpunkt fertigmachen, wo wir Aufträge für einen zweiten Kampfabschnitt einholen würden. Obwohl sie mich gut kannten, dachten meine Soldaten, ich hätte damit gemeint, daß unser Einsatz im Krieg beendet sei. Im Stützpunkt angekommen, gingen meine bärtigen und verdreckten Soldaten schnurstracks unter die Duschen und fanden sich dann, nach zehn Tagen Feldverpflegung, wie ausgehungert in der Messe ein, um endlich wieder anständig zu essen. Ich ging derweil zu Giora.

Im Sechstagekrieg hatte er bereits seinen älteren Bruder verloren, der als Kampfpilot über dem Golan abgeschossen worden war. Jetzt war ein zweiter der Zorea-Brüder in einer Schlacht getötet worden. Yohanan war eine Zeitlang in der Sayeret Matkal gewesen und dann zur Panzertruppe gegangen, um dort Karriere zu machen. Als Einsatzoffizier war er gleich bei Ausbruch des Yom-Kippur-Krieges beim ersten Angriff der Syrer am Golan gefallen. Giora war von höchster Stelle untersagt worden, jemals wieder die Grenze zu überschreiten. Die Generale waren zu dem Schluß gekommen, daß die Familie Zorea genug Opfer gebracht hatte, nachdem zwei von sechs Söhnen im Krieg ums Leben gekommen waren.

»Ich gehe nach Süden«, sagte ich zu Giora.

»Amiram Levine und Amitai Nahmani sind bereits da«, sagte er.

Amitai war wie ich Hauptmann, höherer Stabsoffizier in der *Sayeret* Matkal. Als stellvertretender Kommandeur »der Einheit« unter Giora befehligte Amiram sowohl Amitais Truppe als auch eine ihr zugeteilte Gruppe Reservisten.

»Ich schließe mich ihnen an«, sagte ich.

»Aber Muki, die sind seit zehn Tagen dort, um mitzumischen, aber sie haben noch keine einzige Kugel oder einen Ägypter zu Gesicht bekommen. Du bist seit anderthalb Wochen Tag für Tag im Einsatz. Ruh dich doch einfach ein oder zwei Tage hier aus. Und vielleicht brauchen wir dich auch hier«, wandte er ein.

»Ihr habt hier genug Soldaten«, widersprach ich. »Ich bin sicher, wenn wir erst mal da sind, können wir irgendwie von Nutzen sein. Zumindest will ich mir sagen können, daß wir es versucht haben. Genau wie am Golan. Wir machen alles, was anfällt.« Er gab auf, wußte er doch, daß ich bereits Avraham Arnans Bitte abgeschlagen hatte, mit »der Einheit« zum Stützpunkt zurückzukehren.

Ich teilte dem Stab mit, was ich brauchte: sämtliche Karten und Luftaufnahmen des südlichen Frontabschnitts sowie die Funkcodes des Südkommandos und eine frisch ergänzte Ausrüstung. Ich beantragte bei der Luftwaffe einen Flug nach Refidim, dem großen Luftwaffenstützpunkt im Sinai, und rief dann die Einheitsführer und anschließend die gesamte Truppe zusammen.

»Wir fliegen heute abend nach Refidim, wo wir uns Amiram Levines Verband anschließen«, sagte ich. Ich konnte ihnen an den Augen ablesen, wie entsetzt sie waren, doch ich redete weiter, ohne Zeit für irgendwelche Einwände zu lassen. »Wir werden uns weiter an diesem Krieg beteiligen, wie wir es auf den Golanhöhen getan haben. Wir haben es mit einer anderen Front, einem anderen Feind zu tun – Ägypten. Doch es ist derselbe Krieg, und wir sind dieselben

Soldaten.« In ihren Ohren klang das, als hätte ich ihnen nach Beendigung eines 120-Kilometer-Marsches noch mal 100 aufgehalst. Doch niemand stellte die Entscheidung in Frage oder beklagte sich.

Während sie ihre Ausrüstung überprüften, ließ ich mich von einem Nachrichtenoffizier über die Lage an der Südfront unterrichten. Wir hatten den ägyptischen Vormarsch aufhalten können, und Arik Sharons Division war nördlich vom Großen Bittersee über den Suezkanal nach Westen in Ägypten einmarschiert. Aber die ägyptische 3. Armee hielt das Ostufer südlich des Großen Bittersees, und die 2. Armee, nachdem sie über den Kanal zurückgedrängt worden war, nahm Sharons Truppen im Süden unter Beschuß und setzte die IDF, die das Ostufer zurückerobert hatten, heftig unter Druck.

Um Mitternacht flogen wir nach Refidim. Amiram Levine holte uns mit APCs ab. Wir fuhren nach Umm Hashiba, um mit Shai Tamari zusammenzukommen, dem Leiter der Einsatzplanung des Südkommandos, der seinen Nachrichtenoffizier mitgebracht hatte. Doch als wir uns die Karten und neuesten Meldungen ansahen, stellte sich heraus, daß es für uns nichts zu tun gab.

Also suchten wir Haim Bar-Lev auf, den früheren Generalstabschef, der nun das Südkommando leitete. Aufgrund von Meinungsverschiedenheiten zwischen Gorodish, der im Juli zum Kommandeur des Südkommandos ernannt worden war, und Ariel »Arik« Sharon, seinem Vorgänger, hatten Dado und Dayan sich gezwungen gesehen, Bar-Lev das Oberkommando an der Südfront zu übertragen.

Bar-Lev musterte uns ein paar Minuten mit seinen stahlblauen Augen, als wir ihm in dem überfüllten, von Offizieren und Meldern wimmelnden Hauptquartier unser Anliegen vortrugen. Unser Gespräch wurde immer wieder von krächzenden Funkgeräten und den entfernten Schlägen von Artillerie- und Panzerfeuer unterbrochen.

»Wenn ihr an SAM-6 rankommt«, sagte Bar-Lev schließlich in seiner langsamen, gedehnten Sprechweise, »wäre das eine Hilfe.« Das klang ganz nach Avraham Arnan. Die Unterredung würde einige Zeit dauern.

»Prinzipiell können wir Raketenbatterien zerstören«, brachte ich vor. »Doch auf so was hätten wir uns vor dem Krieg vorbereiten müssen. Jetzt ist aufgrund von logistischen Problemen nicht daran zu denken; wir kriegen niemals alles, was wir dafür brauchen.«

Bar-Lev hörte aufmerksam zu, doch ihm fiel auch nichts mehr ein. Gegen Ende des Gesprächs überraschte er mich mit einer Frage. »Wo ist Omer?«

Sein Sohn Omer war Berufssoldat und meinem Kommando unterstellt. Zehn Jahre später wurde er Kommandeur der Sayeret Matkal. Mir fiel auf, daß der General nicht fragte, wie es Omer ging. Nur wo er war.

»Er ist bei mir«, sagte ich. »Es geht ihm gut. Wir haben unseren Einsatz am Golan beendet und sind deshalb jetzt hier. Ihm geht's gut.« Bar-Lev lächelte und fragte nicht weiter nach seinem Sohn.

Einen Augenblick später kam Arik Sharon herein, die Stirn weiß verpflastert. Wie ich gehört hatte, war er von Granatsplittern getroffen worden. Er und Bar-Lev zogen sich für ein paar Minuten in eine Ecke des Raumes zurück und gingen dann ins Besprechungszelt, bevor sie eine Viertelstunde später das Fronthauptquartier verließen.

Ich folgte dem stämmigen General, dem Gründer der 101., der allerersten Eliteaufklärungseinheit der IDF.

»Arik«, rief ich ihm zu. Er wandte seinen massigen Körper um und lächelte übers ganze Gesicht, als er mich erkannte. »Wir sind mit einigen Dutzend Kämpfern hier«, sagte ich. »Mit APCs. Wir möchten mitmachen.«

»Komm«, sagte er, ohne zu zögern. »Die hier haben keinen Schimmer, was los ist. Seit drei Tagen sind wir auf der anderen Seite des Kanals, doch jetzt sitze ich südlich der Straße von Ismailiya nach Kairo in einer Obstplantage fest. Ich habe zwar einen Shaked-Trupp da, aber auch für euch jede Menge Arbeit.«

Ich nahm Ariks Angebot begeistert an und rief Amiram aus Bar-Levs Hauptquartier, um ihm davon zu erzählen. Wir waren glücklich. Wir bestiegen einen Hubschrauber, um nach Refidim zurückzufliegen, wo wir die Teams und die APCs einsatzbereit machen wollten. Doch Elazar »Gepard« Cohen, ein Luftwaffenoberst, der als Hubschrauberpilot bekannt war, fing uns, mit Karten in der Hand, noch vor dem Start ab.

»Wir haben Truppen hinter Fa'id«, sagte er. »Das ist ein ägyptischer Luftwaffenstützpunkt am Westufer des Großen Bittersees auf ägyptischem Gebiet. Die meisten Ägypter sind geflohen, aber wir wollen ihren Luftstützpunkt einnehmen und als vorgeschobenen Flugplatz benutzen, um Soldaten und Nachschub zu transportieren.«

Amiram und ich waren uns sofort einig: »Den Auftrag übernehmen wir.« Dem Feind einen Flugplatz zu entreißen war genau das Richtige für uns. Da sich Ariks Hauptquartier zwischen Fa'id und Deversoir befand, lag die Flugplatz-Mission sozusagen »am Weg«.

»Gepard« gab uns ein paar Luftaufnahmen, und Amiram und ich machten uns umgehend an die Planung. Der Oberst versprach uns zwei Sikorskys, mit denen wir einige Dutzend Soldaten und vier Jeeps transportieren konnten. Als wir unseren Plan praktisch fertig hatten, kam Amitai Nahmani zu uns, mit entschlossenem Blick.

»Muki«, sagte er in einem Tonfall, der mich beunruhigte. »Das ist nicht fair.«

»Was?« fragte ich, doch ich konnte mir denken, was er meinte.

»Du hast schon am Golan gekämpft. Es ist nicht fair, daß du diesen Auftrag kriegst und wir wieder nicht zum Einsatz kommen.«

Er hatte recht, es war nicht fair, daß meine Jungs den Auftrag bekommen hatten, wo er noch an keiner Aktion beteiligt gewesen war. Ich gab ihm meine Unterlagen, und wir schüttelten uns die Hand. Traurig, nicht dabeisein zu können, sah ich zu, wie Amiram zusammen mit Amitais Kompanie die beiden Hubschrauber bestieg.

Eine Stunde verging, ohne daß von ihnen irgendeine Meldung kam. Ich beschloß, nicht länger zu warten, und sagte meinen Stabsoffizieren, sie sollten die Soldaten für die Fahrt mit den APCs über den Kanal zu Ariks Hauptquartier bereitmachen. Doch ich versuchte auch, mich mit dem Luftwaffenhauptquartier in Umm Hashiba in Verbindung zu setzen, um von dort Maschinen anzufordern. Während ich an den Funkgeräten saß, kam Amirams Code über den Äther. »Wir kommen zurück«, sagte er. »Wir haben Verluste. Ich bin verwundet.«

»Wo ist Amitai?« fragte ich.

«Amitai hat's auch erwischt. Du hast jetzt den Befehl, Muki.«

»Okay, kein Problem. Wo seid ihr?«

»Wir landen in Refidim. Setzen ›Gepard‹ ab. Aber wir steigen nicht aus. Wir fliegen zurück nach Israel. Ins Lazarett.«

Mit zwei Offizieren raste ich im Jeep zu den Pilotenquartieren in Refidim und fragte, wo »Gepard« sei. »Unter der Dusche«, sagte der Diensthabende am Eingang zu den Schlafräumen in dem großen Stützpunkt.

Ich lief die Flure entlang zu den Duschen und stürmte durch die Tür. Die Feuchtigkeit des heißen Wassers, das von den Sonnenkollektoren auf dem Dach des Gebäudes erhitzt wurde, traf mich nach der trockenen Wüstenluft wie ein Schlag.

»›Gepard‹!« rief ich. »Was ist passiert?«

»Gott, wir haben uns dumm angestellt«, sagte er aus der Dusche heraus. »Wir sind rausgefahren und dachten, sie wären schon weg. Amitai saß am Steuer des Jeeps. Amiram neben ihm. Ich saß hinten mit Moshe B. Eine RPG-Granate hat uns erwischt. Volltreffer. Der Jeep hat gebrannt wie eine Fackel.«

Er hielt inne, was nichts Gutes ahnen ließ, und sprach dann weiter. »Amitai ist tot«, sagte er. »Amiram hat die Beine voller Granatsplitter. Moshe hat schwere Verbrennungen im Gesicht. Sie müßten inzwischen im Krankenhaus sein. Ich bin okay. Bloß ein Trommelfell geplatzt.« Seine Miene verfinsterte sich, und er hielt den Kopf wieder unter die Dusche, um sich die Seife abzuspülen.

»Wo ist Amitai jetzt?« fragte ich.

Wieder hielt er inne, bevor er antwortete, ein angespannter Augenblick für uns beide. »Wir haben ihn dagelassen«, gab er schließlich zu. »In Fa'id. Er ist tot. Neben dem Jeep.«

»Die anderen vom Trupp?« fragte ich.

Er blickte zu Boden. »Ich weiß nicht«, erwiderte er.

Ich lief aus dem Gebäude zum Flugplatz. Was ich zu tun hatte, war klar. Über Funk setzte ich mich mit Amitais Einheit in Verbindung. Shlomo Baidatch, einer von Amitais jüngeren Offizieren, meldete sich.

»Wo seid ihr?« fragte ich ihn.

Er nannte Koordinate 21 auf der Barrel Road, einer staubigen Piste, die in Nord-Süd-Richtung parallel zum Westufer des Großen Bittersees verläuft.

»Bleibt, wo ihr seid«, ordnete ich an. »Wir sind unterwegs. Wir kommen morgen früh an.«

Wir fuhren die ganze Nacht hindurch, über Schlachtfelder und um sie herum. Wir überquerten die Pontonbrücke, die Ariks Pioniere am Ende des Kanals errichtet hatten, und fuhren weiter, nach Ägypten hinein, nach Afrika.

Kurz vor Sonnenaufgang fanden wir Baidatch und den Rest des Trupps an der Stelle, die er durchgegeben hatte.

»Amitai hat uns angewiesen zu warten, während er mit Amiram, ›Gepard‹ und Moshe losgefahren ist«, begann Shlomo mit trauriger Stimme. »Sie dachten, die Ägypter wären alle abgehauen. Wir hätten uns von Gebäude zu Gebäude vortasten sollen.« Trotz seiner Erschütterung über das, was geschehen war, lieferte er mir einen klaren, knappen Bericht. »Sie sind die Landebahn in Richtung auf den Stützpunkt runtergefahren. In dem Augenblick hat der Feind sie erwischt. Unter Beschuß haben wir die Verwundeten rausgeholt. Aber an Amitai sind wir nicht rangekommen. Er liegt noch immer dort.«

Ich rief den Trupp zusammen. »Als erstes holen wir Amitai da raus«, sagte ich zu ihnen und beauftragte Baidatch, ein Team zusammenzustellen.

Diesmal fuhren wir jedoch nicht durch das Haupttor, sondern umrundeten die Gebäude des Flugplatzes. Durch die Umzäunung des Stützpunktes hindurch näherten wir uns vorsichtig dem ausgebrannten Jeep und Amitais Leichnam.

Im schwachen Licht der Morgendämmerung wirkte der verkohlte Leichnam noch schauriger, als ich befürchtet hatte. Die kühle Morgenluft der Wüste ließ mich zittern, während ich still um Amitai trauerte. Wieder hatte der Krieg mir einen Freund genommen.

Die Ägypter sind weg, meldeten die Soldaten, die den ganzen Stützpunkt durchstreift hatten. Doch ich inspizierte die Umgebung selbst, weil ich herausfinden wollte, von wo aus der Jeep angegriffen worden war.

Ein unterirdischer MiG-Shelter, von dem aus die Rollbahn einzusehen war, barg die Antwort. Neben einer offenen, halbleeren Kiste mit RPG-Panzerfäusten entdeckte ich Geschoßhülsen von Kalaschnikows. Noch aufschlußreicher waren die Reste einer Mahlzeit – zwei halbleere Schüsseln mit Haferbrei. Ich konnte mir denken, was geschehen war.

Die Ägypter hatten von dem Hangar aus das Feuer eröffnet, als der Jeep das Rollfeld herunterkam. Doch statt die Stellung zu halten, waren sie abgehauen, während Baidatch und die Kompanie die Verwundeten in Sicherheit brachten.

Ich machte der Division Meldung, daß wir den Flugplatz eingenommen hatten. Sie wollten das 50. Bataillon schicken, das uns ablösen und den Posten halten würde. »Die sollen einen Beerdigungstrupp mitbringen, wir haben hier einen Gefallenen«, fügte ich hinzu. Um die Beisetzungen in der Armee kümmern sich die Feldeinheiten des Militärrabbinats der IDF.

Kurze Zeit später traf das 50. Bataillon ein. Der Kommandeur war mein Freund Yoram »Ya Ya« Ya'ir, der eigentlich stellvertretender Bataillonskommandeur war und kurz vor dem Krieg das Kommando übernommen hatte, weil sein Bataillonschef sich ein Bein gebrochen hatte. Wir trafen uns mitten auf der Landebahn.

»Amitai ist tot«, sagte ich zu ihm. »Aber wir haben den Flugplatz unter Kontrolle. Wo ist euer Bestattungsteam?«

Er deutete mit dem Daumen nach hinten über seine Schulter. Ein bärtiger Soldat mit einem Klemmbrett in der Hand kam auf mich zu. Ich zeigte auf Amitais Leichnam, der auf dem Rollfeld lag. »Er heißt Amitai Nahmani«, sagte ich.

Der bärtige Soldat, ein Talmudstudent, hielt das Klemmbrett hoch, als würde ihm das Autorität verleihen. »Wie heißt der Tote?« fragte er.

»Hauptmann Amitai Nahmani vom Kibbuz Givat Haim«, erwiderte ich.

Der angehende Rabbiner blickte auf den Leichnam und schüttelte den Kopf. »Er ist verbrannt. Es ist unmöglich, ihn zu identifizieren. Sind Sie absolut sicher, daß er das ist?«

»Hundertprozentig«, sagte ich, ohne meine Abneigung gegen Bürokraten zu verhehlen.

»Und Sie sind?«

»Betser, Moshe. Hauptmann. Adresse: Nahalal.«

Er schrieb sehr langsam und mit Bedacht und hielt mir dann das Formular zur Unterschrift hin. Ich wollte gerade unterzeichnen, als ich sah, daß er versehentlich mich als den toten Soldaten und Amitai als den meldenden Offizier angegeben hatte.

»Er ist Nahmani«, sagte ich und gab ihm lächelnd das Klemmbrett zurück. »Ich bin Betser. Ich glaube, Sie haben unsere Namen verwechselt.«

Er war derart schockiert, daß er anfing, mich auf aramäisch zu segnen.

»Schon gut«, sagte ich, von seinem Gefühlsausbruch peinlich berührt. »Kann sein, daß Sie recht behalten, aber ich denke, es ist noch ein wenig früh, oder?« Doch mein Scherz machte ihn sprachlos. »Regen Sie sich ab«, sagte ich. »Es ist ja nichts passiert«, fügte ich hinzu, um ihn zu beruhigen. »Fehler passieren nun mal.«

Doch zitternd betete er weiter um ein langes Leben für mich, während er ein neues Formular ausfüllte.

Tod im Mangohain

Während der UN-Sicherheitsrat in New York über einen Antrag auf Waffenstillstand beriet, den die Sowjets im Namen Ägyptens gestellt hatten, trafen wir uns mit Arik Sharon in seinem mobilen Gefechtsstand, der aus mehreren mit Tarnnetzen bedeckten Anhängern bestand und nördlich von Fa'id im Flachland westlich des Kanals eingerichtet worden war.

Arik zeigte uns auf der Karte einen 500 Meter breiten Streifen mit Plantagen im Nordwesten. »Dahinter liegt die Straße von Ismailiya nach Kairo. Aber in der Plantage wimmelt es von Heckenschützen und Artilleriebeobachtern. Es ist schwierig, uns da durchzuarbeiten, und wir kommen nur langsam voran. Aber wir müssen unbedingt auf der anderen Seite sein, bevor es vielleicht zum Waffenstillstand kommt«, sagte er mit Nachdruck.

»Okay«, sagte ich. »Wir sehen uns die Sache mal an. Vielleicht kriegen wir's ja hin.«

Es herrschte eine beklommene Stille, als ich zurück zu meinem APC ging, der ein paar hundert Meter von Sharons Anhänger entfernt stand. Diese Stille löste in mir eine ungute Vorahnung aus. Ich blickte mich nach Sharons Gefechtsstand um. Soldaten nahmen eben die Tarnnetze ab, um die Fahrt zu den Plantagen vorzubereiten. Mein Unbehagen wurde stärker, und ich rannte auf meinen APC zu.

Wie ein Donnerschlag an einem klaren Tag krachte das einsetzende Artilleriefeuer mit heftiger Wucht auf uns nieder und ließ die Erde wie bei einem Erdbeben erzittern. Als ich meinen APC erreichte, ertönte aufgeregtes Geschrei aus der Batterie Funkgeräte, die ich mir besorgt hatte, um möglichst viele Frequenzen gleichzeitig abhören zu können. »Muki!« krächzte es aus einem der Geräte. »Muki, wir sind getroffen, wir sind getroffen. Verwundet!«

Ich blickte mich nach allen Seiten um. Nördlich von mir, etwa 70 Meter entfernt, sah ich ein getroffenes Halbkettenfahrzeug. Ich lief zu ihm. Wie zerbrochene Schachfiguren lagen Soldaten verstreut um den Wagen herum. Shmulik, der Arzt der Sayeret Matkal, kümmerte sich gerade um Yehuda Hever. Ich blickte nach unten auf Hever. »Er ist tot«, sagte ich leise. Ein Stück hinter Hever lag Baidatch, er war schwer verwundet.

Shmulik sah zu mir hoch. Hever, ein Reservist, war bei allen beliebt. Shmulik nickte traurig und lief dann rüber zu Baidatch. Ich ging von einem verwundeten Soldaten zum nächsten und versuchte, sie zu beruhigen. Ich lächelte ihnen zu und versicherte ihnen, daß die Sanitäter unterwegs waren.

Einer der schlimmsten Augenblicke meiner gesamten Armeelaufbahn war der, als ich neben Shlomo Baidatch kniete, einem liebenswerten Menschen, guten Freund und hervorragenden Offizier, und ihm sagte, daß er durchkommen würde. Aber es sah nicht gut für ihn aus. Zwei von uns hoben ihn auf, und mit Shmulik an seiner Seite, der noch immer versuchte, ihn zu retten, rannten wir zu einem Sanitätszelt. Als wir ihn auf eine Trage legten, hockte sich Shmulik neben ihn und bemühte sich weiter.

Ein Arzt kam aus dem Feldlazarett, einen weißen blutbespritzten Kittel über der Uniform. Er warf einen Blick auf Baidatch und klopfte Shmulik sacht auf den Rücken. »Er ist tot«, sagte der Arzt ruhig. Trotzdem kämpfte Shmulik noch ein paar Minuten um sein Leben, vergeblich.

Ariks Kommando war bereits unterwegs zu der Plantage, die er durchqueren wollte, während wir uns noch um die Verwundeten kümmerten. Per Funk meldete ich seinem Kommando unsere Verspätung und versprach, so schnell wie möglich nachzukommen. Ich wollte mich erst noch persönlich darum kümmern, daß der Abtransport meiner beiden toten Freunde an die einen Kilometer südlich befindliche Sammelstelle für Gefallene richtig vonstatten ging.

Mit Omer Bar-Lev und seinem Trupp lud ich die beiden Leichname auf einen APC, und wir fuhren in Richtung Süden. Als die Sammelstelle in Sicht kam, wurde mir klar, daß mir eine der grausigsten Erfahrungen des Krieges bevorstand.

Die Toten lagen aufgereiht in der gleißenden Sonne. In den jungen Gesichtern der daliegenden regulären Soldaten und den schon älteren Gesichtern der Reservisten zeichnete sich das Entsetzen ab, das sie in der letzten Sekunde ihres Lebens ergriffen hatte, die nackte Unschuld des plötzlichen Todes. Über den Decken, die die Leichen verhüllten, schwärmten die Fliegen.

Doch am meisten verstörte mich die Abgestumpftheit der Soldaten an der Sammelstelle. Sie saßen neben den langen Reihen von Toten und aßen Mais aus der Dose.

»Ich bringe zwei tote Männer«, sagte ich. »Wo kann ich sie hinlegen?«

Einer der Soldaten zeigte über die Schulter auf das Ende der Reihe im Sand. »Da drüben«, sagte er, ohne auch nur den Blick zu heben.

Ich sah mich um. Ich würde Shlomo Baidatch und Yehuda Hever auf keinen Fall einfach so auf den Boden legen. Ich ging zu einem Laster, der hinter den Toten stand. Darin lagen ein paar Leichen auf Tragen. Wir schafften Platz für unsere beiden toten Freunde und hoben ihre Leichname auf die Ladefläche. Wir salutierten ein letztes Mal und gingen wieder zu unserem Halbkettenfahrzeug. Die ganze Zeit über hatten uns die Soldaten von der Sammelstelle einfach nur zugesehen und dabei in aller Ruhe weitergegessen.

Wenig später holten wir Arik ein. Er erklärte uns, daß nach Beschluß der UN das Feuer in zwölf Stunden eingestellt werden sollte. Ich sagte: »Wir hatten direkten Artilleriebeschuß. Ich habe ein paar Verwundete. Zwei Tote. Einer von ihnen ist Shlomo Baidatch.«

»Uris Sohn?« stieß er hervor. Uri Baidatch, ein Oberst bei den Fallschirmjägern, war Ariks Stellvertreter gewesen, als Sharon noch Kommandeur der Luftlandebrigade war.

Arik faßte sich an den Kopf, als hätte er Schmerzen; es war ihm gleichgültig, daß die anwesenden Offiziere sahen, wie nahe er den Tränen war. Eine ganze Weile blieb er so sitzen. Wir schwiegen.

Doch plötzlich gab er sich einen Ruck, und er errichtete die innere Wand, die ihn Shlomos Tod zwar nicht vergessen ließ, aber ihn trotzdem in die Lage versetzte, nach vorne zu schauen, weiterzumachen.

Das ist die Wand, die in all denen steckt, die überlebt haben; mit ihrer Hilfe können wir uns erinnern und trotzdem weitermachen, denn hinter ihrer vermeintlich glatten Fläche bewahrt sie unsere Erinnerungen – und das Chaos unserer Gefühle. Jedesmal, wenn einer von uns starb, wurde die Wand bröckelig und stärker zugleich.

Indem wir lernten, unsere Gefühle zu beherrschen, lernten wir, mit den Schwierigkeiten und Tragödien unseres Lebens fertig zu werden. Zweck dieser Abschottung war nicht, Gefühle zu leugnen, sondern sie im Zaum zu halten, zu bewahren und zu schützen, damit wir die Kraft hatten, weiterzumachen.

Arik hob schließlich den Kopf. Er blickte mich an. »Die Fallschirmjäger haben versucht durchzubrechen«, begann er, »und die Shaked ist erfolgreich auf dem Vormarsch. Aber ich brauche deine Kämpfer, um durch die Plantage zu kommen.« Er zeigte nach Nordwesten.

Etwa 500 Meter entfernt zog sich ein breiter grüner Streifen mit Plantagen, die von den Bauern in der Gegend bewirtschaftet wurden, durch das flache dürre Wüstenland. Ich spähte durch mein Fernglas. Ich sah Orangenbäume, Dattelpalmen und einen Streifen Mangobäume. Den Karten nach wurden die Plantagen von Bewässerungskanälen durchzogen, die den roten Sand durchschnitten. Auf mich als Bauer machten die Haine einen ausgezeichneten und gut gepflegten Eindruck. Dahinter verlief die strategisch wichtige Straße von Ismailiya nach Kairo.

Als ich mit einigen Soldaten auf die Plantagen zuging, hörte ich, wie Arik über Funk mit den Panzerverbänden sprach.

»Könnt ihr die Baumwipfel unter Beschuß nehmen, damit wir die Beobachter und Heckenschützen loswerden?«

Eine Stimme erwiderte: »Wir haben jeden Baum getroffen. Glaub mir, wenn da einer drin war, ist er jetzt weg.«

»Es ist ein Vergnügen, mit euch zu kämpfen«, sagte Arik. Doch er wußte so gut wie ich, daß wir nicht sicher sein konnten, daß sie mit den Panzerkanonen wirklich alle Beobachter in den Pflanzungen getroffen hatten. Deshalb blieb er zurück, um uns zu beobachten und unsere Positionen per Funk an die Artillerie durchzugeben.

Meine Leute und ich gingen über die rote Erde bis zum Rand der Plantage, wo wir anhielten und auf Arik warteten. Zwei ägyptische Dorfbewohner auf schwer bepackten Eseln ritten langsam vorbei, ohne uns oder dem Krieg auch nur die geringste Beachtung zu schenken.

Arik holte uns in einem APC ein, und wir setzten uns in den Sand dahinter. »Unser Plan lautet wie folgt«, begann er. »Ihr fahrt mit Halbkettenfahrzeugen hinein, und Natan Ben-Ari folgt mit den Panzern«, sagte Arik. Natan war der Kommandeur des Panzerbataillons und saß neben Arik. Natan und ich tauschten einen kurzen Blick aus und sahen wieder zu Arik, der seinen Plan erläuterte. »Ihr fahrt voraus und nehmt den Bereich links, rechts und vor euch unter Dauerbeschuß, bis ihr auf der anderen Seite in offenem Gelände seid.«

Natan ließ ein paar Panzer auffahren, während ich ein Dutzend Halbkettenfahrzeuge bereit machen ließ. Doch keinem von uns beiden gefiel der Auftrag. Wir hatten keine Aufklärungsergebnisse, wo entlang der Front mit Heckenschützen, Minenfeldern oder sonstigen Verteidigungsanlagen der Ägypter zu rechnen war, und liefen vielleicht schnurstracks in eine Todesfalle.

»Was ist denn das für ein Befehl?« beschwerte Natan sich mir gegenüber. »Keine Aufklärung, keine Luftunterstützung, rein gar nichts.«

»Laß uns erst mal feststellen, ob das so überhaupt geht«, sagte ich. Natan willigte ein. Eine Stunde lang erkundeten wir den Rand der Plantage, um einen genauen Plan aufzustellen. Doch wir konnten nicht sehen, was hinter dem dichten grünen Vegetationsstreifen lag. Ohne irgendwelche Luftaufnahmen und Informationen darüber, wie es in den Pflanzungen aussah, hatten wir keinerlei Grundlage, um einen konkreten Plan auszuarbeiten. Ich beschloß, Arik unsere Bedenken mitzuteilen. Aber Arik überraschte uns, als wir wieder zu ihm kamen. »Wegen des Waffenstillstands verschieben wir die Operation«, erklärte er, bevor ich überhaupt dazu kam, ihm zu sagen, daß Natan und ich den Plan für mangelhaft hielten. Er schickte Natan weg und bat mich zu bleiben.

»Der Waffenstillstand wird nicht von Dauer sein. Da bin ich mir sicher. Wir machen also folgendes. Du gehst mit deinen Jungs in die Plantage. Ohne Panzer, zu Fuß. Ich halte mich mit der Artillerie bereit für den Fall, daß du sie brauchst. Wenn wir durchkommen, sind wir in Null Komma nichts in Ismailiya.«

Dieser Plan schien mir etwas vernünftiger zu sein als der vorige. Zu Fuß konnten wir unsere Fähigkeiten als bewegliche und unauffällige Kampftruppe besser einsetzen, als wenn wir unsere Ankunft mit Panzern und Geschützfeuer vorher ankündigten. Ich formierte meine Leute, und wir rückten langsam und leise vor, in zwei Kolonnen, die sich auf der dunklen staubigen Straße wachsam von Dekkung zu Deckung bewegten.

Bis auf das vereinzelte Rascheln eines Blattes im sanften Wind war es mucksmäuschenstill. Doch selbst auf diese Weise in die Haine zu gehen, wo hinter jedem Baum ein Heckenschütze lauern konnte, war sehr riskant. Ich hielt es für Wahnsinn, ohne irgendwelche Aufklärungsergebnisse mit einem so großen Trupp Soldaten die Obstplantagen zu durchqueren.

Das Sternenlicht der Wüste wurde von den Baumwipfeln verschluckt. Ich hatte nur den einen Gedanken, daß vielleicht in einer der hohen Palmen ein Heckenschütze steckte oder ein Artilleriebeobachter seiner Einheit außerhalb unserer Reichweite unsere Position durchgab. Als wir etwa 100 Meter tief in die Haine eingedrungen waren, fällte ich angesichts der Tatsache, daß es bis zum Beginn des Waffenstillstands nur noch wenige Stunden dauern würde, eine Entscheidung. Statt das Leben der gesamten Einheit aufs Spiel zu setzen, wollte ich allein vorgehen und nach einem Weg für die Trupps suchen.

»Amit«, rief ich meinen Stellvertreter. Amit, ein Hauptmann der Reserve, kam aus dem Kibbuz Ein Hashofet. Ich hatte ihn zu meinem Stellvertreter ernannt, als Amiram mir nach seiner Verwundung in Fa'id das Kommando über die Einheit übertrug. Amit war penibel und übergenau, und es machte ihm Spaß, bei einer Operation die möglichen Gefahren zu berechnen und darüber nachzudenken, wie sie sich auf ein Minimum beschränken ließen, so mühsam diese Arbeit auch war.

»Wir sind eine große Einheit«, sagte ich, »und wenn wir uns auch noch so viel Mühe geben, wir kommen nicht geräuschlos hier durch. Und Waffenstillstand hin oder her, sie werden uns unter Beschuß nehmen, wenn sie einen von uns entdecken. Jede Bewegung wird uns in Gefahr bringen – und für sie einen Vorwand darstellen, das Feuer zu eröffnen. Es wird Verwundete geben.«

»Was hast du also vor?« fragte er.

»Wir beide werden allein gehen, die Obstplantagen durchqueren, bis zur anderen Seite vordringen und die Informationen einholen, die wir brauchen, um die ganze Einheit sicher durchzubringen.«

Amit stimmte mir zu, daß wir das Risiko auf diese Weise am niedrigsten hielten. Wir riefen die Offiziere zusammen und teilten ihnen unseren Plan mit. »Amit und ich gehen allein«, sagte ich. »Wir bleiben mit euch in Funkverbindung. Falls irgendwas passiert, holt ihr uns raus.«

Wir legten die 500 Meter gebückt und kriechend zurück, wobei wir uns möglichst leise bewegten. Als wir die Hälfte der Strecke hinter uns hatten, kamen wir an einem Panzer vorbei, der es geschafft hatte, in den Wald einzudringen, wo er sogleich von einer ägyptischen Panzerabwehrrakete zerstört worden war.

Ich weiß nicht, ob unsere anfängliche Sorge berechtigt gewesen war, doch als wir schließlich aus den Hainen hinauskrochen, begann ein ganz anderes Gelände, das aus weichen Sanddünen bestand. Ich war erleichtert, daß wir den dunklen Irrgarten hinter uns hatten.

Wir krochen die erste Düne hoch und spähten durch die Nachtsichtgeräte in die Dunkelheit. Nichts als Sanddünen. Keine Spur von irgendeiner feindlichen Stellung. Bei Tageslicht würde sicherlich die Straße von Ismailiya nach Kairo am Horizont zu sehen sein.

Wir gingen denselben Weg zurück und führten dann die Soldaten sicher durch die Haine. Ein paar Stunden vor Sonnenaufgang erreichten wir schließlich die Dünen. Meine Leute verteilten und verschanzten sich. Wir stellten Wachen auf, damit jeder ein kurzes Schläfchen machen konnte.

Bei Tagesanbruch wurde ich von einem aufgeregten Soldaten, der neben mir hockte, geweckt.

»Zwei ägyptische Bauern auf Eseln kommen in unsere Richtung. Sieht so aus, als kämen sie direkt auf uns zu«, sagte er.

Für die Bauern war Erntezeit, nicht Krieg. »Bleibt in Deckung«, befahl ich meinen Soldaten. Ich kletterte die Düne hoch und spähte hinüber, um die Bauern zu beobachten.

Als sie etwa 25 Meter entfernt waren, tauchte plötzlich ein ägyptischer Soldat hinter einer Düne auf, etwa 30 Meter hinter den Bauern auf ihren Eseln.

Wir hatten nichts von den Ägyptern bemerkt, und sie hatten uns nicht wahrgenommen, obwohl wir die ganze Nacht über gerade mal 50 Meter voneinander entfernt gewesen waren, getrennt von einer Sandsenke zwischen den beiden Dünen.

»*Yalla, Yalla*«, rief der ägyptische Soldat. »Zischt ab. Macht, daß ihr wegkommt!« Die Bauern wurden aus ihrer morgendlichen Verschlafenheit gerissen und blickten sich nach der Quelle des Rufens um. »*Yalla!!*« rief der ägyptische Soldat erneut.

Die beiden Bauern waren offensichtlich betrübt, als sie langsam mit ihren Eseln kehrtmachten. Ich behielt den Ägypter im Auge. Und zu meinem Entsetzen entdeckte er aus den Augenwinkeln ein paar meiner Soldaten. Er rief etwas und duckte sich in seinem Versteck. Sekunden später wurden wir mit gezieltem und heftigem Feuer aus Sturmgewehren und MGs unter Beschuß genommen.

»Feuer erwidern!« befahl ich. Der Lärmpegel erhöhte sich rasch, als meine Soldaten hastig zurückschossen.

Hinter uns setzten sich ein paar Panzer in Bewegung und feuerten einzelne Schüsse. Falls sie unsere Stellung erreichten, konnten wir die Ägypter umgehen, die uns immer heftiger unter Beschuß nahmen.

Ich lief zu meinem Funker, um der Division unsere Position durchzugeben und zu melden, daß wir in Schwierigkeiten steckten. Außerdem wollte ich dringend Panzer anfordern. Doch aus irgendeinem Grund hatte der Funker die Frequenz vergessen.

»Wer hat Ariks Frequenz im Kopf?« rief ich. Yoav, ein Kämpfer aus Nahalal, rief uns die Zahl zu. Der Funker stellte die Verbindung her. »Ich brauche Panzer!« gab ich durch. »Sofort! Durch die Haine. Die Haine sind sauber! Schickt Panzer.«

Plötzlich kam Ariks Stimme über den Äther. »Muki«, sagte er in väterlichem Ton, »es ist Zeit zum Rückzug.«

»Nein, ich will angreifen. Wir können sie kriegen.«

»Nein«, sagte er. »Komm zurück.«

Ich legte das Mikrofon hin und blickte mich um. Unsere Verluste wuchsen. Ein Soldat war am Bein verwundet, ein anderer lag da und blutete stark aus einer Wunde in der Brust. Insgesamt sieben Soldaten waren kampfunfähig. Die Ägypter auf der anderen Seite der Düne waren uns überlegen. Widerwillig gab ich den Befehl zum

Rückzug. Einer nach dem anderen verließ mein Trupp die Düne; ich kroch als letzter aus der ägyptischen Schußlinie. Schließlich waren wir wieder in dem Hain, der uns noch in der Nacht zuvor soviel Angst eingejagt hatte.

Als wir etwa hundert Meter in den Hain eingedrungen waren, brachte mich gekränkter Stolz dazu, meine Meinung zu ändern. Statt den Rückzug bis zur anderen Seite des Hains fortzusetzen, befahl ich meinen Soldaten, in Stellung zu gehen und sich auf eine neue Gefechtsrunde vorzubereiten. Wenn die Ägypter sich hier schon nicht an den Waffenstillstand hielten, rechnete ich mir aus, dann würden sie ihn auch woanders brechen. Eine Waffenstillstandserklärung bedeutet nicht unbedingt das Ende eines Krieges.

Arik genehmigte meine Entscheidung. Die Ägypter feuerten weiter in den Hain, doch wir brachten unsere Verwundeten aus der Gefahrenzone und verschanzten uns in unseren Schützenlöchern. Kurz darauf trat eine angespannte Ruhe ein, die mir Gelegenheit gab, für mich allein ein paar Augenblicke um Amit Ben-Horion zu trauern, der erst wenige Stunden zuvor mit mir zusammen durch den Mangohain geschlichen war.

»Er ist aufgesprungen, als die Ägypter das Feuer eröffnet haben«, sagte ein Soldat zu mir, der den Vorfall beobachtet hatte. »Er hat gerade noch rufen können, ›Es ist Waffenstillstand!‹, bevor die Kugel ihn erwischt hat.«

Sein Tod machte mich um so entschlossener, in dem Hain zu bleiben, nicht zurückzuweichen – und einen neuen Vorstoß zu planen, falls die Ägypter den Waffenstillstand brachen.

Doch plötzlich meldete sich Menachem Digli, ein ehemaliger Kommandeur der Sayeret Matkal, der nun als Leiter der Abteilung für Informationsbeschaffung beim Nachrichtendienst dem Generalstab zugeteilt war, über Funk und fragte nach mir.

»Was ist da bei euch los?« wollte er wissen.

Ich erstattete ihm Bericht – Verwundete und Amits Tod. Einen Augenblick lang blieb es im Funkgerät still. Dann war er wieder da und gab Befehl zum Rückzug, weil wir zu einem anderen Einsatz abberufen würden und die Division verlassen müßten.

Ich erläuterte ihm, daß ich mich am östlichsten Punkt der israelischen Front auf ägyptischem Gebiet befände und gerade einen Feindkontakt hinter mir hätte. Die Ägypter würden unseren Abmarsch als Rückzug auslegen. »Wir sind hier in einer neuralgischen Position, und es gibt keinen vernünftigen Grund, sie aufzugeben«, sagte ich mit Nachruck.

»Uns bleibt keine andere Wahl«, sagte Digli. »Ihr seid hier in der Gegend die einzige Sondereinheit, die den Job machen kann, und er ist verdammt wichtig.«

Doch wenn wir abzogen, ohne abgelöst zu werden, würden wir die Stellung an die Ägypter verlieren. Das wollte ich vermeiden. Ich beschloß, zum Frontkommando zu gehen – direkt zu Arik, ein paar hundert Meter hinter mir.

Ich machte mich zu Fuß auf den Rückweg und entdeckte unterwegs einen Jeep. Ein paar Minuten später war ich bei Ariks Befehlsstand und versuchte ihn davon zu überzeugen, daß er uns bleiben ließ.

»Ich habe einen Auftrag für euch, der noch wichtiger ist«, sagte er schließlich. »Ihr fliegt mit einem Hubschrauber auf den Gipfel von Jebel Ataka«, sagte er zu mir. Ich wußte, daß die Ägypter dort eine Radarstation eingerichtet hatten. Der Jebel Ataka liegt etwa 40 Kilometer südlich von Fa'id und ist der höchste Berg am Westufer des Suezkanals. Die Luftwaffe hatte die Radarstation in den ersten Stunden des Krieges eingenommen. »Ihr übernehmt die Stellung und unterstützt von dort aus Bren«, sagte er, als wir die Karten studierten.

Vom Gipfel des Jebel Ataka aus hätten wir einen Blick auf die eingeschlossene 3. Armee östlich des Kanals im Innern des Sinai. Avraham »Bren« Adan jagte mit einer Panzerdivision auf der Westseite des Kanals nach Süden, um der 3. Armee den Rückzug nach Ägypten über den Kanal abzuschneiden.

Für Brens Panzer feindliche Stellungen auszumachen war eine nützliche Sache, dachte ich bei mir. Doch ich wollte die Ägypter erledigen, die Amit getötet hatten.

Aber schließlich ließ ich mich von Arik überzeugen. »Wenn irgendwas dem Krieg ein Ende bereiten kann«, sagte Arik, »dann das: die Umzingelung der 3. Armee.«

Auf einer Karte zeigte er mir, wo sich die 3. Armee am Ostufer des Suezkanals befand. Bren, der sich ihr von hinten näherte, indem er von Ägypten aus zum Westufer vorrückte, das ihrer Stellung gegenüberlag, würde den Kessel schließen.

★★★

Ein paar Stunden später saß ich vorn im Hubschrauber neben dem Piloten und verfolgte im Kopfhörer den Funkverkehr. Ich hörte, daß ein Hubschrauber, der denselben Kurs wie wir auf dem Weg zum Jebel Ataka genommen hatte, soeben von der feindlichen Luftabwehr abgeschossen worden war. Man ging davon aus, daß niemand überlebt hatte.

Ich gab diese Nachricht nicht an meine Männer weiter, denn der nervenaufreibende Flug über das Schlachtfeld war schon schlimm genug. Es erstreckte sich unter uns wie ein riesiger chaotischer Friedhof, übersät mit verbogenem ausgebranntem Kriegsgerät wie gewaltige Grabsteine. Ich warnte meine Leute aber davor, daß wir mit Flakfeuer zu rechnen hätten.

Bei der Landung rechneten wir mit Widerstand. Statt dessen kamen wir uns vor wie auf einem Ausflug zu einem Aussichtspunkt mit phantastischem Panoramablick – von den gezackten Gipfeln des Jebel Ataka aus konnte man ein riesiges Gebiet überschauen. Im Osten operierte die ägyptische 3. Armee unter uns in der weiten Ebene zwischen dem Suezkanal und dem Mitla-Paß im Sinai. Im Norden rückte Bren mit seiner Division in Richtung Suez vor. Die Ebene sah aus wie ein riesiges Schachbrett mit winzigen Figuren.

Wir fingen sofort an, dem Hauptquartier unsere Informationen durchzugeben. Es war wie ein Spiel; sobald wir gemeldet hatten, daß die Ägypter versuchten, Brens Vorstoß zu vereiteln, konnten wir zusehen, wie Brens Panzer binnen Minuten nach Empfang unseres Berichts die Position wechselten.

Der Feind ahnte offensichtlich nichts von unserer Stellung, doch wenige Stunden nach unserer Ankunft meldete einer meiner Kundschafter, daß sich uns von einem anderen Gipfel des Gebirgszuges ägyptische Soldaten näherten. Ich spähte durch mein Fernglas. Selbst aus der großen Entfernung konnte ich an ihrem Verhalten erkennen, daß sie am liebsten nach Hause wollten und keine Lust hatten zu kämpfen.

Innerhalb weniger Minuten hatten wir uns in einen Hinterhalt zurückgezogen und warteten auf die 15 ägyptischen Soldaten im Anmarsch. Sie liefen geradewegs in eine kurze Salve hinein, die ein paar von ihnen niederstreckte. Die übrigen ließen die Waffen fallen und ergaben sich.

Jetzt hatten wir ein Dutzend hungrige Gefangene, denen wir im Austausch für Informationen etwas zu essen gaben. Wir erfuhren kaum mehr, als daß sie ihre Stellungen aufgegeben hatten, nachdem sie von ihren Kommandanten im Stich gelassen worden waren, da sahen wir schon weitere niedergeschlagene Ägypter sich in unsere Richtung bewegen.

Am Abend mußten wir unsere Wasser- und Essensrationen – protein- und nährstoffreiche Kuchen – mit 40 ägyptischen Gefangenen teilen.

Ich machte dem Divisionshauptquartier von den Gefangenen Meldung, und wir setzten unsere Arbeit fort. Doch im Laufe der folgenden zwei Tage interpretierte jemand im Hauptquartier die Meldungen über die ägyptischen Trupps auf dem Berg dahingehend, daß wir in Gefahr seien. Aus dem Funkgerät erreichte mich krächzend der Befehl, daß wir uns für den Rückzug vom Berg bereithalten sollten. Und knapp eine Stunde später landeten zwei Hubschrauber. Wir nahmen die paar Offiziere unter den Gefangenen mit und ließen die übrigen frei, bevor wir die Hubschrauber bestiegen.

Am Tag nach unserem Abmarsch vom Jebel Ataka trat der Waffenstillstand im Süden in Kraft, wo die IDF die ägyptische 3. Armee eingeschlossen hatten. Die Amerikaner und Sowjets hatten ihn ausgehandelt, und Henry Kissinger reiste durch den Nahen Osten, um die Vorbereitungen zu treffen. Durch den Einschluß der 3. Armee zwangen wir die Ägypter, zum erstenmal mit uns zu verhandeln. Zunächst ging es bei den Verhandlungen lediglich um Wasserlieferungen, doch am Ende führten sie zum Truppenabzug. Daß es 1979, also sechs Jahre später, zum Friedensabkommen von Camp David kam, Israels erstem Friedensvertrag mit einem arabischen Nachbarn, ist letztlich auch auf diese Waffenstillstandsverhandlungen zurückzuführen.

Als die Hubschrauber auf dem Stützpunkt gelandet waren, kamen drei Hubschrauberpiloten auf mich zu. Wir kannten uns schon seit Jahren. »Muki«, sagte einer von ihnen. »Weißt du, daß vor euch auf dem Weg zum Jebel Ataka ein Hubschrauber abgestürzt ist?«

»Ja«, sagte ich müde.

»Ist Gilad E. in deiner Einheit?« fragte er.

»Ja.«

»Der Pilot war sein Bruder Ofer.«

Ein Schauer lief mir über den Rücken. Im Jezreel-Tal kannte jeder die Familie der Brüder, die im Kibbuz Yifat lebten. Ihr Vater war Leiter der Oberschule Yifat, die viele Kibbuzniks aus dem Tal besuchten.

Ich wartete ein paar Minuten, bevor ich Gilad die Nachricht überbrachte, als wenn ich die Tragödie dadurch ungeschehen machen könnte. Ich ging sogar ganz langsam, als ich Gilad unter den staubbedeckten Kämpfern suchte.

»Gilad«, sagte ich, als ich ihn entdeckte. Ich beschloß, ihm die Nachricht direkt mitzuteilen, und sagte nur: »Ofer ist gefallen.«

»Ofer!« sagte er unter Tränen mit gebrochener Stimme. Ich erzählte ihm, was geschehen war, bezweifelte aber, daß er mich in seiner tiefen Trauer überhaupt hörte. »Er ist vor uns geflogen, als wir auf dem Weg zum Jebel Ataka waren«, sagte ich und legte ihm tröstend eine Hand auf die Schulter. »Die Flak hat ihn erwischt.«

»Ein Hubschrauber wartet auf uns«, sagte Shefi, der ranghöhere Pilot. »Komm, wir bringen dich nach Hause.«

Ich sah zu, wie die vier an Bord kletterten. Es machte mich traurig, daß einer meiner Soldaten einen Angehörigen verloren hatte, doch gleichzeitig war ich stolz auf die Kameradschaft, die in den IDF Tradition ist und die es möglich macht, daß die Freunde eines gefallenen Soldaten dem Bruder persönlich die tragische Botschaft mitteilen und ihn nach Hause bringen.

Gewissensprüfung

Ägypter und Syrer machten einen sehr großen Fehler, als sie am Yom Kippur angriffen. Am jüdischen Neujahrsfest Rosh Hashanah, das nur zehn Tage früher stattfindet, sind die meisten Israelis nicht zu Hause – sie verreisen, machen einen Ausflug, wandern oder fahren einfach an den Strand. Hätten die Araber am Rosh Hashanah angegriffen, hätte es sehr viel länger gedauert, die Reservisten zu mobilisieren; die Straßen wären verstopft gewesen, denn Tausende von Menschen hätten in ihrer Panik möglichst schnell nach Hause gewollt – oder an die Front.

Und offensichtlich hat unsere Moral durch den heimtückischen Angriff an unserem heiligsten Tag nicht gelitten, sondern sie wurde gestärkt.

Der Yom-Kippur-Krieg machte mir klar, daß wir aus dem Sechstagekrieg nicht die richtigen Lehren gezogen hatten. Nach dem Sechstagekrieg warteten wir untätig darauf, daß die Araber bei uns anklopfen und darum bitten würden, ihnen das Land im Austausch für Frieden zurückzugeben. Und mit der Zeit empfanden viele den Besitz der biblischen Heimat als wichtiger denn die Sicherheit des Staates Israel.

So wie ich den Zionismus verstand, ging es ihm in erster Linie um unsere Fähigkeit, das eigene Schicksal zu bestimmen. Wir hätten bei den arabischen Politikern anklopfen müssen, um ihnen unsere Vorschläge für eine Friedensvereinbarung zu unterbreiten. Statt dessen verfielen die Regierung, die militärische Führung und die Menschen in eine regelrechte Euphorie, weil sie an unsere Unbesiegbarkeit und an die Unfähigkeit der Araber glaubten, weil sie glaubten, wir könnten auf den Frieden warten.

So kam es, daß der Yom-Kippur-Krieg viele Menschen zwang, ernsthaft ihr Gewissen zu prüfen und sich zu fragen, ob es angemessen war, weiterhin an bestimmten Überzeugungen festzuhalten, die wir seit 1967 gepflegt hatten, als die Araber gerannt waren, statt zu kämpfen. Schließlich gaben Golda Meir und Moshe Dayan ihre Ämter auf. Ich weiß nicht, ob Golda Meir überhaupt verstanden hat, warum die Menschen ihren Rücktritt wünschten. Ich glaube, Dayan hat es begriffen, und am Ende kehrte er als Außenminister unter Menachem Begin wieder in die Regierung zurück und hatte entscheidenden Anteil an dem Friedensschluß mit Ägypten.

Dado war der erste Generalstabschef der IDF, der vorzeitig seinen Hut nahm. Er starb ein paar Jahre später als gebrochener Mann. Gorodish ging ins Exil und suchte in Zentralafrika nach Diamanten in der Hoffnung, so reich zu werden, daß er eine Kampagne starten könnte, um seinen Ruf wiederherzustellen.

Fast jeder Bürger Israels zahlte für die Überheblichkeit, die zum Krieg geführt hatte, einen hohen Preis. Auf unserer Seite starben über zweieinhalbtausend Soldaten. Zehntausende arabische Soldaten verloren ihr Leben.

Auch wir Angehörige der Armee mußten unser Gewissen prüfen, selbst wenn unsere militärischen Leistungen im Jahre 1973 den Erfolg von 1967 noch übertrafen. Dem Nachrichtendienst waren viel zu viele Fehleinschätzungen unterlaufen, die Pflege der mobilen Lager war mangelhaft gewesen und bei der Verstärkung der Truppen an der Front hatte es heilloses Chaos gegeben; alles in allem war die Bilanz schlecht. Dennoch, ein paar wenige ranghöhere Offiziere hatten das Kommando ausgezeichnet geführt, und in vielen Schlachten, wie beispielsweise der im Tal der Tränen, hatten die einfachen Soldaten mit äußerster Entschlossenheit bis zur letzten Kugel gekämpft, so daß wir insgesamt von einem großen militärischen Sieg sprechen konnten.

Auch die Sayeret Matkal hatte meiner Ansicht nach Erfolge und Fehlschläge zu verzeichnen. Ich begann mit meiner kritischen Selbstbefragung in den ersten Stunden am Golan, als ich die syrischen Panzer sah, die Nafah erreicht hatten, doch erst mein Streitgespräch mit Arnan am Tag darauf, wie und ob »die Einheit« im Krieg einzusetzen sei, bestärkte mich in meiner Meinung.

Ich wollte die zahlreichen Verantwortungsbereiche der Sayeret Matkal erweitern. Wenn unsere Sondereinheit wirklich effektiv sein wollte, mußten wir uns ganz anders definieren. Wir mußten die

Anforderungen an die Ausbildung genau festlegen, wir mußten unsere Ausrüstung verbessern und aufstocken. Wir mußten eine militärische Doktrin entwickeln, um Aktionspläne aufstellen zu können, die den Rahmen für unsere Einsätze in Kriegszeiten regelten, damit jeder im voraus wußte, was er zu tun hatte.

Sobald ich aus dem Sinai zum Stützpunkt zurückgekehrt war und wir unsere Einsatzanalyse abgeschlossen und die Berichte geschrieben hatten, drängte ich Giora, die Kommandeure zu einem Treffen zusammenzurufen, um gemeinsam darüber zu reden, was wir aus dem Krieg gelernt hatten, und um meine Ideen hinsichtlich einer Aufgabenerweiterung für »die Einheit« zu erörtern.

Doch in der Zeit nach dem Waffenstillstand mit Syrien im November 1973, während Kissinger sich in den verbleibenden Wintermonaten bis in den Frühling hinein um eine Entflechtung der Truppen bemühte und zwischen Jerusalem und Damaskus vermittelte, hatten wir zahlreiche Einsätze durchzuführen.

Eine typische Operation jener Monate war ein nächtlicher Auftrag, mehrere Sherman-Panzer zu zerstören, die nach Beginn des Waffenstillstands auf syrischem Gebiet zurückgelassen worden waren. Da ihre Ketten kaputt waren, konnten wir sie nicht im Schutze der Dunkelheit wegfahren, und sie abzuschleppen war zum einen für die beteiligten Soldaten zu riskant, zum anderen hätten wir damit den Waffenstillstand gebrochen. Doch die Syrer sollten sie auf keinen Fall in die Hände bekommen. So befestigten wir an jedem der Panzer Sprengladungen mit chemischer Zündung und schlichen über die Linien zurück auf unsere Seite. Die Explosionen beobachteten nicht nur wir, sondern auch die syrischen Soldaten in ihrer uns gegenüberliegenden Stellung.

Im Frühjahr 1974 schließlich gelang es Kissinger, zwischen Israel und Syrien einen Truppenabzug auszuhandeln, wodurch wir endlich die Möglichkeit hatten, in die Zukunft zu blicken. An einem Wochenende lud Giora die höchsten Offiziere der Sayeret Matkal zu sich in seine Mietwohnung außerhalb des Stützpunktes ein. Sieben von uns nahmen an der Besprechung teil: Ehud Barak, Yonni Netanyahu, Amiram Levine, Menachem Digli, Avashalom Horan, Uzi Dayan und ich.

Intern stellten wir das Treffen unter das Motto »Wohin mit ›der Einheit‹?« Wir hatten kein konkretes Programm. Es sollte eine Art Brainstorming-Sitzung werden wie bei der Planung einer Operation, nur diesmal in Zivilkleidung und in entspannter Atmosphäre. Wir tranken gemütlich Tee und Kaffee, und die Raucher unter uns leerten ab und zu die Aschenbecher. Einige tranken Bier, doch ich blieb bei meinem schwarzen Tee mit Zucker.

Alle wußten, daß ich mit Hilfe der Sondereinheiten ausführliche Aktionspläne für den Kriegseinsatz entwickeln wollte. Doch zunächst war die allgemeine Auffassung, daß die Sayeret Matkal ihre normalen Aufgaben nicht mehr bewältigen könnte, wenn mein Plan in die Tat umgesetzt würde.

Wir rekapitulierten, wie wir den Krieg erlebt hatten. Im Gegensatz zum Sechstagekrieg, in dessen Verlauf die Sayeret Matkal, wie die Luftlande-Sayeret, zu Hause gesessen und vergeblich auf Aufträge gewartet hatte, waren wir im Yom-Kippur-Krieg zum Einsatz gekommen. Doch angesichts der Besonderheiten des Krieges und seiner Dauer hätte »die Einheit« weitaus produktiver sein können – wenn vor Ausbruch des Krieges konkrete Einsatzpläne existiert hätten. Ich sprach mich dafür aus, daß »die Einheit« wie die Luftwaffe verfahren müsse, wo jeder Pilot lange im voraus weiß, welche Aufgaben und Ziele er im Krieg hat, denn dort bereitet man sich Monate, ja sogar Jahre vorher darauf vor.

Ohne ins Detail zu gehen, kann ich sagen, daß jeder von uns alle möglichen Vorschläge machte. Einige meinten, daß alles beim alten bleiben sollte. Andere sahen das einzige Problem darin, daß wir zuwenig APCs hätten. Zwei von uns erklärten, daß sie gern einen Sondereinsatz durchgeführt hätten.

Ich hatte mich gut auf die Sitzung vorbereitet, und nach und nach konnte ich die anderen von meiner Meinung überzeugen. Doch es war abzusehen, daß jeder nach der Besprechung wieder zu seinem alten Trott zurückkehren würde: der eine in der Ausbildung, der andere bei der Panzertruppe, der eine bei den Fallschirmjägern und der andere in »der Einheit«.

Am Ende der Sitzung wußte ich, was ich als nächstes tun würde. Ich sagte zu Giora, daß ich unbezahlten Urlaub nehmen, aber weiterhin ranghoher Kommandeur der Reserve bleiben wollte. Von außerhalb der Armee wäre es mir möglich, mich an jede Stelle innerhalb des Systems zu wenden. Solange ich in der Armee war, mußte ich mich an die bürokratische Hierarchie halten. Und in der Zwischenzeit wollte ich meine Pläne allmählich in die Tat umsetzen und aus der besten Sondereinheit der IDF eine für den Kriegseinsatz taugliche Truppe machen.

Giora verstand auf Anhieb, worum es mir ging. Er stimmte mir zu. Ich lehnte das verlockende Angebot ab, Bataillonskommandeur zu werden, und nahm statt dessen einen Job in der Privatwirtschaft an, bei der kleinen Firma ChimAvir in Tel Aviv, die Sprühflugzeuge für die Landwirtschaft betrieb. Das Firmengebäude lag fünf Minuten zu Fuß vom Gelände des Verteidigungsministeriums und des IDF-Hauptquartiers entfernt. Der Inhaber von ChimAvir war einverstanden, daß ich nur als Teilzeitkraft arbeiten wollte; er war froh, daß ich überhaupt bei ihm anfing. Die übrige Zeit widmete ich der Armee, und ich pendelte zwischen Nahalal und Tel Aviv hin und her, wo ich in einer Mietwohnung übernachtete, wenn die Arbeit es verlangte.

Bei meinem Abkommen mit Giora hatte ich eine wichtige Bedingung gestellt. »Die Einheit« würde mich zu jedem Sondereinsatz rufen, bei dem es um die Rettung von Geiseln ging, die sich in der Hand von Terroristen befanden. Giora willigte ein.

Und die Terroristen hielten uns auf Trab. Ein paar Tage nachdem ich bei ChimAvir angefangen hatte, erhielt ich in meinem Büro auf dem Rothschild Boulevard im Herzen der Stadt einen Anruf von »der Einheit«.

Ich rannte die vier Treppen hinunter auf die Straße zu meinem Wagen, in dessen Kofferraum ich wie immer meine gepackte Fallschirmtasche parat liegen hatte. Ich raste zum Stützpunkt, wo der Hubschrauber bereits startklar war. Ich ließ meinen Wagen am Rande des Rollfeldes stehen und kletterte mit der Tasche an Bord zu den anderen Soldaten »der Einheit«. Augenblicke später hoben wir ab.

Während des Fluges Richtung Norden unterrichtete Giora uns über das, was er wußte: Eine Gruppe von palästinensischen Terroristen hatte die Grenze überquert und war in Kiryat Shmona eingedrungen, einer Stadt an der libanesischen Grenze, wo sie im nördlichsten Stadtbezirk eine Wohnung besetzt hielt. Sie hatten die Familienmitglieder als Geiseln genommen und verlangten die Freilassung sämtlicher Terroristen, die in israelischen Gefängnissen einsaßen. Unsere Aufgabe: das Gebäude einnehmen, die Geiseln befreien und die Terroristen gefangennehmen oder töten.

Uns war bekannt, daß Terroristen unser Land infiltrierten, um Anschläge auf Autos oder einsame Gebäude kurz hinter der Grenze zu verüben, damit sie von dort aus rasch die Flucht ergreifen konnten. Wie jede Kampfeinheit planten auch die Terroristen bei jeder Aktion einen Fluchtweg mit ein. Doch jetzt, während wir in Richtung Norden flogen und über Funk ständig weitere Informationen aus Kiryat Shmona erhielten, hatten wir das Gefühl, es mit einer vollkommen neuen Situation zu tun zu haben.

Die Terroristen hatten die Grenze überquert und ein Gebäude besetzt. Statt es in die Luft zu jagen und wie üblich den Rückzug anzutreten, hielten sie Geiseln in ihrer Gewalt, um die Regierung zu Verhandlungen zu zwingen. Bis dahin hatten wir terroristische Selbstmordkommandos nur bei der japanischen Roten Armee erlebt, Verbündeten der PLO, die auf dem internationalen Flughafen in Lod, als normale Passagiere getarnt, Maschinengewehre hervorgeholt und im Terminal wahllos um sich geschossen hatten.

Als wir in Kiryat Shmona landeten, sahen wir gleich, daß wir zu spät kamen. Rauch quoll aus dem Gebäude. Der Balkon hing nur noch an zerborstenen Balken, zerstört von einer Sprengladung, in der Wand dahinter klaffte ein Loch.

In solchen Fällen ist es üblich, daß die Trupps, die als erste eintreffen, den Tatort abriegeln, damit neugierige Zuschauer in sicherer Entfernung bleiben. Wie wir von den Offizieren vor Ort erfuhren, waren Soldaten der Golani-Brigade und Grenzpolizisten eingetroffen und hatten sich um das Gebäude herum postiert. Doch dann war ein Golani-Offizier mit einem APC in die Schußlinie der Terroristen geraten. Er wurde tödlich getroffen, worauf seine Soldaten das Feuer erwiderten. Einer ihrer Schüsse traf eine Sprengladung, die einer der Terroristen am Körper trug. Die Explosion löste eine Kettenreaktion aus, und sämtliche Sprengladungen, die die Terroristen mit ins Gebäude gebracht hatten, detonierten.

Wir liefen die Treppe zu der Wohnung hoch. An der Tür bot sich uns ein entsetzlicher Anblick. Sechzehn tote Zivilisten, darunter eine ganze Familie, die am Frühstückstisch gesessen hatte, dazu zwei tote Golani-Soldaten und die Terroristen.

Moshe Dayan traf wenige Minuten nach uns mit einem Hubschrauber ein und ließ sich sogleich von den Kommandeuren vor Ort über die Lage unterrichten. Bei der Besprechung tauchte die Frage auf, ob die Terroristen bewußt auf eine Chance zur Flucht verzichtet hatten, als sie Geiseln nahmen. Waren sie ein Selbstmordkommando gewesen, oder hatten sie wirklich geglaubt heil davonzukommen?

»Araber begehen keinen Selbstmord«, faßte Dayan das verbreitete Vorurteil zusammen, als einer seiner Experten erklärte, die jungen Araber hätten vermutlich geglaubt, ihre Mission erfolgreich beenden zu können.

»Moment mal«, schaltete ich mich ein. »Ich begreife das nicht«, sagte ich zu der Gruppe. »Können Sie sich vorstellen, daß eine Einheit der IDF die Grenze überquert, in ein arabisches Dorf eindringt, Geiseln nimmt und Verhandlungen führt – ohne einen Fluchtweg vorzubereiten?«

»Na ja, zwischen uns und denen besteht ein gewaltiger Unterschied«, sagte jemand. »Sie haben keine Achtung vor Menschenleben.«

»Vielleicht, vielleicht aber auch nicht«, erwiderte ich. »Aber auch wenn sie nicht vorhatten, Selbstmord zu begehen, haben sie doch zweifellos damit gerechnet, daß sie umzingelt werden. Sie hatten ihre Flucht nicht eingeplant. Sie hatten nichts zu verlieren. Und dadurch hatten sie unbegrenzte Möglichkeiten.« Ich blickte Dayan an, der mich lächelnd mit seinem stechenden Auge ansah. Er nickte mir zu, weiterzureden.

»Sie hatten nichts zu verlieren, und deshalb konnten sie die Geiseln töten, die Verhandlungsführer, sich selbst, einfach jeden. Ich sage euch, diese Leute waren ein Selbstmordkommando. Und falls das hier der Anfang einer neuen Form von Terrorismus ist, dann haben wir ein weitaus ernsteres Problem, als bislang angenommen.« Das war mir in dem Augenblick klar geworden, als ich die Leiche des einen Terroristen mit den Sprengfallen am eigenen Körper sah.

Dayan runzelte die Stirn. Noch am selben Abend rief er mich in meiner Wohnung in Tel Aviv an und bat mich, ihn in seinem Haus in Zahala zu besuchen, einem Vorort im Norden von Tel Aviv. Wir trafen uns hin und wieder privat. Manchmal besuchte er uns in Nahalal. Er mochte Nurit, die Tochter seiner Schwester, und seit einiger Zeit ließ er seinen Einfluß spielen, damit Nurit, die noch immer krank war, die beste ärztliche Hilfe bekam.

An jenem warmen Frühlingsabend saßen wir auf der Veranda hinter seinem Haus, umgeben von Antiquitäten, die er sammelte, und tranken schwarzen, gesüßten Tee.

»Wiederhol noch mal, was du heute morgen gesagt hast«, bat er.

»Hör zu, Moshe«, begann ich, »für mich steht fest, daß wir die Sache als ersten Anschlag dieser Art behandeln sollten und daß noch weitere folgen werden. Wir müssen uns eine klare Taktik überlegen, sonst endet es damit, daß wir nur noch Selbstmordkommandos hinterherjagen. Es liegt in der Natur der Sache, daß sie uns jedesmal überraschen können, da sie zu riskanten Aktionen bereit sind, die uns niemals einfallen würden – es sei denn, wir denken wie sie.«

»Ich kann mir einfach nicht vorstellen, daß arabische Kämpfer sich zu einem Selbstmordkommando bereit erklären würden«, sagte er.

»Dieses Selbstmordrisiko sind sie heute eingegangen«, sagte ich mit Nachdruck. »Ich weiß, was deine Experten meinen. ›Die Araber haben zu so etwas nicht den Mut. Sie schießen zwar auf Zivilisten und sogar auf Soldaten, aber sie werden stets versuchen zu fliehen.‹

Aber wir dürfen das, was heute passiert ist, nicht ignorieren, Moshe. Sie waren bereit zu sterben. Für so etwas fehlt uns die richtige Taktik«, fügte ich hinzu. »Aber nach dem, was ich heute gesehen habe, werden wir eine brauchen.«

Die große Armee reagiert langsam, die kleine Armee ist schnell, doch Terroristen in der Offensive können am allerschnellsten sein. Es dauerte zwei Wochen, bis die Sayeret Matkal vom Außenministerium über den Generalstab den offiziellen Befehl erhielt, eine Gefechtstaktik für Geiselnahmen zu entwickeln. Wir hatten bereits ohne offiziellen Befehl mit der Arbeit begonnen. Doch wir waren damit noch nicht weit, als die Terroristen erneut zuschlugen.

Maalot

Am Sonntag, dem 15. Mai 1974, nicht einmal einen Monat nach der Sache in Kiryat Shmona, machte ich mich wie gewöhnlich morgens um 6.30 Uhr auf den Weg von Nahalal nach Tel Aviv. Um sieben war ich in der Nähe von Yokne'am südlich von Haifa, als ich im Radio die folgende Meldung hörte:

»Die Terroristen, die in Maalot eine Schule in ihre Gewalt gebracht und Geiseln genommen haben, fordern die Freilassung von 20 in israelischen Gefängnissen einsitzenden Terroristen.« Ich trat auf die Bremse und hielt am Straßenrand an. Während die Meldung weiter verlesen wurde, wendete ich bereits, ohne auf den Verkehr zu achten. Entgegenkommende Autos kamen mit quietschenden Bremsen zum Stehen. »Die Armee ist um die Schule herum in Stellung gegangen«, sagte der Nachrichtensprecher, »und die Regierung tritt in dieser Stunde zu einer Sondersitzung zusammen.«

Ich trat das Gaspedal bis zum Anschlag durch und fuhr nach Norden in Richtung Maalot, das etwas südlich von der libanesischen Grenze liegt. Bestimmt hatte »die Einheit« versucht, mich zu Hause zu erreichen, als ich gerade abgefahren war. Ich schaffte die Strecke bis Maalot, für die man normalerweise eine Stunde braucht, in 40 Minuten.

Maalot liegt acht Kilometer von der libanesischen Grenze entfernt auf einem mit Bäumen bestandenen Berg. Die Schule befand sich am Nordhang, ein großes dreigeschossiges Gebäude mit Blick auf einen kleinen Wald und kahle Felder. Ein paar hundert Meter entfernt lag eine Neubausiedlung, einige Häuser waren noch im Bau, andere bereits bewohnt. Als ich auf die Schule zufuhr, sah ich, wie der erste Sikorsky-Hubschrauber mit »der Einheit« an Bord über dem Fußballplatz am Stadtrand schwebte und zur Landung ansetzte.

Ein Nachrichtenoffizier vom Nordkommando unterrichtete uns über die Lage. Die Terroristen waren zwei Tage zuvor aus dem Libanon nach Israel eingedrungen, sagte er. Eine Grenzpatrouille hatte etwa zehn Kilometer nordöstlich von Maalot ihre Spuren entdeckt und die Verfolgung aufgenommen. Die Suche blieb erfolglos, so daß sie am Abend zu dem Schluß kamen, die Terroristen wären in den Libanon zurückgekehrt, denn von der Stelle, wo sich ihre Spur verlor, waren es nur fünf Kilometer bis zur Grenze.

Aber sie waren nicht in den Libanon geflüchtet, sondern durch die hügeligen Wälder und Felder entlang der Grenze nach Westen gegangen.

An ihrem zweiten Tag in Israel begingen die Terroristen ihre erste Bluttat. Sie überfielen einen Kleinbus, in dem Textilarbeiterinnen aus dem arabischen Dorf Fasuta saßen. Sie töteten zwei der Frauen und verwundeten die Fahrerin, die die Gewalt über das Fahrzeug verlor. Der Wagen stürzte in ein Wadi unterhalb der Straße, wobei die übrigen Insassinnen verletzt wurden. Als ein Suchtrupp die vermißten Arbeiterinnen im Wadi entdeckte, waren die Terroristen längst verschwunden. Doch sie hatten sich nicht über die Grenze zurückgezogen, sondern wollten mehr. Irgendwann nach Mitternacht erreichten sie Maalot. Sie erschossen den einzigen Menschen, der ihnen auf den Straßen der verschlafenen Stadt über den Weg lief, einen Angestellten der Stadtverwaltung namens Yakov Kadosh, und drangen dann in das nächstgelegene Mietshaus ein, wo sie die Familie Cohen überfielen.

Fortuna Cohen starb mit ihrem drei Jahre alten Sohn Edi in den Armen; das Kind wurde ebenfalls von den Terroristen getötet. Jojo Cohen, Fortunas Mann, versuchte ihre beiden anderen Kinder zu retten. Die Terroristen töteten Jojo. Als einziges überlebte das taubstumme, ein Jahr alte Baby der Cohens; die Terroristen hatten es vermutlich übersehen, weil es während des gesamten Massakers keinen Ton von sich gegeben hatte.

»Nach diesem Gemetzel«, sagte der Nachrichtenoffizier, »hätte man meinen können, daß sie genug gehabt hätten. Aber nein. Sie wollten mehr.«

Von der Wohnung der Cohens gingen sie weiter nach Norden und gelangten zu der Oberschule von Maalot. Dort hatten 100 Oberschüler aus Safed nach einer Wanderung durch Galiläa ihr Nachtquartier aufgeschlagen, da Ferien waren und das Gebäude leer stand.

Im Morgengrauen war die Schule bereits von Armee-Einheiten und Polizei umstellt. Zum Glück hatte die Armee aus der Geiselnahme in Kiryat Shmona gelernt: Es wurde nicht gleich wahllos geschossen.

»Wir haben auf euch gewartet«, sagte der Oberst vom Nachrichtendienst. Jetzt warteten wir gemeinsam auf Golda Meir und Moshe Dayan, die entscheiden mußten, ob den Terroristen nachgegeben oder ob »die Einheit« eingesetzt werden sollte. Keine leichte Entscheidung unter den gegebenen Umständen, denn der Yom-Kippur-Krieg hatte Meirs und Dayans Selbstvertrauen und Ansehen stark in Mitleidenschaft gezogen. Auf Demonstrationen nach dem Krieg war die Regierung aufgefordert worden, einen Untersuchungsausschuß einzurichten, der ermitteln sollte, wer für die Fehler in der ersten Phase des Krieges verantwortlich war. Der Ausschuß erzwang unter anderem Dados Rücktritt. Knapp einen Monat vor dem Anschlag in Maalot wurde Motta Gur zum Generalstabschef ernannt; sein Nachfolger als Chef des Nordkommandos wurde Raful.

Doch der Untersuchungsausschuß machte nicht die Politiker für die Fehler im Krieg verantwortlich, obwohl er ihre Konzeptionslosigkeit bemängelte, die die gesamte Verteidigungsstruktur beeinträchtigt hatte.

Als dann Demonstranten forderten, daß irgend jemand für die 2569 Soldaten, die im Yom-Kippur-Krieg gefallen waren, zur Rechenschaft gezogen werden müßte, verloren Golda Meir und Moshe Dayan enorm an politischem Einfluß. Die Weigerung des Untersuchungsausschusses, Meir und Dayan verantwortlich zu machen, steigerte nur noch den öffentlichen Druck auf sie, ihre Ämter niederzulegen. Das taten sie dann auch, blieben aber in einer Übergangsregierung an der Macht, bis eine neue Regierung gebildet wurde. Schließlich wurde Yitzhak Rabin, Stabschef im Sechstagekrieg von 1967, Golda Meirs Nachfolger und trat seine ersten zweieinhalb Jahre im Amt des Premierministers an.

Währenddessen hatte Dayan noch immer das Sagen. Er tauchte am Morgen auf, um die Sache persönlich in die Hand zu nehmen. Wie üblich trug er eine Khakihose und ein kurzärmeliges Hemd; eine Mütze schützte ihn gegen die heiße Sonne. In einem Apartmenthaus unweit der Schule richtete er sein Hauptquartier ein und übernahm das Kommando.

Ein Ereignis des Dramas kam uns bei der Vorbereitung einer militärischen Lösung zu Hilfe. Als die Terroristen in die Schule eingedrungen waren, hatte sich eine Handvoll Erwachsene, die die Schüler begleiteten und beaufsichtigten, durch einen Sprung aus den Fenstern des ersten Stocks in Sicherheit gebracht. Die Erwachsenen hatten ein paar Kinder mitgenommen, aber noch immer waren 85 Schüler zusammen mit drei Lehrern im Gebäude. Die geflohenen Erwachsenen behaupteten, sie hätten Hilfe holen wollen. Zumindest konnten sie uns einige Informationen über Waffen, Sprengladungen und Anzahl der Terroristen geben. Die Schulleiterin – eine dieser Erwachsenen, die geflohen waren, statt den Kindern beizustehen –, erzählte uns, drei Terroristen hielten die Kinder getrennt in zwei Klassenräumen im ersten Stock des dreigeschossigen Gebäudes fest.

Auf der Fahrt nach Maalot mußte ich daran denken, wie ich als Kind im Ferienlager zum erstenmal von einem »Feind« bedroht wurde, wie ich vor Angst erstarrte und nicht wußte, was ich tun sollte. Mein Lagerleiter, etwas älter als ich, wußte genau, was zu tun war: Er entwaffnete die Gegner, indem er selbst zum Angriff überging. Vielleicht würden sich die Schüler von Safed ebenso verhalten, so hoffte ich, wenn sie rasch handelten. Sie hätten nur einen Menschen gebraucht, der die Führung übernahm. Eine Lehrerin, den Busfahrer, irgendeinen Erwachsenen, der dazu imstande war. Wenn keiner die Führung übernahm, waren die Kinder in dem Gebäude in der gleichen Situation wie ich und meine Freunde damals, als wir am Rande des Zeltlagers in Hadera Wasser holen wollten.

Nach der Lagebesprechung machte ich einen Inspektionsgang in weitem Abstand um das Gebäude, damit mich die Terroristen nicht sehen konnten, die ständig von einem Balkongang im ersten Stock und vom Fenster eines Klassenraumes im selben Stockwerk aus die Umgebung beobachteten.

Als ich um einen verschlossenen Schuppen auf dem Baugrundstück bog, von wo aus man einen Blick auf die Schule hatte, sah ich Dayan.

Ich näherte mich ihm leise von hinten. Er, der mutige Frontkämpfer, stand da, eine Hand in der Hüfte, während er mit der anderen Hand ein Fernglas vor sein gesundes Auge hielt, um den Ort des Geschehens zu inspizieren. Einen Schritt weiter, und die Terroristen würden ihn vom Balkon aus sichten. Er senkte des Glas.

»Moshe, von hier an nur auf dem Bauch«, sagte ich, weil ich fürchtete, er könnte diesen einen Schritt machen.

Er drehte sich um und lächelte. »Wie geht's dir, Muki?« fragte er, während er mir die Hand schüttelte. »Was hältst du davon?«

»Ich bin noch nicht ganz ums Gebäude rum«, sagte ich, »aber nach dem, was ich bisher gesehen habe, sind die Bedingungen für einen Angriff gar nicht so schlecht.«

»Das meine ich auch«, sagte er. »Ich wollte gerade Golda anrufen, um ihr Bescheid zu geben.«

Ich folgte ihm zurück zu dem vorläufigen Gefechtsstand in dem Apartmenthaus in der Nähe der Schule. Während Dayan mit seinen Beratern sprach, entwarf Giora einen grundsätzlichen Plan, und wir fingen an, ihn mit Details zu ergänzen.

Solange wir noch keine konkrete Taktik hatten und nicht wußten, welche Stellen geeignet waren, um in das Gebäude einzudringen, welche Waffen wir am besten einsetzten, ob wir Handgranaten verwenden sollten, Kleinkaliber- oder Großkaliberwaffen, improvisierten wir. Wir postierten um die Schule herum eine Anzahl von Scharfschützen, die alle drei Terroristen gleichzeitig ins Visier nehmen sollten. Doch auch die Terroristen wußten, daß wir nur auf eine solche Gelegenheit warteten, und achteten darauf, daß sie uns immer nur ein Ziel boten, entweder auf dem Beobachtungsposten auf dem Balkon oder durch das Fenster von einem der Klassenräume, wo sie die Kinder festhielten.

Es lag auf der Hand, daß es nicht reichte, einen einzigen Angriffstrupp über die Treppe zu den Klassenräumen im ersten Stock vordringen zu lassen. Wir waren uns bereits einig, daß die Operation beginnen konnte, wenn die Scharfschützen zwei der drei Terroristen, möglichst alle drei, unschädlich gemacht hätten. Ich schlug vor, daß ich mit einem Trupp über eine Leiter zu dem Fenster des Klassenraumes hinaufklettern würde, wo der dritte Terrorist die Kinder bewachte. Der erste Kämpfer oben auf der Leiter könnte sich den Terroristen vornehmen, sobald die Scharfschützen zugeschlagen hätten. Amiram Levine würde derweil mit seinen Leuten hoch zum ersten Stock stürmen und den dritten Terroristen ausschalten.

In der Zwischenzeit hielt ein Verhandlungsteam die Araber über Lautsprecher hin, indem es ihnen sagte, die Botschafter, die sie als Vermittler wollten, seien unterwegs und die Regierung in Jerusalem beratschlage noch über ihre Forderung, die in unseren Gefängnissen einsitzenden Terroristen freizulassen.

Hunderte von Soldaten belagerten die Schule. Die ganze Gegend wimmelte von Militärjeeps und Pkws, doch wir hielten sie außer Sichtweite der Terroristen, damit diese sich sicher fühlten, während wir das Gebäude beobachteten und auf unseren Augenblick warteten.

Alles schien glattzugehen, bis uns plötzlich ein Schuß aus einer Kalaschnikow aufschreckte. Einer der Terroristen hatte einen Golani-Soldaten erspäht, der auf eigene Faust auf den Wasserturm der Stadt geklettert war, um eine bessere Sicht zu haben. Der Terrorist hatte den Soldaten für einen Scharfschützen gehalten und geschossen. Der Soldat stürzte auf der Stelle tot vom Turm. Eine Zeitlang war es ganz still, und die Spannung stieg, bis der Dolmetscher dem Terroristen sagte, er habe einen Soldaten getötet, der übers Wochenende Heimaturlaub gehabt habe. Der bedauernswerte Soldat war vermutlich der einzige vor Ort, der nicht den Befehl hatte, außer Sichtweite zu bleiben.

Um elf Uhr legten wir Raful unseren Plan vor. Anschließend gingen wir in Stellung, in der Annahme, daß die ganze Sache bis zum Mittag vorüber wäre, vorausgesetzt, die Scharfschützen bekämen zwei Terroristen ins Visier. Die jedoch paßten nun noch besser auf, nicht in unser Schußfeld zu geraten.

Und Motta kamen allmählich Zweifel, ob ein militärischer Einsatz die richtige Lösung war. Dayan rief in Jerusalem an.

Ich erinnere mich, wie er in der Wohnung, in der er seinen Gefechtsstand eingerichtet hatte, mit der Premierministerin telefonierte, und wie ich mich umwandte, um sein Gesicht dabei zu beobachten. »Golda«, sagte er, »ich bin hier vor Ort und habe die Einsatztrupps gesehen. Sie sind sturmbereit.« Moshes Gesicht zeigte keine Regung, während er ihr zuhörte.

Aber ich sah, wie seine Braue über der Augenklappe zuckte, als Motta um den Hörer bat, um mit der Premierministerin zu sprechen. So etwas wäre vor Yom Kippur undenkbar gewesen, als Dayan noch die unangefochtene militärische Autorität in Israel war. Der Krieg hatte seinen Tribut gefordert. Dayan reichte dem neuen Stabschef den Hörer.

»Hier Motta«, begann der Generalstabschef. »Auch ich bin vor Ort, aber ich bin dafür, die Verhandlungen fortzusetzen.«

Eine kurze Pause trat ein. Die Premierministerin hatte ihm wohl eine Frage gestellt, schloß ich. »Ich halte das für zu riskant«, sagte Motta. »Zumindest zum jetzigen Zeitpunkt.«

Wütend entschied Dayan, nach Jerusalem zu fliegen, um der Regierung die Lage zu erläutern. Die Zeit arbeitet gegen uns, wollte er argumentieren. Um fünf Uhr wurde es dunkel, und bei Nacht würde die Situation noch gefährlicher.

Während Dayan mit einem Hubschrauber nach Jerusalem flog, ließen die Terroristen eine Geisel frei – eine Lehrerin, eine der letzten drei Erwachsenen, die noch bei den Kindern geblieben waren. Sie brachte einen Brief mit. Doch niemand nahm die Nachricht der Terroristen – alle Kinder zu töten und sich selbst und das Gebäude in die Luft zu jagen – ernst. Ich hörte, daß der französische Botschafter eingetroffen war, um zu vermitteln, wenn nicht gar zu verhandeln, doch er wurde nicht zum Generalstabschef vorgelassen. Aber die freigelassene Lehrerin konnte uns ein paar wichtige Informationen geben. »Die drei Terroristen«, sagte sie, »haben solche Gewehre wie Sie«, und zeigte auf meine Kalaschnikow. »Und Handgranaten. Und sie haben Schachteln mit Drähten und Sprengstoff aufgestellt.«

»Wie verhalten sich die Kinder?« fragte ich und mußte an die Sache mit dem Wasserhahn damals im Ferienlager in Hadera denken.

Zitternd umklammerte sie mit beiden Händen eine Kaffeetasse. »Sie haben alle furchtbare Angst, liegen auf dem Boden, in Panik.« Mein letzter Funken Hoffnung darauf, daß die Geiseln die Initiative ergreifen und die Terroristen überwältigen würden, erlosch.

Die Scharfschützen blieben die ganze Zeit in Stellung, während wir auf das Okay aus Jerusalem warteten. Manchmal konnten sie den

Terroristen in dem Klassenzimmer sehen, den ich mit meinem Team vom Fenster aus ausschalten wollte. Andere beobachteten den Terroristen auf dem Balkon. Doch kein einziges Mal an dem Tag bekamen sie alle drei Terroristen gleichzeitig ins Visier.

Wir blieben dabei, spätestens um fünf Uhr zuzuschlagen. Die Minuten, Stunden verstrichen, und die Spannung stieg, während sich die Regierung beriet. Wenn wir den Forderungen der Terroristen nachgaben, würden wir damit eine Büchse der Pandora öffnen, die wohl kaum wieder zu schließen sein würde. Doch Dayan konnte nicht versprechen, daß die Operation ohne Verluste durchzuführen war.

Derweil warteten meine Leute, die Nerven zum Zerreißen gespannt, mit einer langen Leiter hinter einer Ecke des Gebäudes, die von den Terroristen nicht einzusehen war. Micki sollte als erster, Max als zweiter, und ich würde als dritter gehen. Amiram Levines Hauptsturmtrupp kroch inzwischen in Stellung, um durch den Vordereingang der Schule über die Treppe in den ersten Stock zu gelangen.

Schließlich kehrte Dayan nach Maalot zurück, und wir warteten auf die Entscheidung des Kabinetts in Jerusalem. Das Warten wurde zur Qual. Endlich, kurz vor fünf, bekamen wir das Okay. Giora hatte die Scharfschützen angewiesen, auf seinen Befehl hin das Feuer zu eröffnen. Jetzt warteten wir auf ihre Schüsse, das Zeichen zum Beginn der Operation.

Wenn die ersten Schüsse fielen, hatten wir nur fünf Sekunden Zeit, um über die Leiter durch das Fenster des Klassenraumes zu klettern. Dann mußte Amirams Team den ersten Stock erreicht und die Klassenräume gestürmt haben. Wir warteten auf das Knallen der Schüsse, während die Sekunden verrannen und das Licht in den letzten Minuten des Tages allmählich schwächer wurde.

Plötzlich hörten wir über Funk Gioras »Feuer«-Befehl. Gewehrschüsse krachten. »Vorwärts!« befahl ich, und wir rammten die Leiter gegen die Wand, nicht wissend, daß die Scharfschützen den Terroristen auf dem Balkon nur verletzt hatten; es gelang ihm, in den Klassenraum zu kriechen und die anderen zu warnen.

Ein Höllenlärm drang durch das Fenster, Schüsse, Explosionen und Schreie, Glassplitter regneten herab. Ungeachtet der herumfliegenden Scherben hasteten wir die Leiter hinauf. Aus dem zerborstenen Fenster über uns sprangen Kinder, die dem Chaos zu entrinnen versuchten.

Aus den Augenwinkeln sah ich, wie ein älterer Mann aus dem Wald in der Nähe herbeigelaufen kam, um den von Granatsplittern verletzten Kindern zu helfen, die nach dem Sprung aus dem ersten Stock mit gebrochenen Beinen auf dem Boden lagen. Sekunden vergingen, in denen Micki, gefolgt von Max und mir, die Leiter hochkletterte. Gerade als Micki die letzten Sprossen der Leiter erreichte, flog eine Handgranate durch das Fenster heraus.

»Granate von rechts!« rief ich. Wir drei sprangen instinktiv von der Leiter nach links, weg von der Granate. Wir kamen nicht dazu, auch nur einen Schuß abzugeben. Als wir nach der Explosion aufblickten, sahen wir, wie der Mann, der den Kindern helfen wollte, zu Boden fiel; ein Granatsplitter hatte ihn im Rücken getroffen. Er war von der Hüfte abwärts gelähmt und starb fünf Jahre später.

Wir sprangen auf, wohl wissend, daß wir keine Zeit mehr hatten, zum Fenster hochzuklettern, bevor Amirams Team oben war. »Zum Haupteingang«, befahl ich, und wir drei rannten um die Ecke des Gebäudes zur Eingangstür und die Treppe zum ersten Stock hoch.

Der beißende Geruch einer Rauchgranate hing in der Luft. Ich wußte, was uns erwartete, doch das Ausmaß des Massakers übertraf bei weitem meine Vorstellungen. Als ich den ersten Klassenraum betrat, bot sich mir ein Anblick wie aus meinem schlimmsten Alptraum.

Die Terroristen hatten 85 Kinder in einen Raum gezwängt, der schon mit 40 überfüllt gewesen wäre. Sie hatten mit ihren Kalaschnikows wahllos auf sie geschossen und Handgranaten gezündet. Zu Dutzenden lagen die Schüler auf dem Boden, übereinander, so wie sie gestürzt waren, verwundet oder tot. Ein Terrorist lag tot in der Ecke auf einem Sprengzünder. Zum Glück war er gestorben, bevor er ihn auslösen konnte. Der Sprengsatz hätte sonst das ganze Gebäude zum Einsturz gebracht. Nach der Schießerei herrschte ein heilloses Durcheinander. Dutzende von verwundeten Kindern schrien in panischer Angst um Hilfe. Andere standen unter Schock und zitterten am ganzen Körper. Achtzehn Schüler waren auf der Stelle tot (drei weitere starben später im Krankenhaus), und 50 waren leicht bis schwer verletzt. Nur eine Handvoll Kinder war unverletzt davongekommen.

Sanitäter kamen hinter uns hereingelaufen, um die Verwundeten wegzuschaffen. Schockiert von der grausigen Szene, halfen wir die Verwundeten auf Tragen zu legen. Dayan, Motta Gur und Raful traten in den Raum, in dem die Helfer hektisch durcheinanderliefen. In dem Augenblick, als sie eintraten, rief Shai, ein Offizier »der Einheit«: »Terrorist!«

Ich fuhr herum. Mitten zwischen den zerfetzten Kinderleichen stand ein Teenager in einer IDF-Uniform auf und hantierte an einer Kalaschnikow. Er war verletzt, mußte sich aber zwischen den Kindern versteckt haben.

Er riß den Lauf hoch und zielte auf Dayan und Raful. Ich zog durch und feuerte eine kurze Salve aus meiner Kalaschnikow ab. Er fiel nach hinten und war auf der Stelle tot.

Moshe warf mir einen Blick zu und nickte schwach; wie wir alle war er vor Entsetzen über die Tragödie sprachlos.

Dann hielten wir noch vor Ort eine vorläufige Einsatzanalyse ab, in der wir sämtliche Fehler aufzählten, die wir gemacht hatten. Der erste war, daß der Scharfschütze den Terroristen auf dem Balkon nicht in den Kopf, sondern in die Brust getroffen hatte. Sein Kommandeur hatte einen verhängnisvollen Fehler begangen, indem er dem Schützen im letzten Moment zugeflüstert hatte: »Es liegt alles bei dir. Du trägst die Verantwortung für das Leben der Kinder, also sieh zu, daß du triffst.« Aufgrund des Drucks, unter dem er stand, entschied sich der Scharfschütze für den sicheren Schuß in die Brust, da es ihm zu riskant erschien, auf den Kopf zu zielen.

Doch der Fehler des Scharfschützen hatte nur eine Kette von Ereignissen ausgelöst, bei denen noch viele weitere Fehler gemacht wurden. Amirams Leute waren auf ihrem Weg in den ersten Stock eine Treppe zu weit gelaufen und im zweiten Stock gelandet. Sie mußten kehrtmachen, wobei ihnen ein weiterer Fehler passierte; einer von ihnen warf nämlich eine Phosphorgranate, die das ganze Treppenhaus in Rauch hüllte, so daß sie nichts sehen konnten und noch mehr kostbare Sekunden verloren. Schließlich erspähte einer von Amirams Kämpfern durch den Rauch einen Terroristen und konnte ihn töten.

Meiner Ansicht nach waren nicht nur unsere Fehler dafür verantwortlich, daß es zu dieser nationalen Tragödie gekommen war, auch die zögerliche Haltung der Regierung hatte dazu beigetragen. Die Politiker lehnten es zwar strikt ab, mit Terroristen zu verhandeln, doch ihr Zögern bei der Durchsetzung dieses Grundsatzes hatte wertvolle Zeit gekostet.

Eine unter Leitung von Amos Horev, einem General der Reserve, der dem Generalstab im Sechstagekrieg angehört hatte, durchgeführte Untersuchung der Ereignisse erwies sich als Neuauflage der Agranat-Kommission, die Dayan und Meir von jeglicher Verantwortung für die Fehler im Yom-Kippur-Krieg freigesprochen hatte.

Doch zumindest bewirkte Amos' Bericht, daß die Befehlshaber der drei regionalen Oberkommandos die Vollmacht erhielten, vor Ort eine militärische Lösung zu genehmigen, ohne eine Regierungsentscheidung abwarten zu müssen.

Unserer Ansicht nach hätten wir den Einsatz einwandfrei durchführen können, als Dayan uns am Morgen sein Okay gab. Doch das entließ uns nicht aus der Verantwortung, aus der Tragödie Lehren zu ziehen, der einzige Trost für den Schmerz, den wir empfanden.

Wir analysierten jeden einzelnen Schritt der Operation, und immer wieder hatten wir das Blutbad in dem Klassenraum im ersten Stock vor Augen, wo wir spontan die erste Besprechung abgehalten und unsere Fehler aufgezählt hatten. In unsere neue Taktik, die wir für zukünftige Geiselnahmen entwickelten, flossen zahlreiche Einsichten ein, die wir aus dieser Katastrophe gewonnen hatten.

Am Tag nach Maalot zitierte Raful die Kommandeure »der Einheit« in sein Büro im Nordkommando. Er bat Giora um eine Zusammenfassung unseres Einsatzes. Nach Gioras Ausführungen erläuterten Amiram und ich, was unsere beiden Teams während der langen Wartezeit und dann beim Sturm des Gebäudes getan hatten.

Raful hörte aufmerksam zu, doch er hatte sich bereits seine Meinung gebildet. »Mag sein, daß ihr kämpfen könnt. Mag sein, daß ihr wißt, wie man sich bei Spezialeinsätzen über die Grenze schleicht. Mag sein, daß ihr für Nachtangriffe geeignet seid, aber wenn es hart auf hart geht? Ich hätte die Sache gleich von den Golani-Truppen erledigen lassen sollen. Was mich angeht, braucht ihr euch beim Nordkommando nicht mehr blicken zu lassen, solange ich hier das Sagen habe.«

★★★

Einige Wochen später legten Golda Meir und Moshe Dayan ihre Ämter nieder. Yitzhak Rabin, der 1967 Generalstabschef gewesen und 1968 als israelischer Botschafter nach Washington gegangen war, wurde im Sommer 1974 Premierminister. Shimon Peres wurde sein Verteidigungsminister.

Im Gegensatz zu Rafuls Überzeugung erhielt die Sayeret Matkal den Auftrag, verstärkt an einem ausgereiften Aktionsplan für Einsätze bei Geiselnahmen durch Terroristen zu arbeiten. Zu unserer Unterstützung genehmigte die Armee uns die Rekrutierung von 40 zusätzlichen Soldaten.

Die Rekruten lernten jetzt eine ganze Reihe neuer Fertigkeiten und mußten sich mit neuen Ausrüstungsgegenständen vertraut machen. Sie lernten, einen Raum zu stürmen, in dem viele Geiseln festgehalten werden, die Terroristen zu identifizieren und so gezielt zu schießen, daß die Terroristen und nicht die Geiseln getroffen wurden. Die Spezialteams lernten, wie man Einfamilien- und Apartmenthäuser, Schiffe, Züge, Flugzeuge, Busse stürmt – jedes denkbare Ziel terroristischer Angriffe. Für jedes dieser Einsatzziele war eine besondere Taktik erforderlich – für das Eindringen in das Zielobjekt, die Wahl der Waffen, die Anzahl der Teams und so weiter. Leitern wurden für uns zur fixen Idee. Wir entwickelten leicht transportierbare Klappleitern und erfanden Spezialleitern, mit denen wir von einem Gebäude zum nächsten gelangen konnten. Ich nannte die Kämpfer, die auf den Leitern am geschicktesten waren, »Affenteams«, denn sie konnten die Leitern genauso schnell hochsteigen, wie die Affen in Uganda auf die Bäume geklettert waren.

Während ansonsten ein einzelner Offizier für die gesamte Ausbildung zuständig war, waren bei diesen Operationen alle Offiziere, ob nun Berufssoldaten oder Reservisten, in die Entwicklung von Taktiken und Strategien eingebunden. Ständig übten wir an Modellen oder richtigen Zielen, also an Flugzeugen, Zügen, Einfamilien- und Apartmenthäusern. Außerdem galt es, eine grundsätzliche Methodik für Scharfschützen, ein Kommunikationsnetz sowie Mittel für Sabotage- und Kampfeinsätze zu entwickeln. In relativ kurzer Zeit hatten wir eine Taktik erarbeitet, die wir bis heute noch ständig verbessern.

Obwohl ich noch immer unbezahlten Urlaub hatte und damit offiziell Zivilist war, hielt ich mich stets für den Notfall in Bereitschaft, und nur wenige Wochen nach Maalot kam Bet Shean.

Diesmal erreichte man mich zu Hause, bevor ich mich auf den Weg zur Arbeit machte. Hilla Elazar, Dados Tochter und Sekretärin der »Einheit«, rief mich an, als ich gerade in der Küche Kaffee kochte. »Muki, es gibt einen neuen Anschlag, diesmal in Bet Shean«, sagte sie.

Nach Maalot hatte ich die Notausrüstung, die stets in meinem Wagen lag, um einen Straßenatlas ergänzt, der sämtliche Klein- und Großstädte Israels enthielt. In den Radionachrichten wurde die Straße genannt, in der die Terroristen zugeschlagen hatten. Rasch suchte ich die Straße im Atlas und machte mich schnellstens auf den Weg zu der Stadt. Bet Shean liegt ein paar Kilometer von Nahalal entfernt.

Im Ort angekommen, hielt ich im Vorhof eines kleinen viergeschossigen Wohnhauses. Ich dachte, ich befände mich in der Parallelstraße der Straße, an der die Terroristen das Haus besetzt hielten. Ich stellte den Motor ab. Plötzlich ertönte in der Luft dicht neben meinem Wagen ein vertrautes Klicken. Der Zünder einer Handgranate. In vier Sekunden würde sie hochgehen.

Ich sprang aus dem Wagen und lief neben das Haus in Deckung. Die Granate detonierte wie ein Donnerschlag, gefolgt von einer langen Salve auf meinen Wagen. Die Schüsse kamen aus dem zweiten Stock des Wohnhauses, in dessen Vorhof ich geparkt hatte. Sofort nach der Salve rannte ich zu meinem Wagen, schnappte mir die Fallschirmtasche mit der Ausrüstung vom Rücksitz und sprintete auf die andere Straßenseite. Im Garten eines anderen Hauses hatten Raful und einige Offiziere seines Kommandos einen Befehlsstand eingerichtet. Das Haus lag genau gegenüber dem Gebäude, in dem die Terroristen sich verschanzt hatten.

Raful lächelte mich an, als ich auf ihn und seine Offiziere zugerannt kam; offenbar hatte er vergessen, daß er »die Einheit« noch kurz zuvor scharf kritisiert hatte.

»Hör zu«, sagte Raful zu mir. »Am Haus liegt eine Leiter bereit, die bis zum zweiten Stock reicht. Du steigst hinauf und siehst nach, was da drinnen vor sich geht.«

»Kein Problem«, sagte ich und schnallte mein Koppeltragegestell um. Ich überquerte die menschenleere Straße im Zickzacklauf, doch niemand eröffnete das Feuer auf mich. Vor dem Gebäude, wo die Terroristen mich nicht sehen konnten, entdeckte ich die Leiter und lehnte sie so gegen die Hauswand, daß ich ein offenes Fenster im zweiten Stock erreichen konnte. Rafuls Nachrichtenoffizier hatte mir gesagt, daß das Fenster zu der Wohnung gehörte, die direkt neben der lag, in der die Terroristen waren.

Ich kletterte rasch hoch und entdeckte eine ältere Frau in ihrem Wohnzimmer, starr vor Angst. Ich legte den Finger auf die Lippen, um ihr zu verstehen zu geben, daß sie sich ruhig verhalten solle. »Bringen Sie mich hier raus«, schluchzte sie.

»Bleiben Sie nur ganz ruhig sitzen, und es kommt alles in Ordnung«, versprach ich ihr. »Ihnen wird nichts passieren. Glauben Sie mir.« Ich ging durch ihre kleine Wohnung ins Treppenhaus und legte ein Ohr an die Tür der Wohnung, die die Terroristen besetzt hielten. Ich hörte gedämpfte Unterhaltung auf arabisch.

Die Sache schien ganz einfach. Die Tür aufbrechen, die Terroristen identifizieren und töten. Ich ging zurück in die Wohnung der älteren Frau. »Ich lasse Sie holen«, versprach ich ihr und kletterte wieder die Leiter hinab.

»Okay, Raful«, sagte ich, als ich wieder im Befehlsstand auf der anderen Straßenseite war. »Wir müssen die Wohnung stürmen. Keine Frage.«

»Gut. Stell aus den Soldaten hier ein Team zusammen«, sagte er und und wies auf die Soldaten aus seinem Kommando, die gerade vor Ort eintrafen, »und ich lasse euch von den Grenzschutzleuten von hier aus Feuerschutz geben, wenn ihr losschlagt.«

Ich versuchte, Soldaten zu finden, die bereit waren mitzumachen. Aber es meldete sich niemand freiwillig. Zu so einem Einsatz kann man nicht einfach irgend jemanden, den man nicht kennt, zwingen, indem man ihm den Befehl dazu gibt.

Als ich Raful gerade von meinem erfolglosen Versuch erzählte, hörten wir von Süden her den vertrauten Klang einer Sikorsky. Eine Minute später war Giora Zorea, der Kommandeur der Sayeret Matkal, zur Stelle.

Ich kletterte mit Giora wieder in die Wohnung der älteren Frau hinauf, damit er sich selbst ein Bild von der Lage machen konnte. Die Frau saß still da und sagte kein Wort, als wir durchs Fenster stiegen und durch ihr kleines Wohnzimmer gingen. Ein paar Minuten standen wir im Hausflur vor der überfallenen Wohnung und lauschten an der Tür. Per Handzeichen kamen wir überein, daß wir die Sache mit einem halben Dutzend Kämpfern erledigen könnten.

Kurz darauf waren wir wieder im Befehlsstand, wo wir erfuhren, daß gerade ein zweiter Hubschrauber von »der Einheit« mit Nehemia Tamari an Bord gelandet war. Nehemia war damals Gioras Stellvertreter und wurde später General. 1994 kam er bei einem Hubschrauberabsturz ums Leben.

Wir vereinbarten, daß wir zusammen mit einem Team von sechs bis acht Soldaten zuschlagen würden. Kurz darauf liefen Nehemia und ich mit unseren Leuten zum Vordereingang des Gebäudes. Wir hielten uns dicht an der Hauswand, wo uns die Terroristen in der Wohnung im zweiten Stock nicht sehen konnten.

Ich schilderte den Kämpfern, die Nehemia ausgesucht hatte, kurz die Sachlage: Wohnung in zweiten Stock, Geiseln, mindestens zwei Terroristen. Ablauf wie folgt: Schnell – und leise – die Treppe hoch, das Schloß der Wohnungstür aufschießen, Wohnung stürmen und Terroristen unschädlich machen.

Wir tauschten kurze Blicke aus, ich nickte, und wir liefen hoch zu der Wohnung. Wir stellten uns vor die Tür, einer unserer Kämpfer gab eine kurze Salve auf das Schloß ab, die Tür sprang auf, und wir stürmten hinein. Wir streckten einen Terroristen im Wohnzimmer nieder, bevor er einen Schuß abgeben konnte. Ein zweiter rannte in den kleinen Nebenraum, der vom Wohnzimmer abging.

»Granate!« rief Moshe vom Sturmteam, um anzukündigen, daß er eine Handgranate in den Raum werfen würde, in den der Terrorist geflohen war. Wir sprangen in den Flur in Deckung und zogen die Tür hinter uns zu.

Die vier Sekunden bis zur Detonation vergingen rasch, zumal wir feststellten, daß wir in der Eile Moshe vergessen hatten. Einer seiner Kameraden stieß die Tür wieder auf, damit er rauskonnte. Als Moshe in den Flur stürzte, erschütterte die Explosion der Granate die Wohnung. Nehemia verzerrte vor Schmerz das Gesicht, als ihm ein Splitter heißes Metall in den Oberarm drang, während wir schußbereit zurück in den Wohnraum stürmten.

Ein Terrorist lag von Kugeln durchsiebt tot im Wohnzimmer, sein Komplize von der Granate zerfetzt im Nebenraum. Die Geiseln fanden wir im Schlafzimmer, ein älteres Ehepaar, das die Terroristen bereits am Morgen ermordet hatten, gleich nachdem sie in die Wohnung eingedrungen waren.

Nach dem Einsatz wartete Shimon Peres mit Raful und Giora auf uns. Wir gaben ihnen einen kurzen Bericht ab, und Peres beglückwünschte uns zu der erfolgreichen Aktion. Dann verabschiedeten wir uns. Die beiden Hubschrauber hoben ab und brachten »die Einheit« zurück zum Stützpunkt. Ich ging zu meinem Wagen.

Erst da stellte ich fest, daß eine Kugel das Dach meines Wagens durchschlagen hatte, als die Terroristen bei meiner Ankunft das Feuer auf mich eröffnet hatten. Sie hatte die Windschutzscheibe zerschmettert und hätten mich in den Kopf getroffen, wenn ich nicht rechtzeitig rausgesprungen wäre. Ich mußte lächeln, als mir klar wurde, was für ein Glück ich gehabt hatte. Ich verstaute meine Fallschirmtasche im Kofferraum, entfernte die Glassplitter vom Fahrersitz und machte mich auf den Weg.

Auf der Fahrt nach Hause hörte ich im Radio, daß eine aufgebrachte Menschenmenge in das Gebäude gestürmt war, um an den Leichen der Terroristen Rache zu nehmen. Die Leute hatten sie aus dem Fenster geworfen, wo andere mit Benzinkanistern warteten. Dann hatten sie die Leichen verbrannt.

In seiner Hysterie hatte der Mob auch die Leichen des älteren Ehepaars verbrannt, das die Terroristen getötet hatten. Dieser erschütternde Vorfall nach der an sich schon schrecklichen Tragödie beschämte uns. Terroristen oder nicht, es war verabscheuungswürdig, daß Menschen unseres Landes sich derart barbarisch verhielten.

Einsatzpläne

Ich hatte noch nie viel für Orden übrig. In der Regel werden sie verliehen, wenn irgend etwas schiefgegangen ist, und indem man den Mut einzelner herausstellt, bleiben andere unbeachtet. Mir ist klar, daß Armeen Orden brauchen. Doch bei meiner Arbeit habe ich es nie auf einen Orden abgesehen, und ich habe mich auch nie dafür oder dagegen ausgesprochen, wenn jemand anders einen Orden bekommen sollte.

Ich hatte andere Ambitionen. Ich wollte meine Theorie in die Praxis umsetzen: die Theorie, daß es möglich war, für Sonderoperationen im Krieg einen Dauerbefehl vorzubereiten. Die große Armee war mir dabei im Grunde gleichgültig. Ich hatte bei ihr sogar oft den Eindruck, daß die bürokratische Hackordnung genauso ein Schlachtfeld darstellte wie der Golan oder der Sinai. Aber ich wollte die IDF mit Sonderoperationen dabei unterstützen, daß sie den Staat, das Land und seine Menschen effizienter gegen jeden schützen konnten, der versuchte, Israel Schaden zuzufügen.

Als Reservekommandeur der Sayeret Matkal setzte ich mich mit jedem einzelnen meiner Leute zusammen, denn ich hatte etwas bislang Einmaliges vor – ich wollte den Stall ausmisten. Ich wußte, wer im Krieg gute Leistungen vollbracht hatte und wer nicht. Ich wußte, wer seit langer Zeit nicht mehr zum Reservedienst erschienen war und wer nicht mehr den rechten Schwung aufbrachte. Als ich schließlich zwei Dutzend Männer aus der Dienstliste der Sayeret Matkal strich – natürlich sorgte ich dafür, daß sie in einer anderen Einheit ihrer Wahl unterkamen –, waren alle schockiert, selbst die wenigen, die mein Anliegen unterstützt hatten. Außerdem versetzte ich mit Genehmigung des Stabschefs weitere 30 Kämpfer und Offiziere von der Sayeret Matkal zur Panzerwaffe, die im Yom-Kippur-Krieg stark dezimiert worden war und dringend tüchtige Offiziere und kampferprobte Soldaten brauchte.

Doch es war nicht nur damit getan, Kämpfer auszusondern, die für »die Einheit« nicht mehr geeignet waren; ich mußte überdies eine Infrastruktur schaffen, die mir half, mit einer Tradition zu brechen, die Avraham Arnan zehn Jahre zuvor begründet hatte.

Zunächst fand ich nur zwei Befürworter: Giora und Yekutiel »Kuti« Adam, damals stellvertretender Generalstabschef und aussichtsreicher Kandidat für den höchsten Posten in der Armee. Als stellvertretender Generalstabschef verwaltete er die Finanzen, und nur er konnte mir die Gelder genehmigen, die ich brauchte, um Einsatzpläne für »die Einheit« im Kriegsfall aufstellen zu können. Wir benötigten Spezialausrüstungen und logistische Unterstützung von der Luftwaffe und manchmal von der Marine. Wir mußten jederzeit alles anfordern können, was wir für eine Operation brauchten, ohne den Umweg über die Nachschubbürokratie machen zu müssen.

Eine ganze Weile arbeitete ich einerseits als Teilzeitkraft bei ChimAvir, andererseits als Reservist und versuchte von außerhalb der Armee den zuständigen Stellen meinen Plan schmackhaft zu machen. Doch dann kam in jenem Sommer Yonni zurück in »die Einheit« und trat Gioras Nachfolge als Kommandeur an. Yonni war nach dem Yom-Kippur-Krieg zwei Jahre als Bataillonskommandeur bei der Panzerwaffe gewesen. Er war über meine Pläne informiert und bat mich, wieder ganz in »die Einheit« zu kommen. Ich machte eine dreiwöchige Urlaubsreise durch Thailand und den Iran und kehrte dann wieder zurück an meine Arbeit, voller Energie, bereit für meinen nächsten Auftrag.

Systematisch arbeitete ich mich durch alle bürokratischen Instanzen, indem ich mich an die Offiziere in einflußreicher Stellung wandte. Manchmal war es ein General, ein anderes Mal ein Hauptmann. Wenn ich jemanden nicht überzeugen konnte, ging ich zu jemandem, der einflußreicher war und meinen ursprünglichen Ansprechpartner überreden konnte, seine Meinung zu ändern. Fast wie in einer Schlacht war meine Strategie darauf ausgerichtet, vollendete Tatsachen zu schaffen, und meine Taktik hing davon ab, die Schwachstellen meiner Gegner zu finden. Einige von ihnen hatten Funktionen inne, die für meinen Erfolg unentbehrlich waren, so daß ich es mir nicht erlauben konnte, lockerzulassen. Ich hörte mir in aller Ruhe ihre Einwände an und brachte dann meine Argumente vor, bis ich sie überzeugt hatte. Benny Peled, Kommandeur der Luftwaffe, erkannte die Notwendigkeit einer Sonderkriegseinheit für die Luftwaffe und unterstützte meine Sache.

Doch während ich weiter mein langfristiges Ziel verfolgte, stand eine noch dringendere Aufgabe an. Gegen die wachsende Zahl von Terroristen im Südlibanon ging die Luftwaffe mit schweren Bombenangriffen vor. Obwohl das ein wirkungsvolles Mittel sein konnte, lagen die Nachteile auf der Hand. Zum einen bestand die Gefahr, daß die Flugzeuge ihre Ziele verfehlten und unschuldige Menschen trafen, so daß die Einsätze moralisch nicht mehr zu rechtfertigen waren. Zum anderen konnten die Terroristen, da präzise gezielte Bombenabwürfe nur am Tage möglich waren, die Flugzeuge schon von weitem sichten und in den meisten Fällen die Gebäude verlassen, bevor sie getroffen wurden. Und schließlich glaubte ich an die Lektion, die wir beim Einsatz in El Hiam und beim »Frühling der Jugend« gelernt hatten – die effektivste Methode im Kampf gegen Terroristen ist die, ihnen von Angesicht zu Angesicht entgegenzutreten, sie zu überraschen.

★★★

Und wieder tat die PLO nach dem Yom-Kippur-Krieg das gleiche wie nach dem Sechstagekrieg: Sie machte dort weiter, wo die arabischen Armeen aufgehört hatten. Im Fatah-Land im Südlibanon nahm die Gewalt zu. Die Armee reagierte auf zweierlei Weise – mit Vorstößen in Gebiete des Südlibanons, um die Terroristen nach Norden zu drängen, und mit gezielten Bombardierungen durch die Luftwaffe, um ihre Kommandozentralen im Libanon zu treffen.

Ich setzte alle Hebel in Bewegung, damit die IDF uns genauso einsetzten wie damals die Egoz in El Hiam oder im »Frühling der Jugend« in Beirut.

Wenn ich eine Besprechung mit Verantwortlichen aus der Verwaltung hatte, überlegte ich mir vorher genau, was ich sagen würde, und hatte auf jede ihrer Fragen eine Antwort parat. »Meine Herren«, hob ich jedesmal an, »es besteht ein gewaltiger Unterschied zwischen einem Angriff auf Gebäude und einem Angriff auf Menschen. Die

Terroristen wissen, daß die Luftwaffe sie treffen kann. Deshalb sind sie auf Angriffe der Luftwaffe vorbereitet. Doch die Luftwaffe trifft Gebäude, keine Terroristen. Damit läßt sich nichts erreichen. Sie gehen einfach in ein anderes Gebäude.«

Doch die Armee, vor allem Motta, war so davon überzeugt, daß die Luftwaffe in der Lage war, den Terroristen erheblichen Schaden zuzufügen, ohne das Leben unschuldiger Menschen zu gefährden, daß sie immer mehr Sondereinsätze für »die Einheit« strich.

Ich versuchte, meinen Gesprächspartnern klarzumachen, daß eine im voraus bis ins kleinste Detail geplante Sonderoperation weniger riskant war als eine großangelegte Operation mit Tausenden von Soldaten, schweren Fahrzeugen und Artillerieunterstützung. Bei einer gut geplanten Operation ist der Angreifer, da er die Initiative ergreift, im Vorteil, nicht derjenige, der sich verteidigt. »Aus diesem Grund funktioniert der Terrorismus – und aus diesem Grund funktioniert auch der Kampf gegen den Terrorismus«, erläuterte ich.

Moshe Levy, der Leiter der Einsatzplanung, unterstützte »die Einheit«, doch der Generalstabschef vertraute im Kriegsfall grundsätzlich auf den Einsatz von Technologie und Waffenpotential. Ich hatte das Gefühl, daß wir immer mehr Wingates Grundsätze und die traditionellen Verteidigungsstrategien der Juden im 20. Jahrhundert vergaßen. Unsere Stärke beruhte nicht auf dem Einsatz von bloßer Kraft, sondern auf der Kreativität, mit der wir diese Kraft ausübten. Wir von »der Einheit« reichten immer wieder Pläne für Sonderoperationen gegen terroristische Kommando- und Kontrollzentren im Libanon ein, doch obwohl einige Mitglieder des Generalstabs unsere Pläne befürworteten, stießen wir bei Generalstabschef Motta Gur auf Widerstand. Und in der Armee hat der Generalstabschef nun mal das letzte Wort.

Also beschloß ich, über seinen Kopf hinweg zu handeln. Ich entschied mich für einen sehr ungewöhnlichen Schritt, bei dem Amiram Levine mir zur Seite stehen sollte: Ich wollte Moshe Dayan um ein Gespräch über die Armee bitten. Normalerweise wartete ich ab, bis er mich um Rat bat. Moshe lebte noch immer in Zahala außerhalb von Tel Aviv. Nachdem er über Jahre hinweg als Held gefeiert worden war, galt er plötzlich bei vielen Israelis als Schurke, weil sie ihn für den Yom-Kippur-Krieg verantwortlich machten. Für mich war er nach wie vor ein Freund und ein ungeheuer kreativer Kopf.

Ich rief ihn an und bat ihn um das Gespräch, zu dem ich Amiram mitnahm. »Schön«, sagte Dayan, nachdem wir ihm unser Anliegen unterbreitet hatten. »Ich bin eurer Meinung. Aber was wollt ihr von mir? Ich bin nicht mehr Verteidigungsminister.«

»Motta ist dagegen«, sagte ich. »Wie kommen wir an ihm vorbei?«

Dayan dachte einen Moment nach. »Ich kann mit Shimon sprechen«, sagte er schließlich. Gemeint war Verteidigungsminister Peres, sein langjähriger Parteifreund. »Ich bitte ihn um ein Gespräch mit euch.«

Und bereits ein paar Tage später rief mich ein Berater von Peres an. Da die Angelegenheit diskret ablaufen mußte, sollte ich das Treffen mit Peres über seine Frau Sonia arrangieren. Ich rief Sonia Peres zu Hause an, und sie sagte mir, ich solle am nächsten Abend um zehn Uhr zu ihrer Wohnung im Norden von Tel Aviv kommen.

Während Sonia Amiram und mich mit Tee und Sandwiches versorgte, sprachen wir zwei Stunden lang mit Peres. Nach der Unterredung überreichten wir ihm eine schriftliche Zusammenfassung unserer Ideen, wie sich Sondereinheiten mit Luftunterstützung gegen die Terroristen im Libanon einsetzen ließen.

Peres hörte aufmerksam zu und stellte hin und wieder eine Frage. Er hatte nie als einfacher Soldat gedient, aber den größten Teil seines Lebens der Arbeit für die Verteidigung des Landes gewidmet.

Anschließend dankte Peres uns für den Besuch und brachte uns zur Tür, wo er uns versprach, seinen Leuten den Plan zu unterbreiten. Wir wußten nicht, ob er damit Rabin oder Motta meinte.

Als wir jedoch einige Wochen später erneut den Vorschlag machten, »die Einheit« zu einer Nachtoperation gegen eine Terroristenbasis im Libanon einzusetzen, genehmigte der Stabschef überraschenderweise unsere Mission.

Wieder hatte ich dazugelernt. Ich war kein Berufsoffizier, und deshalb hatte ich auch keine Angst vor der Armeehierarchie. Ich konnte für meine Überzeugungen einstehen, wie meine Eltern es mir beigebracht hatten, selbst wenn es, wie in diesem Fall, erforderlich war, den Stabschef zu übergehen.

»Operation Thunderball«

Die »Höhle«, ein riesiger unterirdischer Bunker mit einem Labyrinth aus Betontunneln und Büros unter dem Gelände des Verteidigungsministeriums in Tel Aviv, kennt weder Tag noch Nacht.

In der »Höhle« herrscht ständig hektische Betriebsamkeit; es wimmelt von jungen Büroangestellten, Technikern, Offizieren im Innendienst und Frontoffizieren, die zu Planungssitzungen eintreffen. Die »Höhle« ist die Schnittstelle, an der alle eingehenden Informationen zusammenlaufen und von der die Einsatzbefehle für die Einheiten draußen hinausgehen. Das ganze Jahr hindurch, rund um die Uhr, ist dieser fensterlose, neonbeleuchtete Komplex das pulsierende Herz der IDF.

Am 27. Juni 1976 nahm ich in der »Höhle« an einer Besprechung mit fünf Kollegen von der Einsatzplanung, vom Nachrichtendienst und der Luftwaffe teil. Da Yonni Netanyahu, der Kommandeur der *Sayeret* Matkal, und sein neuer Stellvertreter Yiftach R. gerade im Sinai eine Operation durchführten, war ich auch Offizier vom Dienst, also im Ernstfall für »die Einheit« verantwortlich.

Mitten in der Sitzung wurden wir unterbrochen. Ein Major meldete: »Wir haben eine Flugzeugentführung. Eine Air-France-Maschine, nach einer Zwischenlandung in Griechenland. Sie war heute morgen in Tel Aviv gestartet.«

Ich griff nach dem Telefonhörer. »Air France, Flug 139«, sagte der Major weiter. »Die Maschine ist in Athen gelandet. Ohne Probleme. Vor 15 Minuten gestartet, um nach Paris weiterzufliegen.« Ich sah auf meine Uhr. Es war kurz vor eins. »Die Entführer haben vor ein paar Minuten das Cockpit besetzt. Die Funkaufklärung hat die Verbindung mit dem Athener Tower abgehört«, sagte er gerade, als Rami im Stützpunkt an den Apparat ging.

»Wir haben gerade von der Einsatzplanung Bescheid gekriegt«, sagte Rami.

»Gut. Schick die Truppe schnellstens zum Flughafen«, ordnete ich an. »Wir treffen uns da.« Vor 15 Minuten in Athen abgeflogen, das hieß, die Maschine war nur knapp eine Stunde von Israel und dem möglichen Landeplatz Flughafen Ben-Gurion entfernt. Für die Teams der *Sayeret* Matkal war es Routine, in einem solchen Notfall schnellstmöglich zum Flughafen zu fahren. Und wenn der Verkehr es erlaubte, war ich von der Tel Aviver Innenstadt aus in einer halben Stunde dort.

Erst wenige Wochen zuvor hatten wir dem Generalstab eine neue, von uns entwickelte Methode vorgeführt, wie man ein entführtes Flugzeug am Boden befreit. Sie unterschied sich grundsätzlich von der Methode, die wir bei der Rettung der Sabena-Maschine vier Jahre zuvor angewandt hatten, da wir einen Trick grundsätzlich nie zweimal einsetzen.

Als ich auf das Flughafengelände einbog, entschied ich mich für unsere neueste Methode als erste Wahl. Wir konnten einsatzbereit sein, bevor die entführte Maschine landete – falls sie Israel ansteuerte. Ich zeigte der Wache am Haupttor zum Vorfeld meinen Ausweis und fuhr auf die Landebahn, wo die Teams »der Einheit« bereits ihre Ausrüstung vorbereiteten. Doch als ich vor der kleinen Halle, die wir in solchen Fällen benutzen, aus dem Wagen stieg, hieß es, daß die Maschine Kurs auf Libyen nahm.

Niemand war überrascht. Es war allgemein bekannt, daß Libyens Staatschef Muammar al-Gaddafi den internationalen Terrorismus, insbesondere die Terroranschläge der Palästinenser gegen israelische Ziele, mit dem Geld aus seinen Ölgeschäften unterstützte. Trotzdem bereiteten wir uns auf die Ankunft der Maschine in Israel vor.

Eine Stunde nach der ersten Meldung, daß die Maschine nach Libyen fliege, forderten die Terroristen über Funk den Flughafen von Bengasi auf, Treibstoff zum Auftanken des Flugzeugs bereitzustellen. Außerdem wollten sie mit Vertretern von Wadi Haddads Volksfront sprechen. Wadi Haddad, Führer der radikalsten Palästinensergruppe, hielt Yassir Arafats Al-Fatah für zu gemäßigt. Haddad arbeitete Hand in Hand mit westeuropäischen Terrorgruppen wie der deutschen Baader-Meinhof-Gruppe und den Roten Brigaden in Italien. Die Meldung, daß die Terroristen auftanken wollten, konnte bedeuten, daß sie doch vorhatten, in Israel zu landen.

Ein paar Minuten später traf Ran Bag ein. Als Oberstleutnant leitete er die Antiterrorabteilung im Oberkommando der Infanterie und der Luftlandetruppen, das Dan Shomron unterstand. Er hatte an der Entwicklung neuer Methoden und Taktiken für Antiterroreinsätze »der Einheit« teilgenommen und blieb den ganzen Tag über bis in den späten Abend dabei, während wir weiter an Plänen herumfeilten, die wir bereits auswendig kannten, und darauf warteten, daß das Flugzeug in Bengasi startete.

Yitzhak Rabin, der damals zum erstenmal das Amt des Premierministers bekleidete, leitete gerade die wöchentliche Kabinettssitzung, als ihn sein Verbindungsoffizier von der Flugzeugentführung unterrichtete. Rabin bildete umgehend einen Krisenstab, der sich aus den wichtigsten Ministern zusammensetzte, und gab eine Erklärung ab, in der es hieß, daß die israelische Regierung an ihrem Grundsatz festhalte, niemals mit Terroristen zu verhandeln. Jerusalem, so die Verlautbarung, sei der Ansicht, daß die französische Regierung die Verantwortung für die Sicherheit der Passagiere an Bord der Air-France-Maschine trage.

Im Hauptquartier des Generalstabs überlegten unterdessen drei IDF-Offiziere – Major Amiram Levine, »der tanzende blonde Derwisch« bei der Operation »Frühling der Jugend«, der die Sayeret Matkal verlassen hatte, um Nachrichtenoffizier im Bereich Einsatzplanung zu werden, Major Gadi Shefi, Kommandeur der Marinesondereinheit *Shayetet,* und Luftwaffenmajor Ido Embar, leitender Offizier der Luftwaffe für verbundene Operationen der Teilstreitkräfte –, welche Alternativen es gäbe, falls die Maschine in Bengasi unter libyschem Schutz bliebe. Sie spielten verschiedene Möglichkeiten durch: eine Rettungsaktion per Hubschrauber durchzuführen, im Gegenzug eine libysche Maschine zu entführen oder eine libysche Militäreinrichtung zu besetzen, um die Freilassung der Geiseln zu erzwingen. Für den Fall, daß irgendeiner der israelischen Passagiere zu Schaden kam, planten sie eine Strafaktion, damit die Libyer es sich zweimal überlegten, bevor sie erneut mit einer Terroristengruppe zusammenarbeiteten.

An dem Abend kam ein paar Minuten nach 22.00 Uhr die Meldung, daß die Maschine im etwa drei Stunden entfernten Bengasi gestartet war. Ich rief die Trupps in den Besprechungsraum auf dem Flughafen und wiederholte den Plan noch einmal für Yekutiel »Kuti« Adam, den Einsatzleiter und stellvertretenden Generalstabschef. Er war mit seinem Adjutanten Oberst Avigdor »Yanosh« Ben-Gal da, dem früheren Kommandeur der Panzertruppe, der uns damals im Yom-Kippur-Krieg gebeten hatte, Yossi Ben-Hanan in Tel Shams zu retten.

Doch um 1.30 Uhr nachts – das Flugzeug war noch immer nicht angekommen – traf Verteidigungsminister Shimon Peres mit seinem Beraterstab ein. Kuti bat mich, dem Minister die wesentlichen Punkte des Plans zu erläutern. Also stellte ich den Plan noch einmal dar; ich zeigte auf die Karte des Flughafens, die an der Wand hinter mir hing, und zählte die Positionen eins bis vier der einzelnen Trupps auf.

»Hier ist die Landebahn, der Tower wird die Maschine dorthin dirigieren«, sagte ich und tippte auf eine Position auf der Karte. Dann erläuterte ich die Gründe, warum wir uns für diese Einsatzmethode entschieden hatten.

»Und wie immer«, sagte ich abschließend, »haben wir den Ablauf der Ereignisse unter Kontrolle, wenn wir die Initiative ergreifen. Noch Fragen?«

Einige Soldaten stellten ein paar technische Fragen, und dann trat Stille ein. Jeder wußte, was er zu tun hatte.

»Möchte noch jemand etwas sagen?« fragte Peres von seinem Platz hinten in dem kleinen Saal. Niemand meldete sich.

»Na, dann«, sagte Peres. »Ihnen allen viel Glück.« Doch statt sich zu verabschieden, bat er Kuti, Ran Bag, Yanosh Ben-Gal und mich in einen Nebenraum.

»Warum diese Methode und nicht die vom Sabena-Einsatz?« fragte der Verteidigungsminister, sobald sich die Tür hinter uns geschlossen hatte. Kuti forderte mich mit einem Nicken auf, die Frage zu beantworten. Zum dritten Mal innerhalb einer Stunde erklärte ich, daß wir die gleiche Taktik prinzipiell nur einmal anwandten.

Als ich fertig war, schaltete sich Kuti ein: »Sie haben die Methode letzte Woche dem Generalstab vorgeführt. Sie funktioniert.«

»Okay«, entschied Peres schließlich. »Genehmigt.«

Wir warteten weiter auf das Auftauchen des Flugzeuges. Doch im Laufe der Nacht bestätigte sich die Meldung, daß die Maschine nicht nach Osten in Richtung Israel steuerte. Sie flog nach Süden, über die Sahara tief nach Afrika hinein und damit weit außerhalb unseres Einflußbereiches. Vielleicht kommt sie ja doch noch zurück, überlegten wir, auf einer Route, mit der niemand rechnet, über den Süden Ägyptens und dann das Rote Meer hoch. Doch bei Sonnenaufgang war die Maschine schon in Zentralafrika. Schließlich hoben wir die Alarmbereitschaft auf dem Flughafengelände auf und fuhren zum Stützpunkt zurück.

Die IDF-Option

Am Montag mittag brachte eine ausländische Radiomeldung überraschende Neuigkeiten. Die Maschine der Air France war in Uganda gelandet, auf dem Flughafen von Entebbe. Und Präsident, Feldmarschall und ehemaliger israelischer Fallschirmjäger Idi Amin »Dada« (der nie einen Sprung gemacht hat und die Rangabzeichen nicht verdiente) bot seine Dienste als Vermittler für die Befreiung des Flugzeugs und seiner Passagiere im Austausch gegen Terroristen in unseren Gefängnissen an.

In den Jahren, nachdem er uns so rüde aus Uganda herausgeworfen hatte, waren seine Auftritte auf der internationalen Bühne immer grotesker geworden. Er holte sich Dutzende von Frauen aus den Dörfern des Landes in seinen Harem und verfütterte seine politischen Widersacher an die Krokodile, die an den Ufern des Victoriasees lebten. In Ungnade gefallene Botschafter mußten vor ihm niederknien, wenn ihre Regierungen gute Beziehungen zu Uganda wünschten, einem Land mit großen Bodenschätzen. Doch trotz seiner Launen sollte Amin noch im selben Jahr zum Vorsitzenden der Organisation für die Afrikanische Einheit gewählt werden.

Aus Uganda trafen äußerst dürftige Berichte ein, hauptsächlich von der BBC, die ihre Informationen von Ausländern bezog, die in der Hauptstadt Kampala lebten. Es war unmöglich festzustellen, ob Amin die Landeerlaubnis gegeben hatte, weil der Pilot gesagt hatte, er müsse unbedingt auftanken – oder ob er mit den Terroristen im Bunde stand. Schließlich hatte er uns schon einmal verraten.

Am Nachmittag meldete die BBC, daß die Terroristen die Passagiere aus dem Flugzeug lassen würden. Später hieß es, die Terroristen hätten die Passagiere in ein altes Terminal-Gebäude auf dem Flughafen Entebbe geschafft.

Und Amin hatte das Gebäude mit seiner, wie er meinte, besten Truppe umstellt – den Fallschirmjägern, mit deren Ausbildung ich vier Jahre zuvor begonnen hatte.

Am Montag nachmittag gaben die Terroristen ihre Forderungen bekannt: fünf Millionen Dollar in bar und Austausch der Geiseln gegen Häftlinge auf der Rollbahn von Entebbe. Sie verlangten die Freilassung von Terroristen, die in Kenia, Frankreich, der Schweiz, Deutschland und natürlich in Israel einsaßen. Sie setzten ein Ultimatum bis Donnerstag nachmittag um ein Uhr, und die geforderte Freilassung inhaftierter Genossen der Baader-Meinhof-Gruppe bestätigte, daß bei dieser Aktion eindeutig verschiedene Terroristengruppen auf internationaler Ebene zusammenarbeiteten. Amin schlug sofort vor, daß die Regierung in Jerusalem den Forderungen der Terroristen nachgeben sollte. Für die Öffentlichkeit verwies Rabins Regierung die Angelegenheit immer wieder an die französische Regierung, da sie für die Sicherheit der Passagiere auf einem Flug der staatlichen französischen Fluggesellschaft verantwortlich sei.

Ich war während meiner drei Monate in Jinja auch häufiger in Entebbe gewesen, um Nachschub abzuholen, wenn Militärtransporter aus Israel Versorgungsmaterial für unsere Delegation einflogen. Ich war also nicht überrascht, als ich einen Anruf von Ehud Baraks Büro bekam und gebeten wurde, an einer Besprechung über die Flugzeugentführung teilzunehmen. Er war mittlerweile als stellvertretender Chef des Geheimdienstes verantwortlich für »Ermittlungen und Sondereinsätze« und arbeitete in einem Büro des Verteidigungsministeriums, das nur wenige Stockwerke über der »Höhle« lag.

Dort waren die führenden Experten der IDF zur Terrorismusbekämpfung bereits versammelt – Amnon Biran, ein Veteran der Sayeret Matkal, jetzt Major im Nachrichtendienst; Amiram Levine, Ido Embar und Gadi Shefi, die einen Angriff auf Libyen geplant hatten, als die Maschine in Bengasi gelandet war; Oberstleutnant Ran Bag und Haim »Ivan« Oron, beide aus Dan Shomrons Stab des Infanterie- und Fallschirmjägerkommandos in den IDF. Wir alle waren Freunde und hatten bei Missionen in der Vergangenheit zusammengearbeitet.

Sie saßen um den T-förmigen Tisch, und Ehud lehnte sich auf seinem Stuhl am Kopfende zurück. Er lächelte mir zu, als ich zur Tür hereinkam. »Muki, kennst du Entebbe?« fragte er. Die anderen Offiziere wandten sich um und sahen mich an.

Ich grinste zurück. »Und ob ich es kenne.«

»Und?« fragte er. »Was hältst du von den ugandischen Soldaten?«

»Sie müssen gut sein«, sagte ich, »schließlich habe ich sie ausgebildet.« Das löste allgemeines Gelächter aus, und ich nahm mir einen freien Stuhl.

Dann jedoch veränderte sich Ehuds Gesichtsausdruck. »Wie gut?«

»Sie fürchten sich vor der Nacht«, begann ich und kam gleich zur Sache, als ich Platz genommen hatte. »Im Idealfall sind sie nicht besonders motiviert. Ich kann mir wirklich nicht denken, welche Motivation sie haben sollten, gegen uns zu kämpfen.« Ich rasselte meine Einschätzung der Lage herunter.

Ehud grinste, als ob ich damit seine Meinung bestätigt hätte, die er vor meiner Ankunft geäußert hatte.

Ich fuhr fort: »Ich glaube also nicht, daß die ugandischen Soldaten ein großes Problem sein werden.« Dann fiel mir etwas ein, und ich erwähnte die israelische Baugesellschaft: »Übrigens, Solel Boneh hat den Terminal gebaut.«

»Wir haben die Pläne schon angefordert«, sagte Ehud. Und damit begann die Planung für die Befreiungsaktion von Entebbe.

Es kam kein Befehl von der Regierung oder vom Generalstab, mit der Planung zu beginnen. Obwohl der Luftwaffenkommandeur Benny Peled bei einer Besprechung des Generalstabs von Anfang an gesagt hatte, daß die Luftwaffe innerhalb von 24 Stunden einsatzbereit sein könnte, um nach Entebbe zu fliegen, war es ohne zuverlässige nachrichtendienstliche Informationen aus Entebbe unmöglich, den Befehl für eine Rettungsmission zu geben.

Offenbar schoben die Ranghöchsten in den IDF – mit Ausnahme von uns in Ehuds Büro – aufgrund der Tatsache, daß die entführte Maschine so weit weg war, ihren normalen Dienst: Generalstabschef Mordechai »Motta« Gur, Kuti, der als Leiter der Einsatzplanung stellvertretender Stabschef war, wie auch Dan Shomron, der Inspekteur der Infanterie und Luftlandetruppen.

Doch wir arbeiteten unterdessen. Ununterbrochen klingelten die Telefone, und am laufenden Band trafen die benötigten Informationen ein. Ein Ingenieur von Solel Boneh kam noch am Abend mit den

Originalplänen. Er wurde unter Eid zur Verschwiegenheit verpflichtet und war verblüfft, daß er plötzlich in einem Team mitarbeitete, das einen scheinbar unmöglichen Einsatz plante.

Wir ließen die Piloten kommen, die in den Jahren, als wir die Militärdelegation in Uganda hatten, zwischen beiden Ländern hin- und hergeflogen waren, und wir bestellten die IDF-Fluglehrer, die Ugandas kleine Luftwaffe ausgebildet hatten. Sehr nützlich war das internationale Verzeichnis der Zivilflughäfen, das alle Piloten von Verkehrsmaschinen benutzen. Das Verzeichnis lieferte uns ein aktuelles Bild des Flughafens von Entebbe, wo die Ugander etwa zwei Kilometer vom alten Terminal entfernt einen zweiten gebaut hatten. Außerdem gab es eine neue Rollbahn für die elf MiGs – nicht Mirages –, die sie von den Libyern bekommen hatten.

Die Begeisterung für den Einsatz steckte alle an. Von Anfang an kam es uns so vor, als hätten wir so gut wie alles, was wir brauchten, um die Sache erfolgreich über die Bühne zu bringen: Piloten, die die Strecke kannten, genaue Informationen über den Flughafen, unsere besonderen Fähigkeiten bei Geiselnahmen.

Wir sieben wurden zur Ad-hoc-Einsatzplanungsgruppe, die Pläne für eine militärische Beendigung der Flugzeugentführung aufstellte. Wir hatten in der Vergangenheit alle schon einmal bei Spezialeinsätzen zusammengearbeitet – bei solchen, die durchgeführt wurden, solchen, die in letzter Minute abgeblasen wurden, solchen, die nie über die Planungsphase hinauskamen und solchen, die wir übten und ausfeilten, die aber nie in die Tat umgesetzt wurden.

Wir waren mehr als nur Kollegen und Verbündete, wir fühlten uns wie Mitglieder eines Teams, in dem wir unsere jeweilige Position kannten und uns gegenseitig ergänzten. Manchmal kam es mir vor wie ein Tischtennisspiel, bei dem einer eine Idee einwarf und ein anderer sie angeschnitten zurückspielte. Manchmal erschien es mir wie ein Basketballspiel, bei dem Ideen weitergegeben wurden wie der Ball beim raschen Zuspiel. Mit jedem Paß nahm die Idee eine neue Wendung, die den Plan noch verbesserte.

Ich rief Amnon M. an, einen meiner Reserveoffiziere, und bat ihn, mir bei der Planung als Nachrichtenoffizier zu helfen. Bicho, einen weiteren Reserveoffizier, bat ich, mir als Einsatzoffizier zur Verfügung zu stehen. Sie sollten mich die folgende Woche hindurch als Assistenten unterstützen und die Befehle für den Einsatz zusammenstellen.

Die ganze Nacht hindurch, bei zahllosen Tassen Kaffee und Tee, leitete Ehud gekonnt das Brainstorming. Aber immer und immer wieder stießen wir auf echte Probleme, auf Informationsdefizite. Das größte bestand darin, daß wir immer noch nicht wußten, was Idi Amin wollte. Selbst Staaten wie Libyen und Iran, die den Terrorismus unterstützen, legten öffentlich Lippenbekenntnisse zum unbehinderten Zivilluftverkehr ab. Amin dagegen war nach wie vor völlig unberechenbar.

Die Nachrichtenoffiziere wiesen darauf hin, daß Amin bei der bevorstehenden Konferenz der Organisation für Afrikanische Einheit, die am Wochenende im Sudan stattfinden würde, zum Vorsitzenden gewählt werden sollte. Die Flugzeugentführung lieferte ihm genau das, was er wollte – eine internationale Bühne. Währenddessen garantierte er in Presseerklärungen für die Sicherheit der Geiseln – bat aber Israel, den Forderungen der Terroristen nachzugeben.

In jener ersten langen Nacht, in der wir Ideen für unseren Einsatz sammelten, empfand jeder im Raum eine ungeheure Verantwortung. Falls Jerusalem einem Austausch zustimmte, wäre dies eine Demütigung für uns und ein Triumph für den Terrorismus weltweit.

Bei Tagesanbruch stellten wir vier in groben Zügen ausgearbeitete Pläne in der »Höhle« vor. Jeder Plan hatte seine Vor- und Nachteile. Alles hing vom Überraschungsmoment ab.

Ganz oben auf unserer Liste stand der Absprung von Fallschirmjägern über dem Victoriasee, eine kombinierte Operation mit Kämpfern der *Shayetet,* den Kampfschwimmern. Nach einer Landung im Wasser könnten wir mit Schlauchbooten, die ebenfalls mit Fallschirmen abgeworfen würden, das Ufer erreichen und somit den Flughafen, der sich dicht am See am Rande eines Sumpfes befand. Dann würden wir zu Fuß in das Flughafengebiet vorstoßen, die Terroristen überwältigen und uns anschließend in die Hände der Ugander begeben. Dieser Plan ging davon aus, daß Amin eine Rettungsaktion wünschte, die ihn von jeglicher Verantwortung befreite.

Der zweite Plan baute auf den diplomatischen Verbindungen zwischen Israel und Kenia auf, einem der wenigen Dritte-Welt-Länder, das in jenen Jahren die Beziehungen zu uns aufrechterhielt. Ein Schiff könnte uns über den Victoriasee nach Entebbe bringen. Wie bei Plan Nummer eins gingen wir auch bei dieser Variante mit dem Schiff davon aus, daß Amin eine Befreiung der Geiseln ebensosehr wünschte wie wir.

Das gleiche galt für Plan Nummer drei. Die Terroristen verlangten einen Austausch von Gefangenen gegen die Geiseln in Entebbe. Das konnten sie haben. Wenn wir eine Boeing der Luftwaffe mit dem Anstrich eines Verkehrsflugzeugs versahen, die Piloten in entsprechende Uniformen steckten und Soldaten der Sayeret Matkal als Gefangene tarnten, könnten wir aus der Maschine stürmen und direkt angreifen. Aber auch hier hing der Erfolg davon ab, daß Amin uns sicheres Geleit aus Uganda garantierte.

Außerdem verlangten alle drei Planungsentwürfe die umfangreiche Mitarbeit des Mossad, ob es sich nun um die Vorbereitung des Einsatzes in Kenia handelte, die Verhandlungen mit anderen Ländern, in denen Terroristen im Gefängnis saßen, die die Entführer freipressen wollten, oder das Beschaffen von Uniformen der Air France.

Also weihten wir den Mossad in diese drei Pläne ein. Unser vierter Entwurf aber war die »IDF-Option«.

Dabei handelte es sich um eine klare Machtdemonstration. Wir würden mit genug Soldaten in ein afrikanisches Land fliegen, um feindliche ugandische Truppen in Schach zu halten, während wir die Terroristen eliminierten, die Passagiere einluden und wieder abflogen.

Doch je größer die Luftflotte, die nach Uganda flog, desto größer auch das Risiko, entdeckt zu werden. Der Flug über das Rote Meer und dann nach Westen über Zentralafrika brachte uns in Reichweite des Radars – und der Kampfbomber – von Ägypten, Saudi-Arabien und dem Sudan, drei arabischen Ländern, die unsere Vernichtung geschworen hatten.

Ido Embar war zuversichtlich, daß die Luftwaffe diese Aufgabe lösen könnte. Die Maschinen würden über acht Stunden fliegen müssen, und zwar überwiegend in Reichweite des feindlichen Radars.

Überdies überzeugte er mich davon, daß eine Maschine unbemerkt auf einem Flughafen landen könnte. »Glaub mir«, sagte er. »Ich lebe auf einem Luftwaffenstützpunkt. Ich weiß, wovon ich rede. Wenn einer Maschine die Landung gelingt, ohne vom Radar bemerkt zu bleiben, könnte sie am Ende der Rollbahn stehenbleiben, ohne daß es jemand merkt.«

Seine Idee wurde zum Eckpfeiler einer Luftoperation. Für den Fall, daß die Flugüberwachung in Entebbe uns doch auf dem Radarschirm ausmachen und über Funk um Identifizierung bitten würde, könnten wir einen planmäßigen Flug angeben. Doch im Idealfall wollten wir in Funkstille landen, ohne jeden Kontakt zum Tower. Und wir mußten von der Voraussetzung ausgehen, daß die Ugander die Beleuchtung der Landebahn ausschalten würden – entweder um Strom zu sparen, oder eben um eine solche unerwartete Landung zu verhindern. Wir brauchten Tarnung.

Ehud wies jedem Mitglied des Teams eine Aufgabe zu, die seinen Fähigkeiten und seiner Funktion in der Armee entsprach. Als Vertreter der Sayeret Matkal wurde mir die Verantwortung für diejenigen Teile des Plans übertragen, die mit den Stoßtrupps zu tun hatten, die die Terroristen ausschalten und die Geiseln befreien sollten.

»Die Bataillonskommandeure in der ugandischen Armee werden alle im Mercedes herumkutschiert, und immer sind ein paar Landrover mit Soldaten dahinter«, sagte ich. »Mit so einer Tarnung kommen wir in jede militärische Einrichtung des Landes, ohne angehalten zu werden. Kein ugandischer Wachsoldat würde das wagen. Und ehe sie dahinterkommen, wer wirklich in den Wagen sitzt, läuft die Sache bereits.«

Mein Vorschlag mit dem Mercedes wurde zum zweiten Stützpfeiler der Pläne. Der Mossad, der bereits dabei war, alles zu besorgen, was wir brauchten, um unbemerkt nach Entebbe zu kommen, setzte den Wagen mit auf die Liste.

Aber wir gingen noch weiter und verlangten von ihnen aktuelle Fotos vom Flughafen. Wir hatten die Pläne des alten Terminals, wo die Hijacker die Geiseln festhielten. Aber selbst der »Jeppesen«, das internationale Flughafenverzeichnis, lieferte uns nur eine schematische Darstellung, kaum Informationen über die Gebäude, noch weniger über die militärische Präsenz der Ugander auf dem Flughafengelände und gar nichts über das Geschwader von MiGs, die die Libyer Amin geschenkt hatten. Und seit Amin uns 1972 aus Uganda hinausgeworfen hatte, war kein Israeli mehr im Land gewesen.

Verteidigungsminister Peres rief Burka Bar-Lev, den früheren Missionsleiter in Uganda, auf den Plan. Amin hatte Burka stets gemocht, und jetzt hoffte Peres, daß Burkas Gespräche mit Amin die wahren Absichten des ugandischen Diktators offenbaren würden. Peres hörte bei den Gesprächen mit, machte sich Notizen und suchte nach Hinweisen für Amins Haltung. Burka erinnerte den verrückten Diktator daran, daß Amins Mutter auf dem Totenbett ihren Sohn beschworen hatte, »die Juden nie zu hintergehen«. Burka versprach Amin sogar den Friedensnobelpreis, falls die Afrikaner die Geiseln freiließen. Amin klang interessiert und beteuerte weiter seine Unschuld in dieser Angelegenheit. Aber er sagte Burka, daß Israel sämtliche Forderungen der Terroristen annehmen sollte.

Von unserem Standort in Tel Aviv aus konnten wir immer noch nicht sagen, ob Amin mit den Terroristen unter einer Decke steckte oder ob die Terroristen seinen Flughafen ebenso in der Gewalt hatten wie die Air-France-Passagiere. Aber wir bekamen einige neue Informationen vom Geheimdienst, die uns etwas mehr über die Terroristen verrieten.

Einer Frau mit sowohl israelischer als auch britischer Staatsbürgerschaft, die auf dem Weg nach London gewesen war, war es in Libyen gelungen, aus dem Flugzeug zu kommen. Sie stach sich mit einer Hutnadel und erklärte den Terroristen, daß sie mitten in einer schwierigen Schwangerschaft stecke. Ein Arzt an Bord des Maschine überzeugte die Entführer davon, daß die Frau dringend ins Krankenhaus müsse. Sie ließen sie frei, und die Libyer setzten sie in eine normale Linienmaschine, die Bengasi verließ. In London angekommen, meldete sie sich bei der israelischen Botschaft, schilderte ihnen den Ablauf der Entführung und lieferte detaillierte Beschreibungen von allem, woran sie sich erinnerte.

Nach Aussagen dieser Passagierin zogen zwei Deutsche – ein Mann, der sich Garcia, und eine Frau, die sich Ortega nannte – und zwei palästinensische Teenager ungefähr zehn Minuten nach dem

Start in Athen ihre Pistolen. Aus den Analysen der Schilderungen, die aus London eintrafen, entnahmen wir, daß der Deutsche die Entführung leitete. Doch die deutsche Frau behandelte die jüdischen Passagiere besonders brutal, ob nun Israelis, Europäer oder Amerikaner. Die Informationen der Passagierin halfen uns, von den vier Terroristen ein Profil zu entwickeln, aber da sich die Geiseln inzwischen in Uganda befanden, war ihr Bericht darüber, was sich in der Maschine und am Boden in Bengasi ereignet hatte, Schnee von gestern.

In unserem Planungszimmer in der »Höhle« gingen Tag und Nacht ineinander über. Wir arbeiteten rund um die Uhr, wie im Krieg. Am frühen Mittwochmorgen rief Verteidigungsminister Peres Ehud in sein Büro. Peres drängte auf eine militärische Lösung der Situation, doch Premierminister Rabin, seit seiner Jugend Soldat, wußte, daß es mit dem Wunsch nach einem Einsatz nicht getan war; man mußte ihn auch durchführen können.

Doch Ehud konnte nur das berichten, woran sich die ehemaligen Mitglieder der Militärdelegation in Uganda erinnerten, was im »Jeppesen« über den Flughafen stand und was den Funkmeldungen über ugandische Truppenteile im Umkreis des Flughafens zu entnehmen war. Und trotz Burka Bar-Levs Gesprächen mit Amin wußten wir immer noch nicht, ob die ugandischen Truppen am Flughafen die Geiseln beschützten, ihre Flucht verhinderten oder einen möglichen Befreiungsversuch vereiteln sollten.

Ich hielt Kontakt zu Yonni im Sinai, um ihn über unsere Arbeit auf dem laufenden zu halten. Falls es brenzlig würde, sollte er zurückkommen. Ich wies Bicho, meinen Einsatzoffizier, an, dafür zu sorgen, daß die Luftwaffe rund um die Uhr ein Verbindungsflugzeug oder einen Hubschrauber bereithielt, um Yonni gegebenenfalls aus dem Sinai einzufliegen.

Und währenddessen ging die Arbeit weiter. Die Kommandosoldaten der *Shayetet* planten einen Übungsabsprung, bei dem Schlauchboote an Fallschirmen ins Mittelmeer abgeworfen werden sollten. Zum erstenmal seit Beginn der Planung verließ ich die »Höhle«, um mir meine Fallschirmausrüstung zu holen. Aber als ich im Stützpunkt der Sayeret Matkal vor meinem Büro auf den Parkplatz fuhr, kam ein Angestellter zu meinem Wagen gerannt und teilte mir mit, ich solle sofort zur Planungsgruppe zurückkommen.

Ich rief in der »Höhle« an, weil ich wissen wollte, welche Meldungen seit meiner Abfahrt eingetroffen waren. »Der Abwurf der Schlauchboote läuft nicht«, erfuhr ich. »Zumindest jetzt noch nicht.« Absurderweise sah ich nur wenige Monate später genau eine solche Übung, die perfekt klappte.

Da diese Option also von unserer Liste gestrichen war, arbeiteten wir weiter an den drei verbleibenden Plänen: heimliche Überquerung des Victoriasees per Boot von Kenia aus; Tarnung als Zivilflugzeug, das die freigelassenen internationalen Terroristen transportiert, deren Austausch ausgehandelt worden war; oder das, was Benny Peled von Anfang an vorgeschlagen hatte – das Einfliegen einer 1000 Mann starken Einheit nach Entebbe.

»Aber das sind zu viele«, sagte ich immer wieder über die letzte Variante. »Wenn wir das Überraschungselement auf unserer Seite haben wollen, müssen wir mit einer wesentlich kompakteren Formation antreten. Je mehr Elemente bei einer Mission involviert sind, desto größer ist die Wahrscheinlichkeit, daß etwas schiefgeht.« So oder so schien uns die Zeit davonzulaufen, denn das Ultimatum der Terroristen lief am Donnerstag, dem 1. Juli, ab.

Keine der beteiligten Regierungen wollte als erste nachgeben, doch als der Zeitpunkt X näherrückte, schien es wahrscheinlicher denn je, daß die Europäer dabei waren, ein Geschäft zu machen. Am Mittwoch nachmittag hieß es in Radiomeldungen zuerst aus Uganda und dann aus Paris, daß die Terroristen zugestimmt hatten, einige Geiseln »als Geste des guten Willens« freizulassen. Doch als wir Genaueres erfuhren, mußten wir erkennen, daß diese Geste keinerlei guten Willen für uns barg. Im Gegenteil, unsere schlimmsten Befürchtungen wurden bestätigt.

Angeführt von dem Deutschen, der inzwischen als Wilfried Böse, ein Mitglied der Baader-Meinhof-Gruppe, identifiziert worden war, hatten die Terroristen die Geiseln in Juden und Nichtjuden aufgeteilt. Die Nichtjuden kamen frei. Die Juden blieben in Uganda. Es spricht für die Crew der Air France, daß sie bei den Geiseln blieb, die nicht freigelassen wurden.

Wir fühlten uns alle an die Selektion während des Nationalsozialismus erinnert, bei der die Nazis bestimmten, wer sterben und wer in den Konzentrationslagern vorläufig weiterleben würde. Die Trennung von Juden und Nichtjuden bewies uns, daß wir auf uns allein gestellt waren.

Doch die befreiten Geiseln in Paris konnten auch wichtige Informationen liefern. Wir beschlossen sofort, jemanden nach Paris zu schicken, der sie befragen sollte. Der ideale Kandidat für diese Reise war Oberstleutnant Amiram Levine, damals Leiter der Einsatzplanung im militärischen Nachrichtendienst.

Amiram hatte in »der Einheit« Karriere gemacht: Vom Soldaten über Zugführer und Kompaniechef hatte er es zum stellvertretenden Kommandeur »der Einheit« gebracht und war nun Yonnis designierter Nachfolger als Kommandeur. Später sollte er als General Chef des Nordkommandos werden.

Amiram ist jemand, den man überall einsetzen kann und der sofort weiß, was zu tun ist. Er wußte, welche Fragen er stellen mußte, um die Antworten zu bekommen, die wir für unsere Planung des Überfalls brauchten.

Amnon Biran stellte Amiram für die Reise eine Mappe mit Geheimdienstmaterial zusammen. Amnon besorgte die Entwürfe von Solel Boneh und fügte einen Satz Skizzen bei, die auf Grundlage unserer Kenntnisse über den Flughafen in Entebbe angefertigt worden waren. Biran verschlüsselte und kopierte das Material. Schon in Zivilkleidung, nahm Amiram in der »Höhle« an einer letzten Besprechung mit der Planungsgruppe teil, bevor er in die Maschine nach Paris stieg.

Es gab da nur ein Problem. Rabin schickte seinen Berater in Terrorismusfragen, Ex-General Rehavam »Gandhi« Zeevi, nach Paris, der bei den politischen Verhandlungen im Falle eines Austausches von Gefangenen gegen Geiseln Israels Position vertreten sollte. Zeevi hatte keine Ahnung von der in Planung befindlichen Militäraktion. Falls er Amiram am Flughafen Orly sah, würde er sofort folgern, daß eine militärische Lösung geplant war. Das könnte sein Urteilsvermögen bei den Verhandlungen beeinträchtigen. Also schärften wir Amiram ein: »Paß bloß auf, daß ›Gandhi‹ dich nicht sieht.«

In dieser Nacht feierten 42 freigelassene französische Geiseln mit ihren Verwandten und Freunden. Mit Hilfe der französischen Regierung und der israelischen Botschaft in Paris gelang es Amiram trotzdem, mit fünf der Ex-Geiseln zu sprechen. Ohne erkennen zu lassen, daß Israel eine Rettungsaktion vorbereitete, befragte er die fünf und versuchte Details herauszufinden, die wir wissen wollten. Einer der fünf Freigelassenen war ein ehemaliger Offizier der französischen Armee, der sich während der drei Tage in Entebbe sämtliche militärischen Optionen hatte durch den Kopf gehen lassen. Er wollte sich an den Terroristen rächen, die ihn und seine Mitreisenden derart gedemütigt hatten. Bei der Befragung durch Amiram las er als alter Offizier zwischen den Zeilen und durchschaute, daß Israel eine Befreiungsaktion plante. Er hatte ein exzellentes Gedächtnis und erwies sich als die reinste Goldgrube für Einzelheiten, die Amiram uns über eine verschlüsselte Telefonverbindung zukommen ließ.

Die Selektion hatte damit begonnen, daß ugandische Soldaten in den Terminal kamen und ein Loch in die Wand zwischen der Haupthalle und einem kleineren Raum brachen. Dann befahlen die Terroristen den Israelis und Juden, in diesen wesentlich kleineren Raum zu gehen.

Der Franzose gab an, daß die Geiseln rund um die Uhr von den Terroristen bewacht würden. Außerdem beschrieb er mutmaßliche Sprengkörper, die im ganzen Raum verteilt waren.

Doch die wichtigste Information bezog sich auf die Beziehung zwischen den Terroristen und den Ugandern. Zunächst einmal berichtete Amiram, daß zwar nur vier Luftpiraten die Maschine entführt hatten, daß aber noch mindestens weitere sechs nach der Landung in Entebbe dazugekommen waren. Das hieß, daß wir es mit immerhin zehn Terroristen zu tun hatten. Das hieß aber auch, daß Amin seine Finger mit im Spiel hatte.

»Die Ugander arbeiten ganz eindeutig mit den Entführern zusammen«, zitierte Amiram den Franzosen. »Sie verhindern eine mögliche Flucht der Geiseln.« Aber Amiram fügte hoffnungsvoll hinzu: »Nach dem, was der Franzose sagt, rechnen die Terroristen nicht im Traum damit, daß wir dort auftauchen könnten.«

Die Überquerung des Victoriasees mit Booten oder die Tarnung als palästinensische Terroristen an Bord eines vermeintlichen Ziviljets – all diese Pläne waren mit einem Schlag hinfällig. Mit den Erkenntnissen aus Amirams »Goldgrube« lag alles klar auf der Hand. Die einzig machbare Möglichkeit war die, auf dem Flughafen zu landen, die Geiseln zu befreien und wieder auszufliegen.

Ich ging zu Oberst Shai Tamari, dem Assistenten von Kuti Adam. »Ich schlage vor, wir lassen alles andere fallen und konzentrieren uns ausschließlich auf die IDF-Option«, sagte ich und teilte ihm rasch mit, was wir von dem französischen Offizier a. D. erfahren hatten.

Er streckte den Arm aus und drückte auf den Knopf der Sprechanlage, die direkt mit Kutis Schreibtisch verbunden war. »Wir haben folgendes«, sagte Shai zu Kuti und erläuterte ihm in groben Zügen die Informationen, die wir von dem Franzosen bekommen hatten, und erklärte, daß uns damit nur noch die Möglichkeit blieb, die Rettungsaktion aus der Luft zu starten.

Trotz des Drucks, den Motta Gur auf ihn ausübte, endlich einen Plan vorzulegen, den man der Regierung vorschlagen konnte, behielt Kuti einen kühlen Kopf. »Ich will eine schriftliche Darstellung aller vier Optionen«, sagte er über die Sprechanlage. »*Aller* vier Pläne«, betonte er, »einschließlich des verworfenen Marineplans. Und ich will eine knappe Zusammenfassung der jeweiligen Vor- und Nachteile.«

Wir sahen einander ungeduldig an. Aber Shai zuckte die Achseln und nahm sich ein Blatt Papier. Von den übrigen im Planungsteam umdrängt für den Fall, daß er eine Frage hatte, listete er säuberlich, in Spalten unterteilt, alle vier Optionen mit ihren Stärken und Schwächen auf. Damit ging er zu Kuti.

Schon nach wenigen Minuten war er mit der Genehmigung wieder da. Endlich konnten wir uns an die Detailplanung machen.

***

Das Radio im Büro lief ununterbrochen. Zu jeder vollen Stunde machten wir alle Pause und lauschten den neuesten Nachrichten. Die Regierung wirkte hilflos. Vor dem Amtssitz des Premierministers war es bei Demonstrationen von besorgten Angehörigen der Geiseln zu gewalttätigen Ausschreitungen gekommen. Hundertvier Israelis und Juden wurden als Geiseln festgehalten, und das ganze Land nahm an der Angst und dem Schmerz der Familien Anteil. In den Medien war noch nicht einmal von der Möglichkeit einer militärischen Lösung die Rede. Aber während wir tief unten in der »Höhle« die Frustration der Leute draußen durchaus nachvollziehen konnten, waren wir doch allen anderen gegenüber im Vorteil. Wir konnten wenigstens daran arbeiten, die theoretische Möglichkeit der Geiselbefreiung in einen realen Aktionsplan umzusetzen.

Dennoch, die Kluft zwischen der Planung der Operation und dem Erreichen eines vernünftigen Maßes an Erfolgsaussichten bei ihrer Durchführung war nach wie vor groß. Und solange Rabin keine Erfolgsaussichten sah, würde er der Regierung keine militärische Lösung vorschlagen. Erfolgsaussichten bedeuteten: ein Minimum an Verlusten und eine gelungene Flucht aus Uganda.

Als es an jenem Donnerstag nachmittag ein Uhr schlug und das Ultimatum der Entführer ablief, überraschte Israel die Welt mit der Erklärung, daß es seine jahrelang vertretene Haltung revidierte, nie mit Terroristen zu verhandeln.

In der schweren Herzens aufgesetzten Regierungserklärung hieß es jedoch, daß ein solcher Austausch Zeit erfordere. Man erwarte von den Terroristen eine Verlängerung des Ultimatums.

Wenige Stunden später, während wir unsere Anstrengungen noch verstärkten, gaben die Terroristen ein neues Ultimatum bekannt – den Nachmittag des 4. Juli. Wir hatten somit 72 Stunden mehr; das mußte reichen.

Den ganzen Donnerstag über arbeiteten wir an einem Kompromiß zwischen der Notwendigkeit eines unauffälligen Lufttransportes mit unbemerkter Landung und der Notwendigkeit einer genügend großen Schlagkraft, um den Flughafen gegen den Widerstand der ugandischen Armee einzunehmen.

Ido Embar stellte endlose Berechnungen über die erforderlichen Mengen an Kraftstoff und das mögliche Frachtgewicht der Hercules-Transporter an, die kurz zuvor von den Amerikanern gekauft worden waren. Ich konzentrierte mich auf den wichtigsten Teil der

Fracht, den die erste der Maschinen in Entebbe absetzen würde – »die Einheit«. Wir planten die Landung, die Fahrt zum Terminal, das Stürmen des Gebäudes, das Ausschalten der Terroristen, die Befreiung der Geiseln und die Verteidigung des Gebäudes gegen ugandischen Widerstand, bis die Truppen aus dem zweiten Flugzeug unseres Verbandes eintrafen. Ich mußte eine Möglichkeit finden, die »Fracht« zu minimieren und gleichzeitig die Schlagkraft zu erhöhen, damit alles noch transportierbar war.

Amirams französische »Goldader« lieferte weitere wichtige Informationen. So erfuhren wir beispielsweise, daß die Terroristen den Geiseln um Mitternacht befahlen, sich auf die Strohmatratzen zu legen, die von den Ugandern zur Verfügung gestellt worden waren. Tatsächlich schliefen die meisten um ein Uhr nachts. Diese Angabe war von entscheidender Bedeutung für unsere Zeitplanung.

Da die Geiseln in dem alten Terminal festgehalten wurden, blieb Entebbes internationaler Flughafen offen. Etwa anderthalb Kilometer entfernt war der neue Terminal in Betrieb. Laut Flugplan würde am Samstag kurz nach Mitternacht eine reguläre britische Frachtmaschine in Entebbe landen. Wir beschlossen, uns sozusagen im Windschatten dieses britischen Flugzeuges einzuschleichen, bevor die Ugander die Beleuchtung der Landebahn ausschalteten.

Am Donnerstag nachmittag hatten wir die Mission inzwischen auf vier Hercules zusammengestrichen, wobei jede Maschine weit über ihr zulässiges Gewicht hinaus beladen sein würde. Die Teams, die das Gebäude stürmen sollten, mußten im ersten Flugzeug sein. Die Sturmtrupps der »Einheit« würden also mit der ersten Maschine landen, die Terroristen ausschalten, eventuelle Angriffe der ugandischen Truppen abwehren und den alten Terminal halten, bis die zweite Hercules sieben Minuten später landete und Verstärkung brachte, darunter zwei gepanzerte Fahrzeuge.

Die im Yom-Kippur-Krieg erbeuteten APCs sowjetischer Bauart, BTRs genannt, waren leichter als unsere herkömmlichen APCs, hatten aber reichlich Feuerkraft, genug, um einen gewissen Radius um den alten Terminal abzudecken.

Sobald die zweite Hercules gelandet war, würden die dritte und vierte unmittelbar folgen. In der dritten Maschine sollte noch mehr

Verstärkung sein, darunter zwei weitere BTRs, während das vierte Flugzeug der medizinischen Versorgung vorbehalten war. Wir richteten uns auf 25 Prozent Verluste unter Geiseln und Soldaten ein. Das Eindringen und die Befreiung sollten nicht mehr als sieben Minuten dauern, aber es würde eine Stunde dauern, bis die Maschinen aus den Kraftstoffdepots des Flughafens aufgetankt waren – es sei denn, die Kenianer gestatteten uns, nach der Operation im Flughafen von Nairobi aufzutanken. Aber um ein Maximum an Sicherheit zu garantieren, durften die Kenianer nichts von der Operation wissen, bevor wir in Entebbe gelandet waren.

Am Donnerstag nachmittag traf Dan Shomron, Inspekteur der Infanterie und Luftlandetruppen, in der »Höhle« ein und beteiligte sich erstmals an der Ad-hoc-Planungsgruppe, die Ehud zusammengestellt hatte. Er wußte nichts von den vier Plänen, die wir anfänglich entwickelt hatten, ganz zu schweigen von den Einzelheiten unseres Planes für nur vier Flugzeuge.

Als er mit der Planung von vorn beginnen wollte, unterbrach ich ihn: »Dan, wir möchten dir jetzt die wesentlichen Elemente des Einsatzes darlegen, damit du eine Vorstellung davon bekommst, was wir schon haben. Dann kannst du dir deine Meinung dazu bilden.«

Im Beratungszimmer der »Höhle« waren die Wände förmlich mit Unterlagen tapeziert. Alte Luftaufnahmen, die in den Tagen aufgenommen worden waren, als die israelischen Maschinen noch nach Entebbe flogen, aktuelle Flugrouten von Verkehrsmaschinen nach Ostafrika, Grundrißzeichnungen des alten Terminals, die uns von Solel Boneh zur Verfügung gestellt worden waren, Zusammenfassungen der Informationen, die wir über Amiram von dem französischen Offizier bekommen hatten.

Ich überließ Amnon Biran das Wort, dem leitenden Geheimdienstoffizier für das Unternehmen. Er erklärte Dan die vorliegenden geheimdienstlichen Informationen, und der ging alles, was wir hatten, durch, von den Grundrißplänen bis zu Amiram Levines Ergebnissen aus Paris.

Dann war Ido Embar an der Reihe, der leitende Luftwaffenoffizier für verbundene Operationen der Teilstreitkräfte. Er mußte nicht erst darauf hinweisen, daß die IDF noch nie so weit von der Heimat entfernt einen Einsatz durchgeführt hatten. Er betonte, daß die Hercules-Maschinen aus amerikanischer Herstellung mit dem Spitznamen »Rhinos« sich am besten für diese Aufgabe eigneten. Damals waren sie im Bestand der Luftwaffe noch relativ neu. Daher standen in ganz Israel nur vier Hercules-Crews zur Verfügung, die dazu ausgebildet waren, auf einem unbekannten Flughafen eine Nachtlandung durchzuführen, erklärte er.

Sein Vertrauen in die Fähigkeit der Luftwaffe, uns nach Entebbe zu bringen – und uns mit den Geiseln wieder rauszuholen –, machte uns allen Mut. Für die Infanteristen in der Planungsgruppe stellte die gewaltige Entfernung nach Uganda eines der größten Probleme dar. »Wir können die erste Maschine landen, ohne daß die Ugander es merken – oder den Verdacht bekommen, daß etwas nicht stimmt«, faßte Ido zusammen, so wie er es denjenigen unter uns versprochen hatte, die den Sturm auf das Gebäude planten. Schließlich hing unser Einsatz vor allen Dingen davon ab, daß die Ugander – und die Terroristen – nicht wußten, daß wir da waren, zumindest bis wir die Terroristen eliminiert hatten.

»Wenn wir unbemerkt bis zum Terminal kommen«, sagte ich und machte da weiter, wo Ido aufgehört hatte, »kann es klappen.« Das war von Anfang an unsere Devise gewesen.

Dans Gesichtsausdruck signalisierte, daß er von mir hören wollte, wie wir unbemerkt zu dem alten Terminal gelangen sollten. »Die Sturmtrupps ›der Einheit‹ landen mit der ersten Maschine. Vom neuen Terminal zum alten sind es anderthalb Kilometer. Wir werden fahren.«

Er blickte skeptisch. Ich fuhr fort. »Ich kenne die ugandischen Soldaten«, erklärte ich ihm. »Ich habe sie ausgebildet. Wir brauchen keine Hundertschaften von Soldaten. Statt dessen benutzen wir einen Mercedes. In Uganda fährt jeder Bataillonskommandeur in einem Mercedes rum. Wenn ein Soldat einen Mercedes sieht, nimmt er automatisch Haltung an. Sie werden uns in dem Wagen sehen, eskortiert von zwei Landrovern, in denen Soldaten sitzen, und sie werden annehmen, daß ein General vorbeifährt. Sie werden nicht schießen, um uns aufzuhalten.« Ich lächelte ihn an. »Weißt du, vielleicht treffe ich ja sogar einen von den Soldaten wieder, die ich ausgebildet habe.«

»Wir haben Glück, daß du sie nur vier Monate ausgebildet hast und nicht vier Jahre«, witzelte einer im Raum.

Wir mußten alle lachen, aber ich wollte auf etwas Ernsthaftes hinaus. »Während wir zum Ziel fahren, werden wir vermutlich ugandische Soldaten sehen, und die werden uns sehen. Wir können sie einfach ignorieren. Damit der Plan klappt, müssen wir sie sogar ignorieren, weil die Terroristen sonst zu früh gewarnt werden. Das ist eben das Besondere an einer Geiselnahme«, erklärte ich und sprach nun als einer der vier *Sayeret*-Matkal-Offiziere, die damals in der Lage waren, ein Geiselbefreiungskommando zu befehligen. »Wichtig ist, daß wir die Terroristen ausschalten – sonst werden sie den Geiseln etwas antun. Es geht nicht darum, gegen Ugander zu kämpfen. Es geht darum, die terroristische Gefahr für die Geiseln zu eliminieren.

Daher«, so fuhr ich fort, »müssen wir selbst dann, wenn ein ugandischer Soldat unsere Tarnung durchschaut und das Feuer eröffnet, weiter zum Terminal jagen, um ihn zu stürmen. Erst dann sollte die Verstärkungstruppe sich um die Ugander kümmern, während die Sturmtrupps ihre Aufgabe ausführen.

Also, ich fasse zusammen«, sagte ich. »Fünf Minuten, um über das Flugfeld zum alten Terminal zu fahren. Zwei Minuten, um ihn zu stürmen. Sieben Minuten nach unserer Landung landen die zweite und die dritte Maschine mit Verstärkungstruppen. Innerhalb von einer Stunde sind wir wieder auf dem Weg nach Hause.«

Dan hatte viel Erfahrung im Kampfeinsatz, und er verstand die operativen Grundlagen des Plans auf Anhieb.

Genau in diesem Moment kam ein Melder mit der Nachricht, daß Kuti den Plan hören wollte, damit er ihn Motta und Peres vorlegen konnte.

»Ivan«, sagte Dan zu dem Oberst aus seinem Stab, der von Anfang an mit uns zusammengearbeitet hatte, »schnapp dir die Pläne. Gehen wir.«

Ido, Amnon, Ivan, Dan und ich eilten in Kutis Büro, wenige Stockwerke über dem unterirdischen Planungsraum. Kuti wartete im Gang vor seinem Büro auf uns.

»Kannst du den Plan innerhalb einer Minute erklären?« fragte er Dan, der noch zehn Minuten zuvor keine Ahnung gehabt hatte.

»Klar«, sagte Dan selbstbewußt.

»Gut. Motta wartet mit dem Verteidigungsminister auf uns.«

An diesem Punkt schien sich alles zu beschleunigen, während wir den Gang hinunter zum Büro des Ministers gingen. Einen Moment lang ließ ich die letzten vier Nächte und fünf Tage Revue passieren – all die Arbeit, all die Anstrengung, all die Hoffnungen. Ich hatte miterlebt, wie sich alles zusammenfügte. Unser Plan sah vor, daß schon um ein Uhr morgens in der Nacht auf Samstag die erste Hercules in Entebbe aufsetzen sollte. Die Sache wurde brenzlig. Es war Zeit, Yonni kommen zu lassen.

Als wir Peres' Büro erreichten, sagte ich Bicho, er solle Yonni per Flugzeug abholen lassen. Während die übrigen Offiziere in Peres' Büro drängten, um den Plan zu erläutern, telefonierte ich mit Yonni im Sinai. »Pack deinen Kram und mach, daß du zum Flugplatz kommst«, sagte ich zu ihm, als die Verbindung endlich zustande kam.

»Wird's heiß?« fragte er.

»Es wird heiß.«

Gerade als ich auflegte, kam ein strahlender Dan Shomron aus Peres' Büro und verkündete, daß, natürlich, das gesamte Kabinett über ein endgültiges Okay abstimmen müßte, aber daß wir in der Zwischenzeit mit voller Kraft weitermachen sollten. Er beraumte eine Sitzung an, für acht Uhr am selben Abend im Haus der Fallschirmjäger in Ramat Gan, einem kleinen Gemeindehaus, das zur Erinnerung an gefallene Fallschirmjäger der IDF errichtet worden war. Ich setzte mich sofort erneut mit Yonni in Verbindung und sagte ihm, er solle direkt um acht dorthin kommen.

Ido und Amnon eilten hinter Dan aus dem Büro. Ich fragte sie, was mir da drinnen entgangen war. »Dan war phantastisch«, sagte Ido. »Er hat den Plan erörtert, als ob er ihn selbst entworfen hätte.«

»Was hat Peres gesagt?« wollte ich wissen.

»Sobald Dan fertig war«, sagte Ido, »hat Peres uns alle gefragt, was wir davon hielten. Also hat Dan noch etwas nachgeschoben. ›Wenn wir unbemerkt bis zum Terminal kommen, kann es klappen.‹ Genau das, was du ihm gesagt hast.«

★★★

Am Donnerstag abend trafen Offiziere der Fernmeldetruppe und der Sanitätstruppe sowie Einheitsführer der Golani-Brigade und der Luftlandebrigade bei uns ein. Dan ging den Einsatzbefehl von vorn bis hinten mit uns durch und ergänzte den Plan um weitere Einzelheiten.

Die Hercules rollt auf der Landebahn aus. Ein Dutzend Fallschirmjäger unter Matan Vilnai springen aus der hinteren Luke, legen elektrische Lampen entlang der Landebahn aus für den Fall, daß die Ugander die Landebahnbefeuerung ausschalten.

Ein Sturmtrupp »der Einheit«, getarnt als Konvoi von ugandischen Soldaten unter Führung eines Regimentskommandeurs, fährt in einem Mercedes und zwei Landrovern mit eingeschalteten Scheinwerfern und normaler Geschwindigkeit vom Flugzeug zum alten Terminal. Dafür brauchen sie fünf Minuten. Weitere zwei Minuten müßten genügen, um die Terroristen auszuschalten und das Gebäude zu sichern.

Exakt sieben Minuten nach der Landung der ersten Maschine setzt die zweite Hercules mit Verstärkungstruppen auf: eine zweite Truppe von Sayeret-Matkal-Kämpfern in zwei BTRs, unter dem Kommando von Shaul Mofaz. Seine Leute sichern die nähere Umgebung des alten Terminals.

Das dritte Flugzeug landet eine Minute später mit zwei zusätzlichen BTRs, die mit Sayeret-Matkal-Kämpfern bemannt sind, sowie mit weiteren Fallschirmjägern von Matan sowie einem Kontingent von Golani-Truppen unter Uri Saguy. Die Fallschirmjäger nehmen das neue Terminalgebäude ein sowie die Betankungsanlage am Flughafen und bewachen die neue Landebahn. Ein BTR, unter dem Kommando von Omer Bar-Lev, kümmert sich um den Liegeplatz der MiGs neben dem alten Terminal, während der vierte BTR zu Mofaz' Truppen stößt, um den alten Terminal abzusichern.

Währenddessen decken die Golani-Truppen das Gebiet zwischen altem und neuem Terminal ab und halten sich bereit, um den befreiten Geiseln an Bord der ersten Hercules zu helfen. Sanitätspersonal, das mit der vierten Maschine gelandet ist, in der auch ein Feldlazarett transportiert wird, beginnt damit, eventuelle Verletzte zu versorgen, die per Landrover und bewacht von Golani-Truppen zur Maschine gebracht werden.

Zur selben Zeit landet ein zweites Feldlazarett an Bord einer umgebauten Boeing 727 in Nairobi, wo die kenianische Regierung von dem Einsatz in Kenntnis gesetzt und um Landerlaubnis für alle vier Hercules-Maschinen auf dem Rückflug aus Uganda gebeten wird.

Während der gesamten Operation kreist irgendwo am Himmel über Entebbe eine zur fliegenden Führungs- und Fernmeldezentrale umgebaute Boeing mit Kuti, Benny Peled und zahlreichen Fernmeldespezialisten an Bord, die die Verbindungen zur »Höhle« in Tel Aviv aufrechterhalten.

Dan wählte das Hauptquartier der Sayeret Matkal als Operationsbasis für alle beteiligten Truppen aus. Wir hatten auf unserem Stützpunkt eine eigene Landebahn für Übungszwecke und die strengsten Sicherheitsbestimmungen der ganzen Armee. Außerdem waren wir nicht weit von dem Flughafen entfernt, von dem aus die Hercules-Maschinen starten würden.

Von dem Augenblick an, als Dan mit der Befehlsausgabe fertig war, durfte niemand mehr den Stützpunkt verlassen, bis die Mission abgeschlossen war. Zum Schutz gegen undichte Stellen wurden nur die wichtigsten Telefonleitungen des Stützpunktes aufrechterhalten und ständig abgehört; alle anderen wurden gekappt.

Gerade als Dan zum Ende seiner Zusammenfassung kam, platzte Yonni herein. Als er lächelte, wurde mir klar, daß ich ihn die Woche über, die er nicht dagewesen war, vermißt hatte. Wir waren zwar sehr unterschiedlich, doch im Laufe unserer gemeinsamen Erlebnisse war zwischen uns eine enge Freundschaft entstanden, in der es keine Rolle spielte, daß ich ein einfacher Bauer aus dem Jezreel-Tal und er in Amerika erzogen worden war.

Wir hatten so vieles gemeinsam erlebt – die Gefangennahme der syrischen Offiziere, den »Frühling der Jugend« und den Yom-Kippur-Krieg. Ich stand von dem langen Konferenztisch auf, um ihm die Hand zu schütteln. Wir blieben gleich stehen, weil wir endlich loslegen wollten. Dan schloß seinen Vortrag ab, und wir eilten davon.

Ich fuhr mit Yonni in seinem Wagen zurück zum Stützpunkt. Wir wollten keine Zeit verlieren. Yonni hatte die ganze Woche über nichts mitbekommen. Er war mit ganz anderen Dingen beschäftigt gewesen. Er war meistens sehr zurückhaltend, aber wenn er sich für eine Idee begeisterte, gluckste er manchmal vor Aufregung. Als ich ihm den Plan erläuterte, lachte er zwischendurch begeistert auf, wenn ich ihm beschrieb, wie alle Elemente des Planes zusammenpaßten und aufeinander aufbauten.

Zurück im Stützpunkt, bekam ich von Amnon M. das Dossier, das er während der Woche vorbereitet hatte. Es war ein Ordner mit sämtlichen Unterlagen über unsere Aktion, von Amiram Levines Berichten über die französische »Goldader« bis hin zu den Grundrißplänen des alten Terminals. Yonni übernahm sofort das Kommando und dirigierte die Operationen »der Einheit« für die Durchführung des Plans. Er ernannte mich zu seinem Stellvertreter und zum Kommandanten der vier Sturmtrupps. Als Stellvertreter mußte ich für ihn einspringen, wann immer er abwesend war. Als Kommandant der Sturmtrupps lag die Verantwortung für den Erfolg des Unternehmens auf meinen Schultern. Ich mußte an die Fehler denken, die wir in Maalot gemacht hatten, und sagte ihm, daß ich beim ersten Sturmtrupp sein wollte.

»Ach, Muki, du weißt doch, daß das gegen die Regel ist.« Zugegeben. Als ranghöherer Offizier war ich zu wichtig, als daß mein Leben an vorderster Front hätte aufs Spiel gesetzt werden dürfen. Aber ich wollte kein zweites Maalot, wo mir hinterher klargeworden war, daß ich als erster hätte auf die Leiter gehen müssen. Ich wollte sichergehen, daß alles glatt lief. »Ich bestehe darauf«, sagte ich geradeheraus.

Er kannte mich gut genug, um zu wissen, daß es zwecklos war, mit mir zu streiten. »Du bist einfach unmöglich«, seufzte er und akzeptierte meine Bedingung. Als Kommandant der Sturmtrupps teilte ich diese als erstes in drei Teams ein. Giora Zussmans Team bekam die VIP-Lounge zugeteilt, die die Terroristen laut Angaben des Franzosen als Ruheraum benutzten. Der erste Stock, in dem sich ugandische Truppen aufhielten, wurde Yiftah zugeteilt, Yonnis neuem Stellvertreter. Ich würde mich um die Haupthalle kümmern, in der die Geiseln festgehalten wurden. Den Sturmtrupp für die Haupthalle unterteilte ich noch mal in zwei Teams, eines für jeden Eingang zur Halle vom Vorfeld aus.

Mit nur 15 Soldaten in vier Sturmtrupps und weiteren 19 vor dem Gebäude, die einen eventuellen ugandischen Angriff abwehren sollten, würde Yonnis Gefechtsstand draußen eingerichtet und von dort den Einsatz sämtlicher Bodentruppen »der Einheit« leiten. Ein Arzt, David Hessin, Tamir Prado, unser Fernmeldeoffizier, sowie Alek Ron, Kommandant einer Reservekompanie, würden draußen bleiben und mithelfen, eventuelle ugandische Angriffe abzuwehren, während wir das Gelände stürmten.

Die gesamte Operation hing davon ab, die vier Sturmtrupps unbemerkt zum Vordereingang des Terminals zu schaffen. Während Yonni die ganze Nacht hindurch damit beschäftigt war, den Einsatzbefehl schriftlich niederzulegen, ließ ich von einigen Soldaten nach den Plänen von Solel Boneh ein Modell des Terminals bauen. Auf einen Lattenrahmen hängten wir Jute- und Leinentücher, die die Außen- und Innenwände darstellten. Sobald das Modell neben unserer Landebahn stand, genau wie das Original in Entebbe, fingen wir mit den Übungen an.

Die ganze Nacht hindurch trafen Kämpfer der Golani-Brigade und der Luftlandbrigade auf unserem Stützpunkt ein, um ihren Teil der Operation zu üben. Zwischen all den grünen Kampfanzügen fielen die Techniker der Luftwaffe, die für das Wiederauftanken der Maschinen aus Idi Amins Kraftstofflagern zuständig waren, in ihren blauen Uniformen auf. Aber sie taten ihr Bestes und machten entschlossen bei allen Übungen und Probeläufen mit. Im Morgengrauen landete eine Hercules der Luftwaffe auf unserer Rollbahn, und wir bezogen sie in unsere Übungen mit ein.

Am späten Vormittag kam ein weißer, siebensitziger Mercedes, der offensichtlich schon bessere Tage gesehen hatte, auf unseren Stützpunkt gefahren. Danny Dagan, der Munitions- und Fahrzeugexperte der Sayeret Matkal, inspizierte ihn mürrisch.

»Da muß ich einiges dran tun«, sagte er über den Wagen, der von einem Gebrauchtwagenhändler in Tel Aviv stammte.

»Tu, was du für nötig hältst. Aber sieh vor allem zu, daß er für die Fahrt vom Flugzeug zum Terminal fit ist. Bau eine zweite Zündung ein, nur für den Fall der Fälle. Und«, so fügte ich hinzu, »spritz ihn schwarz um.«

Der Franzose hatte erzählt, daß die Terroristen direkt neben dem Eingang, durch den ich meinen Sturmtrupp führen würde, eine ständige Wache postiert hatten. Aber er hatte auch gesagt, daß wir mit mindestens vier bis sechs Terroristen bei den Geiseln rechnen müßten und mit weiteren zwei bis vier in der VIP-Lounge am Ende des Gebäudes.

Die Erinnerung an Maalot war allgegenwärtig. Wieder und wieder ging ich mit den Leuten die grundlegenden Elemente des Planes durch. »Wenn die ugandischen Soldaten den Mercedes sehen, werden sie davon ausgehen, daß er einem Offizier gehört«, paukte ich ihnen ein. »Sie werden nicht versuchen, einen Vorgesetzten anzuhalten«, betonte ich. »In ihren Augen sehen wir genauso aus wie ein ugandischer Brigadegeneral mit seiner Eskorte. Sie werden nicht auf uns schießen – zumindest nicht, bevor wir anfangen zu schießen. Und selbst wenn sie sich unserer Identität nicht ganz sicher sind, wird ihre Unsicherheit sie so lange zögern lassen, daß wir genug Zeit haben, den Terminal zu erreichen.

Aber falls sie aus irgendwelchen Gründen doch anfangen zu schießen«, erklärte ich den Sturmtrupps, »sollen die Verstärkungsteams die Sache übernehmen. Wir konzentrieren uns auf das Eindringen in das Gebäude, die Eliminierung der Terroristen und dann auf den Schutz der Geiseln, bis wir sie in das Flugzeug schaffen können.«

In diesen Stunden des Drills kristallisierten sich zwei weitere Elemente heraus, die für unsere Planung wichtig wurden. Wir beschlossen, daß ein Mitglied der beiden für die Haupthalle vorgesehenen Sturmtrupps ein Megaphon bei sich tragen und in dem Moment, in dem wir in die Halle stürmten, auf hebräisch und englisch rufen sollte: »Alle hinlegen! Wir sind von der israelischen Armee! Hinlegen!« Und da wir in unseren Kampfanzügen mit Flecktarnmuster mit den ugandischen Fallschirmjägern verwechselt werden konnten, wollten wir ab einem bestimmten Moment weiße Mützen aufsetzen, um uns als Freund zu erkennen zu geben.

Stabschef Motta Gur bezog am Freitag ein Zelt als Hauptquartier neben der Rollbahn, um mit Dan Shomron den Übungen zuzusehen. Sie beobachteten, wie wir die Zeitspanne von der Landung bis zum Sturm auf das Gebäude Minute um Minute verkürzten, bis wir es schließlich in weniger als sieben Minuten schafften.

In diesen sieben Minuten würden wir allein auf dem Boden sein. Solange wir die Initiative behielten, konnten wir die Terroristen ausschalten und die Ugander abwehren, bis die zweite Maschine mit den Verstärkungen und den Panzerfahrzeugen landete.

Motta löcherte Yonni und mich immer und immer wieder mit Fragen. Einmal fand er, daß wir zu viele Soldaten auf die Landrover gepackt hatten, und befahl uns, zwei von jedem Wagen zu nehmen.

Nachdem Motta uns den Befehl gegeben hatte, ging ich mit Yonni beiseite und sagte: »Das verzeihen die uns nie, wenn sie nicht dabeisein können.«

»Was sollen wir machen?« fragte Yonni.

»Biete ihm wenigstens einen Kompromiß an. Sag ihm, daß wir zwei hier lassen, aber nicht vier. Sag ihm, daß wir jeden Mann brauchen, für den Fall, daß ein weiteres ugandisches Regiment auftaucht.«

Und wirklich, Yonni überzeugte Motta davon, daß die Landrover die Fracht aufnehmen konnten, ohne allzu auffällig zu wirken. Aber es war nicht leicht, den beiden Soldaten, die wir auf Mottas Befehl zurücklassen mußten, die Nachricht beizubringen.

Auch von den Fähigkeiten des Piloten der ersten Maschine hing sehr viel ab. Er mußte ein Flugzeug landen, ohne daß die Beleuchtung der Maschine oder die Befeuerung der Landebahn eingeschaltet war. Der Chefpilot der ersten Maschine, Yehoshua Shani, und Ram Levi, ein alter Hase aus den Zeiten unseres Einsatzes in Uganda, erklärten Motta selbstbewußt, daß sie das Problem im Griff hätten.

»Beweisen Sie's mir«, forderte Motta. »Fliegen Sie mich nach Ofira und landen Sie dort im Dunkeln.« Der Flughafen von Ofira, an der Südspitze des Sinai, wurde wie der Flughafen von Entebbe bei der Landung von der Wasserseite her angeflogen.

Während Motta also nach Süden flog, übten wir die Nacht hindurch weiter. Nachdem der Mercedes und die beiden Landrover bereit waren, fingen wir an, die einzelnen Übungen zu einem Ganzen zusammenzufügen, den Ausstieg aus der Hercules, die Fahrt über den Flugplatz zum Terminal, das Anhalten vor dem Gebäude, wenige Meter von den Eingängen entfernt. Yonni und ich arbeiteten mit Stoppuhren, überwachten die Zeiten, ließen die Soldaten alles immer und immer wieder durchgehen, bis es schließlich reibungslos klappte. Während des Achtstundenflugs nach Entebbe würden wir noch genug Zeit zum Schlafen haben.

Als Motta zurückkehrte, gingen Yonni und ich zu ihm.

»Ich habe ihn gleich zweimal landen lassen, um ganz sicherzugehen«, teilte Motta uns mit. »Er war perfekt. Wie machen sich Ihre Jungs?«

»Alles funktioniert wie am Schnürchen«, sagte Yonni.

Andere Offiziere, die bei dem Einsatz ein Kommando hatten – Dan, Matan Vilnai, Uri Saguy, Ephraim Sneh, der Sanitätsoffizier, der für das Feldlazarett zuständig war –, drängten sich in Mottas Zelt. Alle berichteten, daß ihre Leute bereit waren.

In ein paar Stunden würde die Sonne aufgehen, noch 24 Stunden, bevor das Ultimatum der Terroristen ablief. Jetzt oder nie. Wir warteten alle auf Mottas Entscheidung. Sein normalerweise griesgrämiges Gesicht verzog sich zu einem Grinsen. »Das Kabinett tritt heute morgen um neun zusammen«, sagte er. »Ich werde ihnen sagen, daß wir es schaffen können.«

Aber wir machten uns wieder an die Arbeit, nur um sicherzugehen, daß wir auch alles bedacht hatten. Um elf Uhr fuhren die ersten Trupps in Bussen zum Flugplatz, der 15 Minuten entfernt war. Dort warteten die vier Hercules auf uns. Sie würden nach Ofira fliegen, Kraftstoff nachtanken und auf das endgültige Okay der Regierung warten.

Wir luden die Landrover und den Mercedes auf zwei große Laster, deckten sie mit Planen ab und fuhren zum Flughafen. Es hätte gerade noch gefehlt, daß jemandem die gefälschten ugandischen Nummernschilder an den Wagen aufgefallen wären, die da an einem Samstagmorgen durch die stillen Vorstädte von Tel Aviv gekarrt wurden.

Während die Bodentruppen der »Einheit«, die Fallschirmjäger und die Golani-Truppen in ihren Bussen auf dem Weg zum Flughafen waren, leitete ich eine letzte Besprechung mit den Kommandanten der Sturmtrupps, ging letzte Fragen mit ihnen durch, bis wir schließlich keine Zeit mehr hatten. Yonni war zunächst dabei, doch dann wurde er am Flughafen gebraucht und verließ die Besprechung vorzeitig. Wir gingen raus zu dem Bus, der uns zum Flughafen bringen sollte.

Yonni erwartete uns an der hinteren Tür der Hercules. Die anderen drei Hercules standen aufgereiht neben der ersten, und die Propeller liefen bereits. Yonni sah zu, wie die Männer an Bord marschierten, sich Platz suchten, um ihre Ausrüstung zu verstauen, und es sich dann auf dem Boden zwischen dem Mercedes, den beiden Landrovern und Dan Shomrons Führungs- und Fernmeldejeep gemütlich machten, die fast den gesamten Laderaum in Anspruch nahmen.

Gerade als die hintere Rampe der Maschine anfing, sich zu heben, kam ein Jeep über das Flugfeld auf uns zugerast. Ein Kämpfer der »Einheit« sprang heraus, rannte zur hinteren Tür und schwenkte einen Umschlag.

Der Flugingenieur nahm ihn entgegen und drängelte sich durch den Laderaum zu Dan Shomron, der vorne im Cockpit bei den Piloten war. Einen Augenblick später rief Dan Yonni und mich zu sich.

Der Umschlag kam vom Mossad und enthielt Fotografien, die in der Woche über Entebbe von einem Kleinflugzeug aus gemacht worden waren. Die Bilder waren Schnappschüsse, nicht ausgewertetes Material, ohne Erläuterungen oder Erklärungen zu den Gebäuden, die man erkennen konnte. Aber sie bestätigten alles, was wir wußten.

Dennoch fragte ich mich, während unsere Maschine startete und Kurs auf Sharm el-Sheikh nahm, ob die elf MiGs, die wir auf den Fotos zählten, uns in der Luft begrüßen würden, wenn wir in den ugandischen Luftraum vorstießen.

Rückkehr nach Afrika

Der Flug nach Sharm el-Sheikh war fürchterlich. Die Luft war sehr turbulent, und die Maschine bockte am Himmel wie ein wütendes Nashorn. Um mich herum übergaben sich die Soldaten reihenweise in Brechtüten, was den geschlossenen Laderaum in eine stinkende Höhle verwandelte. Ich machte mir Sorgen. Wenn das den ganzen Weg bis Uganda so weiterging, würden wir kaum in der Lage sein, unsere Aufgabe zu meistern.

Die Temperatur an der Südspitze des Sinais an diesem Morgen lag knapp unter 40 °C. Aber wir waren dankbar für die frische Luft – wenigstens konnten wir wieder atmen.

Einen Soldaten, der für meinen Sturmtrupp vorgesehen war, hatte es offensichtlich besonders schlimm erwischt. Grün im Gesicht kam er mit düsterer Miene auf mich zu. »Muki, ich schaffe das nicht«, gab er mutig zu und schlug vor, daß wir ihn in Sharm zurücklassen sollten.

Ich klopfte ihm auf die Schulter und sagte, er solle es nicht zu schwer nehmen. Dann rief ich Amos Goren herbei, einen Soldaten der BTR-Mannschaften, teilte ihn meinem Sturmtrupp zu und brachte ihn kurz auf den neuesten Stand.

Wir saßen im heißen trockenen Schatten eines Hangars und warteten darauf, daß die Maschinen vollgetankt wurden und daß die Regierung, die zu einer außerordentlichen Sitzung am Sabbat zusammengetreten war, uns grünes Licht gab – oder auch nicht. Aber um unseren Zeitplan einzuhalten, konnten wir nicht im Sinai bleiben und auf das Okay warten. Kurz nach ein Uhr befahl Dan uns wieder an Bord der inzwischen vollgetankten Maschinen.

Die Turbulenzen während unseres Fluges nach Ofira noch in böser Erinnerung, stiegen wir beklommen ein. Aber genau wie bei meiner Überfahrt nach Beirut bei der Operation »Frühling der Jugend« verschwanden die Turbulenzen wie von Zauberhand, sobald wir gestartet waren und in südlicher Richtung über das blaue Wasser des Roten Meeres flogen.

Als wir 20 Minuten in der Luft waren – im Niedrigflug, um die ägyptische Radarabwehr zu unterfliegen –, erreichte Dan eine Nachricht von Kuti aus der fliegenden Führungs- und Fernmeldezentrale: Die Regierung hatte grünes Licht gegeben.

Die Männer lagen in den Ecken des Flugzeuges, lehnten gegen die Wagen, sanken auf den Boden der dröhnenden Maschine. Das gilt für Soldaten überall auf der Welt – wenn sie eine Gelegenheit dazu haben, können sie überall schlafen, ganz gleich, wie laut es um sie herum ist.

Yonni und ich verkrochen uns in den Mercedes. Wie üblich hatte er ein Buch dabei. Doch die erste Stunde lang unterhielten wir uns hauptsächlich über das, was der andere in der Woche, in der wir getrennt gewesen waren, jeweils verpaßt hatte. Er erzählte mir von dem Einsatz im Sinai, und ich erzählte ihm von den Tagen und Nächten in der »Höhle«.

Ich erzählte ihm, daß Ehud mich in die Ad-hoc-Planungsgruppe berufen und Shai Tamari die ganze Koordination mit den anderen Truppenteilen übernommen hatte, während Ido Embar sich um den Einsatz der Luftwaffe gekümmert hatte. Daß wir Amiram nach Paris geschickt hatten und daß der Mossad zu der Überzeugung gelangt war, er dürfe aus Sicherheitsgründen mit keiner anderen Fluggesellschaft als der El AL zurückfliegen. Daß er jetzt deshalb in Paris festsaß und sich ein Loch in den Bauch ärgerte, weil er nicht dabeisein konnte.

Doch schließlich übermannte uns die Erschöpfung nach einer Woche mit ununterbrochenen Vorbereitungen. Ich fiel in einen tiefen Schlaf. Über Kenia weckte mich ein afrikanisches Gewitter mit Donner und Blitz. Wie passend, dachte ich lächelnd, weil mir einfiel, daß die Computer der IDF unserer Mission den Namen »Thunderball« gegeben hatten.

Das Unwetter rief mir all das in Erinnerung, was ich vermißt hatte, seit ich Afrika verlassen mußte. Durch die kleinen Fenster der Hercules hindurch sah ich draußen Blitze über den Himmel zucken. Der Donner krachte lauter als das Dröhnen der Motoren. Die Maschine schaukelte schlingernd durch die Luft. Doch für ein Weilchen genoß ich das Schauspiel und dachte an den roten Himmel über Jinja, bis das Gewitter abflaute und es Zeit war, daß wir uns bereit machten.

Wir hatten auf leichte Ausrüstung gesetzt: überwiegend Kalaschnikows AK-47 und einige Galils, ein Sturmgewehr der israelischen Rüstungsindustrie, von dem es damals erst einige Prototypen gab. Diejenigen, die Spezialausrüstung dabeihatten, ob nun Pistolen mit Schalldämpfern oder Megaphone, überprüften diese noch ein letztes Mal.

Yonni ging zwischen den Soldaten hin und her, schüttelte Hände, klopfte einigen auf die Schulter, und schließlich standen wir uns neben dem Mercedes gegenüber. Wir reichten uns die Hand, grinsten uns an und stiegen dann in den Wagen, während das Flugzeug zum Landeanflug ansetzte.

Neun von uns, drei auf jeder Sitzbank, quetschten sich in den Mercedes. Ich saß direkt hinter Amitzur, dem Fahrer, den ich aus Nahalal kannte. Yonni saß in derselben Reihe, neben der rechten Beifahrertür. Der Rest der Sturmtrupps befand sich in dem ersten Landrover hinter uns, während der dritte Wagen die Truppe aufnahm, die uns gegen die Ugander Deckung geben sollte, sobald die Schießerei anfing. Ihre erste Aufgabe würde sein, den Kontrollturm auszuschalten, von dem aus man das Flugfeld vor dem alten Terminal einsehen konnte. Bei den Vorbereitungen hatte Motta Yonni gegenüber diesen Punkt mehrfach betont und uns daran erinnert, daß er einmal in Gaza von einem Heckenschützen verwundet worden war, der sich auf einem Dach befunden hatte.

Ich atmete tief durch, als die Räder der Maschine auf der Landebahn aufsetzten. So weit, so gut. Hinter mir hörte ich einen Soldaten etwas vor sich hin murmeln, vielleicht ein letztes Gebet. Fast genau in dem Augenblick, als das Flugzeug Bodenberührung hatte, senkte sich die hintere Rampe, und bald war die Maschine so langsam geworden, daß die Fallschirmjäger an Bord herausspringen und die Landebahnbefeuerung für die nachfolgenden Maschinen aufstellen konnten.

Endlich kam die Hercules zum Stillstand. Die Flugzeugbesatzung riß die Bremsklötze und Seile weg, die den Mercedes und die Landrover sicherten. Yonni klopfe Amitzur auf die Schulter. Der Motor der Wagens heulte auf und fing dann an zu schnurren. Mit einem metallischen Klang setzte die hintere Rampe auf dem Boden auf.

»Los«, befahl Yonni.

Der Wagen machte einen Satz nach vorn, und als wir aus der Hercules hinaus in die frische, noch vom Regen getränkte Nachtluft Afrikas rollten, stürmten Erinnerungen auf mich ein. Ich war ruhig, fast heiter, und blickte hinaus in die Dunkelheit, während Amitzur langsam, aber im gleichmäßigen Tempo fuhr, wie die Konvois hochrangiger Offiziere in der ugandischen Armee – nicht zu schnell, um keine Aufmerksamkeit zu erregen, nicht zu langsam, um keinen Verdacht zu wecken. Die Stille der Nacht war vollkommen. Der alte Terminal vor uns war nur ein Schimmer in der Dunkelheit.

Ich drehte mich um und blickte über die Schulter. Die Landrover genau hinter uns sahen wirklich so aus wie ugandische Truppentransporter – obwohl die Gesichter der Soldaten nicht schwarz, sondern weiß waren. Trotzdem hatte ich ein gutes Gefühl.

Ich durchbrach die Funkstille zwischen den drei Fahrzeugen mit dem Codewort, das meinem Sturmtrupp das Signal gab, ihre Waffen bereit zu machen. Das schnurrende Geräusch von sieben Sturmgewehren, bei denen die erste Patrone in die Kammer klickte, drang durch den Wagen. Ich hatte den Code benutzt, der die Teams anwies, ihre Waffen auf Einzelschuß zu stellen, um selektiv schießen zu können.

Der ferne Lichterschein des alten Terminals wurde klarer, als wir näher kamen. Ich konnte die überdachten Eingänge zum Gebäude sehen, genau wie wir erwartet hatten, und begann im Kopf den Countdown bis zu dem Augenblick, an dem wir vor dem Gebäude halten würden. Und rausspringen und loslegen.

Aus den Augenwinkeln sah ich zwei ugandische Soldaten. Einer von ihnen entfernte sich gerade von seinem Kameraden und verschwand in der Dunkelheit. Aber ich konzentrierte mich auf das Gebäude vor uns. Wir konnten die ugandischen Wachen ignorieren – deshalb saßen wir ja in einem Mercedes.

Der einzelne ugandische Wachposten sah uns näher kommen, hob sein Gewehr, wie es die Dienstvorschrift verlangte, und rief: »Passieren.«

Das war kein Grund zur Beunruhigung. Bloße Routine. Während meiner Zeit in Uganda hatte ich das häufig beobachtet. Wir konnten einfach an ihm vorbeifahren. Deshalb hatten wir ja unsere Tarnung. »Achtzig, siebzig, sechzig«, zählte ich mit angehaltenem Atem vor mich hin und konzentrierte mich auf den ersten überdachten Eingang, durch dessen Türen ich in die Halle gelangen wollte, in der die Terroristen die Geiseln festhielten. Wenn ich bei null angekommen war, würde es losgehen.

»Amitzur«, sagte Yonni plötzlich in die Stille des Wagens und in meine Konzentration hinein. »Fahr nach rechts, und wir schalten ihn aus.« Der Wagen schwenkte nach rechts.

»Laß es, Yonni«, sagte ich leise, aber eindringlich. »Der handelt ganz normal nach seinen Vorschriften.«

Einen Moment herrschte Schweigen. Dann wiederholte Yonni seinen Befehl. Wie ich hatten er und Giora schallgedämpfte Berettas vom Kaliber .22, die für den Nahkampf sehr nützlich waren. Giora Zussman entsicherte seine Beretta und zielte aus dem Fenster auf den Ugander. Der Wagen fuhr weiter auf den Ugander zu, weg vom Terminal.

»Giora, los, wir kümmern uns um ihn«, sagte Yonni und entsicherte seine Pistole.

»Nein«, versuchte ich es erneut. All die Arbeit der letzten Woche hatte darauf abgezielt, daß wir heimlich, still und leise bis zum Haupteingang des Terminals gelangen konnten. Die Erinnerung an Maalot schoß mir durch den Kopf. Wir waren dabei, einen Fehler zu machen, noch bevor wir am Terminal angekommen waren. »Tu's nicht, Yonni«, bat ich noch mal. Doch es war zu spät.

Yonni und Giora feuerten mit ihren schallgedämpften Berettas gleichzeitig aus zehn Metern Abstand aus dem fahrenden Wagen. Das waren damals unsere einzigen Faustfeuerwaffen, die mit Schalldämpfer ausgerüstet werden konnten. Ich kannte sie noch gut aus meiner Zeit als »sky marshal« bei der El Al. Aus dieser Entfernung hätte ich nicht versucht zu schießen. Aber es war zu spät. Die Schalldämpfer verwandelten den Knall der kleinen Pistolen in ein leises Flüstern. Der Ugander fiel zu Boden.

Ich seufzte erleichtert auf. Wir konnten noch immer den Terminal erreichen und unsere Sache erledigen, bevor er uns irgendwelche Schwierigkeiten machte. Ich versuchte, mich erneut auf den Terminal zu konzentrieren. Amitzur fuhr wieder auf das Gebäude zu, das nun nur noch knapp sechzig Meter entfernt war. Die Landrover hielten sich hinter uns.

Plötzlich ertönte hinter uns ein entsetzliches Geräusch – der lange Feuerstoß aus einer Kalaschnikow, der den Ugander niedermähte.

Ich warf den Kopf herum und konnte gerade noch sehen, wie der Ugander, der wieder auf den Beinen war und mit seinem Gewehr auf uns zielte, von dem Feuerstoß einer Kalaschnikow aus einem der Landrover getroffen wurde.

Der Befehl war klar und einfach gewesen. Nicht schießen, bevor die Operation angelaufen ist, und dann heftiges Feuer, um die Ugander in Schach zu halten. In dem Landrover hinter uns hatte jemand gesehen, daß der ugandische Soldat wieder aufgestanden war und auf uns gezielt hatte. Instinktiv hatte er uns schützen wollen. Jetzt jedoch waren wir alle in Gefahr, als wir von allen Seiten unter Beschuß genommen wurden.

Sechzig Meter vom Ziel entfernt löste sich das Überraschungselement vor meinen Augen in Luft auf. Das ratternde Feuer aus der Kalaschnikow mußte die Terroristen alarmieren. Jeden Moment konnte sich der alte Terminal in einen Feuerball verwandeln, wenn die Terroristen ihre Drohung wahrmachten, die Geiseln in die Luft zu sprengen.

Von Beginn der Planung an hatte ich den Teams die Lehren von Maalot vorgebetet. »Dort sind wir aufgrund unserer eigenen Fehler gescheitert«, hatte ich gewarnt. Und jetzt passierte es wieder.

»Fahr los!« schrie Yonni Amitzur an, der beim ersten Feuerstoß aus der Kalaschnikow von dem Landrover hinter uns instinktiv auf die Bremse getreten war. »Schnell!« Amitzur gab Gas und kam etwa zehn Meter weit. Aus der Dunkelheit am Rande des Vorfelds wurde auf uns geschossen.

Wir saßen eng zusammengequetscht in dem Wagen und gaben so ein leichtes Ziel für die Ugander ab. Auch Yonni erkannte das. Wir riefen beide gleichzeitig: »Halt!« Amitzur machte eine Vollbremsung. Der Wagen kam rutschend zum Stehen, die Landrover hinter uns hielten ebenfalls mit quietschenden Reifen.

Ich stieß die Tür auf und rannte auf das Gebäude zu, das noch immer mindestens fünfzig Meter weit weg war. Ich hielt mich nach links, um den Lichtfleck auf dem Vorfeld unmittelbar vor dem Terminal zu umlaufen. Hinter mir hörte ich das Hämmern der Stiefel der anderen Soldaten auf dem Teer. Lange Feuerstöße zerrissen die Nacht. Aber ich rannte weiter, den Blick noch immer auf den überdachten Eingang zum Terminal gerichtet, mein Ziel. Ich wußte, daß ich damit die Soldaten hinter mir in dieselbe Richtung zog.

Rechts von mir eröffneten die Ugander das Feuer, und Kugeln pfiffen an meinem Kopf vorbei. Im Laufen schaltete ich die Kalaschnikow auf Automatik und gab einen langen Feuerstoß auf die Stelle ab, von wo die Schüsse kamen. Ich mußte uns allen Deckung geben – mir selbst und den Männern in der Kolonne hinter mir. So war es auch in El Hiam, dachte ich kurz, als ich an der Spitze der Kolonne weiterrannte und drauflosfeuerte. Die Afrikaner zogen sich zurück, und ich lief weiter, gefolgt von sämtlichen Kämpfern.

Schließlich erreichte ich den Terminal direkt unterhalb des Kontrollturms, knapp zwölf Meter von den Eingängen des Gebäudes entfernt. Das Rattern und Krachen von Gewehren und Maschinenpistolen ließ die Luft erzittern, Asphaltsplitter spritzten vor unseren Füßen auf. Und hinter mir kauerten 33 Sayeret-Matkal-Kämpfer nieder, anstatt zu den Eingängen zu stürmen, wie es unser Schlachtplan vorsah. Von einer vernünftigen Kampfformation konnte keine Rede mehr sein.

Doch dann wurde mir klar, daß das Gebäude noch von keiner Explosion erschüttert worden war. Wir hatten noch immer die Chance, ein zweites Maalot zu verhindern. Ich war an der Spitze, und es gab nur einen Weg: nach vorn. Ich atmete einmal tief durch und rannte weiter auf den Eingang zu, wissend, daß mein Beispiel die Männer hinter mir anspornen würde, mir zu folgen.

Kaum war ich ein paar Meter gelaufen, als ein Terrorist aus dem zweiten überdachten Eingang des Gebäudes trat. Ich wußte, daß ich fast mein ganzes Magazin leergeschossen hatte, als ich uns Feuerschutz gab, damit wir den Kontrollturm erreichen konnten. Aber ich wußte auch, daß ich, war ich erst mal drinnen, nur ein paar Schuß brauchen würde. Als mich nun der Terrorist überraschte, zielte ich und drückte ab, doch nur zwei Schuß verließen den Lauf, und ich verfehlte ihn. Er duckte sich und floh zurück ins Gebäude.

Im Vorwärtslaufen wechselte ich das Magazin und lud nach, während ich die ganze Zeit das Ziel im Auge behielt – den nur wenige Meter entfernten überdachten Eingang. Noch immer krachte keine Detonation in dem Gebäude. Unser Plan konnte noch immer gelingen.

Statt dessen gab es eine zweite Katastrophe.

Am Ende des überdachten Zugangs zur Halle war keine Glastür, sondern ich stand vor einer nackten Wand. Wir hatten uns bei der Planung auf die Originalpläne von Solel Boneh verlassen, und dort war ganz eindeutig eine Tür eingezeichnet gewesen. Irgendwie war uns eine der wichtigsten Informationen entgangen, die der Franzose Amiram gegeben hatte.

Heftiges Maschinengewehrfeuer prasselte vom Tower auf uns nieder. Yonnis Kämpfer, die uns Rückendeckung geben sollten, hätten die Stellung dort oben ausschalten müssen. Doch die Soldaten waren offensichtlich noch durch den mißglückten Auftakt der Operation verwirrt. Der 50-Meter-Sprint von den Wagen statt der wenigen Meter, die wir geübt hatten, brachte alles durcheinander. Ich fürchtete, daß die Terroristen jeden Augenblick die Sprengladungen zünden würden, die sie in der Halle verteilt hatten. Ich hatte keine andere Wahl, als reinzustürmen und das zu verhindern.

Da der erste Eingang blockiert war, rannte ich nun zum zweiten, in den ich den Terroristen hatte verschwinden sehen. Plötzlich lief Amir, ein Soldat aus meinem zweiten Sturmtrupp, an mir vorbei, dicht gefolgt von seinem Gruppenkommandanten Amnon. Später erzählte Amir, daß er in dem Durcheinander seinen Trupp verloren hatte und davon ausgegangen war, sie wären schon im Gebäude. So war er der erste von uns, der ins Innere des Terminals vordrang.

Als erstes entdeckte er einen Terroristen und streckte ihn mit einer Salve nieder. In dem Augenblick kam Amnon hereingerannt und sah die beiden Deutschen Seite an Seite knien und mit Pistolen auf Amirs Rücken zielen. Amnon feuerte auf beide und legte sie genau in dem Moment um, als ich durch die Tür kam, Amos Goren dicht hinter mir.

Eine Sekunde lang wurde es still im Raum. Dann plötzlich krachten draußen wieder Gewehrsalven, und die Menschen in der Halle fingen an zu schreien. Ich stand in der Tür, Amnon links von mir,

Amos und Amir ganz rechts. Wir alle konzentrierten uns auf die hell erleuchtete Halle, die wir nach weiteren Terroristen absuchten.

Überall auf dem Boden lagen die Menschen auf Matratzen. Einige waren vor Angst erstarrt, andere schrien. Manche zogen sich Decken über den Kopf, als ob sie sich damit vor den Kugeln schützen wollten.

Links von mir kam ein Mann hinter einer etwa 15 Meter entfernten Säule hervor und brachte sein Gewehr in Anschlag. Amos und ich feuerten gleichzeitig, und der Terrorist flog nach hinten. Wieder ließen wir unseren Blick durch die Halle schweifen. Zwischen den Geiseln sprang ein dunkelhaariger junger Mann auf. Kugeln aus allen vier Kalaschnikows streckten ihn nieder.

Draußen ging die Schießerei weiter. Plötzlich fiel Amir das Megaphon ein, das er dabeihatte. »Unten bleiben, wir sind von der israelischen Armee. Nicht aufstehen!« Er rief die Anweisungen auf hebräisch und englisch. Einen langen Moment blieben wir so in der Halle stehen, schußbereit.

Zögernd hob eine der Geiseln die Hand. »Ihr habt sie alle erwischt«, sagte er. »Alle. Aber der hier«, fügte er traurig hinzu und deutete auf die Leiche des jungen Mannes, den wir gerade erschossen hatten, »war einer von uns. Eine Geisel.«

Das Funkgerät, das an meinem Koppeltragegestell hing, ließ mir keine Zeit zu antworten. »Muki, Muki«, krächzte es.

»Muki hier.«

»Giora hier. Mission ausgeführt.« Er hatte die VIP-Lounge gestürmt, die die Terroristen zu ihrem Schlafsaal umfunktioniert hatten. »Zwei Terroristen getötet. Auf unserer Seite keine Verluste.«

»Yonni«, rief ich über Funk. Ich bekam keine Antwort und versuchte es erneut. »Yonni?« Ich machte noch einen Versuch: »Muki hier. Mission ausgeführt.« Eine lange unheilvolle Stille folgte, die endlich von einem Knacken durchbrochen wurde.

Doch statt Yonnis Stimme hörte ich Tamir Prado, den Fernmelder aus Yonnis Führungstrupp. »Muki«, schrie er, »Yonni ist getroffen.«

Ich gab den Sanitätern Befehl, eventuell verwundete Geiseln zu versorgen, und ging hinaus. Yonni lag auf dem Rücken ausgestreckt auf dem Flugfeld. Die Kugel war vom Kontrollturm gekommen, auf dem es jetzt ruhig war. Das Metall war in seine Brust gedrungen und an der Hüfte wieder ausgetreten. David Hessin, der Arzt, kniete neben ihm. Er hatte Yonnis Hemd aufgerissen und leistete Erste Hilfe.

Bilder aus Karameh zuckten mir durch den Kopf. Arazis Körper im Hubschrauber ausgestreckt auf der Trage, die Ärzte, die sich vergeblich um ihn bemühen. Ich blickte mich um. Shaul Mofaz und seine BTRs aus der zweiten und der dritten Maschine patrouillierten bereits auf dem Gelände. Omer Bar-Levs BTR aus der dritten Hercules war auf dem Weg zum MiG-Flugplatz.

Ich umklammerte das Funkgerät. »Dan«, rief ich Shomron, der auf der anderen Seite des Flughafens am neuen Terminal war und die Landung der Hercules beaufsichtigt hatte. »Muki hier«, teilte ich ihm mit. »Yonni ist verwundet. Ich übernehme das Kommando.« Dan Shomron bestätigte meine Meldung mit einem knappen »Okay«.

Shaul Mofaz meldete sich. »Muki, bei mir ist alles in Ordnung«, sagte er. Dann meldete Yiftach R., der mit seinem Trupp den ersten Stock stürmen sollte, daß auch sie ihren Auftrag erfolgreich erledigt hatten.

Ich hielt Dan Shomron auf dem laufenden, während meine Sanis und die Ärzte sich um die wenigen verletzten Geiseln kümmerten und die Waffen der Terroristen einsammelten. Dan tauchte auf, das Gesicht ernst und besorgt, während er zusah, wie Hessin sich um Yonni bemühte.

Das Feuergefecht war vorbei. Aber der Krach hielt an. Die Luft war erfüllt vom Dröhnen der rotierenden Propeller der Hercules, die nun näher kamen, um die Geiseln aufzunehmen, und vom Rasseln der Metallketten der BTRs auf dem Asphalt, die uns vor einem möglichen ugandischen Angriff schützen sollten.

Dan überließ es uns, die Passagiere zu den Maschinen zu bringen, und eilte zurück zu den Kraftstofflagern, wo die Techniker der Luftwaffe das Auftanken der Flugzeuge vorbereiteten. Als er jedoch die Depots erreichte, meldete die über uns kreisende fliegende Führungs- und Fernmeldezentrale, daß die kenianische Regierung über die Operation in Kenntnis gesetzt worden sei und Landeerlaubnis in Nairobi erteilt hätte, so daß wir dort auftanken konnten.

Wir wußten, daß wir sechs Terroristen getötet hatten – vier in der Haupthalle und zwei, die von Gioras Trupp in dem Gang vor der

VIP-Lounge niedergestreckt worden waren. Yiftach R.'s Leute hatten im ersten Stock einige ugandische Soldaten ausgeschaltet. Aber wir fanden keine weiteren Terroristen im alten Terminal. Die anderen vier hatten, wie wir später erfuhren, die Nacht in Kampala verbracht, der ugandischen Hauptstadt, einige Meilen vom Flughafen Entebbe entfernt.

Drei Geiseln kamen bei der Rettungsaktion ums Leben: Pesko Cohen, der von einer unserer Kugeln getroffen wurde, als wir den Terroristen neben der Säule erschossen. Ida Bobowitz wurde von Terroristen erschossen. Und der dunkelhaarige Mann, den wir für einen Terroristen gehalten hatten, als er aufsprang. Sein Name war Jean Jacques Maimon, ein junger französischer Jude, der auf dem Weg nach Hause war, um seine Familie zu besuchen, bevor er in Israel den Militärdienst antreten wollte. (Es starb noch eine weitere Geisel: Dora Bloch, eine ältere Dame aus Tel Aviv, die am Vortag in ein ugandisches Krankenhaus gebracht worden war, weil sie beim Essen einen Erstickungsanfall erlitten hatte. Nach der Rettungsaktion wurde sie von Amins Schergen ermordet.)

Wir verfrachteten die Verwundeten auf einen Landrover, der sie zu unserem fliegenden Lazarett bringen sollte. »Yonni zuerst«, befahl ich. Während der Landrover in der Dunkelheit des Flugplatzes Richtung Sanitätsmaschine verschwand, ging ich zurück in die Halle, wo Amos Goren die Geiseln dringend bat, ihre Habe zurückzulassen, damit sie schneller zum Flugzeug laufen konnten.

Doch dieselben Passagiere, die noch wenige Augenblicke zuvor jedem Befehl von uns Folge geleistet hatten, ignorierten jetzt Amos' Bitte, ihr Gepäck zurückzulassen. Ich sah ein, daß Amos' Bemühungen zum Scheitern verurteilt waren, und erlaubte den Passagieren, ihre Wertgegenstände zusammenzusuchen, bevor die Trupps sie für den Marsch zu den Flugzeugen Aufstellung nehmen ließen. Die Maschinen standen gute hundert Meter entfernt auf dem weiten Vorfeld vor dem Terminal.

Die Soldaten bildeten einen Schutzwall um die Zivilisten, um sie über das Vorfeld zu den Hercules zu bringen. Dort warteten die Golani-Trupps an der geöffneten Heckrampe, um den befreiten Zivilisten an Bord zu helfen.

Ich übernahm die Spitze der Kolonne und trat gemeinsam mit Amir aus dem Gebäude. Ein heftiger Feuerstoß aus einem Maschinengewehr oben auf dem Tower verfehlte uns nur knapp.

»Shaul«, rief ich Mofaz auf dem BTR über Funk zu. »Bring bitte den Tower zum Schweigen.«

Einen Augenblick später krachten schweres Maschinengewehrfeuer und etliche RPG-Granaten in den Tower.

Wieder trat ich hinaus auf das Flugfeld in den Sichtbereich des Kontrollturms. Und wieder peitschte eine Maschinengewehrsalve über den Asphalt in meine Richtung.

»Shaul«, rief ich erneut ins Funkgerät. »Wie wär's, wenn du sie diesmal wirklich überzeugen würdest.«

Wieder durchsiebte Feuer aus RPGs und Maschinengewehren den Tower. Shauls Beschuß dauerte eine volle Minute.

Das dürfte wohl gereicht haben, dachte ich. Aber ich wartete vorsichtshalber noch ein Weilchen ab. »Das war's«, sagte ich zu den Jungs, und wir führten die Passagiere hinaus auf das Vorfeld, um sie zu der etwa hundert Meter entfernt stehenden Maschine zu bringen.

Ich sah aus einiger Entfernung zu, wie sie zur Hercules gingen, und ich mußte daran denken, wie knapp vier Jahre zuvor die letzten Israelis Entebbe verlassen mußten. Damals hatte uns niemand geholfen, als wir schweren Herzens die Maschine nach Nairobi bestiegen. Damals fühlten wir uns wie Flüchtlinge, hilflos und besiegt. Jetzt hätte man die befreiten Geiseln auf den ersten Blick auch für Flüchtlinge halten können, wie sie mühsam ihre wenigen wertvollen Habseligkeiten über das Flugfeld schleppten. Aber sie waren nicht hilflos, nicht allein. Sie waren freie Bürger des Staates Israel, und wir hatten unsere Rolle als ihre Beschützer erfüllt.

Die Heckrampe der Hercules hob sich langsam, und die Maschine rollte schwerfällig zur Startbahn. Ich wandte mich wieder meinen Aufgaben zu. Die Truppen durchsuchten das Gebäude ein letztes Mal nach Nachzüglern, dann stiegen wir in die Landrover und den Mercedes, die uns zu den Maschinen in der Nähe des neuen Terminals bringen sollten.

Als wir losfuhren, setzten wir Sprengladungen hinter uns ab, um Deckung zu haben für den Fall, daß ein paar Ugander sich als Helden aufspielen wollten, nachdem wir den alten Terminal verlassen hatten. Doch plötzlich verkündete jemand, daß Udi Bloch, einer der Soldaten, die einen BTR begleitet hatten, vermißt wurde.

Alles erstarrte, und einige Soldaten gingen ihn suchen, wobei sie darauf achteten, nicht auf die Sprengladungen zu treten. Eine Minute später tauchte er auf, und endlich fuhren wir los, dicht gedrängt in dem Mercedes, den Landrovern und den BTRs.

Doch als wir uns vom Kontrollturm entfernten, fing das Maschinengewehr dort oben wieder an, uns unter Beschuß zu nehmen.

»Gott, ist der stur«, sagte ich laut. Aber wir hatten unsere Arbeit getan und daher keinen Grund mehr, anzuhalten und zurückzuschießen. Jemand im Wagen lachte über meinen Witz, während wir vor den Geschoßspuren davonrasten, die an uns vorbeiblitzten. Unser Kampf in Entebbe war vorüber.

Wir waren der letzte Trupp, der Entebbe mit dem vierten Flugzeug verließ. Genau 59 Minuten nach der Landung der ersten Maschine hoben wir ab und flogen in die Nacht, die vom flackernden Feuer der zerstörten ugandischen Luftwaffe erhellt wurde.

Eine Reihe von elf libyschen MiGs, die hundert Meter vom alten Terminal entfernt abgestellt waren, hatten für Omer Bar-Levs BTR ein leichtes Ziel abgegeben. Er und seine Leute nahmen sie mit Maschinengewehren und Panzerfäusten unter Beschuß, bevor sie weiter zu den Hercules fuhren. Erst hinterher fanden wir heraus, daß er ohne direkten Befehl gehandelt hatte. Seine Funkverbindung zu mir oder Dan war gestört gewesen, und Omer beschloß, auf eigene Faust zu handeln.

Als wir von Entebbe abflogen, brachen wir nicht in Jubel aus. Wir wußten alle, daß Yonni schwer verwundet war.

Ehud wartete in Nairobi auf uns. Er war am Freitag nach Kenia geflogen, um sich um Landeerlaubnis für das fliegende Lazarett in der Boeing zu bemühen und darum, die Maschinen auf dem Rückflug aus Uganda dort auftanken zu dürfen.

Die Soldaten blieben an Bord, aber wir öffneten die Heckrampe, um frische Luft hereinzulassen. Ich ging die Rampe hinunter, um Ehud zu begrüßen.

Wahrscheinlich brannte er darauf, von mir zu hören, wie sich der

Einsatz in Entebbe abgespielt hatte. Aber mich interessierte in diesem Augenblick nur eines. »Wie geht es Yonni?« fragte ich, als wir uns die Hände reichten und uns dann umarmten.

»Verwundet«, sagte Ehud, »aber er wird es überstehen.«

»Ehud«, sagte ich eindringlich. »Ich weiß, daß es ernst ist. Ich habe ihn gesehen. Sag mir die Wahrheit.«

»Die Ärzte bemühen sich noch um ihn.«

»Bitte, tu mir einen Gefallen, sieh nach, was los ist«, bat ich Ehud. »Finde heraus, wie es um Yonni steht.«

Er verzog das Gesicht, nickte und machte sich auf den Weg.

Während ich auf dem Vorfeld neben der Maschine auf Ehud wartete, fragte ich Giora, der den Sturmtrupp in die VIP-Lounge angeführt hatte, wie seine Leute die beiden Terroristen, auf die sie dort gestoßen waren, ausgeschaltet hatten.

»Wir sind eingedrungen«, erzählte mir Giora, »und haben zwei Leute in Zivilkleidung entdeckt. Wir wußten nicht, ob sie Terroristen oder Geiseln waren. ›Wer sind Sie?‹ habe ich sie gefragt. Aber sie haben nicht geantwortet. Ich dachte, sie hätten mich vielleicht nicht verstanden. Aber bevor ich sie ein zweites Mal fragen konnte, hat einer von ihnen eine Handgranate hervorgezogen. Ich habe unsere Männer gewarnt, wir sind in Deckung gegangen und haben gleichzeitig mit der Explosion das Feuer eröffnet. Die Terroristen sind durch die Explosion und unseren Kugelhagel gestorben.«

Ich lächelte ihn an. Aber meine Freude war nur von kurzer Dauer. Ehud kam zurück – und sein Gesicht sagte alles. Yonni war tot.

Es war nun meine Aufgabe, den Männern im Flugzeug die Nachricht beizubringen.

Ich stieg die Rampe zur Hercules empor, wo der Mercedes und die Landrover am Boden festgezurrt waren. Die Soldaten drängten sich dicht um mich, um die Nachricht zu hören.

»Yonni ist tot«, begann ich und machte eine Pause, damit sie die Nachricht aufnehmen konnten. »Wir haben unsere Pflicht getan. Wir waren erfolgreich. Wir haben es geschafft. In dieser Art von Krieg müssen wir manchmal einen hohen Preis zahlen. Aber wir werden weitermachen.« Ich stockte kurz, dann fügte ich hinzu. »Jetzt geht's nach Hause.«

Auf dem Rückflug schliefen die meisten Soldaten im Flugzeug verteilt. Ich konnte keinen Schlaf finden. Ich saß vorne im Cockpit. Nie habe ich die Einsamkeit eines Kommandeurs als so schwer empfunden. Nach einer solchen Operation hatten Yonni und ich meist zusammengesessen und uns darüber unterhalten, wie es gelaufen war und was wir als nächstes planten. Wieder und wieder dachte ich über seinen vermeidbaren Tod nach und darüber, daß diese Aktion durch den tragischen Zwischenfall auch katastrophal hätte scheitern können.

Ich tröstete mich damit, daß »die Einheit« trotz dieses Zwischenfalls mit dem verwundeten Ugander, des 50-Meter-Sprints zu dem Gebäude und des blockierten Eingangs, durch den ich hätte stürmen sollen, so schnell reagiert hatte, daß die Terroristen dennoch überrascht wurden, bevor sie den Geiseln etwas antun konnten.

Tief in Gedanken versunken, fuhr ich zusammen, als der Pilot über Funk die »Stimme Israels« reinholte und wir einen Bericht in den Frühnachrichten hörten, in dem es hieß, daß israelische »Regierungsquellen« internationale Agenturmeldungen bestätigten, nach denen israelische Truppen die ugandische Luftwaffe zerstört hatten. Wir hatten noch immer drei Stunden Flug in Reichweite der feindlichen Flugabwehr von Ägypten und Saudi-Arabien vor uns; unsere Mission war noch nicht endgültig abgeschlossen. Irgend jemand in Israel konnte es nicht abwarten, die Sache bekanntzugeben, und gefährdete damit unser Leben.

Wir flogen direkt zum Stützpunkt Tel Nof, weit entfernt vom Auge der Öffentlichkeit. Rabin und Peres erwarteten uns an den Flugzeugen und schüttelten jedem von uns die Hand, als wir ausstiegen. Dann hielten sie kurze Reden, in denen sie uns dankten. Rabin sprach wie ein Armeekommandeur zu uns. Peres betonte unseren Beitrag zum Kampf gegen den internationalen Terrorismus.

Amiram Levine kam gleich nach den Reden zu mir, und während wir auf die Hubschrauber warteten, die uns zurück zum Stützpunkt bringen sollten, erzählte er mir, daß er an diesem Morgen zu Yonnis Nachfolger ernannt worden war.

Wenige Stunden später, zurück im Stützpunkt, leitete Amiram die Einsatzanalyse, die im Messesaal stattfand. Normalerweise sind bei einer Nachbesprechung nur diejenigen dabei, die an einer Operation teilgenommen haben. Doch diesmal machte Amiram eine Ausnahme. Er lud alle Soldaten der *Sayeret* Matkal ein, die sich auf dem Stützpunkt befanden.

Zuerst berichteten die Offiziere, dann die Leiter der Trupps und schließlich jeder einzelne Kämpfer, was er getan und gesehen hatte, besonders in den wenigen Sekunden zwischen dem Moment, als der ugandische Soldat uns entdeckte, und dem Augenblick, als der Plan wegen der Schüsse aus der schallgedämpften .22er und dem anschließenden langen Feuerstoß aus der Kalaschnikow schiefging. Der Soldat auf dem Landrover, der mit seiner Klatch geschossen hatte, erklärte, daß er sah, wie der Ugander wieder auf die Beine kam und auf uns zielte. Er wollte uns schützen. Der Fahrer des Landrovers gab an, daß er den Ugander über den Haufen habe fahren wollen.

In dieser Nacht gab es bei uns keine Siegesfeier. Für »die Einheit« ist schon ein Toter oder Verwundeter Beweis genug, daß wir unseren Plan nicht fehlerfrei durchgeführt haben. Um ihre Schlagkraft zu bewahren, muß eine Einheit wie die Sayeret Matkal immer aus ihren Fehlern lernen und sich ehrlich und wahrheitsgetreu eingestehen, was falsch gelaufen ist.

Bis tief in die Nacht hinein erörterten wir das Geschehene und versuchten zu verstehen, welche Fehler wir in der Nacht unserer berühmtesten Mission gemacht hatten. Jeder von uns schilderte den Ablauf aus seiner Sicht. Diese hier war meine.

Epilog

Ein einzelner erfolgreicher Gegenschlag gegen den Terrorismus bedeutet noch nicht das Ende des Kampfes. Im März 1978 stießen die IDF, nachdem ein israelischer Bus nördlich von Tel Aviv von Terroristen entführt worden war und 27 Ausflügler starben, in den Libanon vor. Der Vorstoß wurde unter dem Namen »Operation Litani« bekannt, und er drängte die Terroristen aus ihren Stützpunkten im südlichen Libanon nach Norden.

Doch bis zum Jahre 1981 waren sie wieder zurück, und der damalige Premierminister Menachem Begin erklärte, Yassir Arafat sei der Nachfolger Adolf Hitlers. Unter Arik Sharon als Verteidigungsminister und Raful als Generalstabschef wurde mit harten Bandagen gekämpft, um die Palästinensische Befreiungsorganisation zu besiegen, deren Hoffnungen auf einen eigenen Staat mit dem Glauben der konservativen Regierung an ein größeres Land Israel kollidierten.

Zum dritten Mal in den fast 20 Jahren, die ich bei der Armee war, erhielt ich den Auftrag, PLO-Führer Arafat zu erledigen. Ich schickte ein paar Dutzend Scharfschützen der Sondereinheit los, die im belagerten Beirut nach ihm oder anderen Schlüsselfiguren der PLO suchen sollten. Doch als wir ihn praktisch schon im Fadenkreuz hatten, vermittelten die Vereinigten Staaten ein Abkommen, das Arafat freien Abzug aus der Stadt zusicherte. Aber meine Scharfschützen brachten ein Polaroidfoto mit, das eindeutig bewies, daß sie Arafat tatsächlich im Visier gehabt hatten.

Die »Operation Frieden für Galiläa« sollte eigentlich nur wenige Wochen dauern. Als sie in ihr drittes Jahr ging, trat mein Sohn Shaul seinen Wehrdienst an. Jetzt konnte ich zum erstenmal die stumme Sorge meiner Eltern um die Sicherheit ihres Sohnes verstehen. Ich stand vor einem noch größeren Dilemma. In Rahmen meiner letzten Aufgabe in den IDF würde ich an der Planung von Operationen beteiligt sein, die mein Sohn unter Umständen ausführen mußte. Ich wollte nicht stundenlang hinter einem Schreibtisch darauf warten müssen, ob er zurückkam, anstatt an seiner Seite zu sein und ihn beschützen zu können. Und in meinem Alter mußte ich mir eingestehen, daß ich mich anstrengen konnte, soviel ich wollte, die Zwanzigjährigen waren einfach besser in Form, um solche Aufgaben zu übernehmen.

Und so nahm ich ein Jahrzehnt nach meiner berühmtesten Mission – obwohl es noch schwierigere Einsätze gab, die aber noch der Geheimhaltung unterliegen – mit 40 Jahren meinen Abschied von der Armee. Kurz vorher durfte ich noch stolz miterleben, daß Shaul in »die Einheit« kam, und ich wünschte, seine Mutter hätte sehen können, wie er erwachsen wurde. Nurit war in dem Jahr nach Entebbe gestorben, endlich erlöst von der tragischen Krankheit, die sie in den letzten Jahren ihres Lebens so geschwächt hatte. Wir betteten sie auf dem Friedhof von Nahalal, der das Jezreel-Tal überblickt, im Schatten einer breiten Tanne zur letzten Ruhe. Sie war 29 Jahre alt. Shaul wuchs in Nahalal auf, wo mein jüngerer Bruder Eyal, der Nurits Schwester geheiratet hatte, nach Nurits Tod den Hof übernahm.

Seit meinem Ausscheiden aus den IDF habe ich mit angesehen, wie viele meiner Freunde und Kollegen – Ehud Barak, Matan Vilnai, Amiram Levine und andere – zu den höchsten Rängen in der Armee oder in der Politik aufgestiegen sind. Aber ich hatte nie vor, Berufssoldat zu werden. Und als Zivilist wählte ich einen Beruf, der ebenso tief in der Tradition meiner Familie verwurzelt ist wie die Verteidigung Israels – die Besiedlung des Landes. Aber meine Freunde von der Armee und aus dem Jezreel-Tal und ich haben uns nicht für eine von der Regierung geförderte Siedlung in den besetzten Gebieten entschieden, sondern wir gründeten ein neues Dorf in den Bergen über Nahalal.

Es war das erste Mal in Israel, daß Privatbürger ohne Hilfe der Regierung oder einer politischen Interessengruppe eine neue Siedlung aufbauten. Von Anfang an planten wir unser Dorf als unabhängige Gemeinschaft, es sollte weder Kibbuz noch Moshav, noch eine bloße Schlafstadt für das nahe gelegene Haifa werden.

Während meines Studiums an der Universität von Haifa bat mich die Gruppe, die Leitung des Projektes zu übernehmen. Die Armee hatte mir 1980 ein Studienjahr bewilligt, und endlich konnte ich

Geographie, Botanik und Zoologie des Landes Israel studieren, so wie ich es seit Jahren vorgehabt hatte. 1981 fingen wir mit dem Bau an. Ein Jahr später heiratete ich erneut. Meine zweite Frau Nomi und ich bezogen 1983 unser neues Haus und bekamen zwei Töchter, Tamar und Shani.

Ich begann mit der Arbeit an diesem Buch im September 1993, in derselben Woche, in der der historische Händedruck auf dem Rasen des Weißen Hauses zwischen meinem ehemaligen kommandierenden General Yitzhak Rabin und dem ehemaligen feindlichen Anführer Yassir Arafat erfolgte. Ich wollte der nachfolgenden Generation eine Schilderung der Kriege und Schlachten hinterlassen, die ich an der Speerspitze der IDF miterlebt habe, damit zukünftige Generationen besser begreifen können, wie wertvoll Frieden ist.

Wie ich schon oft gesagt habe, bin ich ein Sohn des Jezreel-Tals, geboren in Nahalal, einem Dorf, das bewußt kreisförmig angelegt ist. Und in jener Septemberwoche, als die ersten Schritte auf dem langen Weg zu einem echten Frieden in Israel gemacht wurden, schloß sich auch ein wichtiger Kreis in meinem Leben – mein Vater Nahman starb.

Bis wenige Wochen vor seinem Tod hatte er noch als Bauer gearbeitet, und er war glücklich, den beginnenden Friedensprozeß mit den Palästinensern noch miterleben zu können, die er als Feinde nie gehaßt hat. Er wurde neben meiner Mutter Sarah beerdigt, die 1986 gestorben war. Hunderte von Veteranen und Mitgliedern unserer Großfamilie kamen zu dem Friedhof von Nahalal, dem schattigen Wäldchen hoch über dem Tal, um ihm, der Verkörperung der Pionierideale, dem Mann, der sein Leben der Sicherheit und der Erschließung Israels gewidmet hatte, die letzte Ehre zu erweisen.

Gegen Ende des Jahres 1973, wenige Wochen nach dem Waffenstillstand des Yom-Kippur-Krieges, als Henry Kissinger noch immer über den Truppenabzug verhandelte und die IDF Stellungen am Westufer des Suezkanals hielten, war es meinem Bruder Udi und mir gelungen, für einige Stunden nach Hause zu kommen.

Wir erzählten unserem Vater Nahman von den Schlachten, in denen wir gekämpft hatten. Er war interessiert, natürlich. Aber erst als wir ihm von der Landwirtschaft erzählten, die wir in Ägypten gesehen hatten, lauschte er mit wachsender Begeisterung. Die Methoden der ägyptischen Bauern faszinierten ihn, denn sie waren so alt wie die Bibel. Wir dagegen verfügten über die beste israelische Agrartechnologie. Wir beschlossen, mit ihm nach Ägypten zu fahren, damit er sich alles mit eigenen Augen ansehen konnte.

Wir fuhren über die Brücken, die Ariks Pioniere für den Vorstoß nach Ägypten gebaut hatten. Wir brachten ihn nach Fa'id und Deversoir, dorthin, wo Amitai Nahmani getötet worden war, und dann durch die Mangoplantagen zu den Dünen, wo Amit Ben-Horion starb, als er versuchte, sich auf den Waffenstillstand zu berufen.

Erst als wir die Bewässerungskanäle dieser riesigen Plantage erreichten, veränderte sich sein ansonsten stoischer Gesichtsausdruck endlich und zeigte Begeisterung. Er sah einige ägyptische Bauern bei der Arbeit und befragte sie stundenlang in seinem Bauernarabisch. Wann sie pflanzten und ernteten, wie sie das Wasser kontrollierten, welche Getreidesorten bei ihnen am besten gediehen. Ihn interessierte der Ackerbau, nicht der Krieg.

Wie er habe auch ich begriffen, daß es keine andere realistische Alternative gibt, als daß beide Völker, deren Heimat das Land Israel ist, sich gegenseitig anerkennen – Israelis und Palästinenser. Nicht, daß ich mich darum gerissen hätte, Arafat zu umarmen. Aber kein Volk kann ein anderes gegen dessen Willen beherrschen. Für mich beweist die gegenseitige Anerkennung den Erfolg der zionistischen Revolution, die meine Großeltern zu Beginn des Jahrhunderts mit auf den Weg brachten, einer Revolution, die daran glaubte, daß die Araber letztlich unsere Präsenz im Land akzeptieren würden.

Der historische Händedruck im September 1993 setzte auch einen Prozeß in Gang, der es mir ermöglichte, zwei Kreise in meiner eigenen Lebensgeschichte zu schließen.

Im Januar 1994 rief mich ein israelischer Journalist an und fragte, ob ich bereit wäre, mit ihm nach Uganda zu fahren, um eine Dokumentation zu machen. Unter anderem war eine Fahrt zum alten Terminal in Entebbe vorgesehen. Seit der Rettungsaktion war kein Israeli mehr in Uganda gewesen.

»Klar«, sagte ich. Aber ansonsten hatte er keine Vorstellungen von seiner Story. Seit der gegenseitigen Anerkennung von Israel und der

PLO hatte er der ugandischen Regierung Faxbriefe geschickt. Viele Entwicklungsländer und sogenannte Dritte-Welt-Länder, die Israel lange boykottiert hatten, nahmen nämlich im Anschluß an die Anerkennung plötzlich wieder diplomatische Beziehungen zu uns auf. Uganda jedoch hatte sich noch nicht geäußert. Selbst das Außenministerium in Jerusalem konnte nicht weiterhelfen.

Über die Jahre hinweg hatte ich einige Verbindungen zu dem afrikanischen Land aufrechterhalten, das in meinem Leben eine so wichtige Rolle gespielt hatte. Ich wußte, daß der Bruder des ugandischen Präsidenten in Israel war, um sich in einem der besten Krankenhäuser des Landes operieren zu lassen. Die medizinische Behandlung war von einem Israeli in die Wege geleitet worden, der für eine Firma in Nairobi arbeitete und häufig in Uganda zu tun hatte. Ich nannte dem Journalisten den Namen des Geschäftsmannes in Nairobi. »Das sind die Informationen«, sagte ich zu ihm. »Nun zeigen Sie mal, was für ein guter Reporter Sie sind.«

Und wirklich, eine Woche später saß ich wieder in einem Jeep auf dem Flugplatz von Entebbe, aber diesmal war es Tag, und statt mit Tragegestell und Waffen war ich wie ein Tourist mit Reisetasche und Fotoapparat ausgerüstet. Diesmal war ich kein Offizier, der einen Sturmtrupp anführte, um in den alten Terminal einzudringen, sondern trat offiziell als »Produzent« für eine Nachrichtencrew des israelischen Fernsehens auf.

Nichts hatte sich in den 17 Jahren verändert. Uganda hatte Bürgerkrieg, Staatsstreich, Invasion und schließlich Frieden erlebt, aber seit wir in jener Nacht davongeflogen waren, hatte niemand mehr den alten Terminal benutzt. Noch immer war der Tower in Entebbe mit Einschlaglöchern von Shaul Mofazs schweren Maschinengewehren übersät, die auf dem BTR montiert gewesen waren. Ich stieg eine modrige Treppe zu dem Raum oben im Tower hinauf und war verblüfft, wie gut man von dort aus die ganze Szenerie überblicken konnte; ich staunte über unser Glück, daß nicht mehr von uns in jener Nacht gestorben waren.

Der ugandische Präsident lud uns in sein Haus im hohen Norden des Landes ein. Da wir nicht sicher waren, welche Haltung er zu der Befreiungsaktion hatte, verschwiegen wir ihm meine Rolle bei der

Operation. Aber er sagte uns, daß er Idi Amin als Feind Ugandas betrachtete, und er lobte Israel für die Aktion von 1976. Vor laufender Kamera kündigte er sogar die Wiederaufnahme diplomatischer Beziehungen zu Israel an. Er versprach israelischen Touristen, daß sie in seinem Land herzlich aufgenommen werden würden, und erwog ernsthaft den Vorschlag, für Touristen, die an der Rettungsaktion und dem schweren Schlag gegen den internationalen Terrorismus interessiert waren, aus dem alten Terminal ein Museum zu machen.

Daß sich ein zweiter Kreis durch den Friedensprozeß für mich schloß, begann mit einer Einladung von Premierminister Rabin und König Hussein, der Unterzeichnung des Vertrages zwischen Israel und Jordanien im Jahre 1994 beizuwohnen. Natürlich fand ich die Zeremonie bewegend, aber weit bedeutsamer für mich war die Fahrt, die Rabins und Husseins Büros im März 1995 organisierten. Achtundzwanzig Veteranen der Luftlande-Sayeret, meiner ursprünglichen Einheit, konnten noch einmal das Schlachtfeld von Karameh besuchen.

Diesmal flogen wir nicht vor Morgengrauen mit Hubschraubern ein, sondern überquerten in einem klimatisierten Reisebus die kleine Brücke über den Jordan. Genau wie in Entebbe war auch in Karameh die Zeit stehengeblieben.

Nichts hatte sich in der trockenen Wüste verändert. Der Felsbrokken, an dem Arazi gefallen war, lag noch immer an derselben Stelle. Seit 1968 hatte es keinen so regenreichen Winter gegeben, daß sich der Lauf des ausgetrockneten Flußbettes verändert hätte. Das Wetter war genau wie an dem Tag vor 27 Jahren: am Morgen noch kalt, aber mittags eine Hitze wie im Backofen, gemildert durch plötzliche Windstöße, die nur wenige Minuten dauern, groben Staub aufwirbeln und ihn durchs Tal tragen.

Mein scheinbar endloser Gang von 1968 entpuppte sich als ein Weg von fünf Minuten über das Plateau. Als ich die bröckelige Sandsteinwand zu dem Wadirand hochstieg, von dem aus man das kiesige, sandige Flußbett überblickte, strauchelte ich und staunte mehr denn je darüber, daß ich überlebt hatte.

Asher, der Bruder von Yisrael Arazi, sprach mit den 28 Veteranen der Einheit ein Gebet im Gedächtnis an alle Gefallenen – Yisrael, Haim Prager, Yitzhak Shoham und Zevik Alterman.

Engel war so aufgeregt, daß er sich gar nicht mehr an den Befehl zum Weiterschießen erinnern konnte, den ich ihm gegeben hatte, nachdem er am Bein verwundet worden war. Und eine ganze Stunde lang hörten wir zu, wie Feldwebel Alexander die Geschichte von Nissim erzählte, dem »Trittbrettfahrer« aus der Luftwaffe, der sich auf seinen Rang berufen und dann den ganzen Zug in Schwierigkeiten gebracht hatte. So fand endlich doch noch die Lagebesprechung nach Karameh statt, wie sie nach jeder Operation erfolgen muß – besonders nach Fehlschlägen –, um festzustellen, wo die Fehler lagen und wie sie behoben werden können.

Zwei Offiziere der jordanischen Armee waren unsere Begleiter und Gastgeber, und gemeinsam mit ihnen hielten wir am Fuß ihres Denkmals für die Soldaten, die bei Karameh für die Palästinenser gefallen waren, eine zweite Schweigeminute ab. Von Karameh aus fuhren wir nach Amman, wo wir abends essen gingen und am nächsten Morgen das Kriegsmuseum besuchten, um uns die Erinnerungsstücke an die Schlacht von Karameh anzusehen. In einem Glaskasten hing die Uniform eines Piloten der israelischen Luftwaffe mit Helm und seiner persönlichen Waffe. Ich kannte die Familie des Piloten, der damals abgeschossen worden war und von den Dorfbewohnern, die ihn gefangennahmen, getötet wurde. Daher nahm ich für seine Schwester Fotos mit nach Hause.

Doch der wichtigste Augenblick meiner ersten Reise nach Jordanien als Zivilist war der, als ich auf dem Gipfel des Berges Nebo stand, dem angeblichen Ruheort des biblischen Moses. Nur von diesem Punkt aus durfte er das Gelobte Land sehen, hinein durfte er nicht.

Ich konnte über das ganze Jordantal bis hin nach Jerusalem blikken, hoch auf den gelbbraunen Bergen Judäas im Süden gelegen, und bis hin zu dem grünen Bergkamm Samarias, der sich nach Norden erstreckt. Tief unten, im Herzen des Jordantals, schimmerte smaragdgrün die Oase Jericho westlich des Jordans.

Es ist wirklich das Herz des Landes Israel – aber es ist nicht der Staat Israel. Dieses Gebiet wurde von Israel länger als zwei Jahrzehnte besetzt gehalten, von 1967, als es im Sechstagekrieg erobert wurde, bis Mitte der neunziger Jahre. Viele hatten die Hoffnung, daß das Gebiet eines Tages dem Staate Israel einverleibt werden würde. Manche versuchten mit allen Mitteln, dieses biblische Land zu besiedeln.

Aber seit 1967 war keine Regierung, ob nun die Rechte oder die Linke, Falken oder Tauben, dazu in der Lage, weil es nicht mit der Vorstellung von Israel als einem demokratischen Staat mit einer jüdischen Majorität zu vereinbaren gewesen wäre.

Obwohl die Gegner des Friedensprozesses zwischen Israel und den Palästinensern ständig dagegen polemisieren, bin ich dennoch guter Hoffnung, daß angesichts der ernüchternden Realität der Verantwortung für Leben und Wohl der israelischen Bürger jede gewählte Regierung Israels auch in Zukunft den Prozeß fortsetzen wird. Es gibt keine Alternative, wenn wir – und unsere arabischen Nachbarn – teilhaben wollen an der neuen kommunikations- und marktorientierten Welt an der Schwelle zum 21. Jahrhundert.

In dieser neuen Welt ist es undenkbar, daß ein Volk ein anderes gegen dessen Willen beherrscht. So wie wir Frieden mit Ägypten geschlossen haben, indem wir den Sinai zurückgaben, und so wie der Frieden mit Syrien, der, während ich dieses Buch schreibe, in greifbare Nähe rückt, darauf basieren wird, daß wir die Golanhöhen gegen den Frieden eintauschen, wird und muß dieses Land, das ich vom Gipfel des Berges Nebo aus sehen konnte, eines Tages den Palästinensern gehören.

Als Realist, der ich bin, ist mir daher klar, daß das Westjordanland auf dem Wege ist, ein palästinensischer Staat zu werden. Ich kann nur hoffen, daß dieser Staat eine Demokratie sein wird und ein stabiler Nachbar für den Staat Israel, dessen Grenzen endgültig festgelegt sein werden, anerkannt und respektiert von unseren Nachbarn.

Das Ende des hundertjährigen Krieges ist in Sicht. Für meine Großeltern und meine Eltern sah es so aus, als würde er ewig währen. Doch trotz aller Schwierigkeiten hat die Versöhnung bereits begonnen.

Ich habe Ägypten und Jordanien als Zivilist bereist, und bald, so glaube ich, werde ich Syrien und den Libanon als Tourist besuchen können, ausgerüstet mit einer Kamera anstatt mit einem Gewehr, mit meinen Kindern anstatt mit meinen Soldaten. Dafür bin ich dankbar, denn es bedeutet, daß alles, was ich – und meine ganze Generation – für unser Land getan haben, allmählich wirklich Früchte trägt. Das einzige, was ich bedaure, ist, daß so viele meiner Freunde den Frieden, für den wir gekämpft haben, nicht mehr erleben durften.